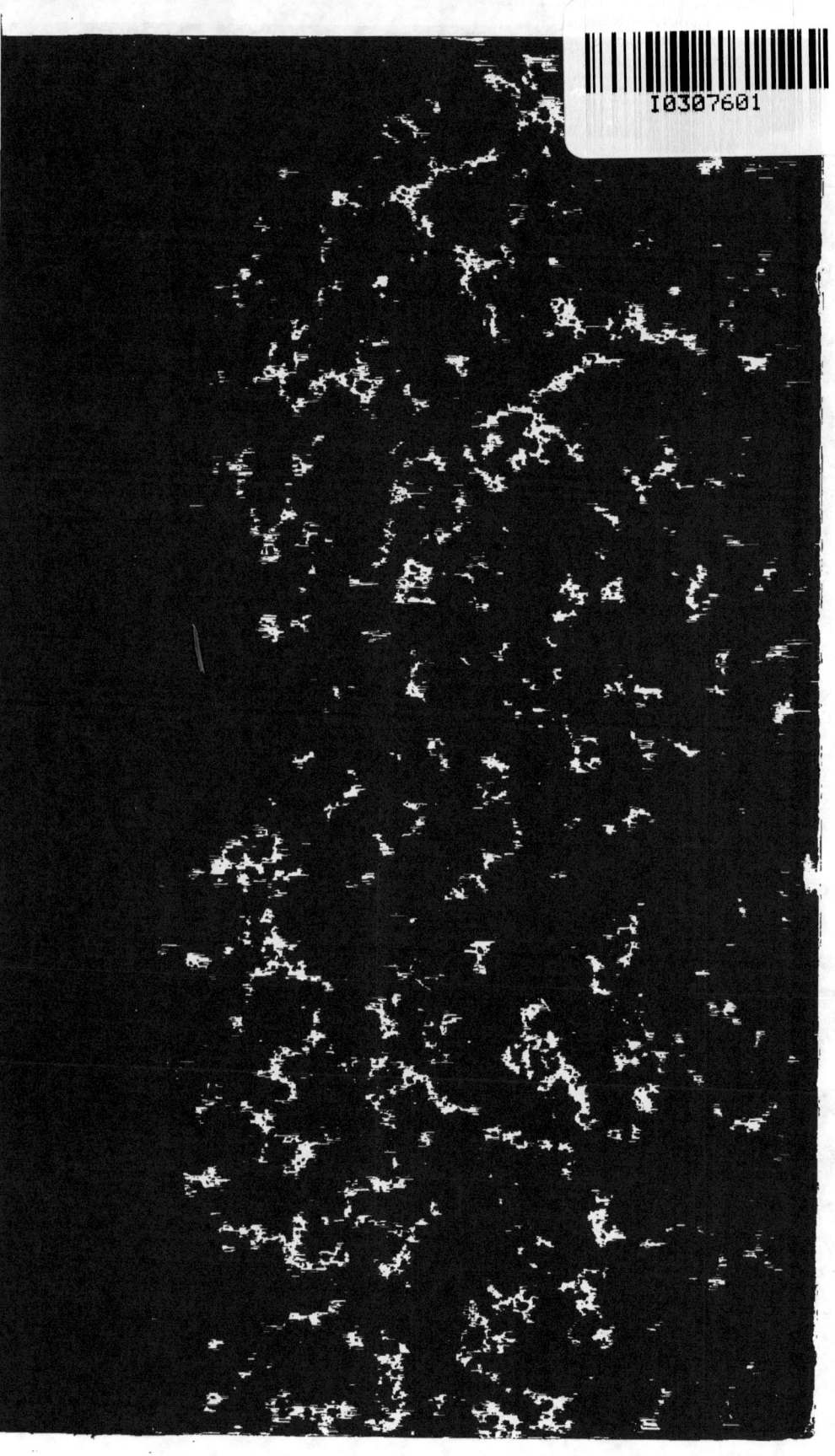

LA Guerre DE 1870-71

ÉTUDE SUR LA

CAMPAGNE DU GÉNÉRAL BOURBAKI DANS L'EST

I

Le plan de campagne. — La concentration.

PARIS
LIBRAIRIE MILITAIRE R. CHAPELOT ET Cie
IMPRIMEURS-ÉDITEURS
30, Rue et Passage Dauphine, 30

1908
Tous droits réservés.

LA

GUERRE DE 1870-71

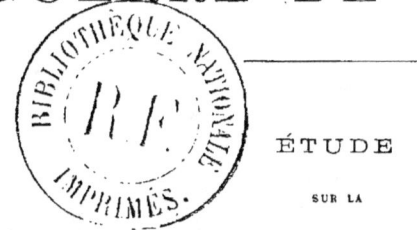

ÉTUDE

SUR LA

CAMPAGNE DU GÉNÉRAL BOURBAKI

DANS L'EST

PARIS. — IMPRIMERIE R. CHAPELOT ET Cⁱᵉ, 2, RUE CHRISTINE.

LA Guerre DE 1870-71

ÉTUDE SUR LA

CAMPAGNE DU GÉNÉRAL BOURBAKI

DANS L'EST

I

Le plan de campagne. — La concentration.

PARIS
LIBRAIRIE MILITAIRE R. CHAPELOT et Cie
IMPRIMEURS-ÉDITEURS
30, Rue et Passage Dauphine, 30

1908
Tous droits réservés.

AVANT-PROPOS

La campagne exécutée dans la région de l'Est par l'armée du général Bourbaki constitue, dans l'histoire générale de la guerre de 1870-71, un épisode bien tranché et qui, par suite, peut être étudié isolément. Soit à cause de ce caractère spécial, soit par suite de l'intérêt qu'il présente par lui-même, il a déjà tenté nombre d'historiens français et étrangers. Malgré la valeur de certains de ces travaux, on ne saurait dire que toutes les questions aient été résolues, et il est même permis d'affirmer que de véritables légendes sont encore en faveur, notamment en ce qui concerne le rôle du général de Werder. Il s'en faut beaucoup du reste que les véritables responsabilités du côté français aient été examinées avec toute l'impartialité désirable, et, suivant en cela l'exemple si fâcheux donné au lendemain de la guerre par le rapport de M. Perrot, la plupart des auteurs ont surtout fait œuvre de polémique pour faire peser, soit sur le pouvoir civil, soit sur le commandement militaire tout le poids du désastre final. Le plus souvent c'est la première des deux autorités qui a été chargée de tous les torts, d'une façon parfois trop exclusive.

La direction de cette campagne est l'œuvre d'un triumvirat composé de MM. de Freycinet, de Serres et du général Bourbaki, et il importe expressément, pour faire une œuvre impartiale, de suivre jour par jour les relations qui s'établirent entre ces trois personnalités et dont la résultante furent les opérations proprement dites. En pareille matière, les extraits, les analyses de documents ne suffisent pas. C'est donc la correspondance échangée qui sera à peu près tout entière mise sous les yeux du lecteur, le risque d'allonger ou d'alourdir le récit devant être considéré comme de peu d'importance en regard du danger qu'il y aurait à manquer, si peu que ce soit, à l'impartialité la plus rigoureuse.

Les documents qui constituent cette correspondance, dépêches télégraphiques pour la plupart, n'ont été publiés qu'en petite partie par la Commission d'enquête de l'Assemblée nationale. Les Archives de la Guerre en possédaient un grand nombre d'autres. Mais l'appoint le plus important et le plus précieux provient du Ministère des Affaires étrangères, où ont été déposés par M. J. Reinach les « papiers Gambetta ». M. de Freycinet a bien voulu combler quelques lacunes par des extraits de son copie-lettres. Il manque toutefois à l'histoire de cette période certains papiers laissés par M. de Serres et dont nous n'avons pu obtenir communication.

En ce qui concerne les opérations proprement dites du côtés français, il existait une grosse lacune dans les documents conservés aux Archives de la Guerre, par suite de la disparition des documents de l'État-Major général de l'Armée de l'Est. Après l'entrée en Suisse, ces pièces, confiées par le général Borel au sous-lieutenant de Villeneuve, furent portées par lui à Paris après la capitulation. Déposées dans l'hôtel de son père, elles y furent détruites par un incendie. Néanmoins la plupart des ordres de mouvement ont pu être retrouvés par les expéditions restées entre les mains des destinataires. D'ailleurs, ainsi que nous l'avons fait remarquer dans l'article « États-Majors et Cabinets » (*Revue d'Histoire*, janvier 1906), le rôle de l'État-Major de l'Armée de l'Est dans la conduite des opérations fut des plus restreints, toutes les affaires importantes ayant été traitées entre le général en chef et son cabinet militaire, dont le chef était le colonel Leperche. Les papiers de cet officier supérieur et ses diverses dépositions devant la Commission d'enquête contiennent ceux des documents qui dépeignent le mieux les divers états d'esprit par lesquels passa le commandement.

Les Archives de la Guerre sont fort riches en ce qui concerne les corps d'armée, divisions et brigades. Ordres, journaux de marche, registres de correspondance, tout cela fut conservé avec soin. Ces pièces officielles ne doivent pourtant être acceptées que sous réserve, car l'exposé des faits se ressent trop souvent de la préoccupation de les faire cadrer avec les prescriptions faites. Un moyen de contrôle nécessaire est fourni par les *Historiques* manuscrits des corps envoyés au Ministère au lendemain de la guerre, et souvent, pas assez cependant, rédigés d'après les notes prises au jour le jour. Les richesses des Archives historiques de la Guerre se sont en outre accrues depuis peu de temps par le versement des nombreux documents provenant de la succession du général Billot. La grande majorité est constituée par des pièces déjà possédées. Certaines, à la vérité souvent postérieures aux événements, présentent un réel intérêt.

Tous ces documents de caractère officiel sont manifestement insuffisants, même en les contrôlant les uns par les autres, pour la relation des combats. Il a donc fallu d'autres sources, et la plus précieuse a été de beaucoup le témoignage des nombreux acteurs dans ces événements que nos relations personnelles nous ont permis de consulter.

La bienveillance des témoins a été extrême, et l'on en jugera par ce fait que certains ont consenti à nous accompagner sur les champs de bataille, pour y revivre leurs impressions, dans des conditions de température analogues à celles de cette pénible campagne. Parmi ceux auxquels doit s'adresser particulièrement notre reconnaissance, nous citerons particulièrement les généraux Varaigne, Chevals, Laffnode Labédat, Clamorgan, Lacroisade, Villien Bernard, Ségard, Quénot, Pendézec, etc. ; MM. Hérissant, Paulze d'Ivoy, Lyautey, Prévost, de Tristan,

Bisseul, de Massa, Deforgues, de Mallet, de Villeneuve, de Grammont, Montplaisir, de Roffignac, Kauffeisen, de Wignacourt, Bauzillot, Joachim, Frocart, etc.

Assurément les souvenirs deviennent confus à la longue, et les acteurs apprécient généralement mal les événements auxquels ils sont mêlés. Ce n'est à aucun d'eux qu'il faut demander une relation d'ensemble. Mais, mis aussi exactement que possible dans une situation qu'ils ont occupée, il est rare que leur mémoire ne s'éveille pas, souvent à l'évocation d'un épisode minime, et, si l'on sait se borner, dans ses questions, à ce qu'ils ont personnellement fait et vu, il est peu de témoins qui ne puissent fournir une utile contribution.

En ce qui concerne les opérations des Allemands, la Relation du grand État-Major a été fort peu utilisée par nous, non certes par manque d'estime pour cette œuvre remarquable, mais par la nécessité qui s'est constamment affirmée de vérifier ou même de combattre, moins les faits eux-mêmes que le jour sous lequel ils sont présentés et les considérations qui les accompagnent. Nos principales sources ont été la *Correspondance militaire* du maréchal de Moltke et surtout les *Historiques* des corps, dont la valeur documentaire est incomparablement supérieure à celle des travaux similaires français. Il faut y ajouter les monographies récentes publiées par le grand État-Major allemand, telles que *Heeres Bewegungen* et *Das Abbrechen von Gefechten*, les relations de Löhlein et Wengen, qui ont pris part à la campagne, et les travaux modernes des majors Kunz et Fabricius, ainsi que du professeur Varnhagen. Composés sur les pièces mêmes conservées à Berlin, ces derniers ouvrages ont apporté à l'histoire d'importants renseignements.

On taxera peut-être de minutie l'effort que nous avons fait pour préciser, surtout dans les combats, le rôle des petites unités. Lorsqu'il s'agit d'affaires aussi décousues, aussi incohérentes, si nous osons ce mot, que les combats de Villersexel et de la Lisaine, il nous a paru impossible de définir l'action des Corps ou des divisions, sans entrer dans le détail de leurs éléments. Heureux ceux qui arrivent à la vérité simple par la ligne droite! mais, pour que la tactique future trouve dans l'histoire une base solide, pour que les faits portent un enseignement, il faut d'abord qu'ils soient prouvés, et aucune précaution ne semble inutile à ceux que préoccupe avant tout la recherche de la vérité.

Malgré tous nos efforts, notre œuvre est incomplète. D'abord elle s'arrête au dernier jour de la bataille de la Lisaine, le temps, et aussi le courage, nous ayant manqué pour décrire l'affreuse retraite et le désastre final qui resteront un des plus tristes souvenirs de la guerre franco-allemande. Consacré à la manœuvre exécutée par l'armée du général Bourbaki, notre travail ne traite le rôle des forces rassemblées par Garibaldi qu'en ce qui touche au sort de l'armée principale. Il en sera de même des opérations de divers corps francs, des garnisons de Langres, Besançon, Belfort, etc. Dans la partie, même ainsi restreinte, qui a été étudiée, il subsiste encore des lacunes provenant de l'insuffisance des renseignements, et probablement des erreurs. Il n'est donc présenté au lecteur qu'une étude spéciale d'un épisode déterminé de la campagne, étude à laquelle s'applique particulièrement la restriction d'avoir été corroborée par de nouveaux témoignages et soumise aux critiques français et allemands, avant de pouvoir prendre place dans l'histoire générale et définitive de la Guerre de 1870-71.

E. D.

LA GUERRE DE 1870-1871

LA CAMPAGNE DE L'ARMÉE DU GÉNÉRAL BOURBAKI DANS L'EST

Du 19 décembre 1870 au 18 janvier 1871.

I

Mouvements des 15ᵉ, 18ᵉ et 20ᵉ corps pendant la journée du 19 décembre.

Les 15ᵉ, 18ᵉ et 20ᵉ corps d'armée, arrivés les 10 et 11 décembre autour de Bourges, n'avaient été sauvés d'une destruction complète que grâce aux ordres donnés le 9 décembre, à dix heures du soir, par le Prince Frédéric-Charles, arrêtant ses deux corps, IIIᵉ et Xᵉ, lancés au Sud de la Loire. Tandis que le premier se portait sur Orléans et le second sur Mer, il n'allait plus rester à proximité des Français qu'une seule brigade de cavalerie, la 14ᵉ, vers Vierzon (1), d'où elle se retira bientôt sur Salbris et Romorantin.

---

(1) La 3ᵉ était à Bracieux, la 15ᵉ à Romorantin.

Ce fut donc sans avoir été inquiétés que les 15ᵉ, 18ᵉ et 20ᵉ corps purent, le 12 décembre, se porter sur Mehun, Saint-Martin-d'Auxigny et Allogny et enfin prendre, les 16, 17 et 18, les cantonnements suivants :

QUARTIER GÉNÉRAL. — BOURGES.

15ᵉ Corps.

(à l'Ouest et au Sud-Ouest de Bourges). (1)
Emplacements le 19 décembre au matin.

QUARTIER GÉNÉRAL. Maison Neuve, près Sainte-Thorette.
1ʳᵉ *division*........

1ʳᵉ brigade........
- 1ᵉʳ zouaves de marche. — Château de Servanterie, Fermes Marsan et Bois-Néré.
- 38ᵉ de ligne. — Somme.
- 12ᵉ provisoire (mobiles de la Nièvre). — Beauvoir.

2ᵉ brigade........
- 4ᵉ chasseurs de marche. — Sainte-Thorette.
- Tirailleurs algériens. — Le Coudray.
- 18ᵉ provisoire (mobiles de la Savoie). — Lury.
- Mobiles de la Charente. — *Id.*

Artillerie.
Génie (1ʳᵉ section).. Sainte-Thorette.

2ᵉ *division*........ Saint-Florent.

1ʳᵉ brigade........
- 5ᵉ chasseurs de marche. — Champfrost (2 kil. 500 Est de Saint-Florent-sur-Cher).
- 39ᵉ d'infanterie de ligne. — Charost.
- Régiment étranger. — Saint-Florent.
- 25ᵉ provisoire (mobiles de la Gironde). — Château du Coudray. Grand et petit Entrevin.

2ᵉ brigade........
- 2ᵉ zouaves de marche. — Villeneuve-sur-Cher, Galefard, Bouret.
- 30ᵉ de marche. — Monthomier, Sollier.
- 29ᵉ provisoire. — Villeneuve-sur-Cher, Grande et Petite Salle.

---

(1) Les emplacements des corps sont ceux donnés par leurs historiques particuliers, souvent en désaccords avec les journaux de marche des corps d'armée, divisions ou brigades et encore plus avec les ordres de mouvement.

Artillerie (4 batteries dont 2 de montagne)............	Ferme de Grand-Breuil (avec le génie, 1 section). Châtelier, La Chaîne, autour de Saint-Florent.
3e *division*.........	Chapelle-Saint-Ursin.
1re brigade........	6e chasseurs de marche. — Huitre, Bulle, Bijoux. 16e d'infanterie de ligne. — Marmagne et Marmignolle (1 kil. 500 au Sud-Ouest). 33e de marche (fraction du). — Charon. 32e provisoire (mobiles du Puy-de-Dôme). — Les Bordes.
2e brigade........	27e de marche. — Pierrelay (3 kilom. Ouest de Bourges), château de Grange-Miton. 34e de marche. — Les Vallées, Beaulieu, Maupertuis. 69e provisoire (Ariège). — Grand-Montet, Pisse-Vieille, la Folie.
Artillerie. Génie...	Chapelle Saint-Ursin. — Réserve d'artillerie : Saint-Caprais, Champfrost. — Génie : Saint-Florent.

Division de cavalerie.

1re brigade........	6e dragons. — Brinay. 6e hussards ⎱ Mehun. 11e chasseurs ⎰
2e brigade (Boërio).	2e lanciers. — Lineux et Lazenay. 5e lanciers. — Quincy. 3e dragons de marche. — Lury.
3e brigade	9e cuirassiers. — Charost et Villeneuve-sur-Cher. 1er cuirassiers de marche. — Preuilly. 1er chasseurs de marche. — Reuilly.

18e Corps.

QUARTIER GÉNÉRAL.	Moulins-sur-Yèvre.
1re *division*........	Asnières.
1re brigade	9e chasseurs de marche. — La Feularde. 42e de marche. — Pont de Moulon. Pressoir Houët, Ferme Malitorne et gare de Bourges. 19e provisoire. — Asnières.

2ᵉ brigade........	44ᵉ de marche. — Asnières et le Brion. 73ᵉ provisoire (Loiret et Isère). — Asnières.
Artillerie..........	Asnières.
Génie............	Asnières.
2ᵉ division.......	Château de Brécy.
1ʳᵉ brigade (1).....	12ᵉ chasseurs de marche. } Autour de Brécy 77ᵉ provisoire (Allier). } Campée.
2ᵉ brigade........	Régiment d'infanterie légère d'Afrique. — Marcilly. 52ᵉ de marche. — Brécy. 80ᵉ provisoire (Allier). — Brécy.
Artillerie, Génie...	Brécy.
3ᵉ division........	Moulins-sur-Yèvre.
1ʳᵉ brigade........	4ᵉ zouaves de marche. — Maubranche (bivouac). Tirailleurs (300 hommes). 81ᵉ provisoire (Cantonnement bivouac). — Osmoy.
2ᵉ brigade (2).....	53ᵉ de marche. } Bivouac entre Chalus et 82ᵉ provisoire } Osmoy sur une ligne le long (Vaucluse). } de l'Yèvre face au Nord.
Artillerie.........	?
Division de cavalerie.	Saint-Germain-du-Puits.
1ʳᵉ brigade........	2ᵉ hussards de marche. — Fussy. 3ᵉ lanciers de marche. — Saint-Michel et château des Fosses.
1ʳᵉ brigade........	5ᵉ dragons de marche. — Sainte-Solage. 5ᵉ cuirassiers de marche. — Saint-Germain-du-Puits.
Réserve d'artillerie.	?

---

(1) Le 92ᵉ de ligne, alors à Briares, puis Gien, sera rattaché le 20.

(2) Les éclopés et malades sont seuls logés à Osmoy (journal de la 2ᵉ brigade de la 3ᵉ division).

20ᵉ Corps.

Emplacements le 19 décembre avant le départ.

QUARTIER GÉNÉRAL. Château de Lazenay (4 kil. S.-E. de Bourges).

Emplacements d'après les historiques des corps.

1ʳᵉ division.
(A)
Seruelles, Saint-Lunaire, Linay-Luchy, Senneçay, Saint-Germain-des-Bois, Levet.

- 11ᵉ provisoire (Loire). — Bourges.
- 50ᵉ de marche. — Bourges.
- 55ᵉ provisoire (Jura). — Ferme Mézières (2 kilomètres S. de Bourges).
- Génie mobile (Loire). — Id.
- 24ᵉ provisoire (Haute-Garonne). — Bourges, arrivé à 2 heures du matin venant d'Argent.
- 67ᵉ provisoire (Haute-Loire). ⎫
- Mobiles Saône-et-Loire. ⎬ Trouy.
- Mobiles du Haut-Rhin. ⎭
- Compagnie du IIIᵉ bataillon de mobiles de la Loire. — Trouy.

Artillerie. Génie... Id.

2ᵉ division.
(A)
Dieu-le-Roy, Bussy, Saint-Denis-de-Palin, Coutres.

- 34ᵉ provisoire (Deux-Sèvres). — ?
- Mobiles du Haut-Rhin. — ?
- 3ᵉ zouaves. — Plainpied.
- IIᵉ bataillon mobiles de la Savoie. — ?
- Artillerie 2 batteries. ⎫ Soye.
- Mineurs de la Loire. ⎭

3ᵉ division.
(A)
Saint-Just, Aunoix, Plainpied, Soye.

- Le 7ᵉ de marche. — Soye.
- 78ᵉ de ligne. — Saint-Just.
- Mobiles de la Corse. — Iᵉʳ bataillon La Sapinière et la Feularde, IIᵉ Aunoix et Crosse.
- Volontaires du Doubs. —?
- Francs-tireurs Allier. —?
- Mobiles des Vosges. — Bengy.
- — Pyrénées-Orientales. — Plainpied.
- — Meurthe. —?
- Francs-tireurs de Nice. — ?

(A) Les localités ainsi désignées sont celles du Journal des marches du corps d'armée. Le désaccord est complet pour la 1ʳᵉ division et important pour la 3ᵉ.

	Artillerie 2 batteries	⎫ Crosse.
	Ouvriers volontaires de Tours.	⎭
6ᵉ cuirassiers......	Saint-Denis-de-Palin.	
7ᵉ chasseurs.......	Soye.	
2ᵉ lanciers de marche..........	Grange Saint-Jean.	

Les journées des 17 et 18 avaient été employées à reconstituer dans une certaine mesure l'habillement, l'armement, les cadres. On reçut environ 6,000 hommes de divers détachements. Les troupes, cantonnées pour la première fois en presque totalité, avaient pu se reposer, et tous les témoignages concordent pour affirmer que cette courte période de repos eut une influence très favorable sur le moral, jusque-là très éprouvé. — Le temps s'étant adouci ce fut avec entrain qu'on se mit en marche le 19 décembre au matin. — Le total de l'effectif disponible pour le combat était d'environ 110,000 hommes (1).

Depuis trois jours Gambetta pressait le général Bourbaki de reprendre l'offensive. Ce dernier, refusant de se porter au secours de Chanzy, avait fini par consentir, le 18, à un mouvement vers Montargis. Mais, désirant sans doute maintenir son armée le plus longtemps possible loin de l'ennemi, qui pourtant avait, le 17 décembre, abandonné Gien, il avait décidé de passer la Loire à la Charité (2) et à Nevers pour se rabattre ensuite vers le Nord.

L'ordre (3) donné le 18 décembre comprenait l'ensemble des mouvements à exécuter du 19 jusqu'au 23 inclus. Ces cinq journées de marche devaient amener la 1ʳᵉ armée à occuper Bonny-sur-Loire (18ᵉ corps), Cosne

---

(1) Situation du 18 décembre (Archives historiques de la Guerre).

(2) Occupé par l'avant-garde du général de Pointe qui commandait à Nevers.

(3) Ordre n° 22 (Archives historiques de la Guerre).

(15ᵉ), Douzy (20ᵉ). Le 20ᵉ corps aurait passé le fleuve à Nevers le 22, le 18ᵉ l'aurait passé le 21 à la Charité et le 15ᵉ au même point le lendemain. — La brigade de cavalerie Boërio (15ᵉ corps) devait se porter par la Charité sur Clamecy et éclairer le pays entre Joigny et Montbard. — Enfin il était demandé au ministre que le détachement Cathelineau (1) fût envoyé par chemin de fer sur Gien.

D'un vague extrême, cet ordre général fut interprété de la façon suivante :

Au 20ᵉ corps, la 3ᵉ division (2) dut se porter de Saint-Just sur Bengy-sur-Craon par Crosse et Avord, la 2ᵉ à Raymond et Jussy-Champagne, la 1ʳᵉ à Avord. Les troupes non endivisionnées à Blet et Ouzouer. Il était prescrit de cantonner le plus possible.

Au 18ᵉ corps (3), la 1ʳᵉ division dut venir bivouaquer à Brécy, la 2ᵉ bivouaquer à Marsilly, la 3ᵉ bivouaquer à Soléricu ; la division de cavalerie se placer entre Etrechy et Azy, la réserve d'artillerie vers Gron.

Au 15ᵉ corps la 1ʳᵉ division eut l'ordre d'aller bivouaquer à la Grange Milou, la 2ᵉ près de Bourges, entre les routes allant de cette ville à Saint-Amand et à Saint-Florent, la 3ᵉ à Saint-Germain-des-Puits. La brigade de cavalerie Boërio, détachée du 15ᵉ corps, devait aller bivouaquer au même endroit, d'où elle avait le lendemain à gagner Clamecy (90 kilomètres) « sans gêner le 18ᵉ corps » (sic).

Seul, on le voit, le général Clinchant faisait cantonner ses troupes, ainsi que le gouvernement en avait déjà plusieurs fois donné l'ordre formel.

La manière dont se trouvait entamé le mouvement vers Montargis provoque quelques réflexions.

---

(1) Vendéens, auxquels on devait adjoindre un bataillon de tirailleurs algériens.
(2) Ordre du 20ᵉ corps (Archives historiques de la Guerre).
(3) Ordre du 18ᵉ corps (Archives historiques de la Guerre).

La direction générale paraît surtout avoir été décidée par la considération de se tenir le plus loin possible de l'ennemi qui avait paru vers Gien. — C'est ainsi qu'on imposait aux troupes, surtout au 20ᵉ corps, un détour considérable, et que, le pont de Fourchambault ne pouvant être utilisé (1), on était réduit aux seuls passages de la Charité et de Nevers. — Ce souci amenait en somme une manœuvre dangereuse, puisque l'énorme colonne formée par les 18ᵉ et 15ᵉ corps allait, sans aucune protection sur son flanc gauche, défiler pendant les deux journées du 21 et du 22 par le pont de la Charité. On ne s'explique pas comment l'excellente route de Bourges à Sancerre par les Aix-d'Angillon ne fut pas utilisée au moins par une flanc-garde.

Quant à la mission donnée à la brigade Boërio de prendre les devants vers la Charité, il convient de remarquer que ces trois régiments étaient sur le Cher à Brinay et Quincy à 20 kilomètres à l'Ouest de Bourges, et que, devant le 19 au soir s'arrêter à Saint-Germain-du-Puits, ils se trouveraient encore le lendemain derrière le 18ᵉ corps. Ils devaient avoir et eurent en effet la plus grande difficulté à le dépasser.

Exécution du mouvement.

18ᵉ Corps. Les journaux de marche des corps montrent très nettement avec quelle lenteur le mouvement fut exécuté, et son ensemble caractérise l'aptitude au mouvement de cette armée. — La 2ᵉ division, qui devait prendre la tête, n'avait que 14 kilomètres à franchir pour se porter de Brécy à Marcilly. Parti à 7 heures du matin, le régiment d'Afrique n'arrive qu'à 3 heures du

---

(1) Ordre de mouvement de l'armée pour le 19. — « Le passage est dangereux, même pour les troupes. »

soir (8 heures) (1). La 1re division avait, de son cantonnement le plus éloigné, la Feularde, 20 kilomètres à couvrir pour arriver à Brécy. La préocupation de placer en tête de colonne le bataillon de chasseurs, qui occupait la Feularde, retarda le mouvement de telle sorte que le 73e mobiles (2), parti à 7 h. 30 d'Asnières, n'arrive à Brécy qu'à 2 heures du soir ; le 44e (3) de marche, qui est en queue de colonne, à 5 heures, les voitures à vivres à 11 heures (4). — Cette courte étape avait été coupée par une grand'halte d'une heure à Saint-Germain-du-Puits. La 3e division, concentrée autour d'Osmoy et Moulins-sur-Yèvre, avait à franchir 20 kilomètres pour aller à Solerieu et disposait d'une route indépendante ; elle met treize heures pour son mouvement (5). — Le 81e provisoire (1re brig.), parti à 6 heures du matin, n'atteint Solérieu qu'à 6 heures du soir, le 53e de marche (2e brig.) n'arrive qu'à 7 heures, quant au 82e provisoire, un de ses bataillons éprouve une mésaventure qui l'éloigne de son corps — et lui cause un sérieux supplément de fatigue.

« A 6 heures du matin (6) arrive l'ordre d'envoyer un bataillon à 4 heures (*sic*) auprès du grand parc. — Le IIe bataillon prend le pas gymnastique pour dépasser la colonne et rattraper le grand parc qui est déjà loin. » — Il ne le rejoint qu'à la nuit à son camp établi à 1 kilomètre de Nérondes et bivouaque près de lui.

---

(1) *Historique* du régiment d'Afrique. Le 52e de marche paraît être resté à Villabon (*Journal* de marche).
(2) *Journal.*
(3) *Journal.*
(4) *Journal* des subsistances.
(5) *Journal* de la division, 4 malades entrent à l'ambulance de la division (*Journal* de l'ambulance).
(6) Qui est en queue de colonne. *Historique* de la 2e brigade de la 3e division. *Journal* du bataillon de Vaucluse, 82e provisoire.

Quant à la cavalerie, les journaux de marche des corps présentent de telles contradictions qu'on ne peut en déduire exactement les conditions du mouvement effectué. Il semble néanmoins que la 2e brigade (1) cantonnée vers Saint-Germain-du-Puits se porta directement sur Etrechy et vint bivouaquer au Nord de ce village vers la ferme « la Vienne ». Dans la 1re brigade, deux escadrons du 3e lanciers (2) se portèrent par les « Aix-d'Angillon » et Rians sur Azy où ils bivouaquèrent; les 2e et 3e escadrons restèrent avec les divisions (3e et 1re) auxquels ils étaient affectés. Pour le 2e hussards, qui était à Fussy, il suivit probablement le gros du 3e lanciers et vint bivouaquer à Azy où (3) il arriva à trois heures du soir.

15e Corps. La 3e division établie à la Chapelle-Saint-Ursin et Marmagne avait à couvrir un maximun de 16 kilomètres pour atteindre Saint-Germain-du-Puits. La 1re brigade sortit de Pierrelay à 7 heures du matin (4), tandis que la 2e quittait Marmagne une heure plus tard (5); mais, une fois à la bifurcation, au Nord de Bourges, des routes de Montargis et de la Charité, il fallut attendre l'écoulement du 18e corps, si bien que ce fut à 3 heures du soir seulement qu'on parvint à Saint-Germain-du-Puits.

Ce retard se répercuta sur une partie de la 1re division, car, tandis que la 1re brigade, ralliée à Sainte-Thorette, se portait par le Coudray vers Pierrelay où elle arrivait de bonne heure (6), le 12e provisoire, parti à 9 heures

---

(1) 5e Dragon de marche, *Historique* du 5e cuirassiers.
(2) *Journal* du 3e cuirassiers de marche.
(3) D'après le *Journal* du 2e hussards, ce régiment serait resté le 19 à Fussy, serait venu le 20 à Cézy et le 21 à Sancergues où « était toute la division ». Celle-ci y était le 20 et non le 21. Il semble y avoir une erreur d'un jour.
(4) *Historique* du 27e de marche.
(5) *Historique* du 15e d'infanterie.
(6) *Historique* du 1er zouaves de marche.

seulement de Beauvoir, ne put rejoindre la division à son bivouac à l'Ouest de Bourges qu'à 5 heures du soir (8 heures pour 11 kilomètres) (1). Un bataillon de Tirailleurs Algériens appelé dès le matin du Coudray-sur-Bourges, où il devait être embarqué, reçut contre-ordre et resta dans la ville (2). Seule la 2e division ne fut pas gênée dans son mouvement. Formée vers 8 heures du matin en colonne sur la route de Bourges à Saint-Florent, entre ce point et le Sollier, la 2e brigade en tête (3), les bagages entre les 2 brigades, et suivie de la réserve d'artillerie (4) et du génie, ses dernières troupes étaient installées au bivouac au Sud de Bourges avant 2 heures du soir (21 kilomètres pour le dernier régiment, 39e d'infanterie à Charost).

Dans la division de cavalerie, contrairement à l'ordre de mouvement (5), la 1re brigade (6e drag., 6e huss., 11e chass.) garda ses cantonnements, sauf le 6e drag. qui alla seulement de Brinay à Quincy (6). Les trois régiments de la 3e brigade restèrent respectivement à Charost, Preuilly et Reuilly (7). Le mouvement de l'armée se trouva ainsi couvert vers l'Ouest par 6 régiments de cavalerie sur le front Mehun, Quincy, Reuilly, Charost. Quant à la brigade (Boërio, 2e et 5e lanciers

---

(1) *Journal* du 12e provisoire.
(2) *Historique* du 1er tirailleurs.
(3) Venue par Marthomier dans l'ordre suivant : zouaves, 29e provisoire, 30e de marche.
(4) Partie à 4 heures du matin de la Châtellerie près Saint-Floent (*Journal* de la 1re batterie de montagne du 13e d'artillerie. *Journal* du génie du 15e corps.
(5) Qui prescrivait à la division, sauf la brigade Boërio, d'escorter les convois et de bivouaquer pour son compte.
(6) *Historique* du 6e dragons de marche. *Journal* de la division de cavalerie.
(7) *Historique* des 9e et 1er cuirassiers de marche et 1er chasseurs de marche.

et 3ᵉ drag. de marche), elle quitte à 7 heures du matin ses cantonnements de Lury, Limeux et Quincy et, passant par Mehun, Berry et Bourges, vint bivouaquer à Saint-Germain-du-Puits en avant (vers l'Est) de la 3ᵉ division du 15ᵉ corps (1). Dès le soir même une reconnaissance d'officier fut envoyée au delà de la Loire (2).

20ᵉ Corps. Le mouvement du 20ᵉ corps s'exécuta de la façon suivante :

A la 3ᵉ division, le 47ᵉ demarche vint cantonner à Bengy-sur-Craon, le IIᵉ bataillon de mobiles de la Corse (parti d'Aunoix) à la ferme du Grand-Creuzat (1 kil. 500 Nord), où il arrive à 4 heures du soir (10 heures pour 23 kilomètres). Les mobiles des Pyrénées-Orientales parvinrent à Bengy ayant passé par Dun-sur-Auron. — Le 58ᵉ provisoire cantonna aussi à Bengy, tandis que le bataillon de la Meurthe restait près d'Avord. La cavalerie divisionnaire (6ᵉ cuirassiers) avait poussé jusqu'à Nérondes.

La 2ᵉ division vint à Raymond et Jussy-Champagne (3); sa cavalerie (7ᵉ chasseurs) à Cornuses. La 1ᵉ (4), rassemblée à 8 heures à Bourges, faubourg d'Auron, arriva vers 4 heures à Avord (5); le régiment cantonné à Trouy (67ᵉ provisoire) avait eu plus de 30 kilomètres à parcourir.

Les troupes non endivisionnées vinrent à Blet, Charly et Ouzouer.

Le convoi parqua en arrière d'Avord.

Le mouvement s'était effectué sur deux routes parallèles.

---

(1) *Journal* de la 2ᵉ brigade.
(2) *Id.*
(3) *Journal* du 20ᵉ corps, 3ᵉ zouaves à Jussy-Champagne. Génie, *id.*
(4) Ordre de la division (Archives historiques de la Guerre).
(5) *Journal* du 20ᵉ corps.
(6) *Journal* du 20ᵉ corps.

Le 19 décembre au soir, les emplacements étaient donc les suivants :

QUARTIER GÉNÉRAL DE L'ARMÉE. — Bengy.

18e corps.

2e division	Au bivouac, autour de Marcilly des deux côtés de la route (1).
3e division	Au bivouac, entre Gron, Solérieu, les Chapelles (2).
1re division	Au bivouac, au sud de Brécy.
Division de cavalerie. Réserve d'artillerie. Génie.	Au bivouac, entre Azy et Étréchy.

15e corps.

3e division	Au bivouac, Saint-Germain-du-Puits.
2e division	Au bivouac, 3 kil. S. de Bourges, entre les routes de Saint-Florent et de Saint-Amand.
1re division	Au bivouac, 3 kil. O. de Bourges, vers Grange-Miton.
Division de cavalerie, 1re et 3e brigades, cantonnées à	Mehun (6e hussards, 11e chasseurs). Quincy (6e dragons). Preuilly (1er cuirassiers). Charost (9e cuirassiers). Reuilly (1er chasseurs).
2e brigade (2e et 3e lanciers, 3e drag.).	Au bivouac, à Saint-Germain-du-Puits, avec la 1re division.
Réserve d'artillerie. Génie	Au bivouac avec la 2e division.

20e corps. — Quartier général. — Avord.

1re division	Avord, cavalerie divisionnaire (2e lanciers). Bengy.
2e division	Raymond et Jussy-Champagne (3e zouaves, Jussy). Section du génie, Jussy. — Cavalerie divis. (7e chasseurs), Cornusse.

---

(1) Moins, semble-t-il, le 52e de marche resté à Villabon.
(2) Moins le bataillon du Vaucluse, 82e provis., avec le grand parc à Nérondes.

3ᵉ division .... { Bengy-sur-Craon. (47ᵉ de marche, Bengy. — Mobile de la Corse, ferme Grand-Creuzot. — Mobile Pyrénées-Orientales, Bengy. — 58ᵉ provisoire, Bengy. — Bataillon mobile Meurthe, près d'Avord. — Cavalerie divisionnaire, 6ᵉ cuirassiers, Nérondes.)

Réserve d'artillerie.
Génie.............. } Blet, Charly, Ouzouer.
Convoi ....

II

Situation des Allemands et opérations du 19 décembre.

Les termes de l'ordre du 17 décembre font connaître comment, à cette époque, le maréchal de Moltke appréciait la situation d'ensemble des armées allemandes.

Quartier général de Versailles, 17 décembre 1870 (1).

« La situation générale commande, le succès obtenu, de poursuivre l'ennemi aussi loin seulement qu'il sera nécessaire pour opérer une dispersion d'ensemble de ses masses et pour les mettre hors d'état de se reconstituer de longtemps.

« Nous ne pouvons suivre l'adversaire jusque dans ses derniers points d'appui, comme Lille, le Havre et Bourges; notre intention n'est pas d'occuper d'une façon permanente des provinces éloignées, comme la Normandie, la Bretagne ou la Vendée; il est même certaines villes, telles que Dieppe et peut-être Tours, que nous devons nous décider à évacuer afin de concentrer nos forces sur un petit nombre de points principaux.

« Ces points seront occupés, autant que possible, par des unités constituées (brigades, divisions ou corps d'armée).

---

(1) *Correspondance* militaire du maréchal de Moltke. Rédigé le 15, expédié le 17, 6 heures du soir.

« Des colonnes mobiles en rayonneront, mais seulement aux abords immédiats, pour les dégager de la présence des francs-tireurs. Ainsi postés, nous attendrons le moment où les armements ennemis auront pris corps de nouveau et se seront réorganisés en armées, pour nous jeter sur elles par de courts mouvements offensifs.

« De cette façon nous parviendrons sans aucun doute à procurer à nos troupes une certaine période de repos dont elles ont besoin pour se refaire.

« En conséquence, S. M. le Roi ordonne :

« A l'avenir le blocus de Paris sera couvert, au Nord, par la 1re armée qui, à cet effet, concentrera le gros de ses forces autour de Beauvais.

« A l'Ouest, la subdivision d'armée du Grand-Duc de Mecklembourg, qui est actuellement à la poursuite de l'ennemi (2e armée de la Loire), se rassemblera sous Chartres, sa mission terminée, avec un fort détachement à Dreux.

« Au Sud la IIe armée concentrera la masse principale de ses forces autour d'Orléans. Elle abandonnera le pays situé sur la rive gauche de la Loire et se bornera à observer dans la direction du Cher ; mais elle continuera d'occuper, sinon Tours, au moins Blois et Gien (détruire autant que possible les ponts en amont).

« En cas d'offensive de la part de l'ennemi, les points principaux indiqués ci-dessus pourront, selon toute prévision, être soutenus en temps utile par la position centrale dont ils ressortissent; de toute façon, si les troupes venaient à être délogées, elles seraient recueillies par un mouvement en amont.

« Cependant, comme une offensive de l'Armée de Bourbaki sur la rive droite de la Loire peut exiger l'emploi de forces plus considérables que celles qui se trouveront à Orléans et à Gien, le gros du corps Zastron (le 7e) est dirigé sur Auxerre, où il sera en situation de rallier la II⁰ Armée à Montargis pour une bataille »...

Ces directives, qui précisaient les considérations exprimées dès le 12 (1), avaient déjà reçu, en ce qui concerne la II⁰ armée, un commencement d'exécution. Le 19, en effet, les III⁰ et X⁰ corps, avec le Ier bavarois et la 6⁰ division de cavalerie, étaient à Orléans et environs. Un fort détachement de troupes bavaroises était en observation à Ouzouer-sur-Loire (2) avec le *16⁰* hussards. Un autre détachement, fourni par le IX⁰ corps (*2⁰* hessois, *2⁰* cavalerie hessois, 1 batterie à cheval, général-major V. Rantzau) occupait (3) Montargis. Seule la *15⁰* brigade de cavalerie avait été envoyée au Sud du Loiret, mais sans reprendre le contact (4).

Dans l'hypothèse d'une marche de Bourbaki vers Montargis, un rôle important devait incomber au VII⁰ corps (Zastrow).

Restées aux environs de Metz jusqu'au 27 novembre (moins la *14⁰* division occupée au siège de Mézières), ces troupes avaient été portées en chemin de fer et par échelons successifs vers Chaumont et Châtillon-sur-Seine (5), étendant leur gauche vers Céré-en-Barrois. Dès le 14, à la réception de l'ordre du 12 cité plus haut, le commandant de la II⁰ armée avait adressé au général Zastrow la demande pressante de « prendre au plus tôt une position interdisant à l'ennemi de marcher de Gien sur Paris » (6).

---

(1) *Correspondance* de de Moltke, n° 483, au général Stiehle.
(2) *État-Major allemand*, II⁰ partie, page 686.
(3) *Id*.
(4) Le *4⁰* ulans signale, le 16 au matin, que le pays est libre jusqu'au Cher.
(5) *État-Major allemand*, page 608, entré le 29 novembre. Georges Hitl, *Guerre franco-allemande*. Il avait avec lui la *13⁰* division, son artillerie de corps, moins 2 batteries et le *3⁰* hulans de réserve.
(6) *Id*., page 659.

Zastrow avait déjà reçu l'ordre télégraphique (1) de marcher sur Châtillon-sur-Seine avec l'avis que Werder serait chargé d'observer Langres. Cet ordre, confirmé par la lettre n° 476, expédiée de Versailles le 8 décembre, à quatre heures du soir par un feldjäger (2), insistait sur « l'importance prépondérante de la ligne Châtillon-Nuits (sous Armançon), Tonnerre, Joigny au point de vue du service des étapes de la II° armée ». Zastrow avait donc à « porter le gros de ses forces par Châtillon, Nuits et au delà..., à mettre rapidement la main sur les lignes en impasse qui, à l'est de Joigny, par Auxerre, vont sur Clamecy et Avallon? ». Enfin la charge d'observer Langres lui étant retirée, il allait disposer de toutes ses forces. Celles-ci allaient être augmentées, en vertu d'un ordre du 11 décembre, du *1er* hussards de réserve, venant d'Allemagne, et qui allait débarquer à Vitry, et des *72e* et *60e* d'infanterie employés au service des étapes.

En recevant cet ordre, « le général Zastrow fit exprimer au général Werder, par l'intermédiaire du feldjäger qui se rendait à Dijon, le désir de voir bientôt investir Langres, afin que le détachement du VII° corps, resté à Château-Villain, pût le rejoindre dans la marche qu'il projetait vers Tonnerre » (3). Puis il se mit en marche et arriva de sa personne à Châtillon-sur-Seine le 14 (4).

Le lendemain, il recevait l'avis suivant :

Télégramme.

Versailles, 15 décembre 3 heures soir.

« Le générel de Werder est chargé de couvrir aussi

---

(1) N° 474, du 8 décembre, midi. *Correspondance* de de Moltke.

(2) Feldjäger-chasseur de campagne, sorte de courrier ayant rang d'officier.

(3) N° 482. *Correspondance* du Maréchal de Moltke. Die Festung Langres. Monographie du *Grand État-Major*. Berlin, 1893, cahier 15.

(4) *Châtillon pendant la guerre*. L. Legay, 1899, avec *5 000 hommes*, et n° 510. *Correspondance* du Maréchal de Moltke.

la ligne Chaumont-Nuits. Portez-vous sur Auxerre avec vos troupes disponibles ; envoyez des détachements de flanc sur Nuits et Clamecy ; faites reconnaître les directions de Nevers, Cosne et Gien. Cherchez dans cette dernière direction à vous relier avec la IIe armée. Il est désirable qu'on détruise les ponts de la Loire en amont de Gien. »

Les journées des 17, 18, 19 et 20 furent employées par le corps Zastrow à se porter de Châtillon-sur-Seine sur Auxerre (75 kilomètres). D'après le récit du grand État-Major allemand il aurait laissé :

A Troyes et Bar-sur-Seine.	1 bataillon
A Nuits-sous-Armançon..	2 compagnies 1 peloton de hulans.
A Chablis...............	1 compagnie, — — —
A Châtillon-sur-Seine....	2 bataillons, 2 escadrons, 2 batteries.

Voici d'après les différents historiques des corps de troupes allemands comment fut exécuté le mouvement de Châtillon-sur-Seine à Auxerre en pays hostile, et avec des précautions qui témoignent à la fois des craintes qu'inspiraient les dispositions des habitants, et du rôle, souvent honorable, que jouèrent les populations patriotiques du Morvan dans la défense du territoire.

Le général v. Zastrow avait réparti ses troupes en 3 colonnes (1).

1° Détachement Bothmer (IIe et IIIe bataillons du *75e* d'infanterie ; 7e bataillon de chasseurs, 3e escadron du *8e* hussards, 3 batteries, 1 compagnie de pionniers) — par Tonnerre et Chablis.

2° Détachement Osten Sacken (*13e* d'infanterie, Ier bataillon du *73e*, 2e escadron du *8e* hussards, 1 esca-

---

(1) Travail d'hiver du lieutenant Baille du *4e* d'infanterie ; inédit. Fabricius, *les Opérations du VIIe corps.*

dron du 5ᵉ hulans de réserve, 1 batterie) — Noyers, Saint-Cyr-les-Colons.

3° Détachement v. Bischofshausen (État-Major du Corps d'armée, Iᵉʳ et IIIᵉ bataillons du 55ᵉ, 1 escadron de hulans, 2 batteries à cheval de l'artillerie de corps) sur Tonnerre et Chablis, avec un jour de retard sur le général de Bothmer.

Le colonel Barby restait à Châtillon avec les IIᵉ et IIIᵉ bataillons du 15ᵉ d'infanterie, la IIᵉ bataillon du 55ᵉ, 2 escadrons de hulans et 2 batteries légères de l'artillerie de corps, pour garder les convois et les ambulances.

Le 1ᵉʳ régiment de hussards de réserve avait été envoyé, le 17, de Troyes sur Auxerre à Flogny (14 kilomètres Nord-Ouest de Tonnerre) et mis à la disposition de la 13ᵉ division.

En réalité, il semble que la situation était la suivante :

Le 18 décembre les troupes de la 25ᵉ brigade (13ᵉ westphalien et Iᵉʳ bataillon du 73ᵉ hanovrien) occupaient le 13ᵉ Noyers, le 73ᵉ Nuits. Dans la 26ᵉ brigade, le 15ᵉ Wesphalien avait 2 de ses bataillons (IIᵉ et fusiliers) à Châtillon, où se trouvait aussi un bataillon de landwehr et une partie du 5ᵉ ulans de réserve (le Iᵉʳ bataillon gardait Troyes, où il devait rester jusqu'au 19), et où la surexcitation de la population obligeait ces troupes à un service de garde très complet et très dur (2). L'autre régiment de la brigade, le 55ᵉ, était aussi à Châtillon, mais, le 18 au matin, un détachement, confié au major Bischofshausen et composé de 6 compagnies (Iᵉʳ bataillon, 10ᵉ et 11ᵉ compagnies du 55ᵉ), 2 batteries à cheval et 1 escadron de ulans, partait pour Laignes, où il arriva le jour même. Enfin le 7ᵉ bataillon de chasseurs, qui appartenait aussi à la 26ᵉ brigade, était attaché au

---

(1) Venant de Ravières. *Historique*.
(2) *Historique* du 15ᵉ westphalien.

détachement v. Botmer. Les deux autres régiments d'infanterie (*60ᵉ* Brandebourgeois et *72ᵉ* de Thuringe), adjoints au VIIᵉ corps, étaient à cette époque à Chaumont (Iᵉʳ bataillon du *60ᵉ*), à Château-Villain (fusiliers du *60ᵉ*), à Verdun (IIᵉ bataillon du *60ᵉ*) et à Metz (*72ᵉ* en entier).

Le mouvement du 19 décembre s'exécuta de la façon suivante :

Les patrouilles du *8ᵉ* hussards ayant été accueillies à coups de fusil devant Auxerre, 3 pelotons du *7ᵉ* chasseurs à pied et 1 peloton du *8ᵉ* hussards furent envoyés dans cette direction. D'après l'*Historique* du *7ᵉ* chasseurs, cette reconnaissance se serait heurtée à des rassemblements de francs-tireurs et n'aurait pu atteindre la ville. — Le *13ᵉ* d'infanterie, parti de Noyers, ne dépassa pas Saint-Cyr-les-Colons (13 kilomètres Ouest d'Auxerre). — « Les obstacles faits sur la route, les fossés et les abatis avaient retardé la marche de 4 heures (1). » — Pendant qu'on travaillait à débarrasser le chemin, des coups de feu étaient partis des bois entre Agrémont et Croix-Pilate, mais on n'avait pas vu d'ennemi. Saint-Cyr-les-Colons était occupé par des gardes mobiles et des francs-tireurs, et il fallait déployer et lancer à l'attaque le bataillon de fusiliers et les 1ʳᵉ et 4ᵉ compagnies pour s'en emparer. — « On ne pouvait s'écarter sans danger de tomber sous les coups des paysans embusqués aux alentours de la route. »

Le *73ᵉ* avait suivi une autre route plus au Nord. — Tandis que son premier bataillon restait à Lézinnes (14 kilomètres Nord-Ouest de Nuits), les 2ᵉ et 3ᵉ compagnies (fusiliers) parvenaient dès midi à Chablis, après une forte marche (35 kilomètres environ de Nuits). Le détachement Bischofshausen (6 compagnies du *55ᵉ*, 2 batteries, 1 escadron) se portait de Laignes à Tonnerre.

---

(1) *Historique* du *13ᵉ*.

Il était remplacé à Laignes par le II⁰ bataillon du 55ᵉ, qui y conduisit 2 colonnes de munitions et 2 lazarets de campagne. Le reste de la *26ᵉ* brigade était encore à Châtillon (2 bataillons du *15ᵉ*), Troyes (1 bataillon du *15ᵉ*), Nuits (2 compagnies nᵒˢ 9 et 12 du *55ᵉ*). — Les *60ᵉ* et *72ᵉ* étaient toujours à Chaumont, Château-Villain, Verdun et Metz.

L'extrême dispersion de ces troupes était nécessitée par le désir de terroriser le pays en le parcourant à la fois dans un grand nombre de directions. On verra journellement les exécutions sommaires, les incendies et les pillages, pratiqués par les troupes du général Zastow témoigner des craintes excessives ressenties par les Allemands devant une population à peu près désarmée et sans aucune organisation militaire.

Du côté du détachement Bothmer (IIᵉ et IIIᵉ bataillons du *73ᵉ* d'infanterie, *7ᵉ* bataillon de chasseurs, 3ᵉ escadron du *8ᵉ* hussards, 3 batteries, 1 compagnie de pionniers, qui avaient couché le 17 à Laignes et étaient arrivés à Tonnerre le 18), la marche avait été reprise le 19 au matin sur Chablis, qu'on avait atteint vers midi. De là, l'avant-garde avait été poussée sur Poinchy et des patrouilles de hussards sur Beine, Venoy et Quenne. Celles-ci avaient partout reçu des coups de fusil, mais à Montigny-le-Roi elles s'étaient reliées aux partis lancés de Flogny par le *1ᵉʳ* hussards de réserve (1). Dans l'après-midi, le *7ᵉ* bataillon de chasseurs et 1 peloton du *8ᵉ* hussards se portèrent sur Beine et de là vers Auxerre. A hauteur de Pontigny la route était barrée sur une profondeur de 500 pas. — Les reconnaissances qui poussèrent jusqu'à Auxerre donnèrent des nouvelles contradictoires.

En conséquence, le général v. Bothmer prescrivit pour le lendemain au *1ᵉʳ* hussards de réserve d'envoyer 2 escadrons sur Sougères et Seignelay pour couvrir le

---

(1) Lieutenant Baille.

détachement du côté de la forêt d'Othe, puis il donna l'ordre suivant :

« 2 compagnies de chasseurs de l'avant-garde se dirigeront de Beine par Bleigny-le-Carreau sur Ville-Comtesse, où elles se joindront au *1er* hussards de réserve, pour marcher ensemble sur Auxerre. »

« L'avant-garde, renforcée de 2 compagnies du *73e*, qui sont à Milly, marchera sur Auxerre par la grand'-route. Le gros la suivra. »

« Les voitures et convois iront jusqu'à Poinchy. Le général Osten Sacken se met en marche de Saint-Cyr-les-Colons. Je ne puis dire avec certitude quand il arrivera à Auxerre, car, d'après sa note d'hier, la route entre Saint-Cyr et Saint-Bris a été détruite et sa réparation demandera un certain temps. — Le *1er* hussards enverra un escadron sur Joigny et Montargis, où il cherchera à établir la liaison avec la IIe armée. »

On voit de quelle façon incomplète avait été exécuté l'ordre du 15 décembre. Il n'y avait personne à Clamecy, on n'avait fait aucune tentative sur les ponts de la Loire, enfin il avait fallu les 5 journées du 16 au 20 pour atteindre Auxerre, situé à 75 kilomètres seulement de Châtillon-sur-Seine, avec des forces minimes. La vérité était que le gros n'était pas arrivé le 15 à Châtillon-sur-Seine, comme l'État-Major le supposait, mais ne put atteindre cette ville que le 16 à 1 heure de l'après-midi (1), pour en repartir le lendemain (2) matin à 8 heures.

La série des ordres qui avaient déterminé les mouve-

---

(1) D'après l'ouvrage *Châtillon pendant la guerre*, il serait entré dans la ville, le 16, *10 000 hommes* des *7e*, *13e*, *78e* régiments, le 18, Zastrow serait parti de sa personne. Son séjour avait été marqué par le meurtre d'un garde national qui avait tiré sur un cavalier allemand.

(2) *État-Major allemand*, page 608, et *Châtillon pendant la guerre*, page 126.

ments du général de Zastrow, avait rendu la tâche assignée au général Werder de plus en plus difficile. — Outre la mission de couvrir le siège de Belfort et d'observer Besançon et l'armée de Lyon, l'ordre du 8 décembre (1) lui avait prescrit : 1° d'aider, par tous les moyens possibles, le siège de Belfort; 2° d'isoler Langres; 3° d'assurer, d'accord avec le général de Zastrow, les communications des IIe et IIIe armées. Enfin on lui recommandait d'occuper le terrain entre Dôle et Arc-Senans « pour couper Besançon des communications ferrées en arrière et assurer la sécurité au siège de Belfort, en empêchant des troupes venant du midi de la France d'être transportées de ce côté par chemin de fer. »

Ce n'est donc pas sans raison que le Maréchal ajoutait :

« Pour être menée à bonne fin cette mission ne demande pas un stationnement prolongé, mais au contraire une offensive rapidement conduite en forces suffisantes contre les rassemblements ennemis; ceci, naturellemment, n'exclut pas l'occupation permanente des points reconnus importants pour protéger nos communications, assurer nos subsistances; etc. »

Quant à l'attitude à observer vis-à-vis des populations, le système journellement employé de barbares violences était une fois de plus recommandé.

« Les mouvements des troupes du XIVe corps ont été gênés non seulement par les mauvais temps ou par les difficultés naturelles du terrain, mais encore par l'attitude hostile des populations.

« Dans ce cas, soit que l'on ait affaire à une résistance ouverte et à main armée, soit que les obstacles proviennent d'une destruction malveillante et répétée des communications, on ne peut que recommander à Votre

---

(1) N° 477. *Correspondance* de de Moltke; expédié 4 heures du soir.

Excellence d'user de la dernière rigueur à l'égard des coupables sur leurs personnes comme sur leurs biens et de rendre les communes collectivement responsables des actes dont les auteurs ne peuvent être découverts. »

Cet ordre, accompagné des instances que transmettait Zastrow pour être déchargé du soin d'observer Langres, parvint à Dijon le 13 décembre.

Au sujet de cette question le chef du Grand État-Major s'exprimait en ces termes dans sa lettre au général de Werder.

« Je recommande à Votre Excellence une attention particulière relativement à la place de Langres. D'après les rapports du gouvernement général de Lorraine, cette place sert de point de départ à de petites expéditions vers Neufchâteau, Mirecourt et Épinal. Il faut les empêcher et Votre Excellence voudra bien, pour cette entreprise, s'entendre avec ce gouvernement, qui pourra peut-être y coopérer avec certaines des troupes d'occupation.

« Le général major de Kraatz, qui avait eu, pendant la marche de la IIe armée, la mission d'investir Langres, a considéré les circonstances comme invitant à un coup de main et n'a été empêché de l'accomplir que par les ordres pressants de retraite qui lui ont été donnés en raison de l'attaque de Châtillon. »

La mission d'agir contre Langres fut confiée au major général v. der Goltz avec les forces suivantes :

> Régiment d'infanterie, n° 30.
>   — de fusiliers, n° 34.
> Dragons de réserve, n° 2.
> Hussards de réserve, n° 2.
> 1 batterie lourde du régiment n° I.
> 2 batteries lourdes du régiment n° III.

En tout : 6 bataillons, 8 escadrons et 3 batteries (1).
    5,250 fusils (2).   960 sabres.   18 canons.

---

(1) Die Festung Langres.
(2) *Bourbaki und seine Armee*, Paul Troxler (Lucerne).

Parti des environs de Dijon le 14 au matin, v. d. Goltz atteignit le même jour Is-sur-Tille et Thil-Châtel. Il avait marché en deux colonnes et il continua son mouvement le 15 dans le même ordre. La colonne de droite (fusiliers n° *34*, dragons de réserve et 2 batteries légères) parvint ce jour-là à Couzon (sur la route de Dijon à Langres), celle de gauche (infanterie n° *30*, hussards de réserve et 1 batterie lourde) vint à Selongey et Foncegrive. Elle échangea quelques coups de feu avec des gardes mobiles postés à Pranthoy.

Le gouvernement général de Lorraine, invité à participer à l'opération, n'ayant pu le faire, le général v. d. Goltz en fut prévenu le 15 par le général de Werder et invité à consacrer à sa tâche des détachements volants plutôt que des postes fixes.

Un agent envoyé par le gouverneur de Langres avait été arrêté, envoyé à Dijon et finalement relâché faute de preuves. Le général Arbellot, qui commandait à Langres, resta ainsi sans nouvelles, et le manque de cavalerie fit échouer les autres tentatives qu'il fit pour se procurer des renseignements.

Le 16, un détachement commandé par le major Koch et fort de 2,000 hommes (du 50° de ligne et 3 compagnies du 56° provisoire avec 4 pièces), sortit de la place. Il atteignit Longeau et Rast, au moment où la colonne de droite, commandée par le général v. d. Goltz en personne, entrait à Saint-Michel sans être aperçue par les éclaireurs français. L'avant-garde se composait du Ier bataillon de fusiliers, 2 escadrons et 1 batterie, le gros comptait 2 bataillons, 3 escadrons et 1 batterie. La pointe signala de Saint-Michel que l'ennemi occupait Longeau et que la route au Sud du village était coupée.

L'attaque commença à 10 h. 45 par 3 compagnies déployées en travers de la route, la 4° étant envoyée sur la gauche, à la fois pour tourner le flanc des Français.

et pour assurer la liaison avec la colonne de gauche qui arrivait sur Prangey.

Le mouvement des Allemands se développa rapidement en surprenant leurs adversaires; le major Koch tomba; son successeur voulut alors exécuter l'ordre primitif du général Arbellot et gagner les hauteurs sous la protection des compagnies de mobiles.

Devant un mouvement concentrique, il dut battre en retraite; deux pièces de canon, dont les attelages avaient été tués, furent prises près de Bourg et la poursuite continua presque sous le feu de la place. Les avant-postes allemands s'établirent à Bourg. La colonne de droite occupa Longeau, Verseilles-le-Haut, Percey; celle de gauche Baissey. Le 17 les troupes se reposèrent; une sommation adressée à la place resta sans résultat.

Le combat de Longeau coûtait au détachement von der Goltz 4 tués, et 14 blessés, dont un officier. Du côté prussien, on évalua que les Français avaient perdu 200 hommes. On avait fait 83 prisonniers du 50ᵉ de ligne.

Afin de couvrir la ligne d'étapes passant au Nord de Langres et empêcher les entreprises de la garnison de ce côté, le général v. d. Goltz résolut, dans la journée du 18, de tourner la place par l'Ouest en passant par Flagy et Courcelles-en-Montagne. A Courcelles, abandonné par la compagnie française qui l'occupait, on apprit que les localités au Nord étaient tenues par l'ennemi. Le général résolut de les enlever et prescrivit au lieutenant-colonel Nachtigall, avec le régiment d'infanterie numéro *30*, 1 escadron des hussards de réserve et la batterie lourde, de se porter sur Saint-Ciergues, Saint-Martin et Humes. Le colonel Wahlert, avec 1 bataillon et 2 compagnies des fusiliers numéro *34*, un escadron de dragons et 1 batterie légère, dut se porter sur Beauchemin, tandis que le comte Dohna, avec 3 escadrons de hussards et 2 de dragons avait la misson de gagner ce point par l'Ouest le plus vite possible.

Un bataillon et 2 compagnies de fusiliers, 1 escadron de dragons et 1 batterie légère, sous les ordres du major v. Walther, restaient en réserve et devaient se porter au Sud de Mardore.

Après un combat qui dura jusqu'à la nuit et coûta aux Prussiens 3 morts et 10 blessés, 30 tués et 50 blessés aux Français, le général v. der Goltz établit ses troupes à Saint-Ciergues, Saint-Martin, Mardor, Beauchemin, Humes, Torquenay et Chanoy.

Le lendemain 19, on évacua les localités situées trop près de la place, et on occupa Ormancey, Marac, Faverolles et Lannes. — Les emplacements des différentes troupes devinrent les suivants.

Le *34e* d'infanterie plaça 2 compagnies (1 et 4) à Faverolles, le IIe bataillon à Ormancey, le IIIe à Marac. — Le *30e* avait 6 compagnies à Rolampont (1er bataillon, 2 compagnies du IIe), 2 compagnies à Changy (du IIe bataillon), 1 bataillon à Lannes (fusiliers) (1).

En recevant l'ordre du 8 décembre, le général Werder, avait eu l'idée de se porter de sa personne de Dijon sur Dôle. Il demanda par télégraphe si des considérations politiques ne s'opposaient pas à ce qu'il évacuât Dijon provisoirement au moins. Le 14 il lui fut répondu que (2) : « Pour vous permettre de battre avec toutes vos forces d'importants rassemblements ennemis, il n'y a pas de localité, même Dijon, qui ne puisse être temporainement évacuée. » Cette autorisation ne le détermina pas à marcher vers le Sud-Est. Mais, sur des renseignements vagues, il se crut autorisé à annoncer à Versailles que les troupes, dont le rassemblement avait été signalé entre Nuits et Beaune, devaient être transportées vers l'Ouest par chemin de fer. Cette supposition, purement

---

(1) *Historiques* des corps.
(2) N° 508. *Correspondance* de de Moltke.

gratuite, inexacte, allait valoir au général Werder un supplément de besogne.

« L'ennemi ayant pu se porter librement vers l'Ouest, lui télégraphia le maréchal de Moltke le 15 décembre à 5 heures du soir (1), le général de Zastrow devra se rapprocher de la Loire jusqu'à Auxerre; vous occuperez la région Nuits-Semur pour couvrir le réseau ferré en arrière; vous conserverez d'ailleurs votre mission antérieure, surtout en ce qui concerne l'isolement de Langres, la protection du siège de Belfort et celles des gouvernements généraux d'Alsace-Lorraine contre toute entreprise venant du Sud. Il paraît nécessaire encore maintenant de tenir notre gros prêt à marcher aux environs de Dijon; de même conservez une attitude offensive. Vous aurez à tenir intacte la ligne ferrée de Gray à Nevers par Auxonne, Dijon et Chagny. Les lignes du Sud et celles entre Dôle, Besançon et Arc-Senans doivent être détruites à fond. »

En conséquence la IV⁰ division de réserve, qui avait déjà fourni au corps de siège devant Belfort 7 bataillons, 1 escadron et 1 baterie, eut l'ordre d'envoyer 2 bataillons de plus; elle dut aussi transporter sur la rive droite de la Saône les lignes d'étapes conduisant sur Dijon (2). Enfin, le 16, au moment de terminer l'occupation de la région Nuits-Semur, on tomba sur l'ennemi que Werder ne croyait pas si rapproché. C'est ce qui amena le 18 décembre le violent combat de Nuits, dans lequel les Allemands perdirent 1,000 hommes et 54 officiers tués ou blessés.

Très éprouvé, Cremer se retira le soir même à Beaune et le lendemain à Chagny (3). Garibaldi avait

---

(1) N° 509. *Correspondance de de Moltke.*
(2) Georges Hiltl, *Guerre franco-allemande.*
(3) La retraite s'était faite en grand désordre (*Une armée sous la neige*, par Ardouin-Dumazet).

envoyé les 650 hommes de la brigade Ricciotti, en chemin de fer, sur Nuits. Arrivé à Beaune à 8 h. 30 du soir, Ricciotti avait continué avec son train jusqu'à courte distance de Nuits et prétendit avoir passé la nuit à Premeaux (1), entre les Badois et les troupes de Cremer en retraite. Ce qu'il y a de certain c'est que, le lendemain, il se rembarqua pour Autun. C'est ce que fit aussi le détachement Bossak, envoyé par Garibaldi à Beaune.

Néanmoins, Werder ramena dès le 19 décembre ses troupes à Dijon, sans poursuivre sa mission et sans garder le contact. — Il ne se crut pas davantage en mesure d'envoyer un détachement à Semur pour se relier avec Zastrow (2).

Les détails donnés par les historiques allemands prouvent combien peu le général Werder se crut en sureté après le combat de Nuits.

La nuit du 18 ou 19 se passa de la façon que voici.

1e brigade badoise (v. Wiehmar) occupait Nuits : le *1er* Leib-grenadiers dans le village; le *2e* grenadiers, très éprouvé (3), avait 1 bataillon aux avant-postes sur la hauteur à l'Ouest de Nuits et les 2 autres au bivouac à la ferme de la Berchère (2 kilomètres Est de Nuits). — A la *2e* brigade badoise, le *3e* d'infanterie avait 1 bataillon à la sortie Sud de Nuits, le *2e* et le *3e* (fusiliers) à la Berchère. — Le Ier bataillon du *4e* badois occupait par 2 compagnies la sortie Ouest et par 2 autres la sortie Nord de Nuits. Quant au reste du régiment, il faisait partie du détachement Degenfeld (4) (IIe et IIIe bataillons du *4e* badois, 1 peloton de dragons et 1 batterie), qui, s'était, le 18, porté sur Villars-Fontaine, d'où il

---

(1) D'après Fabricius, « Die Kämpfe um Dijon », il se serait arrêté à la nuit à mi-chemin entre Nuits et Beaune.
(2) Georges Hiltl, *loc. cit.*
(3) Il avait à lui seul 16 officiers et 338 hommes tués ou blessés.
(4) Commandant la 2e brigade.

n'avait jamais pu déboucher sur le plateau. — « Se sentant menacé de toutes parts, sans nouvelles du combat qui se livrait à Nuits (1), n'ayant pu se relier avec le bataillon Arnold, » le général Degenfeld avait, dès 4 heures du soir, battu en retraite sur Merranges et Curtil-Vergy, puis sur l'Étang et Chambœuf. A 11 heures du soir il avait atteint Marsannay, où le II᷂ᵉ bataillon se postait en quartier d'alarme, tandis que le reste du détachement occupait Perrigny-les-Dijon. Sans avoir été poursuivi, Degenfeld avait ainsi abandonné près de 20 kilomètres de terrain et était resté complètement séparé des troupes qui combattaient à Nuits.

La *3ᵉ* brigade badoise (Keller) était restée à Dijon, où les dispositions de la population paraissaient hostiles et où l'on faisait venir les Iᵉʳ et IIᵉ bataillons du *1ᵉʳ* badois rappelés de Mirebeau et Longvic, en laissant toutefois une compagnie (5ᵉ) à Neuilly-les-Dijon et 1 escadron du 2ᵉ dragons badois nº 21, à Mirabeau. Pendant la journée du 18 et la nuit suivante les troupes badoises avaient occupé les places et les issues de la ville de Dijon et fait de nombreuses patrouilles dans les rues pour disperser les rassemblements (2).

Le 19, dès quatre heures du matin, les troupes badoises commencèrent leur retraite sur Dijon, en évacuant Nuits. « On craignait, dit l'historique du 1ᵉʳ Leib-grenadiers badois, que les Français renforcés ne vinssent attaquer, et l'on voulut concentrer la division à Boncourt (3 kilomètres Est de Nuits). » Cependant la brigade de cavalerie (v. Willisen) avait reçu l'ordre de poursuivre les Français vers le Sud; mais elle n'alla pas loin.

1 escadron du 2ᵉ dragons badois nº 21 se porta sur Ville-Bichot (6 kil. 5 est de Nuits), 1 sur Comblan-

---

(1) *Historique* du *4ᵉ* badois.
(2) *Historiques* des *1ᵉʳ* badois et 2ᵉ dragons.

chiens (5 kilomètres Sud de Nuits), 1 sur Chaux (3 kil. 5 Ouest de Nuits).

Quelques coups de fusil tirés par des traînards suffirent à faire faire demi-tour à cette cavalerie, qui rentra, annonçant pourtant que l'ennemi se retirait sur Beaune et Autun (1). Les ordres pour la retraite n'en furent pas moins maintenus.

Le Ier bataillon du 3e, le Ier du 4e, avec 1 escadron des Leib-dragons, durent servir de flanc-garde de droite au reste de la division, qui allait se retirer par la grand' route de Dijon, précédé par les convois de blessés, et tandis que les Ier et IIIe bataillons du 2e badois restaient le champ de bataille pour enterrer les morts. — A midi, le mouvement commença couvert par les IIe et IIIe bataillons du 3e badois, 1 escadron et 1 batterie qui formèrent l'arrière-garde. — Constamment retardée par le convois de blessés, la marche ne se termina qu'à 9 heures du soir. Dès le matin, le général Degenfeld avait envoyé sur la route qu'il avait deux fois suivie la veille, le bataillon de fusiliers du 4e badois, à la recherche du Ier bataillon de ce régiment, qui depuis la veille était réuni aux troupes qui avaient combattu à Nuits.

Les fusiliers poussèrent jusqu'à Chambœuf sans avoir de nouvelles et rentrèrent à Corcelles-les-Monts très fatigués.

Pendant la nuit du 19 au 20 les Badois occupèrent les emplacements suivants :

1re brigade. — Dijon.

2e brigade.
- 3e badois.
  - Ier bataillon. — Chenôve.
  - IIe — . — Longvic.
  - IIIe — . — Neuilly-les-Dijon.

  Aux avant-postes.
- 4e badois.
  - Ier bataillon. — Dijon.
  - IIe — . — Perrigny-les-Dijon.
  - IIIe — . — Courcelles-les-Monts.

---

(1) *Historique* du 2e dragons badois.

3ᵉ brigade.
{
5ᵉ badois (1).
{
Iᵉʳ et IIᵉ bataillons. — Dijon. Une compagnie à la garde des prisonniers dans l'église Saint-Michel.
IIIᵉ bataillon. — 2 compagnies. Talant.
— 2 compagnies. Fontaine-les-Dijon.
}
6ᵉ badois (2 batᵒⁿˢ, I et III).
{
Iᵉʳ bataillon. — Dijon.
IIIᵉ — . — Plombières.
}
}

L'artillerie s'établit partie à Dijon et partie à Saint-Apollinaire (2).

Quant à la cavalerie, elle ne joua dans ce vaste développement d'avant-postes aucun rôle.

Le *1ᵉʳ* dragons badois vint en effet cantonner à Couternon (8 kilomètres Est de Dijon, 2 escadrons), Arc-sur-Tille (1 escadron), Orgeux (1 escadron); le *2ᵉ* avait 2 escadrons à Dijon, 1 à Ruffey, 1 autre était détaché à Mirebeau et devait rallier le lendemain; le *3ᵉ* était resté à Dijon. Toute la brigade était donc dans la ville ou au Nord et à l'Est de celle-ci, derrière les postes d'infanterie. Elle n'avait pas conservé le contact après le combat de Nuits de sorte que le général Werder resta dans l'ignorance complète des mouvements de Cremer (3) et

---

(1) Vers 1 heure du soir il avait failli se produire un soulèvement de la population, qui, à l'arrivée d'un convoi de blessés, avait cru à une défaite des Allemands (*Historique* du 5ᵉ badois).

(2) D'après l'*Historique* de la 1ʳᵉ batterie lourde badoise, Saint-Apollinaire était occupé par une section de munition prussienne dont le chef refusa de faire place aux nouveaux arrivants sans un ordre qu'il fallut attendre longtemps sur la route, en pleine nuit et par un froid rigoureux.

(3) Le général Cremer avait sous ses ordres :
La 1ʳᵉ légion du Rhône (colonel Cellès).
La 2ᵉ légion du Rhône (colonel Chabert).
Le 32ᵉ de marche (colonel Grazziani).
Le 57ᵉ de marche (colonel Millot).
Le 4ᵉ bataillon des mobilisés de la Gironde (commandant de Carayon-Latour).

de Garibaldi. A la vérité le terrain à l'Est et à l'Ouest de la ligne Dijon-Chagny était, surtout à ce moment, peu favorable à la cavalerie.

Pendant ce temps, le corps de francs-tireurs Bourras, qui était le 18 à Saint-Jean-de-Losne, n'avait rien tenté pour intervenir dans le combat de Nuits et gardait, le lendemain 19, sa position (1). Quant à la IVe division de réserve prussienne qui occupait Gray, son chef, le général de Schmeling, avait reçu, le 16, du général de Werder, l'ordre d'envoyer 2 nouveaux bataillons au corps de siège qui était devant Belfort (2). Une reconnaissance offensive, envoyée de Gray le 17, et formée de 2 bataillons du 25e d'infanterie, 1 escadron du *1er* ulans de réserve et 1 batterie lourde (3) sous les ordres du major Molisius, enlevait Pesme, après un petit combat contre des mobilisés. Les troupes devaient occuper la localité et envoyer des reconnaissances vers le Sud, tandis qu'on s'occuperait de faire sauter le pont sur l'Ognon.

D'une façon générale on peut dire qu'en n'ache-

---

3 compagnies des chasseurs volontaires du Rhône (commandant Marengo).
1 compagnie de volontaires libres du Rhône (lieutenant Joly).
2 compagnies du génie des deux légions.
1 batterie d'artillerie de la 1re légion.
La 22e batterie du 9e d'artillerie (capitaine Aubrion).
La 22e — du 12e — (capitaine Viala).
Ces différentes unités formaient un effectif total d'environ 10 000 hommes. (Extrait de l'*Historique* la 2e légion du Rhône.)
(1) *Rapport* du Colonel Bourras. Le corps Bourras comprenait 16 compagnies, 30 cavaliers et 2 pièces, soit 1 600 hommes environ.
(2) La IVe division de réserve avait successivement envoyé un corps de siège, 7 bataillons, un escadron et une batterie. (*Grand État-Major allemand.*)
(3) 3 pelotons de ulans et 2 canons seulement, dit l'*Historique* du 25e régiment.

vant pas, quand ils l'auraient peut-être pu, l'écrasement de l'armée de Bourbaki, les Allemands s'étaient mis dans une situation difficile, par suite de l'incertitude où ils se trouvèrent de la direction que prendrait leur adversaire. On a vu combien le maréchal de Moltke considérait comme probable une marche sur Montargis, et l'on pourrait en conclure que le mouvement commencé le 19 dans cette direction par les 15ᵉ, 18ᵉ et 20ᵉ français était voué à l'insuccès. Ce qu'on vient de voir de la faiblesse du détachement Rantzau, de la lenteur de la marche de Zastrow et de l'éparpillement de ses forces, d'ailleurs fort peu considérables, explique cependant les inquiétudes ressenties par le Grand État-Major de Versailles.

« Il faut songer, écrivait le maréchal de Moltke au général major de Stiehle (1), que l'autre moitié de l'armée de la Loire a eu le temps de se rassembler autour de Bourges; sous la direction d'un chef aussi habile que Bourbaki elle pourra, dans peu de jours, reprendre l'offensive, soit sur la rive gauche contre Orléans, soit par la rive droite sur Gien. Dans les deux cas, le corps bavarois pourrait à peine nous couvrir contre cette offensive; il n'y pourrait suffire même avec l'appoint éventuel de la division de cavalerie Hartmann... » L'envoi vers Blois des IXᵉ et Xᵉ corps, la marche ultérieure de ce dernier corps avec le IIIᵉ sur Vendôme, la vigueur dont faisait preuve la 2ᵉ armée de la Loire ne pouvaient qu'augmenter la gravité de la situation.

---

(1) *Correspondance* de de Moltke, nº 512, du 14 décembre.

III

Le plan de campagne dans l'Est.
Les origines.

L'idée d'opérer sur les communications des armées allemandes paraît avoir germé dans l'esprit des membres du gouvernement de la Défense Nationale dès le lendemain de Sedan. Le 15 septembre, les instructions adressées par le ministre de la Guerre Le Flô au général de la Motte-Rouge, qui allait commander le premier noyau de troupes en formation dans le centre de la France, s'exprimaient en ces termes : « Sans perdre de vue l'obligation de laisser toujours une protection suffisante à la Délégation du gouvernement établie à Tours, vous pourrez vous portez dans la vallée de la Saône, et, vous appuyant sur Auxonne, Besançon, Belfort même, manœuvrer sur le flanc gauche de l'ennemi et l'inquiéter dans ses opérations... (1). » Au moment où les Allemands arrivaient devant Paris, le général Cambriels en partait avec l'ordre de prendre le commandement des troupes en formation à Belfort (2), et la lettre du 26 novembre adressée par le général Le Flô à l'amiral Fourichon précisait la tâche assignée au corps des Vosges. « Il faut, disait-on, arriver à couper les chemins de fer de l'ennemi, ce sont ses vraies lignes d'opérations. »

---

(1) P. Lehautcourt, *Nuits-Villersexel*, page 3.
(2) *Id.*

Le 18 octobre, un conseil de guerre avait été tenu à Besançon. En présence de Gambetta, du général Cambriels, du général Thornton, commandant la 1re division de l'armée de l'Est, du lieutenant-colonel Varaigne, chef d'État-Major de cette armée, et du général de Prémonville, commandant supérieur de la 7e division, le commandant de Bigot, chef d'Etat-Major de cette division, avait proposé « de transformer en une base d'opérations menaçant le flanc de la ligne d'opérations de l'ennemi, la position de Besançon et des plateaux jurassiques. De cette base, couverte par le Doubs, on pouvait déboucher pour couper les lignes de communications allemandes dans la Haute-Saône, en se couvrant de l'Alsace à droite au moyen de Belfort, puis, s'appuyant sur la gauche à Langres, pénétrer dans la Lorraine par les vallées de la Meuse et de la Moselle et réoccuper les cols des Vosges... enfin tenter de débloquer Metz... » (1).

Malgré l'envoi sur la Loire du 20e corps (2), le gouvernement n'avait pas renoncé à agir offensivement dans la région de l'Est, et le nom caractérisque d' « armée des Vosges », donné au rassemblement que Garibaldi forma à Dôle à partir du 14 octobre, indique assez quelles espérances étaient conservées d'agir sur les communications allemandes. — Mais la retraite du 20e corps amena celle des garibaldiens, qui furent transportés en grande partie par chemin de fer de Dôle à Autun, où ils se concentrèrent les 9 et 10 novembre (3). Il ne resta plus sur le Doubs que la 2e légion du Doubs, de Neuilly à Dôle (4), puis la 1re légion du Rhône (5) de Dôle à Besançon, en avant desquelles opéraient les 1,600 hom-

---

(1) *Besançon et la 7e division militaire*, Paris, 1900.
(2) Il avait quitté Besançon le 9 novembre.
(3) 6,000 hommes en 4 brigades.
(4) 3 puis 4 bataillons.
(5) 3 bataillons, une batterie Armstrong, une compagnie du génie.

mes du colonel Bourras. A partir du 4 novembre, on avait formé à Beaune la brigade Cremer. Quant aux forces que le général Bressolles organisait à Lyon, leur objectif était ainsi spécifié par M. Gambetta.

Dépêche de Gambetta à Jules Favre.

Tours, 26 novembre. Arrivée à Paris par pigeon le 15 décembre.

... J'arrive à l'Est.

En dehors des corps francs de Garibaldi qui se livraient tous les jours à de brillants coups de main dans la région de la Côte-d'Or entre Autun et Châtillon-sur-Seine, poussant sur Dijon, mais qui ne peuvent compter comme une armée sérieuse, malgré les pertes souvent cruelles qu'ils causent à l'ennemi, je ne vois à vous signaler qu'un noyau d'armée sous les ordres du général Bressoles. Lyon est dans un admirable état de défense et vous pouvez compter sur une résistance aussi longue, aussi héroïque que celle de Paris.

Mon ambition est au delà et je suis occupé à constituer avec les contingents du Midi, à Lyon même, une armée capable de se jeter vigoureusement dans l'Est, donnant la main à Belfort, pour prendre les Vosges à revers. Mais c'est une question qui demande au moins six grandes semaines.

Les initiatives particulières en faveur d'une grande diversion dans l'Est se manifestaient d'ailleurs de toutes parts. Le jour même où deux officiers échappés de Metz, MM. Crevisier et Cremer, s'étaient présentés au ministre de la Guerre, ils avaient rédigé un rapport tendant à réunir les mobilisés des départements de l'Ain, de l'Isère et de Saône-et-Loire, auxquels seraient adjoints ultérieurement ceux des départements voisins, dont l'organisation était moins avancée «... chaque département fournirait 2 batteries (1) ». Un peu plus tard, le 9 décembre, Cremer écrivait au général Bressolles.

---

(1) Cremer et Poullet, *Campagne de l'Est*, page 22.

«... Vous vous rappelez sans doute, mon général, que M. Gambetta, en envoyant dans l'Est le général Crevisier et moi, avait approuvé notre plan d'opérations dans l'Est. M. Gambetta est tellement convaincu de la grandeur et des immenses résultats de cette entreprise qu'il ne nous marchandera certainement pas le moyen d'exécution et qu'il ne reculera devant aucun sacrifice pour la faire réussir, cette conviction résulte chez moi d'entretiens très sérieux et très longs que le général Crevisier et moi avons eus avec le ministre de la Guerre à Tours....

« L'objectif général de toutes les armées de province est le déblocus de Paris.... or, en menaçant les communications avec l'Allemagne de l'armée qui assiège Paris, n'est-il pas probable, ne serait-ce qu'à cause de la question de l'approvisionnement en munitions, qu'une diversion dans l'Est amènera leur retraite? Or une retraite, pour les Allemands, c'est la défaite à court terme...

« Il importe avant tout de détourner l'attention des Allemands de nos préparatifs et de nos premiers mouvements sur le nouveau théâtre de la guerre. Pour cela, il est essentiel de retenir Zastrow à Auxerre, Werder à Dijon par des attaques endiablées qui leur donneront le change sur nos desseins et les empêcheront de menacer notre flanc gauche.

« Cette fausse attaque, poussée à fond et faite antérieurement à notre opération sur Belfort, devra persuader l'ennemi que l'intention des Français est de percer sa ligne de communication de l'armée de la Loire avec l'Allemagne par le centre, c'est-à-dire par Auxerre et Dijon.

« On ne devra rien négliger pour entretenir cette illusion de l'ennemi sur nos projets. Mon remplacement en Bourgogne par un général de division d'une grande réputation, des articles de journaux habilement rédigés dans ce sens, la venue de M. Gambetta en Bourgogne seront d'excellents moyens de donner plus de poids encore à ce plan.

« Pendant ce temps, les trois divisions du corps d'armée seraient expédiées au delà de Besançon par toutes les voies possibles, ferrées ou autres, de manière que la dissémination des troupes n'indiquât pas nos projets.

« En dehors des 3 généraux de division et de quelques officiers d'état-major, personne ne devrait connaître la destination des troupes...

« Il est nécessaire de bonder Besançon de vivres et de munitions, opération facile par suite du voisinage de la Suisse... on expliquerait cette mesure par l'obligation de compléter l'approvisionnement réglementaire de cette place. On pourrait même enlever à cet acte son caractère exceptionnel, en provoquant de M. Gambetta un décret prescrivant de porter immédiatement les approvisionnements de siège, dans toutes les villes fortes, à une année de vivres...

« La rapidité du mouvement (sur Belfort), condition essentielle, s'obtiendra en employant la méthode de Napoléon Ier, de transporter des troupes, au moins sur une partie du parcours, à l'aide de voitures de réquisition et par des relais...

« Le colonel de Bigot, l'un des officiers les plus instruits et les plus distingués de notre corps, qui par sa position de chef d'État-Major de la division de Besançon, se trouve parfaitement au courant de toutes les questions se rattachant à l'établissement d'un plan de campagne... me paraît réunir en lui les multiples qualités nécessaires au chef d'État-Major général de cette expédition, et vous être tout naturellement désigné pour ce poste....

« La position de Dôle, si menaçante pour nous dans le cas d'une retraite, devrait être solidement occupée et fortifiée.

« C'est par là qu'un mouvement de Werber sur notre flanc est le plus à craindre. Le général-commandant à Besançon serait chargé de faire occuper par ses troupes, aux points fixés par le chef d'État-Major général, les défilés du Jura, par lesquels on pourrait tomber sur notre flanc gauche....

« Je réclame de vous, mon général, comme la plus grande des faveurs, le commandement de la division d'avant-garde, comme me l'avait promis M. Gambetta...

« Une fois en ligne, contre les positions allemandes, ma division, par sa position même d'avant-garde, formerait l'aile gauche.

« Quant au plan d'attaque contre les positions allemandes, il convient de ne pas se butter par *une attaque de front contre les formidables positions du Mont-Vaudois* (sic) (1). Nous devons faire une démonstration sur ces points et tourner l'ennemi par la droite, en établissant ma division à cheval sur la route de Lure à Belfort, tout en conservant pour le reste de l'armée la base d'opération de Besançon...

« Quoiqu'il arrive, succès ou défaite, je demande avec la plus vive insistance, je supplie le ministre de me laisser jeter dans les Vosges avec ma division... les fusils à piston valent les chassepots pour la guerre d'embuscade. Langres et Belfort (en cas de succès) seraient pour moi d'excellents points d'appui, de base de ravitaillement. Mais mon véritable point d'appui, ma base la plus solide, c'est le patriotisme et le courage de mes compatriotes les Alsaciens-Lorrains, que la présence d'une division française dans les Vosges électriserait et soulèverait du Nord au Midi. C'en serait fait

---

(1). « Le général Bressoles ne nous fit aucune réponse ; peut-être rouva-t-il ce plan trop téméraire, peut-être le transmit-il au ministre. Nous ignorons absolument la suite qui y fut donnée. » (Cremer et Poullet, *loc. cit.*, p. 515.)

alors de toutes les communications des Prussiens avec l'Allemagne.

« Tous les ponts, tous les tunnels sauteront, les voies seront détruites, les wagons incendiés, partout les courriers seront attaqués... Les Vosges seront pour moi le Bocage de Charette.

« Voilà ce que je rêvais déjà à Metz. C'est mon idée fixe depuis mon évasion. »

Le 10 décembre, le préfet d'Indre-et-Loire télégraphiait au ministre de la Guerre (1).

« Je ne résiste pas au besoin de vous soumettre les idées suivantes, mon excuse sera dans la situation même...

« Pour Bourbaki de partir sur Langres, d'où il pourrait combiner un mouvement avec Paris vers Troyes ou Châlons...

« De Langres, où il se retrancherait fortement, Bourbaki menacerait également de l'autre côté le flanc gauche des Prussiens qui se porteraient au centre de la France et pourrait opérer contre l'armée ennemie des Vosges, et, point capital, menacer, même couper les communications de l'ennemi avec sa base d'Allemagne.... »

« Envoyer Chanzy à la place de Bourbaki, l'armée de l'Est ayant plus d'importance que celle de l'Ouest, à cause de la combinaison possible avec Paris, combinaison qu'il serait à désirer de voir faire immédiatement pour une jonction vers Provins ou Troyes.

« *Signé* : (Illisible). »

A peu près au même moment, le chef d'État-Major de Garibaldi, Bordone, était appelé à Bordeaux.

« Je vis dit-il (2), M. de Freycinet, qui me mit en rap-

---

(1) *Enquête*, tome III, p. 108.
(2) Déposition Bordone, *Enquête*.

port avec M. de Serres. Il me parla du projet qu'on avait d'organiser une expédition sérieuse dans l'Est; il me demanda jusqu'à quel point nous pourrions coopérer et quelle était la marche qu'il convenait de suivre, puisque nous connaissions déjà ce pays...

« Il fut arrêté que nous continuerions à occuper Autun, que nous marcherions ensuite dans la direction du plateau de Langres, puis dans la direction d'Épinal, de manière à réoccuper les Vosges le plus tôt possible. »

Il semblerait d'ailleurs que Garibaldi ait voulu revendiquer l'initiative du projet et prendre un rôle important dans l'expédition.

« Je venais, dit Bordone (1), de faire à M. de Serres le dénombrement de nos forces, quand il me demanda quelle était la direction qu'on devait donner aux opérations dans l'Est; je lui exposai le plan que le général (Garibaldi) et moi avions discuté et mûri depuis bien longtemps, et il fut arrêté avec lui qu'on allait renforcer notre armée par de nouveaux régiments de marche, nous donner de l'artillerie et mettre le général Cremer et toutes ses troupes sous nos ordres, et qu'avec cette force, qui ne se serait pas élevée à moins de 40,000 hommes, nous devions, tout en continuant à garder Autun, comme centre de nos approvisionnements et de nos magasins et comme dépôt de nos forces, pousser en avant dans la direction du plateau et de la ville de Langres, puis en dernier lieu d'Épinal, et former un *rideau de troupes destiné à marquer les mouvements qu'une autre armée, solidement* organisée, ayant dans sa composition les troupes le mieux aguerries, des régiments de cavalerie de ligne et de cavalerie indigène d'Afrique et une formidable artillerie devait faire *sur trois lignes dans la direction de Belfort, Vesoul et Lure,* afin de débloquer la ville de Belfort, par le seul fait de

---

(1) Cremer, *loc. cit.*, page 76.

sa marche (*sic*), réoccuper les Vosges et définitivement couper à l'armée de Paris ses communications avec l'Est. »

« L'entrée du grand-duché de Bade était la conséquence naturelle de ce mouvement bien exécuté et *que nous avions depuis longtemps désigné comme la seule chose à faire dans la situation.* »

Si ce témoignage est exact, il y aurait dans ce plan un prodrome très frappant de celui qui fut réellement poursuivi. Mais il est certain qu'à un moment au moins, le gouvernement pensa à confier à Garibaldi la direction de toute l'entreprise.

« Dans le courant de décembre, dit en effet le général Rolland, commandant la 7ᵉ division à Besançon (1), je reçus une dépêche du ministère de la Guerre, à peu près conçue en ces termes : Avons l'intention de donner le commandement de l'Est au général Garibaldi. Prière de nous faire connaître votre appréciation et celle des officiers placés sous vos ordres. J'ai répondu qu'aucun officier, moi moins que tout autre, ne consentirions à servir sous les ordres de Garibaldi... » La dépêche du 13 décembre de M. de Freycinet au général Rolland, précisait d'ailleurs qu'il s'agissait de faire sortir les troupes de Besançon pour les faire « participer à une action commune dans l'Est ». En raison de l'impossibilité de mettre des officiers réguliers sous les ordres de Garibaldi, le ministère imagina donc une nouvelle combinaison qui laisserait au célèbre aventurier le rôle principal. « Le ministère, télégraphiait Bordone à Garibaldi, le 16 décembre, de Bordeaux (2), désire que nous nous préparions à marcher sur les Vosges, et que nous le fassions en dehors de toute ingérence et dans une indépendance parfaite ; pour cela, nous devrons utiliser,

---

(1) Déposition. *Enquête.*
(2) *Enquête*, tome III, page 24.

tant que nous le pourrons, les voies ferrées, tandis que Cremer et Bressolles feront une démonstration vers Dijon et Langres pour couvrir notre mouvement... » Le transport en chemin de fer des garibaldiens sur Lons-le-Saulnier, Poligny, Arbois et Mouchard fut effectivement préparé, et c'est ainsi que, lors de l'adoption du plan définitif, Bordone pouvait télégraphier à M. de Freycinet :

Autun, 20 déc., 6 h. soir.

« ... Étions prêts pour mouvements combinés, avec de Serre, nouvelle entente nécessaire aujourd'hui....

« Garibaldi et surtout Bordone, dit à ce sujet l'éminent historien P. Lehautcourt, allaient être cruellement atteints dans leur orgueil. Il ne faut pas chercher plus loin les motifs de leur attitude si singulière pendant la fin de décembre et la première quinzaine de janvier... C'est ainsi que de mesquines questions personnelles contribuèrent au désastre où allait sombrer l'armée de l'Est. »

Garibaldi n'était du reste pas le seul qui pût croire à un certain moment que le commandement de la grande expédition, dont tout le monde parlait et qui était dans l'air, lui serait dévolu. M. de Freycinet, pour encourager sans doute Bressolles, lui avait écrit : « Organisez-nous une belle armée. Vous en commanderez, non pas une brigade, mais la totalité... » On a vu que Cremer croyait sincèrement que Bressolles dirigerait la campagne. D'ailleurs ce général en parlait et faisait étudier son futur terrain (1). Le Comité de défense de Lyon demandait pour lui l'autorisation de « partir pour débloquer tout l'Est... En dix jours on peut reprendre l'Alsace (2). »

Ce mot vague : expédition dans l'Est, occupait tel-

---

(1) Voir *Rapport* du professeur Berlioux du lycée de Lyon.
(2) *Lettre* de M. Boursille à M. Naquet, 24 novembre.

lement les esprits que Gambetta devait l'appliquer au mouvement prescrit à Bourbaki vers Montargis.

Dépêche Gambetta à Freycinet.

12 décembre, 2 h. 35 soir de Bourges. N° 916.

... J'ai ordonné une pointe sur Vierzon... Ce mouvement me paraît avoir beaucoup perdu de son importance depuis les dernières nouvelles de Chanzy... Ce qui importe le plus, c'est de trouver un point de concentration où cette armée pourra se refaire, être reconstituée avec un nouvel endivisionnement et un nouvel embrigadement. *Cette opération terminée, on dirigera alors la nouvelle armée vers l'Est où elle agira séparément et, espérons-le, avec quelque vigueur, car ce ne sont pas les éléments qui manquent...*

Gambetta à Jules Favre.

Bourges, 14 décembre. Arrivée à Paris par pigeon le 17 décembre.

... L'armée de la Loire est loin d'être anéantie... Elle est séparée en deux armées d'égale force prêtes à opérer : *l'une dans l'Est sur les lignes de communication de l'ennemi, pour les couper,* l'autre dans l'Ouest pour marcher sur Paris... Le mouvement de retraite des Prussiens vers Paris s'est accentué... Ils ont déjà perdu un demi-million d'hommes, suivant des rapports certains qui m'ont été faits; ils se ravitaillaient difficilement. *Arrivons à couper leurs lignes de communication avec l'Allemagne,* et nous en verrons la fin...

C'est donc dans un milieu tout préparé à l'accueillir que devait parvenir le plan définitif d'une diversion dans l'Est de la France, ayant pour but essentiel de couper les communications des envahisseurs.

IV

Le plan Freycinet.

On a vu que Gambetta s'étant transporté à Bourges auprès du général Bourbaki, un projet d'opérations vers Montargis avait été établi.

Une lettre du ministre datée du 17 et un rapport du général Bourbaki avaient fait connaître à Bordeaux cette détermination; et, le 18 au matin, M. de Freycinet, assisté de son secrétaire, M. de Serres, et des généraux Thoumas et Loverdo, avait étudié le plan dont l'exécution allait commencer. Il leur parut à tous plein d'inconvénients et de dangers. Pour le général Thoumas, qui s'occupait spécialement des questions d'armement, découvrir Bourges, seul point du territoire où l'on fabricât encore des cartouches, paraissait inadmissible. Pour M. de Freycinet, à cette considération s'ajoutaient les risques que pouvaient courir Bourbaki d'avoir affaire isolé à toute l'armée du prince Frédéric-Charles, d'être constamment menacé sur son flanc gauche, d'arriver sous Paris avec des forces insuffisantes. Croyant d'autre part à l'envoi à Dijon et sous Belfort d'importants renforts allemands, il considérait les forces françaises dans la région de l'Est comme insuffisantes et trop peu solides pour exécuter à elles seules la grande diversion déjà projetée. Après une courte discussion (1)

---

(1) « Qui n'eut pas cependant la forme d'un conseil de guerre. » Renseignements donnés par M. Freycinet.

M. de Freycinet télégraphia à Gambetta dès 11 heures 40 du matin : « J'ai reçu et médité votre lettre du 17.... J'avais beaucoup étudié de mon côté avec mon confident, de Serres, un plan d'action prochaine. Il s'écarte par quelques points de celui que vous voulez bien me communiquer et je crois utile, nécessaire même que vous en soyez instruit avant que l'exécution du vôtre commence. Je vous envoie donc aujourd'hui, à Bourges, de Serres avec une lettre explicative. Il arrivera dans la nuit... » Et à 7 heures du soir : « De Serres est parti avec une longue lettre de moi et arrivera à Bourges à cinq heures du matin. Il pourra ainsi vous voir avant que le mouvement projeté ait commencé... »

Le texte complet de cette lettre qui constitue un document essentiel n'a jamais encore été publié (1). C'est à la bienveillance de M. de Freycinet qu'est due la version ci-dessous copiée sur son registre de correspondance.

M. Léon Gambetta, Bourges.

Monsieur le Ministre,

Ainsi que je vous l'ai télégraphié, j'ai lu et médité l'importante lettre que vous m'avez adressée touchant le plan de campagne proposé par le général Bourbaki.

L'idée dominante de ce plan est évidemment celle qui nous avait inspirés, vous et moi, avant l'échec d'Orléans et aussitôt après cet échec, à savoir : de gagner Paris par Montargis et Fontainebleau et d'y préparer une diversion utile, peut-être un déblocquement. Mais les circonstances ont bien changé. Au lieu de 200,000 hommes vous en avez à peine 70,000, vous n'avez plus Orléans comme base d'opération et vous n'avez aucune perspective de vous rejoindre avec l'armée de Ducrot, qu'on supposait alors devoir être

---

(1) Il n'en a paru qu'un extrait dans le livre de M. Freycinet : *La Guerre en Province.*

victorieuse. Dans ces nouvelles conditions, je crois que l'armée de Bourbaki est menacée d'être défaite sous Montargis, où Frédéric-Charles aura le temps d'arriver grâce aux longs détours que Bourbaki va faire et aux neuf ou dix jours de marches qu'ils nécessiteront. Si l'on échappe au prince Charles, que fera cette faible armée sous les murs mêmes de Paris? Évidemment elle n'y fera pas ce que Ducrot n'a pu faire; c'est-à-dire percer la ligne d'investissement. D'autre part, le prince Charles, soit qu'il combatte Bourbaki sous Montargis, soit qu'il le laisse passer, pourra toujours diriger un corps de 20,000 hommes sur Bourges et y détruire les ressources de cette place et de Nevers. Enfin, si le prince néglige totalement Bourbaki il peut, abandonnant Chanzy derrière la Sarthe, s'avancer victorieusement avec toute son armée par Vendôme, Blois et Vierzon et dominer tout le Midi et le Centre de la France. J'ajoute que le simple fait de la descente du prince Charles sur Vierzon va singulièrement préoccuper Bourbaki, l'obliger à regarder en arrière et peut-être l'arrêter net dans sa marche ascensionnelle. Je doute aussi que cette marche puisse s'effectuer en sécurité, car un simple corps de 20,000 hommes jeté par Gien dans son flanc gauche le compromettrait gravement.

D'autre part l'opération dans l'Est ne me paraît pas établie sur des bases assez larges. Toutes les dépêches s'accordent à reconnaître que les forces de Dijon et celles de Belfort ont reçu des renforts importants, en sorte que, dans l'ensemble, de cette région on peut avoir affaire avec 80,000 hommes. Or Garibaldi, Cremer et Bressoles ne représentent que 50 à 55,000 hommes, que l'on peut espérer porter à 70,000 hommes au moyen de la garnison de Besançon. Ces forces ne sont ni assez nombreuses ni d'assez bonnes qualités pour qu'on puisse espérer tenir la campagne avec succès. On est donc exposé à être arrêté à la moitié de la hauteur des Vosges, si même on a réussi à dépasser Dijon.

A mon sens il serait bien préférable d'opérer dans les conditions suivantes, que M. de Serres et moi avons largement débattues tous ces jours-ci :

On renoncerait quant à présent à marcher directement

sur Paris. On séparerait les 18ᵉ et 20ᵉ corps du 15ᵉ et on les porterait rapidement en chemin de fer jusqu'à Beaune. Ces deux corps, conjointement avec Garibaldi et Cremer, seraient destinés à s'emparer de Dijon, ce qui semble très réalisable, puisqu'on ferait agir 70,000 hommes environ contre 35 à 40,000 ennemis. Pendant ce temps, Bressolles et son armée se porteraient par chemin de fer à Besançon où ils ramasseraient les 15 à 20,000 hommes de garnison. Cette force totale de 45 à 50,000 hommes, opérant de concert avec les 70,000 victorieux de Dijon, n'aurait pas de peine à faire lever même sans coup férir, le siège de Belfort et offrirait une masse compacte de 110,000 hommes capables de couper les communications dans l'Est malgré tous les efforts de l'ennemi. La seule présence de cette armée ferait lever le siège de toutes les places fortes du Nord et permettrait au besoin de combiner plus tard une action avec Faidherbe. En tous cas, on aurait la certitude de rompre définitivement la base de ravitaillement de l'ennemi.

Quant au 15ᵉ corps, séparé, comme je l'ai dit, des 18ᵉ et 20ᵉ, il aurait pour mission essentielle de couvrir Bourges et Nevers en se retranchant dans les positions de Vierzon et en occupant solidement la forêt. S'il venait à être forcé dans cette première position, il rentrerait à Bourges, où il formerait une imposante garnison en état d'arrêter la marche de l'ennemi, assez longtemps pour permettre à l'armée de Chanzy de se porter à sa suite. Dans ces conditions, le centre de la France ne serait pas découvert et l'armée de siège de Paris se trouverait bien plus sûrement inquiétée par la diversion victorieuse dans l'Est que par une tentative directe, mais, selon moi, impuissante sur Paris. Il me semble donc que, dans ce plan, la partie offensive comme la partie défensive se trouvent mieux garanties que dans le projet du général Bourbaki, et je crois devoir recommander ces considérations à votre plus sérieuse attention.

Je charge M. de Serres de vous donner de vive voix toutes les explications de détail que vous pourrez souhaiter et de se tenir à votre disposition pour procéder à l'exécution, si vous jugez en effet convenable d'y donner suite.

Agréez, Monsieur le Ministre, l'expression de mes sentiments les plus dévoués.

Signé : C. DE FREYCINET.

L'importance de ce document, les graves conséquences qu'eut, sur les destinées du pays, la manière dont il fut interprété et mis en œuvre semblent rendre nécessaire une analyse et une discussion de ce texte.

La lettre commence par l'exposé des inconvénients du projet de marche sur Montargis, et, de cet examen, il faut tout d'abord retenir le point essentiel relatif à l'emploi du 15e corps. — Dans la pensée de l'auteur, le maintien de cette force en avant de Bourges est une absolue nécessité, à la fois pour couvrir ce point important et pour maintenir l'ennemi dans l'indécision. Quand on verra plus tard avec quelle insistance le général Bourbaki réclamera le 15e corps, on ne pourra douter que M. de Freycinet eut le droit de faire remarquer que cette exigence était toute nouvelle et qu'elle aurait dû se produire dès l'acceptation du plan de campagne.

En ce qui concerne les inconvénients reprochés à la direction de Montargis, l'on a vu, et l'on verra par la suite, combien le Grand État-Major allemand craignait et était fondé à craindre une offensive de ce côté. Mais, d'autre part, on ne peut méconnaître la valeur de l'idée générale de transporter dans le bassin de la Saône la force constituée par les 18e et 20e corps, pour les relier avec les troupes considérables par le nombre de cette région et agir ensuite sur les communications de l'ennemi.

Si cependant on est généralement d'accord sur ce point, le procédé proposé laissait ouvertes bien des questions essentielles.

Le premier objectif assigné est de s'emparer de Dijon, ce qui devait sembler « très réalisable, puisqu'on ferait agir 70,000 hommes contre 35 à 40,000 ». Rien de plus naturel et de plus militaire, en effet, que d'attaquer l'adversaire le plus proche et le plus vulnérable. Mais que devrait-on faire, si, comme il arriva, l'ennemi n'attendait pas le choc et se dérobait vers le Nord-Est? Cela n'était pas prévu.

D'autre part on voulait débarquer à Beaune. Or, outre que ce point, situé à 35 kilomètres de Dijon, en devait sembler bien rapproché (1), le combat de Nuits survenu le 18 décembre avait découvert cette région. Cela, à la vérité, M. de Freycinet l'ignorait encore, et lorsqu'il le sut ce fut par une dépêche de Cremer conçue en termes tels qu'il n'éprouva pas d'inquiétude de ce côté (2).

Toujours est-il que, dès le début, la zone de débarquement dut être modifiée et que la base même du projet se montra peu solide.

Dans sa déposition M. de Serres a dit simplement qu'on devait débarquer « le plus près possible de l'ennemi ». Le général Bourbaki déclara devant la Commission d'enquête qu'il lui fut promis qu'un corps d'armée serait débarqué à Chagny, l'autre à Chalon-sur-Saône. On est donc amené à croire que la nouvelle de la retraite de Cremer après le combat de Nuits, parvenue à Bourges le 19 dans l'après-midi, fit immédiatement substituer ces deux derniers points à celui de Beaune, qui se trouvait découvert. En effet, dans la dépêche adressée par M. Gambetta à M. de Freycinet le 19 à 1 h. 25 du soir, le ministre parla de Chagny, et, dès qu'il sut que Cremer se retirait sur cette ville, il lui télégraphia :

Gambetta à Cremer.

Bourges, 19 décembre, 4 h. 30 soir.

« Général, puisque vous jugez que vous devez vous

---

(1) La gare de Beaune était d'ailleurs insuffisante comme quais et moyens de débarquement.

(2) Dans sa dépêche, reproduite par celle de M. de Freycinet datée de 10 h. 47 matin, le général Cremer semblait attribuer sa retraite au défaut de munitions.

replier sur Chagny, je vous adresse l'ordre formel de tenir dans cette position jusqu'à la dernière extrémité, jusqu'à la mort. C'est une position indispensable pour les mouvements ultérieurs qui peuvent être décidés. »

Il est possible cependant que, pendant son voyage M. de Serres ait pris sur lui de substituer Chagny, centre imporant de voies ferrées, à Beaune, avant même de connaître la retraite de Cremer.

Pendant que s'opérerait la prise de Dijon, « Bressolles et son armée se porteraient en chemin de fer à Besançon, où ils ramasseraient 15 à 20,000 hommes de garnison. Cette force totale de 45 à 50,000 hommes, opérant de concert avec les 70,000 hommes de Dijon, n'aurait pas de peine à faire lever, même sans coup férir, le siège de Belfort et offrirait une masse compacte de 110,000 hommes capables de couper les communications dans l'Est, malgré tous les efforts de l'ennemi. La seule présence de cette armée ferait lever siège de toutes les places fortes du Nord et permettrait au besoin de combiner plus tard une action avec Faidherbe... »

Ainsi que M. de Freycinet l'a fait remarquer dans son livre, il ne s'agissait que d'une idée générale et par suite aucun autre objectif après Dijon n'était assigné à l'armée, sinon la mission de couper les communications de l'ennemi. — Ce qui est dit d'une jonction éventuelle avec Faidherbe, d'une action sur les places du Nord, suffit à montrer qu'il s'agissait d'une direction d'ensemble de ce côté, c'est-à-dire dans la région entre Langres et le versant Ouest des Vosges. Le déblocus de Belfort n'est pas le rôle de l'armée principale, mais bien d'un détachement débouchant de Besançon et qui pourra, pense-t-on, obtenir ce résultat « même sans coup férir ».

Or, l'exécution de ce projet était trop vaguement

indiquée pour qu'il ne fût pas nécessaire de la fixer un peu plus.

Si l'armée principale devait prendre comme axe de son mouvement la route Dijon-Langres et au delà vers Chaumont, les troupes de Bressolles débouchant de

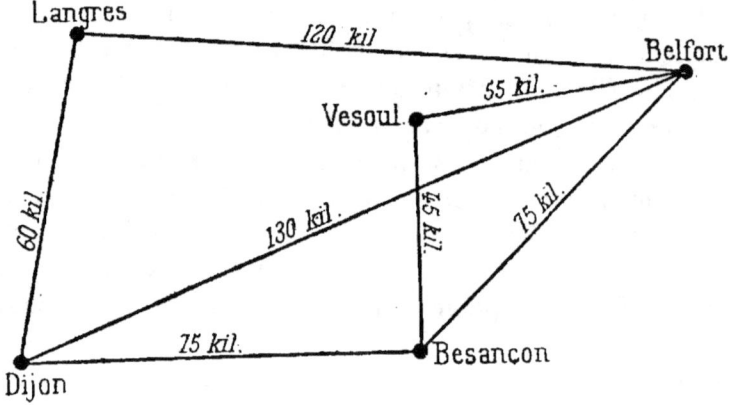

Besançon se trouveraient sur son flanc droit à 75 kilomètres. Ou bien celles-ci devront suivre une direction parallèle à celle des troupes de Bourbaki et par suite marcher sur Vesoul puis Epinal, et alors elles passeront à 55 kilomètres à l'Ouest de Belfort, sans avoir par suite la moindre action sur le corps de siège. Ou bien elles devront obliquer de 75 kilomètres dans le Nord-Est, pour agir seules contre les troupes d'investissement, et alors, se trouvant éloignées de 120 kilomètres de l'armée, elles ne pourront agir de concert avec elle.

Par contre, si Bourbaki veut coopérer au déblocus de Belfort, il devra, de Dijon à ce point, suivre pendant 130 kilomètres une direction orientée du Sud-Ouest au Nord-Est, et qui, par suite, devenant presque parallèle aux lignes de communication allemandes, ne les menace plus en rien.

En un mot, agir sur ces dernières et débloquer Belfort étaient deux opérations distinctes et difficilement conciliables. Que dans la pensée de l'auteur du plan de campagne, la première mission l'emportât en importance sur la seconde, c'est ce dont on ne saurait douter. Mais que des militaires expérimentés ait justement choisi entre les deux partis à prendre, le plus dangereux et le plus stérile, puisque la place de Belfort marquait par la vigueur de sa résistance qu'elle n'avait nul besoin de secours, c'est ce qui ne peut s'expliquer que par les circontances vraiment étranges dans lesquelles fut communiqué et accepté le plan de campagne.

Arrivé dans la matinée du 19 décembre à Bourges, M. de Serres se présenta de suite à Gambetta. A ce moment le général Bourbaki était avec lui, prenant congé, avant de rejoindre son quartier général de Baugy. Comme on l'a vu les troupes étaient déjà en marche. Gambetta prit la lettre que lui apportait de Serres, la lut, et, sans en donner connaissance au général, le laissa partir.

Dans la conversation qui s'engagea ensuite entre MM. de Serres et Gambetta, le premier développa les arguments produits par M. de Freycinet et insista sur les dangers de la marche sur Montargis. Le ministre résistait, disant qu'il était trop tard et que le mouvement était déjà commencé (1). Cédant à l'éloquence persuasive de M. de Serres, il lui dit enfin : « Rattrapez Bourbaki et s'il accepte votre plan, j'y consens aussi », M. de Serres se mit immédiatement à la recherche du général et le rejoignit à Baugy vers 5 heures du soir (2).

---

(1) Dépositions de Serres.
(2) Dépositions Leperche. Il est possible qu'à ce moment encore le négociateur ignorât l'échec subi la veille à Nuits par le corps Cremer. — M. de Freycinet paraît n'en avoir reçu la nouvelle à Bordeaux que le 19 au matin et M. Gambetta après le départ de M. de Serres, entre 1 h. 25 et 2 h. 30 du soir. Quant au

M. de Serres ne paraît pas avoir été à ce moment porteur de la lettre de M. de Freycinet (1). On n'allait donc pas avoir à discuter un texte ferme, et, quelque général que fût celui-ci, il aurait pourtant fixé les idées. Tout allait se borner à une conversation et d'une brièveté incroyable, étant donnée la gravité du moment. — La conférence avait commencé à 5 heures du soir, à 6 heures, on enregistrait à Avord, à 8 kilomètres de Baugy, la dépêche de de Serres disant « affaire réglée » (2) et le négociateur partait pour Bourges, porteur de la trop courte lettre du général Bourbaki à Gambetta que voici :

« Je viens de recevoir la communication que vous avez chargé M. de Serres de me faire.

« La combinaison qui m'est proposée me semble bonne et je donnerai des ordres pour son exécution dès que vous m'aurez fait connaître que vos intentions sont telles. »

Moins d'une demi-heure avait donc suffi pour examiner et adopter un plan de campagne dont allait dépendre le sort de l'armée et du pays.

C'est dire qu'aucun point de détail n'avait pu être élucidé.

Mais les principes mêmes de la lettre de M. de Freycinet avaient-ils été respectés? Il est permis d'en douter, tant diffèrent les termes dont se servirent les assistants pour définir le plan de campagne.

« Arrivé à Baugy le 19 décembre, écrivit le général Bourbaki dans son rapport daté du 3 mars (3), je reçus

---

général Bourbaki il n'en savait rien. Voir dépêche de 10 h. 47 adressée à M. Gambetta. Voir dépêches Gambetta à Freycinet, 1 h. 25 et 2 h. 30 soir.

(1) Dépositions de Serres.
(2) Voir ci-dessous.
(3) Inédit. Archives de la Guerre.

la proposition de substituer à ce mouvement un autre plan. Il s'agissait de forcer l'ennemi à évacuer Dijon, Gray, Vesoul, de débloquer Belfort, puis, si ce résultat était obtenu, de me porter sur Langres et de tâcher de couper les communications de l'ennemi.

« Ce nouveau plan me souriait beaucoup plus que le premier : il me semblait plus fructueux.... »

Et, dans sa déposition devant la commission d'enquête, le général devait dire.

« Le premier jour, j'avais établi mon quartier général à Baugy entre Bourges et Nevers, lorsqu'arriva M. de Serres envoyé par M. Gambetta pour me demander si je ne préférerais pas essayer dans l'Est une diversion ayant pour objet de faire évacuer Dijon, Gray, Vesoul et de débloquer Belfort. »

Quant à son confident, le colonel Leperche, présent à l'entrevue, à laquelle le général Borel ne paraît pas avoir pris part (1), sa déposition est caractéristique.

« Le général reçut à 5 heures du soir la visite de M. de Serres, attaché au cabinet du ministre de la Guerre, porteur d'instructions. Il vint proposer au général, de la part de M. Gambetta, de changer d'objectif et d'entamer la campagne de l'Est. »

« Si cette opération, qui devait commencer par la prise de Dijon, réussissait, *l'armée devait continuer sur Belfort et faire lever le siège de cette place.* »

« Le général accepta volontiers ce plan qui lui paraissait aventureux, mais susceptible de produire des résultats plus importants. En effet, si nous ne nous étions pas portés plus à l'Est que Montargis, le prince Frédéric-Charles aurait pu osciller constamment entre la 2e armée de la Loire et la 1re armée, sous les ordres du général Bourbaki, à l'Est. Il lui aurait été loisible de se porter alternativement, avec la totalité de ses

---

(1) Voir *Revue d'Histoire*, janvier 1906. Etats-Majors et cabinets.

forces, contre l'une ou l'autre armée. Ces deux armées s'éloignant suffisamment, le prince Frédéric-Charles ne pouvait plus opérer que contre une seule; d'autres troupes prussiennes devaient être dirigées pour s'opposer aux opérations de l'autre. »

« Le général Bourbaki ne se faisait pas la moindre illusion sur l'issue de l'entreprise dont on le chargeait. Il savait que, plus il menacerait les communications de ce dernier, plus ce dernier ferait de sérieux efforts contre lui. Il *espérait pourtant parvenir à débloquer Belfort*, mais il ne mettait pas en doute, qu'après ce premier succès, et alors qu'il se serait agi pour lui de remonter vers le Nord, l'ennemi ne négligerait rien pour l'écraser. »

« Du moment que la lutte était continuée, c'était ce qu'il convenait le mieux de faire; si la France devait être sauvée, elle ne pouvait l'être que par l'armée de Paris. »

Pour le général en chef et pour son chef de cabinet, le déblocus de Belfort constitue donc la partie essentielle du plan proposé. Une opération sur les communications de l'ennemi n'est plus prévue qu'à lointaine échéance. Et, en effet, si après avoir dégagé Belfort il faut se porter sur Langres, on devra marcher pendant 120 kilomètres parallèlement à la ligne d'étapes de l'ennemi. — De fait tous les témoignages des anciens combattants de l'armée de l'Est concordent pour affirmer que, dès le début, Belfort leur fut donné comme objectif, et il en résulte que l'idée maîtresse du plan Freycinet fut immédiatement méconnue par ceux qui devaient l'appliquer.

D'ailleurs, Gambetta ne paraît pas s'être illusionné sur le but unique qui fut poursuivi dès le début. Après avoir expliqué pourquoi le général Bourbaki n'était pas partisan de marcher sur Montargis, il ajoute :

« Toutes les fois qu'il (Bourbaki) pouvait refuser la bataille, il ne résistait pas à son découragement, et, évidemment, placé entre deux plans, ou marcher de Gien ou Cosne sur Pithiviers, ou, au contraire, incliner fortement sur sa droite, s'en aller par Bourges, Chalon-sur-Saône et *Besançon, faire une pointe sur Belfort*, évidemment, de ces deux opérations, celle qui correspondait le plus à l'état de son esprit, de son âme, à la médiocre confiance qu'il avait de ses troupes, c'était le plan le plus éloigné, c'était la marche dans l'Est, et c'est pour cela qu'il l'a préféré, car c'est lui qui l'a agréé. Voilà la vérité pure (1). »

Comment s'explique un si singulier phénomène? Par la manière dont M. de Serres présenta le plan qu'il était chargé d'expliquer.

Or, sur ce point, son aveu est caractéristique. « Une fois l'armée débarquée, dit-il devant la Commission d'Enquête, et, après l'avoir renforcée de la totalité des troupes disponibles dans ces régions, on la faisait remonter, ayant à sa gauche le corps commandé par le général Garibaldi, dans la vallée de la Saône; on *débloquait Belfort au passage* et, en appuyant la partie droite de l'armée aux Vosges, on menaçait la base des communications de l'ennemi... »

Ainsi M. de Freycinet a dit qu'on irait à Dijon, M. de Serres prescrit de remonter la vallée de la Saône qui passe à 30 kilomètres à l'Est de Dijon et s'incline ensuite vers le nord-est. M. de Freycinet a laissé entendre que, de Dijon, il faudrait marcher vers le Nord, M. de Serres veut que l'armée appuie sa droite aux Vosges, à près de 100 kilomètres à l'Est de la ligne Dijon, Langres, Chaumont. — M. de Freycinet a chargé un détachement, le corps Bressolles, de débloquer Belfort, M. de Serres y envoie l'armée principale.

C'est donc un plan absolument différent du projet Freycinet que présenta et fit accepter M. de Serres, et l'on ne saurait méconnaître la grave responsabilité qui devait lui incomber.

---

(1) Déposition Gambetta.

En outre, par suite de la légèreté avec laquelle furent menées ces négociations, de graves polémiques devaient plus tard se produire.

C'est ainsi, en effet, que devait se poser devant l'histoire une question particulièrement grave et délicate, celle de déterminer à quelles conditions le général Bourbaki consentit à se charger de l'entreprise.

Dès le 3 mars 1871, dans son rapport adressé au ministre de la Guerre (1), l'ancien commandant de l'armée de l'Est écrivait :

« ... On m'avait promis, si j'obtenais ce premier succès (l'évacuation de Dijon), que 100,000 hommes (gardes nationaux mobilisés ou autres) seraient chargés, afin de me permettre de poursuivre le plan commun, de garder le cours de la Saône, que le général Pélisier et Garibaldi occuperaient solidement Dijon et Gray; je me trouverais ainsi garanti sur mon flanc gauche et mes derrières; et que Besançon serait approvisionné de façon à me permettre de m'y appuyer, si je me trouvais dans la nécessité de me replier. »

Puis, plus tard, devant la Commission d'enquête, le général Bourbaki s'exprima en ces termes.

« ... Le 1ᵉʳ jour (du mouvement vers Montargis), j'avais établi mon quartier général à Baugy, entre Bourges et Nevers, lorsqu'arriva M. de Serres, envoyé par M. Gambetta, pour me demander si je ne préférais pas essayer dans l'Est une diversion ayant pour objet de faire évacuer Dijon, Gray, Vesoul et débloquer Belfort. Il m'assura que l'évacuation seule de Dijon exciterait un grand enthousiasme dans le Midi et nous donnerait tout de suite derrière nous une armée de 100,000 hommes (des nationaux mobilisés ou autres).

« Je répondis que je n'en demandais pas tant. Tout ce que je désirais, c'était une armée pour garder mon flanc

---

(1) Déjà cité.

gauche, une fois Dijon évacué, afin de pouvoir me porter en avant. Quant à Dijon, je disais que je ne tarderais pas à le faire évacuer et que, si les conditions étaient telles qu'il venait de me les exposer, je croyais que je ferais évacuer également Vesoul, Gray et lever le siège de Belfort. J'ajoutai que, ceci fait, on pourrait faire marcher l'armée sur Langres afin de couper les communications de l'ennemi et qu'en définitive, si l'armée périssait, elle périrait utilement, car elle aurait empêché pendant un temps donné, le ravitaillement des Prussiens devant Paris.

« Il fut donc décidé que je renoncerais au mouvement sur Montargis et que je partirais pour l'Est. Il me fut promis qu'un corps d'armée serait débarqué à Chagny, un autre à Chalon-sur-Saône et un autre, que je ne connaissais pas, venant de Lyon, à Besançon. »

La Commission d'enquête parlementaire ne manqua pas de recueillir avec empressement la grave accusation contenue dans ces paroles, et, en même temps qu'elle gardait sur ces questions essentielles un silence absolu, lors de la comparution de MM. de Freycinet et de Serres, elle invita le général Bourbaki à préciser ses griefs.

« Il est très exact, écrivit le général au rapporteur M. Perrot, le 5 mars 1873 (1), que M. de Serres, dépêché près de moi par le ministre pour me proposer d'opérer dans la direction de Belfort, m'a assuré au nom du ministre :

1° Qu'aussitôt que j'aurais fait évacuer Dijon, les départements du Midi qui n'avaient pas encore fourni de mobilisés seraient mis en demeure d'en envoyer sur le cours de la Saône, afin de garantir l'armée contre tout mouvement ayant pour objet de couper ses communications.

« 2° Que la place de Besançon, devant me servir ulté-

---

(1) Succession Leperche. Archives de la Guerre.

rieurement de base d'opérations de ravitaillement, seraient approvisionnée assez largement en vivres et en munitions pour que l'armée pût s'y appuyer, manœuvrer dans ses environs et y puiser toutes les ressources voulues pendant le temps que dureraient les opérations exécutées dans ces conditions. »

Quant au colonel Leperche ses déclarations furent les suivantes.

Déposition Leperche. — « Le rôle des armées de province était tout tracé. Il devait consister à attirer l'orage à la circonférence pour dégager d'autant le centre, c'est-à-dire à faciliter la tâche de l'armée qui défendait notre capitale. »

« C'est dans ce but que le général Bourbaki accepta la mission de faire, à la tête de la 1re armée, une campagne dans l'Est de la France. On lui promit que Garibaldi garderait en partie son flanc gauche et ses derrières, que le Midi fournirait 100,000 mobilisés pour occuper le centre de la Saône, protégeant également son flanc gauche et ses derrières et que la place de Besançon recevrait tous les approvisionnements nécessaires en vivres comme en munitions.

« *M. le Président.* — Qui a promis ces 100,000 hommes au général Bourbaki.

R. — C'est M. de Serres, au nom du délégué à la guerre, M. de Freycinet... C'est à Baugy que le plan de campagne a été décidé. Je ne saurais affirmer si c'est à Baugy ou à Nevers que la promesse des 100,000 gardes nationaux mobilisés des départements du Midi a été faite, mais assurément c'est à Bangy ou à Nevers. C'était parfaitement convenu. Dans le plan adopté, on se basait sur le concours des 100,000 mobilisés des départements du Midi qui n'avaient jusqu'alors rien fourni.

« *Un membre.* — Ces 100,000 hommes devaient être naturellement sous les ordres du ministre de la Guerre?

« *R.* — Ils n'auraient pas plus été placés sous les ordres du général Bourbaki que la troupe de Garibaldi. Mais, pour être placés sous les ordres de quelqu'un, il aurait fallu d'abord qu'ils eussent existé.

« *Un membre.* — Le général n'avait pas à s'occuper de l'organisation de ces 100,000 hommes?

« *R.* — Le général Bourbaki n'a organisé aucun corps d'armée autre que celui qu'il a laissé dans la région du Nord.

« *M. U. Perrot.* — En ce qui concerne les approvisionnements de Besançon, par qui devaient-ils être faits? Par l'Intendance ou par le ministre?

« *R.* — C'était l'Intendance qui devait recevoir et exécuter les intentions du ministre. Le ministre s'était, vis-à-vis du général Bourbaki, chargé de faire approvisionner la ville en vivres et en munitions de toute nature. »

« Le général avait à cet égard réclamé dès le début. Il avait été bien entendu, à Baugy, je crois, que Besançon serait approvisionné de façon à permettre à la 1re armée de s'appuyer sur cette place si la suite des opérations le rendait nécessaire, ou tout au moins de l'utiliser comme place de dépôt. »

On sait que ni M. de Freycinet, ni M. de Serres, ni Gambetta ne firent la moindre allusion à ces promesses lorsqu'ils vinrent déposer devant la Commission d'enquête. — Néanmoins M. Perrot considéra l'accusation comme entièrement fondée et la reproduisit dans son rapport.

En ce qui concerne ces deux points : la promesse de 100,000 mobilisés et la constitution d'une base d'opérations à Besançon, on a vu que la lettre de M. de Freycinet était muette. Mais, en supposant que, là encore, M. de Serres ait outrepassé ses pouvoirs, on s'explique difficilement, s'il prit un engagement ferme au nom du ministre, que jamais, au cours de la campagne, le général Bourbaki n'ait rappelé à celui-ci que c'était sur l'appoint des 100,000 mobilisés qu'il comptait pour garantir sa gauche et ses derrières que très vite il jugea menacés. Dès le 26, en effet, il écrit : ... « Si nous sommes assez heureux pour enlever les deux points convenus de la ligne ennemie et pour pouvoir continuer notre marche vers ses communications, il est évident que ces deux points devront être solidement gardés, sous peine de voir menacer ou même couper les nôtres. J'aurais trouvé à ce moment un appui sérieux dans le 15ᵉ corps pour jouer ce rôle ou pour me permettre de faire tel autre détachement qui aurait garanti mes communications. » Comment pourrait-il réclamer le concours du 15ᵉ corps, malgré M. de Serres, et, au début, au moins, malgré le ministre, si celui-ci lui avait promis 100,000 mobilisés pour couvrir son flanc gauche et ses derrières ? Trois jours plus tard, le 29, c'est M. de Freycinet qui signalera au général des mouvements inquiétants de l'ennemi d'Auxerre et d'Orléans vers Châtillon et lui donnera le conseil de faire occuper par ses corps francs le Val Suzon. A cela Bourbaki répondra, en demandant une fois de plus l'envoi du 15ᵉ corps pour couvrir sa gauche et finira par en obtenir la coopération deux jours plus tard. A ce moment, le délégué à la guerre le prévient qu'il a sur sa droite 70,000 hommes, et que 80,000 se préparent à l'attaquer sur sa gauche. Comment ce jour-là Bourbaki, pressé d'ailleurs de hâter sa marche sur Vesoul, ne réclame-t-il pas les 100,000 mobilisés promis, lorsque le danger est devenu évident ?

En ce qui concerne les approvisionnements de Besançon, la première fois qu'il en est question dans la correspondance du général en chef, c'est le 4 janvier. Ce jour-là il télégraphie au ministre : « Il est essentiel de réunir à Besançon des approvisionnements considérables en vivres comme en munitions d'artillerie et d'infanterie, de façon à assurer les besoins de l'armée en sus de ceux de la place même. » Rien ne permet donc de conclure qu'il ait déjà été question de cette affaire qui paraît au contraire être toute nouvelle à cette époque. D'ailleurs l'intendant général Friant confirmera plus tard devant la Commission, de façon formelle, l'absence de tout préparatif, de toute instruction ou délibération à ce sujet, qui ne pouvait lui être étranger.

« La place de Besançon, déclare-t-il, était complètement en dehors de notre rayon d'action au moment de notre départ de Bourges. J'ai moi-même ignoré que nous dussions pousser jusqu'à Besançon, je n'ai connu ce mouvement qu'en me rendant à Besançon comme intendant, le 5 janvier au matin. »

Le 19 décembre, vers 11 heures du soir M. de Serres était de retour à Bourges, où il revoyait Gambetta. — N'allait-il pas lui dire qu'il était urgent d'organiser 100,000 mobilisés sur lesquels Bourbaki comptait, et le ministre ne devait-il pas prescrire à son délégué de s'occuper sans délai de cette nouvelle question pour laquelle tout était à faire? Or Gambetta télégraphie simplement à M. de Freycinet :

Gambetta à Freycinet.
Bourges, 19 décembre, 11 h. 22 soir.

De Serres est de retour. Tout est convenu et arrangé pour l'exécution du plan qu'il a apporté. Approbation générale. Audibert est en ville. On va tout régler.

et à 11 h. 21 au général Bourbaki : « Dispositions adoptées. Je vous envoie par exprès lettre confirmative (1) ». On est donc conduit à repousser l'hypothèse de M. de Serres, prenant sur lui, le 19 décembre, de promettre au général Bourbaki 100,000 mobilisés et la constitution d'une base d'opérations à Besançon, mais n'en rendant pas compte immédiatement à ceux dont il était le mandataire.

---

(1) Cette lettre, qui serait si précieuse, manque.

Néanmoins c'est encore, semble-t-il, ce qui se rapproche le plus de la vérité. Jeune, ardent, parlant bien et facilement, M. de Serres se laissa très problablement aller, par la suite de ses relations de plus en plus intimes avec le général Bourbaki, à des paroles imprudentes. Non pas le 19 certainement, mais un peu plus tard (1), lorsque les difficultés commencèrent, aux craintes du général découragé, il répondit par l'assurance « que la reprise de Dijon exciterait un grand enthousiasme et nous donnerait tout de suite 100,000 mobilisés (2) ». Ni cette question, ni celle de l'approvisionnement de Besançon ne furent donc réglées dans la courte conférence de Baugy.

Aucun point de détail ne fut fixé de façon à couvrir les diverses responsabilités; on se contenta d'une idée générale, encore était-elle viciée et absolument différente du plan véritablement présenté par M. de Freycinet.

Cela suffit néanmoins à M. de Serres pour croire sa mission accomplie. Voici ses dépêches.

A. *De Serres à Freycinet.*

Avord (3), 6 heures soir.

« J'adresse à Gambetta de Baugy la dépêche suivante : Affaire réglée, rentrerai à Bourges vers dix heures pour vous communiquer le résultat de ma mission.

B. *Dépêche conforme à M. Gambetta à Bourges.*
C. *De Serres à Freycinet.*

Avord, 19 décembre, 8 h. 35 soir.

« Je rentre à Bourges. Je suis allé voir en passant le successeur de Crouzat (4). Très bonne impression personnelle et d'ensemble. Est mieux même que vous pensiez, et plus que vous estimiez. Nous sommes d'accord avec Bourbaki pour quelques compléments pour ce corps et ce sera bien.

---

(1) Ainsi que l'admet la déposition du colonel Leperche.
(2) Déposition de Bourbaki.
(3) Avord était le bureau télégraphique desservant Baugy.
(4) Clinchant.

Accélérez, je vous prie, ce qui est relatif au génie civil. Je constate ici plus que jamais la nécessité et les immenses avantages de son emploi. Envoyez, si c'est possible, quelques bons officiers (capitaines) au corps dont je parle, ils produiraient beaucoup. Faites expédier, je vous prie, sur les points où vous savez que nous nous dirigeons, suivant votre programme, une bonne collection de pioches, pelles, outils du génie pour travaux de défenses passagères. Je vous recommande comme ensemble la question des subsistances. Je réglerai à Bourges le détail avec Friant. C'est le point délicat. Poussez vigoureusement Lemercier pour le matériel voitures. Il aura à en fournir à la compagnie voisine qui effectuera seule les chargements. Vu les points de départ, je passerai la nuit à Bourges et une partie de la matinée. Demain soir à Nevers, à moins de dispositions contraires. »

Sauf la phrase tout à fait générale concernant les subsistances, pas un mot ne peut faire supposer à M. de Freycinet que le général Bourbaki a mis à son acceptation deux conditions nouvelles et importantes (1).

Ce fut donc à de vagues encouragements que Bourbaki, et plus encore son entourage, aigris par le malheur, conduits, logiquement d'ailleurs, à attribuer à M. de Serres plus d'autorité et par suite plus de responsabilité qu'il n'en avait, c'est à des propos peut-être inconsidérés, que les chefs de l'armée de l'Est attachèrent plus d'importance, plus de précision qu'il ne convenait. Jamais, d'ailleurs, dans les circonstances les plus critiques et lors des démêlés les plus vifs avec le gouvernement, le général ne s'en autorisa pour récriminer au cours de la campagne. Ce fut plus tard, ainsi qu'il a été montré, et dans des termes qui en font parfois varier l'importance, qu'il exprima des griefs, et la Commission de 1873 était trop soucieuse de faire œuvre de parti, pour

---

(1) On devait d'ailleurs envoyer à Besançon 39 jours de vivres pour 100,000 hommes, d'après l'intendant Friant.

ne pas donner aux paroles de Bourbaki une importance probablement supérieure aux véritables intentions de leur auteur.

Quelles que soient les objections qu'on puisse faire au plan Freycinet, surtout en ce qui concerne ses lacunes, il n'en reste pas moins une conception générale d'un haut intérêt, et, pour la juger, il est bon de citer l'opinion d'une autorité indiscutée.

Personne, semble-t-il, n'a plus justement apprécié la valeur d'ensemble du projet d'opération dans l'Est que le général autrichien Kuhn, le glorieux défenseur du Tyrol en 1866, qui était ministre de la Guerre en 1870, et les termes dont il se servit semblent mériter d'être reproduits (1).

« A la fin de décembre 1870, le gouvernement de Bordeaux avait formé le projet de transporter dans l'Est, par voies ferrées, les corps d'armée qui se trouvaient derrière la Loire, pour agir sur la ligne de communication des Allemands et peut être obtenir de cette façon la levée du siège de Paris.

« Pour bien comprendre la *grandeur de cette pensée*, il faut se rendre compte de la situation réelle des forces en présence à cette époque...

	Hommes.	Cavaliers.	Canons.
Le général Chanzy avait...	112,000	18,200	324
Le général Faidherbe.....	70,000	800	99
L'armée de Bourbaki (15e, 18e, 20e, 24e, réserve, division Cremer) devait comprendre........	135,000	7,900	346
Garibaldi	16,000	—	36
En tout avec l'armée de Paris..................	619,000	24,050	1,343

---

(1) Général Kuhn, *Betrachtungen über die Operationen der französischen Ost, West und Nord Armeen*. Vienne 1890.

Les Allemands avaient :

	Hommes.	Cavaliers.	Canons.
Devant Paris	186,000	14,000	264
Sur la Loire	88,000	15,600	546
Dans le Nord	56,000	7,600	282
Werder	35.000	6.000	108
En tout disponibles pour les opérations actives	365,000	43,200	1,676 »

« Ce total ne comprend ni les troupes d'étapes, ni celles qui étaient employées à assiéger d'autres places que Paris. »

« En somme il y avait en présence :

A Paris	186,000 Allemands	14,000 cavaliers		740 canons	
—	162,000 Français	2,500	—	246	—
Dans l'Ouest.	88,000 Allemands	15,600	—	546	—
—	112,000 Français	8,200	—	324	—
Dans le Nord.	56,000 Allemands	7,600	—	282	—
—	70,000 Français	800	—	99	—
Dans l'Est	35,000 Allemands	6,000	—	108	—
—	184,000 Français	8,158	—	398	—

« L'armée allemande autour de Paris, ayant à attendre une attaque constante sur un périmètre énorme, ne pouvait disposer de troupes pour les envoyer sur un autre théâtre d'opérations. Dans le Nord et dans l'Ouest, les Allemands ne pouvaient, vu leur infériorité numérique, que fort peu détacher de troupes. »

« Il en résulte qu'une diversion faite par les Français vers Dijon et Besançon pouvait avoir des conséquences immenses, si l'opération avait été conduite avec habileté et énergie.... »

« Le but de cette diversion géniale (sic), entreprise avec des forces si considérables, ne pouvait être que d'intercepter la ligne de communication des armées allemandes..., de mettre en déroute les petites fractions ennemies qui auraient tenté de s'y opposer, de pousser sur Langres, Troyes et Bar-sur-Aube, afin d'obliger les Allemands à lever siège de Paris et à diriger leurs efforts contre l'armée de l'Est, qui aurait coupé leur ligne de retraite. »

« A côté de ce but essentiel, qui n'aurait jamais dû être perdu de vue, il y avait des objectifs accessoires, tels que le déblocus de Belfort et des autres places des Vosges, mais cela devait aller de soi-même (von sich zelbst erfolgen).

« Le premier but à obtenir était d'atteindre Vesoul, nœud de chemins de fer vers Troyes, Épinal, Belfort, Besançon Dijon. — La possession de ce point permettait d'utiliser pour le ravitaillement de l'armée ces deux dernières directions. — Le détachement à faire devant Belfort se serait servi des lignes de Lure et de Clerval.

« Ainsi le besoin de l'approvisionnement de l'armée, aussi bien que l'intérêt essentiel de l'opération, commandaient de mettre immédiatement la main sur Vesoul.

« Le 3 janvier, le général Bourbaki montre clairement, par une dépêche à Gambetta, qu'il n'a plus de plan du tout. Il émet l'idée de faire, le 6, une reconnaissance vers Vesoul au lieu d'aborder avec toutes ses forces et toute son énergie ce but essentiel assigné à ses premières opérations...

« Le 6, il donne au 15ᵉ corps (qui arrive à Besançon) l'ordre de pousser sur Clerval et Montbéliard. Pourquoi détacher de ce côté tout un corps d'armée? C'est ce que tout militaire se demande, car le corps de siège était incapable d'inquiéter l'armée par une forte attaque vers Besançon. Il aurait suffi d'un détachement sur son flanc droit...

« Néanmoins, après Villersexel, Bourbaki appuiera vers l'est sur Arcey, comme si, de ce point, on pouvait couper sa ligne de retraite... Il prend avec le reste de ses forces une position défensive face au Nord. Il n'y a plus trace de l'esprit d'offensive qui devrait l'animer. Depuis le 7 ou 8 janvier, il n'a pas gagné un pas vers Vesoul; il s'est de plus en plus détourné vers l'Est...

« Or le déblocus de Belfort n'était pas le rôle de Bourbaki, mais bien le déblocus de Paris : celui de Belfort aurait été une conséquence naturelle.

« Le déblocus de Paris ne pouvait être obtenu que par une vigoureuse offensive vers Vesoul, Troyes, Bar-sur-Aube. Tout ce qu'il y avait de forces allemandes dans cette région, y compris le corps Werder, devait être culbuté, afin de couper les communications des Allemands avec leur pays. C'est Vesoul qu'il fallait atteindre, et cela, en coupant Werder de Belfort et en le battant. Premier devoir. Ainsi on avait à sa disposition des deux lignes ferrées de Dijon et de Besançon sur Vesoul.

« Au lieu de cela ce général incapable conduit son armée dans le terrain difficile entre l'Ognon, le Doubs et la Lisaine, où le ravitaillement devait être très difficile, tandis qu'un orage s'accumulait dans l'Ouest...

« L'écrasement de Werder eût été facile, car, le 5 janvier, le corps d'armée était dispersé sur un front de 40 kilomètres, de Neuville-la-Charité à Villefaux...

« Bien conduite, l'armée de l'Est aurait pu sauver la France (1). »

---

(1) Le ton de cette critique, les relations personnelles de M. de Serres avec divers officiers autrichiens, alors qu'il était ingénieur aux chemins de fer de l'État à Vienne, la présence, au quartier-général de l'armée de l'Est, d'un officier de cette armée, connu sous le pseudonyme de « M. du Nord », certaines confidences faites plus tard par le général Kuhn, lorsqu'il vivait retiré à Grätz, tout cela a pu faire attribuer une origine « autrichienne » au plan d'opérations dans l'Est. Si cette influence se produisit, ce fut à l'insu de M. de Freycinet, qui nous a déclaré l'avoir ignorée.

III

Ordres donnés le 19 décembre pour la journée du 20.

Le complet revirement que venaient de subir les projets du commandement n'influa pas sur les ordres qui furent donnés le 19 pour le mouvement du jour suivant.

Le général en chef se contenta de faire connaître qu'il établirait le 20 son quartier général à Fourchambault.

Au 18ᵉ corps, la 2ᵉ division, qui était en tête à Marcilly, dut se rendre à la Chapelle-Montlinard (14 kil.). Elle devait être formée à 7 h. 30 sur la grand'route en ordre de marche.

La 3ᵉ division devait lever le camp à 6 heures, partir à 7 par le chemin qui relie Solerieu à la grand'route, puis la suivre pour bivouaquer à 2 kilomètres au delà de Sancergues.

La 1ʳᵉ division devait partir de Brécy à 7 heures, puis suivre la grand'route derrière l'artillerie de réserve, partie de Grou à 8 heures du matin, et aller camper à le Vigneronnerie, à hauteur de Charentonnay (distance 20 kil.).

La division de cavalerie, restant sur le flanc gauche, devait partir d'Étrechy à 7 heures du matin, et, passant par les Estivaux, Lugny-Champagne, la Motte, camper sur les bords de la Vanoise, vers le hameau de Sarre. (20 kil.).

Au 15ᵉ corps, il n'y eut pas d'ordre général de

mouvement, celui du 18 décembre, ayant prévu, comme celui qu'avait rédigé l'État-Major de l'armée, les opérations jusqu'au 23 inclus. Mais, d'après des prescriptions spéciales, la 3ᵉ division dut se porter de Saint-Germain-du-Puits au Petit-Rousseland (sur la grand'route, à 5 kilomètres Est de Brécy). La 2ᵉ, quittant son bivouac à 6 heures du matin, et contournant Bourges par les faubourgs Charlet et Saint-Privé, avait ordre de venir bivouaquer à hauteur de Brécy. Enfin la 1ʳᵉ ne devait partir qu'à 10 heures du matin pour venir bivouaquer derrière et contre la 2ᵉ.

C'était encore au 20ᵉ corps seul, qu'on s'occupait de faire cantonner les troupes.

La 3ᵉ division, partant à 7 heures des environs de Baugy, eut à suivre la grand'route de Nevers pour venir cantonner, une brigade au Chantay, l'autre, avec l'artillerie et le régiment de cavalerie qui lui était affecté (cuirassiers), à Cuffy, sur les bords de l'Allier.

La 2ᵉ division dut rompre de Raymond et Jussy-Champagne à 7 heures par la route de Germigny : une brigade occuperait la Chapelle-Hugon, l'autre, avec l'artillerie, Germigny, le 7ᵉ chasseurs irait à Apremont-sur-l'Allier.

La 1ʳᵉ division allait tout entière à la Guerche, suivant la 3ᵉ division, sauf sa cavalerie (lanciers), qui, avec les cuirassiers, précédait toute la colonne.

Enfin la réserve et le parc d'artillerie, partant à 7 heures de Blet et Charly, vinrent à Sancoin, la réserve et le parc du génie à Apremont; le quartier général du corps d'armée à la Guerche.

Tout ce corps d'armée se déplaçait donc d'environ 22 kilomètres. Grâce aux itinéraires choisis et à la répartition des cantonnements, les fatigues devaient être moindres qu'aux deux autres, bien que le 18ᵉ ne dut pas progresser de plus de 14 kilomètres, et le 15ᵉ de 15 ou 16.

Journée du 20 décembre.

I

« La journée du 20 décembre, dit M. de Serres (1), fut un coup de feu de travail pour moi. On devait étudier les détails de l'embarquement de toutes les troupes, avec les compagnies de chemin de fer et leurs agents supérieurs. M. de Freycinet avait prévenu déjà de Bordeaux. »

Effectivement, dès le 18 au soir, au moment où il dépêchait M. de Serres à Bourges, le Délégué à la Guerre avait anticipé sur les événements en prenant une série de mesures préparatoires.

Guerre à Chef d'Exploitation du Chemin de fer Lyon-Méditerranée, à Clermont-Ferrand.

Bordeaux, 18 décembre à 11 h. 20 du soir parvenue à Clermont le 19 à 3 heures du matin.

Il est probable que Gambetta, présent à Bourges, aura besoin demain, lundi, du concours de votre Compagnie pour prendre des dispositions spéciales. Je vous prie donc de vous rendre immédiatement à Bourges et de vous adresser de ma part à M. de Serres, chez M. Gambetta. Il n'y a pas un instant à perdre. DE FREYCINET.

« Au reçu de cette dépêche, dit M. Audibert (2), je suis parti de Clermont le 19 au matin et arrivé à Bourges

---

(1) Déposition. *Enquête.*
(2) Directeur de la compagnie du P.-L.-M. *Enquête*, tome III, page 199.

le 19 au soir. Le 20 au matin, j'ai vu M. de Serres. »

Or, à ce moment, et sans qu'aucun ordre eût été donné pour son exécution, le projet que l'on avait eu, un moment avant le 18 décembre, de faire une campagne dans l'Est, au moyen des corps Garibaldi et Bressoles, avait transpiré. On connaissait dans le public le rassemblement très prématuré du matériel de chemin de fer à Lyon pour le transport du 24ᵉ corps à Besançon.

C'est ce qu'exprime la dépêche suivante.

Général à Guerre et Général à Lyon.

Besançon, 20 décembre, 11 h. 35 du matin.

D'après des renseignements dignes de foi, le corps ennemi investissant Belfort aurait modifié ses positions, et se serait massé entre cette place et Montbéliard, pour faire place à d'autres troupes qui viendraient le renforcer. Ennemi semble savoir mouvement projeté de Lyon sur Belfort, qui me paraît avoir peu de chances de succès dans les conditions où on veut l'exécuter, à jour fixe, en partant de si loin, pour agir sur une position fortement gardée, où l'on ne pourra déboucher sans que l'ennemi soit prévenu et par des passages difficiles.

Si l'on ne réussit pas, l'effet moral sera désastreux pour la garnison de Belfort qui est à présent dans d'excellentes conditions. Il serait plus prudent de ne rien précipiter, mais de concentrer sur les positions militaires du plateau en arrière de Besançon tous les moyens nécessaires en matériel et en personnel, successivement au fur et à mesure de leur organisation, de façon à les avoir sous la main, pour se jeter à l'improviste, lorsque le moment sera venu, soit sur Belfort, soit sur tout autre point, avec des forces suffisantes, bien organisées et soutenues par de fortes réserves en position sur la ligne de défense du Doubs, en masquant ces préparatifs et cette concentration par de petites opérations continuelles sur divers points, en avant de cette ligne, avec corps francs et quelques fractions des corps déjà organisés, ce qui se fait déjà et peut continuer sans éveiller sur un point spécial l'attention de l'ennemi, obligé à la défensive sur une ligne très longue, depuis Belfort à Nuits en passant par Vesoul, Gray et Dijon.

Mais, en ce moment, tout le monde a connaissance du mouvement projeté, par le mouvement du matériel qui a eu lieu subitement et par l'interruption du service des chemins de fer. C'est donc une opération compromise. Tandis qu'en la préparant, comme je le propose, elle sera sûre, les concentrations faites sur notre plateau pouvant s'expliquer par la création d'un camp d'instruction (1).

DE BIGOT.

A cette date le colonel de Bigot ignorait qu'on eût décidé le transport de la Ire armée dans l'Est. De plus, le général Bressolles n'avait pas encore achevé la constitution de son corps d'armée. Aucun ordre n'avait été et ne devait de longtemps encore être donné pour son départ de Lyon, et l'on verra plus loin que la date de ce mouvement était loin d'être fixée encore. — Le bruit qui s'était fait autour du projet d'opérations de son corps, mis sous les ordres de Garibaldi, ne répondait donc en rien à la réalité, puisque ce plan avait avorté. Celui, tout nouveau, du 19 décembre devait néanmoins subir l'effet des divulgations qui s'étaient faites au sujet du projet antérieur.

On va voir de plus combien cette concentration tout à fait prématurée de matériel autour de Lyon gêna le transport de la Ire armée.

Dès la fin de la conférence avec le général Bourbaki, M. de Serres avait commencé à s'occuper de cette question capitale (2).

---

(1) « Dès le 19 décembre, dit Roland (déposition), les journaux annoncèrent que le chemin de fer ne marcherait plus pour les particuliers, attendu qu'il était destiné à transporter les troupes qui devaient opérer dans l'Est. »

(2) De Serres à Freycinet, Avord, 19 décembre, 8 h. 55 du soir, citée ci-dessus.

Ainsi qu'on l'a vu il était prévu, dans l'esprit de M. de Serres, que la compagnie du P.-L.-M. ferait les embarquements à la Charité et à Nevers, points situés sur son réseau, mais à la jonction de celui d'Orléans. — Cette dernière compagnie devait simplement fournir le matériel rendu nécessaire par la continuation des préparatifs effectués du côté de Lyon. Ces deux opérations poursuivies simultanément devaient causer une gêne extrême.

« M. de Serres, dit M. Audibert (1), m'a dit qu'il s'agissait de transporter très rapidement l'armée du général Bourbaki de la Charité et de Nevers sur Autun, Chagny et Chalon, sans que ce mouvement dût retarder celui qui était commandé de Lyon vers Besançon, et qui devait s'exécuter en même temps. Je fis observer à M. de Serres que notre matériel disponible se trouverait absorbé par le mouvement de Lyon, même en suspendant le service public sur une partie de notre réseau, et qu'il serait indispensable, par conséquent, pour remplir le programme indiqué, qu'Orléans fournît, sinon la totalité, au moins la plus grande partie du matériel nécessaire pour le transport de l'armée de Bourbaki. Cela fut ainsi convenu avec M. de la Taille, inspecteur principal de la compagnie d'Orléans, présent à la conférence, et M. de Serres invita de la manière la plus expresse M. de la Taille à suspendre le service public sur la plus grande partie du réseau d'Orléans pour se procurer et nous livrer le matériel nécessaire. (2)

« Au sortir de cette conférence, j'adressai à notre ser-

---

(1) Directeur de la Compagnie du P.-L.-M.
(2) Déposition Friant :
J'ai été convoqué à Bourg (sans doute Bourges) pour un transport en chemin de fer de Nevers et la Charité jusqu'à Chagny et Chalon-sur-Saône ; il s'agissait de 2 corps, 18e et 20e. Les adminis-

vice les dépêches nécessaires, en prescrivant la suspension immédiate du service public sur les lignes du Bourbonnais et leurs embranchements, sur la ligne de la Bourgogne, au nord de Lyon, et sur la section de Clermont à Saint-Germain-des-Fossés, et la réduction éventuelle du nombre des trains entre Lyon et Valence sur les lignes du Dauphiné.

« Ces dépêches ont été remises par moi-même au bureau télégraphique de Bourges, avec recommandation de M. Gambetta, qui les avait signées à 10 h. 30 du matin. L'une est parvenue à Clermont à 10 h. 30 du soir, c'est-à-dire en douze heures, l'autre à 7 h. 15 du matin, c'est-à-dire en vingt heures.

« La journée du 20 a donc été totalement perdue par suite des retards de l'administration télégraphique. La compagnie d'Orléans avait d'ailleurs été invitée directement, le 20, par le ministère de la Guerre, à nous fournir d'urgence du matériel, ainsi que le constate la dépêche suivante, que j'ai reçue à mon retour à Clermont :

« Prière faire du côté Le Mercier tout ce qu'il faut pour l'accumulation de matériel sur Montluçon pour la partie Sud. A Vierzon pour les provenances de l'Ouest. Je pars à midi pour le Nord. Serai ce soir Nevers. »

Guerre à Directeur compagnie d'Orléans, à Bordeaux, et Audibert, Bourges (faire suivre Clermont-Ferrand).

« Veuillez vous concerter immédiatement avec Audibert, à Bourges, en vue de fournir à la compagnie de

---

trateurs des chemins de fer P.-L.-M. et Orléans, MM. Audibert et de la Taille, étaient convoqués, ainsi que le délégué du ministre, M. de Serres... Je me suis opposé au transport en chemin de fer pour un si court trajet... Ce que j'avais prévu arriva : nous étions partis le 25 de Nevers, et mes convois du quartier général, qui étaient partis par la voie de terre, sont arrivés le 30 à Chalon-sur-Saône avant les troupes.

Lyon tout le matériel dont vous pourrez disposer pour un prompt et gros transport de troupes. »

En sortant de la conférence avec MM. Audibert et de la Taille, M. de Serres présenta à la signature de M. Gambetta des ordres rédigés et télégraphia à M. de Freycinet :

20 matin.

« Prière de faire du côté Lemercier tout ce qu'il faut pour l'accumulation du matériel sur Montluçon, pour la partie Sud, et Vierzon pour les provenances de l'Ouest. Je pars à midi pour le Nord. Serai ce soir à Nevers. » (1)

Cette dépêche prouve en outre que le rôle du 15e corps était maintenant décidé. Accumuler du matériel à Vierzon, où les reconnaissances ennemies étaient déjà signalées, eût été inadmissible, si ce point n'eût pas dû être occupé. — Mais la question avait-elle été fixée dès la veille dans la conférence de Baugy, c'est ce dont doit faire absolument douter le mouvement que, ainsi qu'on va le voir, la majeure partie du 15e corps, devait exécuter le 20.

Ce n'est en effet qu'après une nouvelle entrevue le 20, vers 1 heure du soir (2), entre le général Bourbaki et M. de Serres, à Avord, que l'on voit apparaître les premiers ordres relatifs au 15e corps.

Général commandant la Ire armée à général Mazure, à Bourges.

Avord, 20 décembre 1870, 2 h. 35 soir.

« Donnez l'ordre au commandant du 15e corps de

---

(1) Télégramme de 11 h. 30 matin. (Archives de la Guerre).
(2) A *Général Bourbaki, Avord* (faire suivre).

Bourges, 20 décembre 1870, 12 h. 30 matin.

« Je serai à Avord demain le plus tôt possible, après avoir pris ici les dispositions nécessaires, mais en tout cas avant une heure et demie.

« De Serres. »

tenir prêt à être embarqué sur le chemin de fer à Bourges :

« Le 29ᵉ régiment de marche, le 38ᵉ de ligne, 3 batteries de 8, le régiment d'infanterie de marine.

« Ces 3 régiments appartiennent au 15ᵉ corps ainsi que les 3 batteries.

« Des ordres spéciaux vous seront donnés ultérieurement pour le moment de l'embarquement et pour la direction à donner à cette brigade dont vous donnerez le commandement au plus ancien colonel. »

Ces trois régiments appartenaient à la 1ʳᵉ division du 15ᵉ corps et allaient constituer la réserve générale. — Ils passaient pour les plus solides de l'armée.

Puis, à 4 h. 15, le général Bourbaki télégraphiait au commandant du 15ᵉ corps.

Le général commandant la Iʳᵉ armée au général commandant le 15ᵉ corps, Bourges (D. T).

Avord, 20 décembre 1870, 4 h. 15 soir.

« Prenez vos dispositions pour aller vous établir avec le 15ᵉ corps en avant de Vierzon, de manière à surveiller les routes de Blois et d'Orléans et à pouvoir, en cas de nécessité, vous rabattre sur Bourges. Pour cela je crois qu'il est nécessaire que vous alliez vous établir dans la position de la forêt. Je donne l'ordre au général Mazure de garder à Bourges le 29ᵉ de marche, le 38ᵉ de ligne et le régiment d'infanterie de marine ainsi que 3 batteries de 8 qui recevront une destination ultérieure.

« Le général Boërio restera provisoirement détaché du 15ᵉ corps avec les 2 régiments qu'il a actuellement avec lui. Rattachez le 3ᵉ régiment de sa brigade à une des deux autres brigades de Longuerue (1).

---

(1) L'État-Major croyait encore que le général de Boërio n'avait, conformément à l'ordre du 18, emmené avec lui que 2 régiments, tandis qu'il avait pris les 3 qui composaient sa brigade. Voir lettre du général commandant la division de cavalerie et celle du général de Boërio ci-dessous.

« Si l'Intendant de la brigade Boërio n'est pas parti avec cette brigade, donnez-lui l'ordre d'aller immédiatement la rejoindre à la Charité. »

Quelques minutes plus tard M. de Serres adressait à M. de Freycinet l'importante dépêche suivante :

De Serres à de Freycinet.

Avord, 20 décembre, 4 h. 35 soir.

« J'ai réglé ici avec le chef B. (*sic*). Les dispositions générales pour demain commencent; prière me télégraphier à Nevers, Préfecture. »

« A partir de ce soir, le 15ᵉ corps, auquel nous enlevons 3 régiments et 3 batteries, devient indépendant; il convient de lui donner des ordres directs : une division est encore à Bourges, les 2 autres, 2ᵉ et 3ᵉ, sont vers Brécy. Le général Martineau reçoit provisoirement l'ordre de prendre ses dispositions pour s'établir solidement au-dessus de Vierzon dans les bonnes positions préparées dans la forêt. Prière de confirmer ou modifier. Mazure surveillerait les routes vers Gien. J'ai pris toutes les mesures pour que les routes de Romorantin sur Vierzon soient rendues impraticables. Il y a à Bourges un agent-voyer en chef sur lequel on peut compter. Prière m'envoyer à Nevers l'un des deux dictionnaires préparés. Nous faire préparer à Nevers les dépêches provenant de la région : Dijon, Chagny, Besançon et aux opérations Garibaldi, Cremer. J'ai fait envoyer 2 batteries de montagne de Bourges à Autun pour Garibaldi, l'en informer; elles partiront ce soir ou demain matin. Je pars d'Avord à l'instant. »

Le contenu de cette pièce et la date de son expédition semblent permettre de préciser maintenant plusieurs points importants :

L'idée de maintenir le 15ᵉ corps aux environs de Bourges appartient en propre à M. de Freycinet et M. de Serres l'avait fait sienne. — Ainsi qu'on l'a vu, il est des plus probables qu'il n'en fut pas question le 19 à la conférence de Baugy, et, ce qui semble très vraisemblable, c'est que, le 20 au matin seulement, à la réunion qu'il eut à Bourges avec MM. de la Taille et Audibert, M. de Serres se rendit compte de la nécessité de couvrir le plus tôt possible les embarquements contre les entreprises de l'ennemi, en occupant Vierzon.

Si l'on jette en effet les yeux sur une carte des chemins

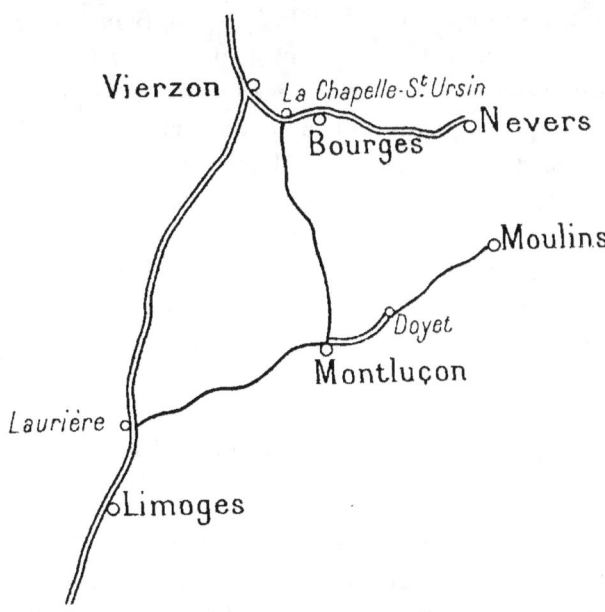

de fer de l'année 1870, on s'aperçoit que l'embranchement de Vierzon, situé sur la grande ligne Paris-Limoges, était le seul qui permît d'amener à Bourges et Nevers un matériel important provenant de l'Ouest et du Sud-Ouest, sous peine de se servir de la ligne Laurière, Montluçon, la Chapelle-Saint-Ursin, Bourges, tout entière à une seule voie, sauf les 5 kilomètres entre les deux derniers points (1), et déjà nécessaire pour les embarquements à faire à Moulins.

---

(1) Voir statistique centrale des ch. de fer français, 31 décembre 1869. — Ministère des Travaux publics.

Peut être est-ce cette considération, d'ordre technique, que M. de Serres fit valoir le 20 décembre auprès du général Bourbaki, pour obtenir de lui qu'il se dessaisît du 15ᵉ corps, le plus anciennement formé et qui paraissait contenir les éléments les plus résistants. Ce serait alors, par une sorte de compromis entre les idées de M. de Serres et la répugnance manifestée par le général en chef à se séparer de celles de ses troupes sur lesqueslles il comptait le plus, que fut adoptée cette mesure nouvelle, par laquelle « le 15ᵉ corps perdait son cœur » (1), sans profit marqué pour l'armée toute entière.

D'ailleurs, le général Bourbaki ne se résigna jamais à être privé du 15ᵉ corps, et l'on verra quelle persistance il mit à en obtenir plus tard le concours.

Dès 1 h. 40 du soir M. de Freycinet avait télégraphié à M. de Serres : « Je suis fort content de vous ». A 3 heures et 11 h. 35 du soir il lui adressa une approbation formelle.

De Freycinet à de Serres chez Gambetta Bourges (faire suivre à Nevers) (D. T.).

Bordeaux, 20 décembre 1870, 3 heures soir.

« Je vous ai télégraphié pour vous remercier de la bonne besogne que vous avez faite. Je m'occupe de votre grande dépêche d'hier soir 8 h. 35. Faites-moi connaître d'urgence, si vous le pouvez, le jour exact où vous voulez que Bᵉˢ (*sic*) (Bressolles) parte. Il faut, ne l'oubliez pas, que l'un puisse quitter Besançon le même jour, ou un jour plus tard, que l'autre quittera Dijon.

« Une fois la chose en train je reconnais impossible de diriger l'un d'ici et l'autre de Bourges. Je crois que le mieux est qu'ici on s'occupe des deux, mais seulement au point de vue de la direction générale, et que là-bas

---

(1) *Rapport* du général Clinchant (Archives de la Guerre).

on donne des prescriptions d'exécution pour tous les deux. »

Freycinet guerre à de Serres, Nevers (D. T.).

20 décembre, 11 h. 35 soir.

« Merci de vos bonnes dépêches. Je m'occupe activement de tout ce que vous indiquez. Lemercier a envoyé de la Taille pour se concerter avec Audibert et a déjà concentré 300 voitures à Châteauroux et 300 à Montluçon. Ne vous échinez pas par excès d'activité. Tenez-moi exactement au courant comme vous avez fait hier et aujourd'hui (1). »

De son côté Gambetta avait donné à M. de Serres des pouvoirs illimités :

Gambetta à Freycinet.

Bourges, 20 décembre, 8 h. 20 soir.

« De Serres a produit ici le meilleur effet, et je lui ai remis les pouvoirs nécessaires pour tout diriger. Je sais en quelle étroite communion il est avec vous et je m'en rapporte à votre zèle commun. Je vais à Lyon, où les derniers événements de Beaune ont causé une vive émotion et j'espère, au point de vue militaire, comme au point de vue politique, régler promptement la situation. Surveillez bien du côté de Tours... (2). »

Ainsi c'est M. de Serres qui est devenu l'élément indispensable de toutes les opérations. Il a des droits illimités, et l'on verra plus loin la preuve du pou-

---

(1) L'envoi de 300 voitures à Châteauroux montrait bien que le délégué à la Guerre acceptait, pour la concentration du matériel, l'utilisation de l'embranchement de Vierzon avec toutes ses conséquences, c'est-à-dire l'occupation en forces de ce point par le 15e corps.

(2) Auparavant, il avait déjà annoncé son intention d'aller à Lyon pour activer le concours du 24e corps, sur lequel on ne comptait pas encore de façon certaine.

voir qu'il avait d'imposer ses volontés au général Bourbaki. Qu'il ait fait comprendre au général en chef qu'il portait dans sa poche son ordre de révocation (1), que celui-ci s'en soit douté, sans se le faire dire, ou qu'il ait été simplement séduit par l'ardeur, la force persuasive et les très réelles qualités de M. de Serres, il est certain que le commandant de l'armée de l'Est fut un très docile instrument entre les mains du jeune ingénieur, et que leur entente intime se manifesta de la façon la plus évidente. — Les ordres donnés aux corps d'armée le 20 au soir en sont une première preuve.

Le général Bourbaki au général Billot, à Sancergues, par la Charité (faire porter par la gendarmerie.)

Avord, 20 décembre 1870.

« Donnez l'ordre au général Boërio de se porter demain entre la Charité et Raveau, de rappeler immédiatement son sous-intendant, s'il n'est pas avec lui, et de m'envoyer demain à Nevers un officier pour recevoir des instructions.

« Le général Boërio du 15ᵉ corps qui a couché aujourd'hui à Baugy doit être entre Sancergues et la Charité (2). »

---

(1) *Dépêche de de Serres à Gambetta.*

Chagny, 24 décembre, 4 h. 10 soir.

« Je n'ai qu'une crainte : c'est d'avoir à faire bien rapidement usage des pièces que vous m'avez confiées. Je vous déclare à nouveau que je ferai tout mon possible pour en user à temps, en vous demandant toujours avis, si les circonstances laissent la moindre possibilité. »

(2) Cette dépêche était erronée.

Le régiment qui avait cantonné le 19 à Baugy était le 2ᵉ lanciers *de marche* appartenant au 20ᵉ corps. Quant au général de Boërio, qui avait sous ses ordres le 2ᵉ lanciers, il n'avait pas couché à Baugy, ainsi que le prouve la lettre suivante :

Les Chapelles, 20 décembre 1870.

« Le général de Boërio a quitté ce matin à 7 h. 30, avec sa bri-

Au général Billot, commandant 18e corps, Sancergues par la Charité (à envoyer par la gendarmerie).

Avord, 20 décembre 1870.

Demain 21, établissez vos 3 divisions, au bivouac autour et le plus près possible de la Charité avec 3 batteries d'artillerie.

« Faites diriger le reste de l'artillerie et toute votre cavalerie, parc et réserve d'artillerie, sur Nevers pour y être rendus le 22.

« Envoyez-moi demain un officier supérieur de votre

---

gade, le bivouac de Saint-Germain-du-Puits, précédant la 3ᵉ division du 15ᵉ corps.

« En arrivant à Brécy il a rencontré la gauche de l'infanterie du 18ᵉ corps qui marchait en ordre et très lentement; il l'a suivie jusqu'à Marcilly; comme le 18ᵉ corps devait coucher à Sancergues et aux environs, aujourd'hui, et que le général de Boërio avait l'ordre formel de ne pas gêner le 18ᵉ corps dans sa marche, il a arrêté sa brigade à Marcilly et l'a cantonnée à *Marcilly*, aux *Chapelles* et à *Solérieu*.

« *Il est de sa personne aux Chapelles*; c'est là qu'il vient de recevoir l'ordre qui lui prescrivit de s'arrêter et d'attendre de nouveaux ordres.

« Il attend donc de nouveaux ordres aux *Chapelles*. Le général de Boërio comptait, suivant l'ordre qu'il a reçu, franchir demain la Loire, à la suite du 18ᵉ corps.

« Il devait trouver demain à la Charité un officier du 3ᵉ dragons de marche que, dès hier soir, il avait envoyé en reconnaissance dans la direction de Varzy et de Clamecy.

« *Le général commandant la 2ᵉ brigade de cavalerie du 15ᵉ corps.*

« DE BOËRIO. »

La brigade Boërio était effectivement aux points indiqués par son chef et non vers Sancergues, ainsi que le croyaient le général Bourbaki et le commandant de la division de cavalerie du 15ᵉ corps lui-même.

Trony, le 20 décembre 1870.

Mon général,

« J'ai l'honneur de vous rendre compte que, conformément à vos ordres, la division de cavalerie a quitté, hier et aujourd'hui,

État-Major au grand quartier général à Nevers. Venez aussi de votre personne. Demandez à la gare où est le grand quartier général (1). »

Quant au 20ᵉ corps, qui, en vertu de l'ordre général du 18 décembre, devait être concentré le 21 près de Nevers, il ne paraît pas qu'on lui ait adressé de nouvelles prescriptions.

---

les cantonnements qu'elle occupait à Mehun, Quincy, Livry, Reuilly, Preuilly, Charost.

« La 2ᵉ brigade (général de Boërio) doit se trouver, aujourd'hui 20, à Sancergues, le 21 elle doit passer la Loire, à la Charité, et se diriger sur Clamecy.

« La 1ʳᵉ brigade a quitté Mehun, ce matin 20, sous les ordres du général Dastugnes, pour aller s'établir à Saint-Germain-du-Puits, le 21 à Brécy, le 22 à la Chapelle-Montlinard, et le 23 traverser la Loire à la Charité. La 3ᵉ brigade a quitté Preuilly et Charost ce matin 20, elle est établie : le 9ᵉ cuirassiers à Plaimpied, le 1ᵉʳ chasseurs de marche à Trouy (quartier général) et le 1ᵉʳ cuirassiers de marche au Subdray. Demain 21, elle sera à Baugy, le 22 à Sancergues, et passera la Loire le 23 à la Charité.

« Ces mouvements, tous, bien entendu, subordonnés à ceux des convois, et quoique la 2ᵉ brigade ait mission de se diriger sur Clamecy, j'attendrai vos ordres pour la direction à donner à la division après le passage de la Loire.

« Mon quartier général est aujourd'hui 20 à Trouy, demain 21 à Baugy, après-demain 22 à Sancergues.

« Je n'ai la série des mots d'ordres et de ralliement que jusqu'à ce soir du 20 courant. »

(1) Auparavant l'ordre avait été donné au corps Cathelineau, qui attendait à la gare de Bourges son embarquement vers Gien, un contre-ordre inattendu :

Au colonel de Cathelineau en gare de Bourges (D. T.).

Avord, 20 décembre 1870, 2 h. 30 soir.

« Suspendez votre mouvement et partez le plus tôt possible avec les volontaires vendéens seulement pour vous rendre au Mans par la voie ferrée ; vous passez sous les ordres du général Chanzy.

II

Opérations.

Le détail des mouvements exécutés le 20 décembre présente un intérêt particulier, en ce qu'il permettra de fixer certains détails de la conférence de la veille.

D'après les ordres du 18, l'armée devait continuer son mouvement vers la Loire, et se trouver, le 19 au soir, tout entière à l'Est de Bourges, sur les deux routes de la Charité et de Nevers. — L'exécution de ces mesures, qui se rapportent à un plan abandonné depuis la veille, prouvera bien que, dès le 19 au soir, le général Bourbaki et M. de Serres étaient tombés d'accord pour les points d'embarquement de la Charité, Nevers et Saincaize. Mais, que deux divisions du 15ᵉ corps aient passé à l'Est de Bourges, que la 3ᵉ n'ait dû qu'à l'heure tardive fixée pour son départ de recevoir à temps le contre-ordre qui devait la maintenir à l'Ouest de cette ville, c'est, semble-t-il, la preuve péremptoire du manque absolu de précision des résolutions prises à Baugy, le 19 au soir, relativement surtout au rôle du 15ᵉ corps. — On ne saurait en effet comprendre qu'on ait laissé ces troupes accomplir vers l'Est une marche rendue pénible par le mauvais temps, si le commandement avait été dès la veille nettement orienté sur la tâche qui incombait au 15ᵉ corps à l'Ouest de Bourges.

Le 20 décembre le temps était pluvieux et froid; la

nuit précédente avait été très pénible pour les troupes au bivouac et l'entrain de la veille avait fort diminué. Vers le soir, la pluie fit place à la neige. Jusqu'à la fin de cette terrible campagne la terre devait rester cachée par une couche blanche de plus en plus épaisse.

18ᵉ corps. On a vu que la 2ᵉ division devait partir à 7 h. 30 de son bivouac de Marcilly. Retardée peut-être par le 52ᵉ de marche, qui, on s'en souvient, était resté à Villabon, sans ordres pendant la journée du 19, et qui rejoignit sur la grande route (1), la division n'atteignit qu'à 2 heures du soir (2) son bivouac dans les bois au Sud de la Chapelle-Montlinard. Elle aurait donc employé 6 h. 30 à franchir 15 à 16 kilomètres. « Le campement, dit le *Journal* de la division, fut assez confortable, le bois ne manquant ni pour le chauffage ni pour les abris. »

La 3ᵉ division devait lever le camp à 6 heures et rompre à 7 h. 30. Elle se mit en marche à 8 h. 30 seulement (3), alors que les troupes étaient sur pied depuis 5 heures (4).

La 1ʳᵉ brigade, qui marchait en tête, arriva au bivouac dans le bois à l'Est de Sancergues vers 3 heures du soir (6 h. 30 pour 15 kilomètres), la 2ᵉ deux heures après (5), à 5 heures seulement (6).

Le bivouac fut établi pour cette brigade en colonne par bataillon, la droite à la route et en arrière de la 1ʳᵉ (7).

---

(1) *Journal* du 52ᵉ de marche.
(2) *Journal* du 1ᵉʳ bataillon d'Afrique.
(3) *Journal* de la division.
(4) *Historique* du 81ᵉ mobiles.
(5) *Journal* de la Division. Ordre de marche : 1 peloton ; 1 compagnie du 4ᵉ zouaves de marche. — 1ʳᵉ brigade : section du génie, 4ᵉ zouaves, 81ᵉ mobiles, 3 batteries. — 2ᵉ brigade : 53ᵉ de marche, 82ᵉ mobiles. — Convoi : 1 bataillon du 53ᵉ.
(6) 82ᵉ mobiles, bataillon de Vaucluse.
(7) *Id.*, bataillon du Var.

« La 1re division, dit le *Journal* de cette unité, quitte son campement de Brécy à 7 heures, comme il avait été ordonné. La 2e brigade en tête, puis l'artillerie, le génie et le convoi d'administration. Les corps, au lieu de faire prendre la gauche du convoi de l'administration à leurs bagages, les intercalent dans la colonne, ce qui motive un ordre sévère du général de division. La pluie, qui ne cesse de tomber, rend la marche pénible, pourtant les hommes suivent assez bien, sans laisser trop d'intervalle entre les différentes colonnes partielles. A hauteur de Marcilly, la division fait une grand'halte d'une heure (1), puis elle reprend sa marche sur Charantonnay, où elle arrive à 3 heures (2) (8 heures pour 17 kilomètres). La 2e brigade campe sur la gauche de la route de Bourges à la Charité, sur la lisière des bois. L'artillerie sur la droite de la route et contre le chemin de Charantonnay. La 1re brigade, en 2e ligne à droite et à gauche de la route, se gardant en arrière, face à Bourges (*sic*). »

« Les fermes qui se trouvent dans le voisinage, ainsi que le bois, fournissent de quoi donner un bon couchage et chauffage aux troupes, qui ont eu à supporter la pluie pendant la plus grande partie de la marche. D'ailleurs les traînards sont en très petit nombre. On fait une distribution de vivres pour les journées des 22 et 23 et de fourrage pour la journée du 21. Une ration de vin de gratification a été accordée pour cette journée. Elle se touche en ce moment. » Si l'on en croit le « *Journal* de marche des subsistances », le convoi, « coupé successivement par les bagages des corps, puis par l'artillerie, n'arrive qu'à 4 heures du soir. Il a plu toute la journée ; les denrées ont beaucoup souffert. La distribution

---

(1) Sous la pluie et pour une étape de 17 kilomètres.
(2) Conforme aux heures données par les corps.

occupe toute la nuit et se fait au clair de la lanterne (*sic*). »

Rien que pour cette journée, l'ambulance reçoit 28 malades (1).

Quant à la division de cavalerie, elle paraît avoir formé deux colonnes, passant l'une (2ᵉ hussards, 3ᵉ lanciers) par Groises, où elle fit une longue halte, l'autre (5ᵉ cuirassiers, 5ᵉ dragons) par Lugny-Champagne et la Motte. Vers midi toute la division s'établissait au bivouac dans une prairie au Nord de Sancergues, sur 2 lignes d'une brigade chacune. Deux grand'gardes, d'un escadron chaque, fournies par le 2ᵉ hussards et le 5ᵉ cuirassiers, étaient à Groises et Herry (2).

15ᵉ corps. Le mouvement du 15ᵉ corps fut tout à fait singulier.

On sait que la brigade Boërio, qui avait bivouaqué à Saint-Germain-du-Puits, devait, le 20, se porter à la Charité et Clamecy (3). Il était prescrit spécialement de « régler la marche de façon à ne pas gêner celle du 18ᵉ corps ». En arrivant à Brécy, cette cavalerie vint buter dans la 1ʳᵉ division du 18ᵉ corps. Au lieu de chercher à la doubler par le chemin Villabon, Grou, Couy, Charantonnay et Sancergues, ou même par Baugy et Garigny, le général de Boërio préféra renoncer à exécuter le mouvement prescrit.

« La brigade, dit son *Journal* de marche, rencontre à Brécy la gauche de l'infanterie du 18ᵉ corps et, comme l'ordre formel est de ne pas la gêner dans sa marche, le général, après l'avoir suivie pendant près de 3 lieues, est forcé (*sic*) de cantonner sa brigade à Marcilly et sur sa droite aux Chapelles et Solérieu. »

---

(1) *Journal* de l'ambulance de la 1ʳᵉ division. Elle en a laissé 34 à Brécy.

(2) *Journaux* du 2ᵉ hussards, 5ᵉ cuirassiers, 3ᵉ lanciers.

(3) *Ordre* du 18 décembre (Archives de la Guerre).

De fait le 2ᵉ lanciers cantonna à Marcilly, le 5ᵉ à Solérieu et le 3ᵉ dragons à Grou (1).

Le général de Boërio était aux Chapelles près de Solérieu (2).

La veille une reconnaissance d'officier était partie pour la Charité et les bords de la Loire.

La 1ʳᵉ brigade de cavalerie (11ᵉ chasseurs, 6ᵉ hussards, 6ᵉ dragons), qui devait se porter de Quincy et Mehun sur Saint-Germain-du-Puits (3) derrière les convois, partit à 7 heures du matin et arriva en effet à Saint-Germain-du-Puits.

Quant à la 3ᵉ brigade (1ᵉʳ chasseurs, 1ᵉʳ et 9ᵉ cuirassiers), le 1ᵉʳ chasseurs devait aller de Reuilly à Trouy, le 1ᵉʳ cuirassiers de Preuilly au Subdray et Marthomier, et le 9ᵉ de Charost à Plaimpied. Ces mouvements furent exécutés, mais il fut donné contre-ordre pour ceux du lendemain, car, « en arrivant à Trouy, le général de division fut averti par le général commandant le 15ᵉ corps que, par suite de nouveaux ordres du ministre de la Guerre (sic), le 15ᵉ corps ne suit pas le mouvement de la Iʳᵉ armée, excepté la brigade de Boërio, qui sert d'avant-garde (4) ».

La 3ᵉ division d'infanterie partit de Saint-Germain-du-Puits de 7 à 8 heures du matin, et arriva au Pont-Rousseland de midi à 1 heure, pour installer son bivouac dans les bois de Saint-Igny (5).

La 2ᵉ division, bien que partie à 6 heures de son bivouac (6) et ralliée dès 7 heures à Saint-Florent, ne

---

(1) *Historique* des corps.
(2) Voir ci-dessus lettre du général de Boërio.
(3) Ordre de mouvement et *Journal* de la division.
(4) *Journal* de la division.
(5) « Beaucoup de malades, la démoralisation est grande, elle atteint les officiers, beaucoup sont à l'hôpital » (*Historique* du 34ᵉ de marche). « Le 1ᵉʳ bataillon est réduit à 100 hommes » (*id*).
(6) Avant le jour (*Historique* du 29ᵉ mobiles).

parvint à Brécy que vers 2 ou 3 heures (1). Elle campa face à la grand'route « en colonne de division par bataillon à 20 pas (2) regardant le Nord ». Une grand'-garde du 29ᵉ mobiles fut placée en avant du village de Guilly, route de Rians, une compagnie de zouaves à droite, une du 30ᵉ un peu en arrière (3). — La 1ʳᵉ brigade fournit en outre un bataillon de grand'garde (4).

Enfin la 1ʳᵉ division, qui devait partir à 10 heures du matin derrière la 2ᵉ, reçut contre-ordre et resta à ses bivouacs, où le 12ᵉ mobiles (1ʳᵉ brigade) avait déjà eu 12 cas de congélation. La neige qui commença à tomber le 20 au soir ajouta aux souffrances des troupes. Certaines furent pourtant abritées. De ce nombre furent le 1ᵉʳ zouaves, à la ferme Voray, le 38ᵉ de ligne à Bourges, avec un bataillon du 1ᵉʳ tirailleurs.

20ᵉ Corps. Dans le 20ᵉ corps les mouvements furent conformes à l'ordre de mouvement.

La 3ᵉ division atteignit vers 2 heures ses cantonnements de Coffy (2ᵉ brigade), le Chantay et les Fourneaux (1ʳᵉ brigade) (5).

La 1ʳᵉ qui la suivait s'installa à la Guerche vers 4 heures du soir (6).

Enfin la 2ᵉ division s'installa à Germigny, la Chapelle-Hugon et Apremont, le 5ᵉ cuirassiers à le Guétin, sur le bord de la Loire.

C'est donc pour une partie du 15ᵉ corps seulement qu'on retrouve la trace de la modification profonde qui s'était produite la veille au soir dans le plan général d'opérations. Encore doit-on remarquer combien il est

---

(1) *Historiques* du 3ᵉ bataillon de chasseurs et du 25ᵉ mobiles.
(2) *Journal* de la 2ᵉ brigade.
(3) *Id.*
(4) *Journal* du génie de la 2ᵉ division.
(5) *Journaux* des corps.
(6) Départ à 6 heures du matin, distance 26 kilomètres, *Journaux* des 50 et 67ᵉ de marche, 57ᵉ mobiles.

singulier d'avoir laissé deux divisions de ce corps d'armée se porter à l'Est de Bourges, alors que la 1ʳᵉ division et 2 brigades de cavalerie restaient à l'Ouest.

Le décousu de ce mouvement est la preuve palpable du vague où était encore le commandement au sujet des opérations ultérieures, et il est certain que, pendant la nuit du 19 au 20 décembre, on ne sut à l'État-Major de la Iʳᵉ armée quel rôle allait être assigné au 15ᵉ corps. On crut qu'il continuerait à faire partie de l'armée et serait lui aussi transporté dans l'Est. C'est seulement, ainsi qu'on l'a vu, dans le courant de la journée du 20 que la question commença à se préciser.

III

Mouvements des Allemands.

Les nouvelles données par le général de Werder sur la situation qui résultait du combat de Nuits parurent assez peu satisfaisantes pour faire modifier par le Grand État-Major les ordres donnés antérieurement pour l'envoi de Dijon sur Semur d'une brigade badoise afin de se rallier avec le corps de Zastrow. La dispersion du VIIe corps devenait pourtant inquiétante, au cas où Bourbaki aurait marché sur Montargis, et il aurait été désirable de rendre disponibles les troupes laissées vers Nuits, Chaumont et Troyes. — Mais les craintes causées par les partis de francs-tireurs pour la ligne d'étapes du prince Frédéric-Charles étaient si grandes que le but du mouvement du corps Zastrow, la sécurité même du gouvernement de Lorraine, fut sacrifié à la protection du chemin de fer. — Celle-ci était d'ailleurs, ainsi qu'on l'a vu, la raison principale de la position prise par le détachement von der Goltz au Nord de Langres.

Tel fut l'objet des ordres suivants :

Au général de l'infanterie von Werder, Dijon (1).

Versailles, 20 décembre 1870, midi 30. Télégramme.

« Il vous appartient de décider, d'après les circonstances locales, s'il est opportun de détacher une brigade

---

(1) *Correspondance* militaire du maréchal de Moltke, n° 524.

à Semur. En tout cas, il est nécessaire de mettre en mouvement des colonnes mobiles dans cette direction pour couvrir la ligne Chaumont-Nuits-sur-Armançon. Le général Zastrow a laissé en arrière un détachement dont le rappel s'impose, prenez liaison avec lui. »

Au général Zastrow (1).

Versailles, 20 décembre 1870, midi 30 (faire suivre), télégramme.

« Le général Werder ne pourra vraisemblablement pas envoyer immédiatement un gros détachement à Semur. Les troupes que vous avez laissées en arrière continueront donc à couvrir le chemin de fer près de Nuits-sur-Armançon. Probablement le *72e* d'infanterie quittera Metz le 23, avec 2 bataillons. »

Au Gouverneur général de Lorraine, Nancy (2).

Versailles, 19 décembre (expédié 20 décembre.)

« En réponse à la lettre qu'il a bien voulu m'adresser à la date du 11 courant, et à laquelle était jointe la dislocation des troupes placées sous ses ordres, j'ai l'honneur de faire connaître au gouverneur général que le renfort qu'il a demandé de 3 bataillons, 2 escadrons et 1 batterie d'artillerie ne pourra provisoirement lui être accordée en totalité; la batterie seule lui sera envoyée.

« On a prié le ministre de la Guerre de Saxe de faire partir par chemin de fer une batterie de réserve à destination de Nancy. Lorsque Langres aura été cerné par les troupes du général de Werder, il sera certainement possible d'assurer l'exécution de la mission qui incombe au gouverneur général au moyen des unités qui seront rendues disponibles.

« Il appartient au gouverneur général d'examiner si,

---

(1) *Correspondance* militaire du maréchal de Moltke, n° 523.
(2) *Id.*, n° 519.

pour purger le pays des francs-tireurs, il ne serait pas plus avantageux, au lieu de disséminer les troupes en de très nombreux postes fixes, de les réunir, sans toucher toutefois aux garnisons des gares, en colonnes mobiles de toutes armes d'un effectif assez important (par exemple un bataillon, 1 escadron, 2 pièces) qui seraient toujours en mouvement. »

VIIe corps. Dans le courant de la journée du 20, les troupes de la 25e brigade renforcées du 7e bataillon de chasseurs, du *1er* hussards de réserve et du *8e* hussards, parvinrent à Auxerre.

La prise de cette ville, ouverte et à peu près pas défendue, s'opéra par des mouvements convergents et donna lieu à de petits combats.

2 compagies du bataillon de chasseurs et le *1er* régiment de hussards de réserve parurent devant Auxerre par la route du Nord (1). Accueillie par le feu de quelques francs-tireurs, l'infanterie se déploya, tandis que l'artillerie ouvrait le feu.

En même temps les IIe et IIIe bataillons du *73e*, qui avaient couché à Chablis, arrivaient par l'Est, précédés de 3 escadrons du *8e* hussards. Deux compagnies se déployèrent et les 2 batteries (Goschavski et Schreiber) lancèrent une trentaine d'obus sur les maisons (2).

Peu après (3) on voyait paraître des drapeaux blancs, et le maire venait présenter les clés à un officier du bataillon de chasseurs (4). En même temps la cavalerie signalait « qu'un bataillon de mobiles » (5) (*sic*) se retirait vers le Sud-Ouest. — L'infanterie entra dans la ville, que surveillait l'artillerie restée sur la hauteur, sous la garde d'une compagnie du *73e*.

---

(1) *Historique* du 7e bataillon de chasseurs.
(2) *Historique* du 73e.
(3) Vers 2 heures. — Lieutenant Baille (*loc. cit.*).
(4) *Historique* du 7e bataillon de chasseurs.
(5) *Historique* du 73e.

En effet, le *13ᵉ* d'infanterie, qui, avec l'escadron du *8ᵉ* hussards et 1 batterie (Gasch), le tout sous les ordres du général Osten Sacken, avait cantonné à Saint-Cyr-les-Colons et devait gagner Auxerre par le Sud, avait été retardé dans sa marche par un petit engagement au village de *Saint-Bris*. — Les hussards de pointe, ayant été accueillis par quelques coups de feu, le peloton, qui les suivait, avait riposté par un feu de tirailleurs sans résultat. Une reconnaissance faite par un Gefreite avait signalé la présence de gardes nationales et de paysans armés (1). Le bataillon de fusiliers prit donc une formation de combat et la batterie lança une douzaine d'obus sur le village. L'*Historique* du *13ᵉ* d'infanterie prétend qu'on vit bientôt des drapeaux blancs et que le feu cessa, mais pour reprendre dès que les Allemands se furent approchés. Les trois bataillons se préparaient à une attaque de vive force, lorsque le maire se présenta. Le village n'en fut pas moins frappé d'une forte contribution et dut fournir des otages après avoir été soigneusement fouillé.

Cet incident avait retardé la colonne de gauche qui ne parvint à Auxerre qu'à 4 heures du soir.

Les dispositions prises furent les suivantes :

Le lieutenant-colonel von den Busche, nommé commandant de la place, fit perquisitionner dans toute la ville et saisir les armes et les munitions. Des gardes furent placées à tous les points importants et de nombreuses patrouilles durent empêcher les rassemblements.

Les avant-postes furent constitués par 2 escadrons (1ʳᵉ et 3ᵉ) du *8ᵉ* hussards, 2 compagnies (10ᵉ et 12ᵉ) du *73ᵉ* sur la rive Est de l'Yonne et le *7ᵉ* bataillon de chasseurs sur la rive Ouest.

L'installation dans la ville du reste du *73ᵉ* (sauf le

---

(1) *Historique* du *8ᵉ* hussards.

1ᵉʳ bataillon qui resta à Poinchy), de l'artillerie, de 2 escadrons de hussards, puis du *13ᵉ* qui bivouaqua sur la place, ne fut terminée qu'à minuit et, faute de distributions, on dut consommer 1 jour des vivres de réserves.

Pendant ce temps, le détachement Bischofshausen (Iᵉʳ bataillon, 10ᵉ et 11ᵉ compagnies du *55ᵉ* d'infanterie, 2 batteries à cheval et 1 escadron du *1ᵉʳ* hussards de réserve) s'était porté de Tonnerre sur Chablis (15 kilomètres de marche seulement). — Il était remplacé à Tonnerre par le IIᵉ bataillon du même régiment et 1 autre escadron de hussards; ce dernier chargé de détruire le télégraphe, ne découvrait les appareils que le 21 dans l'après-midi. On n'avait pas vu l'ennemi, mais les routes étaient souvent obstruées et les populations insolentes (1).

Les deux dernières compagnies 9ᵉ et 12ᵉ du *55ᵉ* occupaient Nuits-sur-Armançon.

Quant au dernier régiment de la *13ᵉ* division, le *15ᵉ* Westphalien, il avait toujours deux bataillons (IIᵉ et fusiliers) à Châtillon, un à Troyes (Iᵉʳ). — Deux bataillons du *60ᵉ* (Iᵉʳ et fusiliers) étaient à Chaumont, le IIᵉ était encore à Verdun. Le *72ᵉ* était à Metz.

Ainsi, le général Zastrow n'avait encore amené à Auxerre que 7 bataillons, 6 escadrons, l'artillerie divisionnaire et celle de corps, moins deux batteries à cheval. — Il avait à Chablis, à 16 kilomètres, 2 bataillons et demi, 2 escadrons et 2 batteries.

C'est avec ces forces très restreintes qu'il aurait pu se trouver exposé à recevoir le choc de toute la Iʳᵉ armée de la Loire, si celle-ci, pendant quatre ou cinq jours, avait marché vers le Nord-Est. — En tous cas, il lui aurait été difficile d'empêcher le mouvement sur Montargis, et il existe un contraste instructif entre les renseignements qui parvinrent au général Bourbaki sur les

---

(1) *Historique* du 55ᵉ.

forces du VIIe corps allemand, les craintes que manifesta à ce sujet le commandant de l'armée française d'une part, et la situation réelle du général de Zastrow de l'autre (1).

Détachement von der Goltz. Pendant la journée du 20, la situation du détachement von der Goltz devant Langres ne s'améliora pas et les troupes conservèrent leurs emplacements. Vers midi, à la nouvelle que les Français occupaient Charmes, le bataillon de fusiliers du *30e*, qui était à Lannes, détacha une de ses compagnies le long de la voie romaine. — Accueillie par un feu violent parti des hauteurs de Charmes (2), cette compagnie

---

(1) Correspondance militaire du maréchal de Moltke, n° 530.
Au commandant en chef de la 2e armée, Orléans.

Versailles, 21 décembre 1870 (expédié 6 heures du soir).

« On a l'honneur de faire connaître que la subdivision d'armée de S. A. R. le grand-duc Mecklembourg-Schwerin vient d'être invitée à assurer la surveillance des routes qui, de Chartres, conduisent au Mans par Nogent-le-Rotrou et Brou. D'autre part, la IIe armée aura, sur son aile droite, à remplir une mission semblable en ce qui concerne les routes qui conduisent du Mans sur Vendôme et de Tours sur Paris.

« Le commandant en chef voudra bien donner des ordres en conséquence. Il devra assurer la liaison avec la subdivision d'armée; celle-ci, qui comprend les *17e* et *22e* divisions d'infanterie et les 2e et *4e* divisions de cavalerie, sera dorénavant indépendante de la IIe armée. Dans les circonstances actuelles, le rôle principal de la IIe armée sera, comme auparavant, d'assurer la sécurité du blocus de Paris contre toutes les tentatives de secours venant du Sud et en particulier sur la rive droite de la Loire. Il paraît donc nécessaire de pousser des reconnaissances sur Gien et au delà. »

« Le général de Zastrow a fait connaître que, le 20 courant, il se trouvait dans les environs d'Auxerre et de Chablis avec neuf bataillons, dix escadrons et six batteries. Jusqu'à cette date il n'avait eu affaire qu'à des troupes irrégulières et avait détaché un escadron sur Montargis, par Joigny. »

(2) *Historique* du *30e* d'infanterie (4e rhénan).

(10ᵉ) exécuta une attaque de front, tandis qu'un peloton tournait le village. La résistance ne dura pas et le village fut un moment occupé par le petit détachement allemand, qui regagna son cantonnement dès 3 h. 30 du soir.

Corps Werder. Du côté de Dijon il ne se passa rien d'important. Le service de sûreté très rigoureux, organisé la veille, continua à fonctionner. — Une compagnie fut détachée à Saint-Apollinaire, à la garde de l'artillerie; Un bataillon (IIᵉ du 4ᵉ) (1) à Marsannay-la-Côte et Perrigny-les-Dijon; deux compagnies (3ᵉ et 4ᵉ du 5ᵉ badois) avec 1 escadron partirent pour Mirebeau escortant 630 prisonniers dont 14 officiers, qui furent remis le jour même à la garde du bataillon de landwehr qui occupait ce point. — L'escadron du 2ᵉ dragons badois (n° 21), qui était à Mirebeau, rentra à Dijon. Il en fut de même de la compagnie (5ᵉ du 5ᵉ badois) qui était à Neuilly. — Il ne paraît pas que, ce jour-là, il ait été exécuté de reconnaissances (2). L'extrême fatigue des troupes qui avaient combattu à Nuits, fatigue signalée par tous les historiens, décida le général de Werder à laisser tout son monde au repos malgré l'extrême incertitude où il se trouvait. Mais, pour le lendemain, il prescrivit une reconnaissance sur Saint-Seine et confia cette mission au major von Röder du 5ᵉ badois.

La IVᵉ division de réserve continua à tenir Gray et Pesme. En ce point furent placés les 3 bataillons du 25ᵉ d'infanterie, et dans la journée le pont sur l'Ognon sauta (3).

---

(1) *Historique* du corps.
(2) Le corps de francs-tireurs Bouras se porta, le 20, de Saint-Jean-de-Losne sur Dôle.
(3) *Historique* du *25ᵉ* d'infanterie.

Journée du 21 décembre.

J

Arrivé à Nevers vers minuit, M. de Serres télégraphia à M. de Freycinet ce qui suit :

Nevers, 21 décembre, 12 h. 10 matin.

« Je reçois à l'instant votre dépêche de 3 h. 25 ; celle qui a dû la précéder ne m'est pas parvenue (1). Il est entendu que Bordeaux dirigera l'ensemble. J'ai laissé à Saincaize Léon Gambetta en passage à 10 h. 30 ce soir (2).

« Je l'ai laissé dans de vigoureuses intentions dans notre sens. Télégraphiez-lui où il sera demain matin pour ce qui concerne le départ de Bes (*sic* ; lire Bressolles). Celui-ci participera plus directement à l'affaire, et pour cela son point de départ à pied devrait être reporté sur l'Ouest, Dôle, Auxonne, par exemple. Bressolles devrait commencer demain à quitter la place actuelle. Je reste à Nevers, préfecture ; demain, j'y aurai Bourbaki et Borel et les deux autres pour l'entretien. Prière de me faire communiquer ce qui peut m'instruire, spécialement sur les forces et les mouvements de l'ennemi ; comptez sur moi pour le reste.

« J'ai reçu de Garibaldi deux pièces écrites, concernant le chef (*sic*), comme vous pouvez les désirer pour agir au besoin. Il est entendu que tout l'ensemble, et tant

---

(1) M. de Freycinet disait : Je vous ai télégraphié pour vous remercier de la bonne besogne que vous avez faite.

(2) Allant à Lyon.

que le nouvel état de choses ne sera pas obtenu, vous dirigerez sur Garibaldi (sic).

« Les devants d'Autun doivent en tous cas rester à nous au moins jusqu'à hauteur de Bligny. »

Ce n'est pas sans raison, semble-t-il, que M. de Freycinet répondait :

Freycinet à de Serres.

Bordeaux à Nevers,
(D. T.) 21 décembre 1870, 9 h. 5 matin.

Chiffrez vos dépêches, si vous le jugez à propos, mais ne les abrégez pas, car il m'est impossible de comprendre. Ainsi que veut dire le Bes (sic) (1) de votre dépêche de ce matin 12 h. 10? Que veut dire également le « nouvel état de choses » et de même « diriger sur Garibaldi » ? Quel que soit l'inconvénient des confidences télégraphiques, mieux vaut encore cela que les obscurités. Ainsi retélégraphiez-moi tout au long, et en mettant les points sur les i, votre dépêche de ce matin 12 h. 10 et toutes autres que vous m'adresserez. Ménagez vos forces; amitiés.

C. DE FREYCINET.

Évidemment, pour M. de Freycinet, cette dépêche ne devait pas paraître fort claire, car elle traitait d'un grand nombre de questions non encore élucidées; mais elle était une preuve manifeste de l'ingérence de plus en plus grande de M. de Serres dans toutes les opérations. Il s'agit, en effet, d'une modification grave au plan de campagne primitif, en ce qui concerne le point de débarquement du 24ᵉ corps. D'autre part, en demandant que le général Bressolles quitte Lyon dès le lendemain M. de Serres devait justifier dans une certaine mesure la compagnie du P.-L.-M., dont le directeur se défendit toujours par l'obligation à lui imposée « d'assurer immédiatement le transport du 24ᵉ corps et par suite

---

(1) C'est Bressolles.

« d'accumuler vers Lyon le matériel si nécessaire sur la Loire ».

Avant de partir pour Lyon, Gambetta semble avoir admis la proposition de diriger le 24ᵉ corps sur Dôle au lieu de Besançon, et de son côté M. de Freycinet se rallia à cette idée nouvelle, pour la réalisation de laquelle il paraît laisser toute liberté à son émissaire.

« Je crois, disait-il un peu plus tard (1), qu'il pourra y avoir intérêt à ce que le point de départ à pied de Bressolles soit Dôle ou Auxonne au lieu de Besançon. Au surplus, il conviendra que jusqu'à nouvel ordre Bourbaki exerce une direction suprême non seulement sur les 18ᵉ et 20ᵉ, mais aussi sur Bressolles et sur tout le reste. Quant à vous je désire que vous vous teniez autant que possible auprès de Bourbaki, travaillant avec lui et Borel et servant d'intermédiaire aussi dévoué qu'intelligent entre le général et le ministère. »

En même temps M. de Freycinet télégraphiait à Gambetta (2).

« Comme il importe avant tout de régler le commandement, je viens vous prier de décider : 1° que les 18ᵉ, 20ᵉ corps et autres forces amenées de Bourges forment un 1ᵉʳ groupe sous la direction permanente de Bourbaki ; 2° que Garibaldi et Cremer forment un 2ᵉ groupe sous la direction permanente de Garibaldi ; 3° que l'armée de Lyon, la garnison de Besançon et autres troupes qui pourront être ramenées dans cette direction forment un 3ᵉ groupe sous la direction permanente de Bressolles ; 4° que, temporairement, chaque fois que les circonstances le rendront utile, les 3 groupes ci-dessus obéiront à la direction stratégique de Bourbaki et que celui-ci sera seul juge de l'opportunité de créer cette direction

---

(1) Télégramme de 3 h. 30.
(2) Guerre à Gambetta, Lyon et de Serres, préfecture, Nevers (D. T.). Bordeaux, 24 décembre 1870, 3 h. 55 soir.

unique. Il est bien entendu que je ne sépare pas dans ma pensée Bourbaki de son état-major représenté par Borel et actuellement renforcé par de Serres. Je crois que vous n'aurez nulle difficulté à faire accepter cette subordination éventuelle à Bressolles. Quant à Garibaldi, je crois que vous la lui ferez accepter également en la décorant du nom de coopération et en mettant en avant les nécessités stratégiques qui commandent de subordonner les mouvements du corps le moins nombreux aux mouvements du corps le plus nombreux. Si vous approuvez je donnerai des instructions en conséquence aux généraux. »

Ces deux dépêches se croisaient avec celle de de Serres datée de Nevers 2 h. 30 soir disant simplement : « Affaire réglée pour tout ce que nous avons sous la main. Quant au 24ᵉ il a à se rendre aussi rapidement qu'il le pourra à Besançon (sic)... Je serai demain dans la matinée à Chagny... Il reste entendu que, dès notre présence sur cette base d'opérations, nous prenons en main Cremer et Garibaldi. Ce dernier agira sur la gauche de Billot qui s'entendra parfaitement avec lui... »

Ainsi l'idée de diriger le 24ᵉ corps sur Dôle se trouvait abandonnée par celui qui l'avait lancée, au moment même où M. de Freycinet et Gambetta l'avaient acceptée. Mais, toujours peu précis, M. de Serres se borna à répondre à M. de Freycinet (1) :

« Je reçois à l'instant votre dépêche de 3 h. 55 sur le commandement ; tout fonctionne déjà autant que j'ai pu le régler sur cette base, et c'est entendu avec Bourbaki. Je soignerai le point deux dès demain à Beaune. Je quitte Nevers à 9 heures soir. »

La question de l'objectif à assigner au 24ᵉ corps allait d'ailleurs passer au second plan, à la fois, parce que ces troupes n'étaient pas prêtes à être mises en mouvement,

---

(1) De Serres à Freycinet. Nevers, 21 décembre, 6 h. 8 soir.

et parce que la détermination du commandement allait se révéler particulièrement urgente et délicate.

Arrivé à Lyon à 3 heures du matin, Gambetta s'était bien vite rendu compte de l'impossibilité où l'on était de faire encore fonds sur le 24ᵉ corps.

« Bressolles n'est pas prêt, télégraphia-t-il à M. de Serres (1), sauf les 18,000 hommes qui sont à Chagny avec Crémer et Busserolles. Ici, il lui reste à peu près 15,000 hommes, pour lesquels il demande 5 ou 6 jours. Il m'a promis cependant de pouvoir les mettre en mouvement sur Dôle (sic) samedi ou dimanche. Jusqu'ici il n'a pas été question d'embarquement. Vous devriez lui faire parvenir instructions détaillées et je les ferai exécuter. J'ai exposé aujourd'hui même toute la situation à Freycinet (1). »

Et à M. de Freycinet (2) :

«... Le corps de Bressolles est loin d'être formé en dehors des forces détachées à Chagny. Crémer a très bien fait son devoir jusqu'ici. Il me semble que c'est ce que nous avons de mieux. Il n'y faut pas toucher. Peut-être faudra-t-il donner plus d'importance à son commandement. Quant aux généraux de la 1ʳᵉ division Laserre, de la 2ᵉ division Bousquet, c'est absurde. Il n'y a qu'à voir. Ce sont des choix dont il faut se débarrasser en toute hâte. Voyez si, avec le capitaine de vaisseau Bruat de Poisdelone et le capitaine de frégate Pallu de la Barrière, nous ne ferions pas mieux ; mais ne comptez pas encore sur ce qui reste à Lyon. Il faudra renforcer avec Lyon en hommes et artillerie ce qui se trouve à Chagny et faire filer Crémer avec les corps francs Bossas et Bourras sur Dôle par Seurre pour faire une démonstration sur Dôle et Gray en le faisant appuyer par de Roland.

---

(1) De Lyon, 21 décembre, 1 heure soir.
(2) Gambetta à Freycinet. Lyon à Bordeaux (D. T.). Urgent. 21 décembre 1870, 3 h. 45 soir.

« J'attends dans un instant Bressolles, mais je ne suis rien moins que satisfait; c'est encore Loverdo qui avait choisi ces généraux. »

A toutes ces difficultés, résultant du vague de la situation et des projets, allaient s'ajouter de sérieux conflits personnels.

Dès qu'il connut le projet de M. de Freycinet de donner le commandement d'ensemble au général Bourbaki, Gambetta en fit ressortir l'impossibilité.

« Quand vous m'aurez fait connaître le successeur de Loverdo (1), télégraphia-t-il, j'écrirai la lettre demandée : en ce qui touche d'Aurelles de Paladine, après ce qu'il a fait, il n'en faut plus.

« La combinaison que vous me proposez sur les trois groupes, me paraît impraticable, et voici comment je comprends les choses.

« Aussitôt le mouvement commencé, Bourbaki prend le commandement suprême de toutes les troupes régulières : 18°, 20° et 24° corps; il faut même que vous vous préoccupiez de la situation des forces de de Pointe à Nevers. Mais il est impossible, tout en initiant Garibaldi à nos mouvements et en l'y faisant coopérer, de le placer sous un commandement quelconque. Je suis sûr d'ailleurs que, pour Bourbaki comme pour Garibaldi, c'est la plus utile combinaison. »

Si Gambetta jugeait impossible de mettre Garibaldi sous les ordres du général Bourbaki, c'est que ce dernier avait déjà traité cette question à Bourges avec le ministre et déclaré formellement qu'il ne voulait rien avoir de commun avec Garibaldi (2). M. de Freycinet, obligé lui aussi de ménager Garibaldi et son ombrageux

---

(1) Lyon à Bordeaux, urgent, 21 décembre, 3 h. 45 soir. Voir aussi dépêche de 4 h. 50 soir (A. M. C.) : « Je viens de voir Bressolles. Je l'ai trouvé disposé à marcher, mais un peu épais... »

(2) *Souvenirs* personnels de M. le général Pendezec.

chef d'État-Major (1), se trouva donc amené à admettre un compromis qui laissait à Garibaldi une indépendance complète.

« Nous sommes beaucoup plus d'accord que vous ne pensez, télégraphiait M. de Freycinet (2)... la direction stratégique des 18e, 20e et 24e corps ainsi que de toutes autres troupes en campagne dans la direction parcourue par ces corps, à l'exception toutefois de l'armée du général Garibaldi, appartiendra au général Bourbaki. L'armée du général Garibaldi conservera son indépendance, mais ce général sera prié de vouloir bien accueillir les propositions du général Bourbaki comme une coopération. »

Ce fut M. de Serres à qui M. de Freycinet avait déjà (3) dû recommander de calmer Bordone qui dut être l'intermédiaire entre Garibaldi et le général Bourbaki.

« Je n'ai point reçu, lui dit M. de Freycinet (4), la copie de votre dépêche à Gambetta, dont me parle votre dépêche de ce soir 4 h. 51 s. Il est entendu que Bourbaki a le commandement du 24e (corps de Lyon), aussi bien que des 18e et 20e. Il faut donc qu'il s'adresse directement au 24e pour concerter le départ sur Besançon et le presser au besoin. Quant à Garibaldi, il faut le ménager extrêmement et obtenir son adhésion volontaire aux plans auxquels il participera. Je ferai mes efforts pour vous renforcer en artillerie, mais je crains bien que ce ne soit peu de chose. Dites-moi où je dois télégraphier Bourbaki. Merci de vos dépêches. Ménagez vos forces. »

Ce qui paraît se dégager de cet échange de télégrammes entre MM. Gambetta, de Freycinet et de Serres,

---

(1) Télégrammes de 11 h. 15 et 11 h. 50 du matin à Gambetta (Archives de la Guerre).
(2) Dépêche de 11 h. 55 du matin (Archives de la Guerre).
(3) Bordeaux à Chagny, en gare (faire suivre) (D. T.), 21 décembre 1870, 11 h. 40 soir (Archives de la Guerre).

c'est d'abord, en ce qui concerne le 24ᵉ corps, la nécessité où l'on se trouva de reconnaître le retard que devrait subir le début des opérations actives. Mais l'erreur commise sur ce point important, au moment de l'adoption du plan de campagne, devait avoir une immédiate et très fâcheuse répercussion sur le transport des 18ᵉ et 20ᵉ corps, par suite des ordres prématurément donnés pour le mouvement du 24ᵉ.

Ainsi qu'on l'a vu, tant que Vierzon n'était pas occupé par nos troupes, la compagnie d'Orléans se trouvait dans de très mauvaises conditions pour envoyer un gros matériel à Saincaize, Nevers et surtout la Charité. Du moment que la compagnie du P.-L.-M., mieux placée, consacrait la majorité de ses ressources au transport du 24ᵉ corps, qui était loin d'être prêt, il devenait évident que la Iʳᵉ armée ne pourrait arriver à Chagny et Chalon-sur-Saône qu'après un délai considérable. C'est en effet, comme on le verra, le défaut de matériel qui fut la première cause des retards excessifs que subirent les transports stratégiques. L'encombrement ne vint que bien plus tard.

II

Opérations (1).

15ᵉ corps. — Conformément à l'ordre du général en chef, la brigade Boërio quitta le 21 au matin ses cantonnements des Chapelles, Solérieu, Marcilly et vint bivouaquer au Nord de la Charité, attendant de nouveaux ordres (2). Le froid, devenu très vif, rendit cette situation très pénible et il y eut plusieurs cas de congélation pendant la nuit (3).

La 1ʳᵉ brigade de cavalerie resta à son bivouac de Saint-Germain du-Puits (4). Dans la 3ᵉ, le 1ᵉʳ chasseurs de marche, sauf le 3ᵉ escadron qui était à Bourges (5), conserva son cantonnement de Trouy, avec le quartier général de la division, le 1ᵉʳ cuirassiers était au Subdray et à Marthonnier, le 9ᵉ à Plaimpied avec le général Tillion (6).

La 3ᵉ division d'infanterie reçut, le 21 au matin, contre-ordre et conserva son bivouac des bois du Petit-Rousseland (7). Elle souffrit beaucoup (8).

---

(1) Froid très vif.
(2) *Journal* de la brigade.
(3) *Historique* du 2ᵉ lanciers de marche.
(4) *Journal* de la brigade. *Historique* des corps.
(5) *Journal* du 1ᵉʳ chasseurs de marche.
(6) *Historique* du 9ᵉ cuirassiers. *Journal* de la brigade.
(7) *Journal* de la brigade.
(8) *Historique* du 34ᵉ d'infanterie de marche.

La 2ᵉ division resta à Brécy, « le général Martineau, ayant pris le commandement du corps d'armée, le général Rebelliard prit, par intérim, celui de la division, et le colonel de Bernard, du 30ᵉ de marche, celui de la 2ᵉ brigade (1). Le soir on reçut l'ordre de conserver le bivouac du 22, puis un contre-ordre prescrivant d'aller le lendemain à Bourges (2). »

La 1ʳᵉ division, depuis longtemps déjà très réduite numériquement, n'allait plus se composer que du régiment de zouaves de marche, complètement désorganisé depuis la retraite d'Orléans, et qui resta à la ferme de Vouzay, « et de régiments de mobiles (3) qui ont perdu la plus grande partie de leurs hommes, et dont ceux qui restent sont épuisés, déguenillés et démoralisés ».

« Dans la nuit 20 au 21, la température s'était tellement abaissée que beaucoup d'hommes eurent les pieds gelés sous la tente (4).

« Les distributions se faisaient à la porte de Bourges, à 3 kilomètres des camps (5). »

Le parc et la réserve du génie étaient à Bourges. « Le capitaine Grolau, de l'État-Major du génie, partit à 3 heures du soir pour Vierzon afin de se mettre en rapport avec l'ingénieur des Ponts et Chaussées de Romorantin pour préparer la destruction des ponts de Menetou, Villefranche et Selles-sur-Cher (6). »

18ᵉ corps. La 2ᵉ division passa la Loire au pont de la

---

(1) *Journal* de la 2ᵉ brigade de la 2ᵉ division.
(2) *Historique* du 39ᵉ de ligne. — A la Légion étrangère on fusilla un homme pour un vol de 60 francs. C'était le cinquième depuis le début de la campagne. (*Historique* de la Légion étrangère.)
(3) *Journal* de la 1ʳᵉ division, 1ʳᵉ brigade.
(4) *Journal* du 12ᵉ mobiles.
(5) *Journal* de la 1ʳᵉ brigade.
(6) *Journal* du génie.

Charité (1), « traversa la ville et vint s'établir au bivouac dans les bois qui avoisinent le château de Mouchy, près de Raveau » (2). Le 52ᵉ de marche, réduit à 2,512 h., était entre Sourde et Passy (3); le bataillon d'Afrique, dans le bois près de Raveau (4); l'artillerie, près du hameau de Villate-Sainte-Hélène (5). Quant au 92ᵉ de ligne, rattaché depuis la veille à la 2ᵉ brigade de la 2ᵉ division, il était resté à Briare, depuis sa pointe contre-mandée dans la direction de Gien (6).

La 3ᵉ division, bien que suivant la 2ᵉ, devait déboîter vers le nord après le passage du pont de la Charité. Elle marcha « militairement, ayant à l'avant-garde un peloton de lanciers, la 1ʳᵉ brigade en tête » (7), et s'arrêta à hauteur du château de la Pointe, sur la route de Paris, où s'établit le quartier général de la division. Le 4ᵉ zouaves de marche bivouaqua aux Étivaux (8); le 81ᵉ mobiles, à droite de la route; le 53ᵉ de marche et le 82ᵉ mobiles, à gauche. — La marche avait été signalée par un grand désordre (9). Parties de leur bivouac dès 7 h. 30, certaines troupes, telles que le 53ᵉ, qui était en tête de la 2ᵉ brigade, avaient dû attendre jusqu'à 9 h. 30 pour se remettre en route (10). Des grand'gardes furent placées, par les zouaves, le long du chemin de fer de

---

(1) Voir relation du capitaine Parizot (Archives de la Guerre. Succession Billot).
(2) *Journal* de la 2ᵉ division.
(3) *Historique*.
(4) *Id*.
(5) *Historique* du 13ᵉ d'artillerie, 21ᵉ batterie.
(6) *Historique* du 92ᵉ de ligne. — La 2ᵉ division avait effectué son passage en 2 h. 35 (Succession Billot, D, 27. Archives de la Guerre).
(7) *Journal* de la 2ᵉ brigade.
(8) *Historique*.
(9) *Historique* du 81ᵉ mobiles.
(10) *Historique* du 53ᵉ d'infanterie. La 3ᵉ division avait passé en 2 h. 50 (Succession Billot, D, 27. Archives de la Guerre).

Gien, par le 53ᵉ le long de la Loire, par le 81ᵉ mobiles sur la route de Varennes-les-Narcy.

« La 1ᵉ division (1) quitta son campement à 10 h. 30 et marcha avec ordre jusqu'à la sortie de la Charité, puis, laissant à gauche la route de Clamecy, elle s'engagea sur la route de la Charité à Raveau. A un kilomètre de la tête de route (*sic*), la marche subit un temps d'arrêt produit par une halte d'une brigade de cavalerie, dragons et lanciers du 15ᵉ corps (c'était la brigade Boërio). La route est très étroite et on est obligé de faire mettre voitures et chevaux dans les champs. La division arriva à 3 heures à Raveau (2).

« La 1ʳᵉ brigade, avec l'artillerie, dépasse le village et s'engage sur la route de Raveau à Guérigny. Le 19ᵉ mobiles fait de même. Le 9ᵉ bataillons de chasseurs, qui est tête de colonne, campe à 1 km. 500 du village sur la gauche de la route et fournit une grand'garde sur la route, à 800 mètres du campement. Le 42ᵉ de marche campe aussi sur la gauche de la route (3) en lui tournant le dos et se couvre par des grand'gardes portées à 900 mètres de son front.

« Le 19ᵉ mobiles est en arrière de ce régiment, appuyant sa gauche à l'artillerie campée contre le village, toujours à gauche de la route. Tous ces régiments sont couverts par des grand'gardes postées de 900 à 1 000 mètres en avant.

« La 2ᵉ brigade reste en avant du village (en venant de la Charité). Le 44ᵉ de marche fournit un bataillon pour garder l'artillerie. Les deux autres bataillons sont campés sur la droite du village; les 73ᵉ mobiles est à

---

(1) D'après la pièce D, 27 (Succession Billot, Archives de la Guerre), son passage aurait duré de 1 h. 30 à 3 h. 45, soit 2 h. 15.

(2) *Journal* de la 1ʳᵉ division. A 5 heures, disent l'*Historique* du 44ᵉ de marche et celui du 73ᵉ mobiles.

(3) Sur la lisière des bois, dit son *Historique*.

cheval sur la route, couvrant le convoi de l'administration qui a été parqué à l'entrée même de Raveau. La marche a été pénible à cause de la boue et du brouillard froid. On a rencontré quelques traînards de la 2ᵉ division. Quant à ceux de la 1ʳᵉ, ils sont rares, ramenés au campement par le peloton d'extrême arrière-garde (1). »
« Les malades devinrent de jour en jour plus nombreux, 139 nouveaux pendant les 4 jours qu'on séjourna à Raveau (2). »

La division de cavalerie, bien qu'ayant levé son camp dès 7 h. 30 du matin, ne franchit la Loire que derrière la 3ᵉ division (3). Elle tourna à droite dès qu'elle eut passé le pont et, par Munot et Champvoux (4), vint bivouaquer autour de Chaulgnes, « le 2ᵉ hussards à l'Est du village, les 3 autres régiments avec la batterie à l'Ouest; 2 escadrons de carabiniers sont cantonnés. Une reconnaissance de hussards fut envoyée au Nord de la Charité » (5). Un escadron du 3ᵉ lanciers de marche était en outre cantonné à Raveau (6). Ainsi la cavalerie était au Sud du corps d'armée et ne le couvrait plus du tout vers le Nord, dans la direction de Gien. — De ce côté, on n'avait que les grand'gardes d'infanterie placées à une distance tout à fait insuffisante (7).

20ᵉ corps. « Dans la soirée du 20 décembre, un ordre de l'armée avait prescrit que l'artillerie de la 1ʳᵉ division resterait à la Guerche et que celle de la 2ᵉ reviendrait à Nérondes, pour y recevoir des ordres ulté-

---

(1) *Journal* de la 1ʳᵉ division.
(2) *Journal* de l'ambulance de la 1ʳᵉ division.
(3) De midi 45 à 1 h. 30 (Succession Billot, D, 27).
(4) *Historique* du 5ᵉ cuirassiers.
(5) *Historique* du 2ᵉ hussards de marche.
(4) *Historique* du 2ᵉ lanciers de marche.
(7) Le passage de tout le 18ᵉ corps au pont de la Charité aurait duré de 7 h. 15 du matin à 4 h. 30 du soir, soit 9 h. 15 (Succession Billot, D, 27. Achives de la Guerre).

rieurs... (1) Conformément aux mêmes instructions, le chef d'État-Major du corps d'armée arriva à Nevers, dans la matinée du 21 ; il y reçut du chef d'État-Major de l'armée l'ordre verbal de changer immédiatement la direction des colonnes en mouvement, de manière à concentrer toute l'artillerie et la cavalerie aux abords de la gare de Nevers, et l'infanterie aux abords de la gare de Saincaize.

« Des renseignements précis ayant fait connaître le bon état du pont (suspendu) de Fourchambault (2), la brigade de la *3ᵉ* division cantonnée au Chantay avait reçu l'ordre de le prendre. L'infanterie (de cette brigade) passa par le pont-aqueduc (sur l'Allier), l'artillerie et les bagages par le pont suspendu (3), pour gagner de là Nevers (4). Les troupes étaient parvenues près de Nevers, lorsque l'ordre parvint de se rendre à Saincaize (5), où elles arrivèrent vers 5 heures du soir (6). »

La 1ʳᵉ division, partie vers 5 heures de ses cantonnements (7), arriva vers 4 heures du soir au bois de Fertolot (4 kil. N.-E. de Saincaize), où elle bivouaqua « face à l'Allier » (8). Son artillerie était restée à la Guerche.

Enfin l'infanterie de la 2ᵉ division vint bivouaquer près de Saincaize, tandis que son artillerie allait à Nérondes. — « Les convois des divisions suivirent leur division pour leur porter des vivres, et ils reçurent

---

(1) *Journal* du 20ᵉ corps.
(2) *Id.*
(3) *Journal* du 2ᵉ bataillon de mobiles, Meurthe.
(4) *Journal* de la division.
(5) *Id. Historiques* des mobiles des Pyrénées-Orientales et du 58ᵉ provisoire (Vosges).
(6) *Historique*. Mobiles de la Corse.
(7) *Historique*. 67ᵉ provisoire. Haute-Loire.
(8) *Historique* du 55ᵉ mobiles (Jura).

l'ordre de se réunir pour le lendemain matin 8 heures au convoi du corps d'armée, en un point désigné sur la route de Nevers à Decize, d'où ils devaient se rendre à Chalon-sur-Saône par voie de terre. Toutes ces voitures avaient déposé leur chargement soit au bivouac des divisions, soit à la gare de Saincaize (1). »

Quant à la cavalerie, il semble que le 6ᵉ cuirassiers (3ᵉ division) soit resté à son cantonnement du Guétier (2). Le 2ᵉ lanciers de marche (1ʳᵉ division), et probablement le 7ᵉ chasseurs (2ᵉ division), allèrent bivouaquer à Nevers sur la place (3).

On comptait faire immédiatement l'embarquement et, de fait, certaines troupes montèrent en vagon pendant la nuit du 21 au 22.

« La direction du mouvement sur la ligne étant laissée à l'administration des chemins de fer, le commandement du corps d'armée n'eut d'autre mission que de tenir les troupes prêtes à s'embarquer lorsque les trains seraient disponibles, et d'assurer leur débarquement à Chalon-sur-Saône. Un ordre du corps d'armée prescrivit toutes les mesures à prendre pour l'embarquement, qui commença dans la nuit du 21 au 22 décembre. Le général en chef resta à Nevers pour surveiller l'embarquement avec une partie de l'État-Major. L'autre partie s'embarqua sur le premier train de troupes pour prendre à Chalon-sur-Saône les mesures concernant le débarquement et l'installation des troupes. Le premier train arriva le 22 au soir (4). »

Effectivement, une fois le quartier général installé à Nevers, le commandant en chef de la Iʳᵉ armée avait envoyé aux 18ᵉ et 20ᵉ corps les ordres suivants :

---

(1) *Journal* du 20ᵉ corps.
(2) *Historique* du 6ᵉ cuirassiers.
(3) *Id.* 2ᵉ lanciers de marche.
(4) *Journal* du 20ᵉ corps.

Embarquement.

Les 18ᵉ et 20ᵉ corps seront embarqués sur les chemins de fer pour être transportés sur des points qui leur seront désignés plus tard,

Il sera distribué autant que possible aux troupes cinq jours de vivres avant leur embarquement.

Pour l'infanterie du 20ᵉ corps, l'embarquement sera fait à la gare de Saincaize. Pour la cavalerie et l'artillerie du même corps, à la gare de Nevers.

L'infanterie du 18ᵉ corps, plus trois batteries d'artillerie, seront embarquées à la Charité. Le reste de l'artillerie du 18ᵉ corps et sa cavalerie s'embarqueront à Nevers.

Les commandants de corps d'armée. de divisions, de brigades, et de régiments partiront avec les premiers trains qui emporteront leurs troupes, de manière à pouvoir présider au débarquement et indiquer à chacun le point sur lequel il doit se rendre. Ils auront soin de laisser au point d'embarquement le nombre d'officiers d'État-Major nécessaires pour diriger l'opération de l'embarquement; ces officiers devront à cet effet se mettre en rapport avec l'employé supérieur du Chemin de fer chargé de présider à l'opération de l'embarquement dans chaque gare.

Les corps devront être prévenus assez à temps pour réunir leurs hommes, ils auront soin de prévenir tout encombrement dans les gares, sans qu'il en résulte cependant du temps perdu pour l'embarquement. Il y aura :

Un train pour mille hommes d'infanterie.

Un train par batterie.

Un train par régiment de cavalerie.

Un train pour les bagages et les chevaux de chaque brigade.

Les troupes s'embarqueront par fractions constituées.

On désignera par chaque train un commandant de détachement qui sera responsable de l'ordre.

On observera le silence en passant dans les gares.

Les commandants de corps d'armée devront adresser le plus tôt possible à l'employé supérieur de l'Administration du Chemin de fer, une situation par corps indiquant le nombre d'hommes, de chevaux et de voitures à transporter. Les corps figureront dans cette situation suivant l'ordre dans lequel ils devront être embarqués, enfin il sera établi des situations séparées.

1° Pour l'infanterie et le génie.
2° Pour la cavalerie.
3° Pour l'artillerie, le train et les ambulances.

Les officiers d'État-Major chargés de présider à l'embarquement et au débarquement s'établiront en permanence dans les gares où ces opérations devront être effectuées.

Nevers, le 21 décembre 1870.

Pour le Général en Chef et par son ordre,
Le Général Chef d'État-Major Général,
Borel.

Le Général commandant la Ire armée au Général commandant le 18e corps.

Nevers, 21 décembre 1870.

Mon cher Général,

Je vous adresse ci-joint l'ordre général au sujet du mouvement qui va être exécuté par le 18e corps.

Il est bien entendu que vous partez de la Charité et de Nevers pour aller débarquer à Chagny ou la gare la plus voisine afin de vous concentrer à Chagny. Je vous laisse le soin de présider à l'opération du débarquement qui présentera peut-être quelques difficultés pour l'artillerie et la cavalerie.

Je donne l'ordre au 92e de ligne de s'embarquer à Briare demain dans la soirée et j'écris à l'administration du Chemin de fer pour envoyer sur ce point trois trains afin de prendre les trois bataillons. Donnez de votre côté les ordres que vous jugerez nécessaires pour assurer l'exécution du mouvement.

Des ordres sont donnés à l'Intendant pour assurer les vivres à Chagny. L'Intendant en chef m'a en outre donné l'assurance que tous les convois seront rendus en quatre jours à Chagny en passant par Nevers. Invitez l'Intendant du 18e corps à s'assurer que son convoi a reçu les instructions nécessaires afin que son mouvement soit exécuté comme il a été convenu.

L'Intendant en chef m'a dit en outre qu'il y avait en gare une grande quantité de pain dont une partie doit être destinée au 18ᵉ corps. Donnez l'ordre à l'Intendant de s'assurer de ce qu'il y a pour vous et dans le cas où une partie de ce pain vous serait destinée le faire mettre en wagon à la suite des trains du 18ᵉ corps pour qu'on puisse le faire distribuer en arrivant à Chagny. Faites commencer l'embarquement dès aujourd'hui.

Il est nécessaire que vous procédiez vous-même à l'opération du débarquement. Je vous invite en conséquence à vous rendre le plus tôt possible à Chagny après avoir toutefois donné toutes vos instructions aux généraux et chefs de service pour l'exécution de leurs mouvements.

Je vous prie de me rendre compte de l'exécution des prescriptions de la présente lettre et de m'envoyer une copie des instructions que vous aurez données dans ce but. Recevez, mon cher général, l'assurance de mes sentiments les plus distingués.

Le Général commandant en chef,

P. O. *Le chef d'État-Major,*
Signé : Borel.

Pour copie conforme et notification de la présente dépêche à Monsieur le colonel commandant l'artillerie du 18ᵉ corps d'armée, avec prière d'en assurer l'exécution en ce qui le concerne et de tenir secret le lieu de débarquement.

Le Général de division commandant en chef
le 18ᵉ corps d'armée.
J. Billot.

Nevers, le 21 décembre 1870.

Le Général commandant la 1ʳᵉ armée au Général commandant le 20ᵉ corps.

Mon cher Général,

Je vous adresse ci-joint l'ordre général pour le mouvement que nous allons exécuter.

Il est convenu que vous partez de Saincaize et de Nevers et que vous serez avec artillerie et votre cavalerie à Chalon-sur-Saône. Quant à votre infanterie, afin de dégager le plus possible la gare de Chalon, vous devez faire en sorte d'en faire débarquer dans la gare la plus voisine de Chalon, soit en deçà, soit au delà.

Je vous laisse le soin de régler cette opération du débarquement à laquelle vous devrez présider, en vous transportant le plus vite possible, après avoir toutefois donné tous vos ordres pour l'opération de l'embarquement à chacun des généraux ou chefs de service.

Vous avez du pain chargé en gare destiné au 20ᵉ corps.

Donnez des instructions à votre Intendant pour que ces wagons soient joints aux trains des troupes.

Faites commencer l'embarquement dès ce soir et continuez-le pendant la nuit pour que vos détachements arrivent de jour à Chalon.

De Chalon, le 20ᵉ corps d'armée se dirigera sur la route de Dôle. Faites en sorte de ne pas encombrer la ville de Chalon et choisissez avant sur la route que je vous ai indiquée... (1) pour y concentrer et y organiser la division.

Rendez-moi compte de l'exécution et adressez-moi une copie des instructions que vous aurez laissées pour assurer l'embarquement de votre corps d'armée.

Recevez, mon cher Général, l'assurance de mes sentiments les plus distingués.

Le Général commandant en chef,
P. O. *Le Chef d'État-Major Général,*
Borel.

Vous savez que l'Intendant général a des ordres pour assurer vos vivres à Chalon-sur-Saône, et qu'il a donné des instructions pour diriger votre convoi en quatre ou cinq jours sur Chalon. Invitez votre intendant à s'assurer que votre convoi a reçu... (2) et que le mouvement s'exécutera comme il a été convenu.

P. O. Général Borel.

En exécution de ces diverses prescriptions, les com-

---
(1) Illisible.
(2) Id.

mandants de corps d'armée donnèrent les ordres suivants :

Le 20ᵉ corps devait se tenir prêt à embarquer l'infanterie à Saincaize dans l'ordre des numéros des divisions. Les voitures devaient partir le 21 par la voie de terre en deux convois. L'artillerie divisionnaire devait s'embarquer à la Guerche, Nérondes et Nevers. L'artillerie de réserve, les parcs d'artillerie et du génie et la cavalerie à Nevers. L'infanterie de la 1ʳᵉ division devrait être tenue prête à s'embarquer dans la nuit du 21 au 22. Les convois devraient se suivre d'heure en heure (1).

L'exécution de ces ordres commença dans la nuit du 21 au 22 par l'infanterie de la 1ʳᵉ brigade de la 1ʳᵉ division.

Quant à l'artillerie de la 2ᵉ division, qui devait partir de Nérondes, rien n'était prêt pour la mettre en route (2).

Au 18ᵉ corps, les dispositions étaient déjà prises pour

---

(1) Voir ordre du corps d'armée (Archives de la Guerre).

(2) *Capitaine Colson à général en chef 20ᵉ corps d'armée à Nevers.*

Nérondes à Nevers (R. 2), 21 décembre 1870, 8 h. 30 soir, arrivée : 11 h. 35 soir.

« La gare ne possède aucune voiture pour embarquement du matériel d'artillerie, le temps nécessaire pour cet embarquement lorsque les trucks seront arrivés à la gare, sera de douze ou quinze heures au minimum; en partant de Nérondes par la route ordinaire le 22, 6 heures du matin, l'artillerie serait rendue à 2 heures de l'après-midi au lieu qui lui serait indiqué; par le chemin de fer, le matériel des batteries ne pourrait être débarqué avant une heure assez avancée de la nuit suivante. Réponse urgente.

« Colson. »

En marge du télégramme reçu :

« Répondre de partir par le chemin de fer le plus tôt possible. »

continuer le 22 la marche vers le Nord, lorsqu'arriva l'ordre relatif à l'embarquement.

Il fut prescrit à la 3ᵉ division de se tenir le 22, à partir de 6 h. 30 du matin, à la gare de la Charité, prête à être embarquée. Elle devait, dans la soirée, être suivie de la 2ᵉ division et enfin de la 1ʳᵉ. Les convois devaient partir de Nevers à 7 heures du matin. La cavalerie, moins les hussards et lanciers, devait venir à Nevers.

Les deux régiments désignés pour rester à Chaulgnes étaient chargés d'envoyer des reconnaissances vers Beaumont, Laférière, Nonay, Châteauneuf, Clamecy, Garchy et Chamelet pendant l'embarquement. Ils partiraient les derniers. L'embarquement du 92ᵉ de ligne à Briare était prévu pour la soirée du 22.

Quant au 15ᵉ corps, il allait enfin commencer, le 22, à jouer son rôle spécial de couverture vers le N.-Ouest.

Le colonel commandant le génie reçut l'ordre d'envoyer un officier et 20 hommes pour détruire les ponts de Mennetou (1), Villefranche et Selles-sur-Cher. La 3ᵉ brigade de cavalerie devait se porter de Trouy à Quincy, d'où elle aurait à envoyer des reconnaissances vers Vierzon, Lury et Reuilly (Ouest sur l'Arnon). La 1ʳᵉ irait à Mehun (2) et enverrait des reconnaissances sur Vierzon et au Nord vers Allogny. Ainsi ces deux brigades, qui étaient respectivement à 30 et 35 kilomètres de Vierzon, ne devaient même pas, le 22, occuper ce point essentiel et en resteraient à près de 15 kilomètres. D'ailleurs, le commandant du 15ᵉ corps paraît avoir été si peu orienté sur l'importance de Vierzon, qu'il se proposait de maintenir son quartier général à Bourges le 22 et même le 23. En outre, le commandant de la division de cavalerie annonça l'intention d'aller de sa personne à Reuilly, au lieu de Quincy, qui

---

(1) Registre de correspondance du 15ᵉ corps.
(2) De Saint-Germain-du-Puits.

lui était assigné, « pour être plus à portée de Bourges et plus au centre de ses régiments ».

Les troupes souffrirent cruellement pendant la nuit du 20 au 21. La dysenterie avait en outre reparu : Au 29ᵉ mobiles, 9 officiers sur 20 étaient malades; une compagnie n'avait plus ni officiers ni sous-officiers (1).

Il paraît résulter des historiques des corps que, dans la nuit du 21 au 22, on embarqua à Saincaize; 1° vers minuit, le 11ᵉ mobiles (Loire), qui arriva à Chalon-sur-Saône le 22 à 5 heures du soir (32 officiers et 1,374 hommes); 2° à 7 heures du matin, le 50ᵉ de marche (29 officiers, 1,044 hommes), qui arriva le 22, à 9 heures du soir; 3° le 55ᵉ mobiles (Jura), qui débarqua dans la nuit du 22 au 23.

C'est-à-dire la 1ʳᵉ brigade de la 1ʳᵉ division du 20ᵉ corps.

---

(1) *Historique* du 29ᵉ mobiles.

III

Mouvements des Allemands.

VIIe Corps. La journée du 21 fut employée par le général de Zastrow à faire serrer sur Auxerre le détachement Bischofshausen laissé à Chablis. Cependant il resta encore à Tonnerre le IIe bataillon du *55e* et l'escadron escortant 2 colonnes de munitions et 2 lazarets de campagne. L'arrivée des six compagnies amenées par le colonel Bischofshausen fit modifier l'organisation du service de sûreté. — Le *55e* fut chargé de garder par 2 compagnies la rive gauche de l'Yonne ; deux nouvelles compagnies du *73e* (9e et 11e) prirent les postes de la rive droite (relevant les 10e et 12e). Le *13e* régiment occupa la ville d'Auxerre et fournit une garde à la mairie. Le major de Blumenthal, nommé commandant de la place, obligea les habitants à livrer leurs armes, même les fusils de chasse, qui furent brisés (1). L'artillerie de corps s'installa en partie à Augy (2). Il resta à Auxerre le 3e escadron et la moitié du 1er escadron du *8e* hussards, occupés à patrouiller aux abords immédiats de la ville ou employés aux avant-postes. Le reste du régiment, soit 2 escadrons et demi, dut fournir des reconnaissances sur Montargis (65 kilom.), Gien (70 kil.), Cosne (65 kil.), Clamecy (35 kil.).

---

(1) *Historique* du 73e.
(2) *Historique* du 15e d'artillerie.

On verra de combien il s'en fallut que cette cavalerie ait rempli cette mission, audacieuse à la vérité à cette époque et dans cette région.

Le détachement von der Goltz ne bougea pas.

Corps Werder. Quant au général de Werder, il s'était borné à envoyer dans les environs de ses cantonnements quelques groupes de cavaliers et à expédier sur Arc-sur-Tille 2 compagnies (11e et 12e du 2e grenadiers badois), à la nouvelle de la présence sur ce point de quelques francs-tireurs, lorsque lui parvint la dépêche du maréchal de Moltke, datée de la veille, disant qu'il s'en remettait à lui du soin de décider si l'envoi d'une brigade vers Semur serait opportun, et lui prescrivant, en tout état de cause, de lancer des colonnes mobiles pour couvrir la ligne ferrée Chaumont-Nuits-Ravières, car le général de Zastrow aurait besoin de rappeler ses dernières troupes (1).

« En conséquence, il fut prescrit que, le 22, le major Röder du 5e badois, avec 2 bataillons, 1 batterie, 2 escadrons et 1 détachement de pionniers se porterait sur Saint-Seine (2) et enverrait des patrouilles vers Sombernon. Il atteindrait la Villeneuve le 23, pour se relier par Montbard avec le général de Zastrow alors à Châtillon. Ce dernier fut prévenu de ce mouvement.

« Ce jour-là l'ennemi resta partout tranquille, bien que quelques partisans aient paru sur la ligne d'étapes, notamment entre Gray et Dijon. »

Cela n'empêcha pas le général de Werder de faire passer la nuit sous les armes à une partie de la garnison de Dijon (3).

« Le soir, le général de Zastrow fit connaître qu'il

---

(1) Löhlein. *Opérations du corps Werder.*
(2) 18 kilomètres N.-O. de Dijon.
(3) *Grenest*, p. 88.

avait atteint Auxerre et qu'il n'avait rencontré que des bandes d'irréguliers.

« L'évacuation des hôpitaux et du matériel de prise faisaient de grands progrès, de telle sorte qu'on pouvait compter, sous peu de jours, être en mesure d'évacuer rapidement Dijon, sans pertes inutiles, à l'exception des blessés non transportables.

« Le langage de la population était manifestement plus hostile ; toutes les lettres venant du Sud parlaient de se revoir à Noël ; on disait qu'on n'aurait plus à supporter longtemps le joug de l'ennemi, et que sa destruction n'en serait que plus sûre... Tout cela devenait si inquiétant que le général de Werder termina son rapport télégraphique journalier par ces mots : « Le corps peut-il compter sur des renforts ? avec les forces actuelles Dijon ne pourrait résister à une attaque enveloppante. »

Journée du 22 décembre.

I

En arrivant à Chagny, le 22 décembre à 2 heures du matin, M. de Serres y trouva la dépêche de M. de Freycinet datée de 11 h. 40 du soir, qui lui annonçait l'autorité conférée au général Bourbaki sur le 24ᵉ corps (1) et le chargeait de la négociation projetée près de Garibaldi. — Après avoir pris quelques dispositions à la gare de Chagny, M. de Serres se remit à 3 h. 30 en route pour Beaune, où il comptait voir le général Cremer. — En partant, il télégraphia à M. de Freycinet que « le général Bressolles aurait quatre jours pour ses derniers préparatifs et qu'il suffirait de l'embarquer dans les journées du samedi et du dimanche » (2). C'était reconnaître la fausse mesure qui avait été prise en immobilisant prématurément un matériel considérable à Lyon.

Après une courte visite à Beaune, M. de Serres était revenu avant 8 heures du matin à Chagny et annonçait « qu'il avait prescrit la plus grande énergie et la plus grande sévérité vis-à-vis de la population... et ordonné la mise en train de travaux de défense... » (3). De là il partit pour Autun. En passant à Chalon-sur-Saône, il put constater que la circulation commerciale n'était pas encore suspendue. « Je donne, télégraphie-t-il (4),

---

(1) V. ci-dessus.
(2) Dépêche de 3 h. 40 du matin (Archives de la Guerre).
(3) Dépêche de 8 h. 5 du matin (Archives de la Guerre).
(4) Dépêches de 9 h. 50 et 9 h. 55 (Archives de la Guerre).

l'ordre d'arrêter tout service à Mâcon et rends responsable la compagnie de tout retard, s'il s'en produit par manque de matériel. » En même temps il pressait le général Mazure d'envoyer de Bourges à Autun les deux batteries de montagne que réclamait Garibaldi (1). Sortant de plus en plus de son rôle, il ordonnait au général Busserolles, alors à Châlon, de se porter avec ses troupes sur Beaune. — Mais le général refusait de se mettre en route, sans avoir reçu du général en chef Bressolles la confirmation de cet ordre (2). D'un autre côté le sous-préfet de Beaune, inquiet de l'effervescence manifestée par la population, très excitée contre le général Cremer, réclamait aussi la venue du général Busserolles (3). Mais, dans la soirée, ce général reçut de M. Gambetta l'avis impératif d'avoir à se soumettre à tous les ordres que pourrait donner M. de Serres (4).

La date que fixait ce dernier pour le départ des troupes du 24⁰ corps encore à Lyon, détermina M. de Freycinet à prescrire au général Rolland, qui commandait à Besançon, d'avoir à « faire toutes diligences et employer ses soins de jour et de nuit pour constituer un corps important et solide qui soit en état de tenir la campagne avec le général Bressolles » (5). « Il faut, disait le ministre, que le corps puisse sortir de nos murs parfaitement prêt, lundi prochain. » Tous pou-

---

(1) Le général Mazure répondit qu'il ne pourrait faire partir ces 2 batteries que le 23, n'ayant pas eu assez de matériel pour expédier le 22 plus de 2 régiments d'infanterie. — Dépêche de 6 h. 43 soir (Archives de la Guerre).

(2) Dépêche du général Busserolles, 10 h. 37 du matin (Archives de la Guerre).

(3) Dépêches de 12 h. 5 soir et de 4 h. 25 soir (Archives de la Guerre).

(4) Dépêche de Gambetta (Archives de la Guerre).

(5) Dépêche de 10 heures du matin (Archives de la Guerre).

voirs étaient conférés au général Rolland pour arriver à ce résultat.

Bien vite M. de Freycinet allait apprendre de combien devrait être reculée la mise en marche de l'armée.

Dès dix heures du matin M. David lui télégraphia de Nevers que la gare de Nevers ne recevait pas de matériel et, qu'à celle de Moulins, pendant la nuit précédente, il n'était pas arrivé un seul wagon de la compagnie d'Orléans. Deux dépêches adressées à ce sujet à M. Lemercier étaient restées sans réponse (1).

A 1 heure le général Bourbaki prévenait M. de Serres du manque absolu du matériel (2). A 2 heures il signalait au ministre que la 1re division du 20e corps n'était pas encore embarquée. « Si, disait le général, l'administration des chemins de fer ne produit pas de meilleurs résultats, notre concentration, qui devait être achevée en 48 heures, ne sera pas achevée avant 6 jours. » De fait, c'est le 22, à 3 h. 50 seulement, que la compagnie d'Orléans se décidait à supprimer le service entre Lyon, Chagny et Roanne par Tarare (3). Tandis que Gambetta télégraphiait à M. de Freycinet : « la compagnie d'Orléans ne fait en rien son service... Mettez tout le matériel en interdit... (4) » M. de Freycinet s'en prenait à la compagnie de Lyon et priait M. Gambetta, présent sur les lieux, de « terrifier M. Audibert pour le faire marcher ». Au besoin on le remplacerait par l'actif et dévoué directeur de l'Est, M. Jacquemin (5), et on le ferait passer en cour martiale. A la réception de la

---

(1) Dépêche de 10 heures du matin (Archives de la Guerre).

(2) Dépêches de 1 h. et de 2 h. 15 soir (Archives de la Guerre).

(3) Dépêche de M. Bidermann à M. Cottiau, de Nevers, 3 h. 50 (Archives de la Guerre).

(4) Dépêche de 5 h. 45 du soir (Archives de la Guerre).

(5) Dépêche de 6 h. 45 (Archives de la Guerre).

dépêche tout à fait alarmante du général Bourbaki, M. de Freycinet demanda contre MM. Audibert et Lemercier les mesures les plus rigoureuses « si en 24 heures 20 000 hommes n'étaient pas débarqués à Chagny (1). »

On verra quel résultat eurent le lendemain ces pressants appels ainsi que ces menaces.

---

(1) Dépêche de minuit 30 (Archives de la Guerre).

II

Opérations.

15ᵉ corps. Cavalerie. Le général de Boërio passa la journée du 22 à son bivouac de la Charité, attendant les ordres qu'un de ses officiers était allé demander au général Bourbaki. En réponse il reçut dans l'après-midi l'avis suivant :

Général Bourbaki au général Boërio à la Charité (faire porter par la gendarmerie entre la Charité et Raveau).

Nevers (D. T.), 22 décembre 1870, 1 heure soir.

J'ai vu votre officier qui doit vous rejoindre en ce moment. Vous demeurez détaché du 15ᵉ corps. Prenez les ordres du général Billot.

A ce moment venait d'arriver du commandant du 15ᵉ corps l'ordre de renvoyer un des régiments de la brigade Boërio à Bourges.

« J'ai reçu, écrivait le général commandant le 15ᵉ corps, l'ordre de vous détacher du 15ᵉ corps avec 2 régiments seulement. Vous avez avec vous plus de deux régiments. Vous devez donc renvoyer le surplus à Bourges. »

On sait que e général de Boërio avait emmené les 3 régiments de sa brigade et s'en était déjà expliqué, en se basant sur les faibles effectifs (1) de chaque corps. Il se considéra comme couvert par la dépêche du général Bourbaki et garda tout son monde (2).

La 1re brigade de cavalerie vint cantonner à Mehun et Surgère. Elle reçut dans la journée l'ordre d'envoyer le lendemain un régiment à Vierzon, où quelques coureurs ennemis étaient signalés. — Les historiques des corps sont d'ailleurs muets au sujet des mesures de sûreté ou d'exploration qui auraient dû être prises le 22 en exécution des ordres de la veille.

Dans la 3e brigade, le 1er chasseurs (qui avait laissé deux escadrons comme escortes, l'un depuis le 19, l'autre la veille à Bourges), occupa avec les 2 escadrons qui lui restaient Méreau et Brinay, avec 1 peloton en grand'-garde au château de la Noue (1 kilom. Sud de Vierzon). Le 1er cuirassiers vint à Lury, le 9e à Reuilly. Ces deux régiments cantonnèrent.

Réserve générale. Le 38e de ligne (3) put s'embarquer à Bourges dans la journée du 22. Le premier train, parti à 8 heures du matin, arriva le 23, à 6 heures du matin, à Chalon-sur-Saône; le second, parti à midi, dérailla près de Nevers (4) et n'arriva que le 24 à 6 heures du matin; le troisième, parti à une heure, arriva le 23 à 7 heures du soir. Le 29e de marche passa toute la

---

(1) 2e lanciers, 395 chevaux; 5e lanciers, 327 chevaux; 3e dragons, 286 chevaux.

(2) *Général Boërio au général commandant en chef, 18e corps, Bourges.*

22 décembre 1870, 3 h. 30 soir.

« Par ordre du général Bourbaki je suis détaché du 15e corps, je suis en opérations commencées, je flanque la gauche du 18e corps, je ne puis envoyer les escadrons à Bourges à moins d'ordres formels.

« Boërio. »

(3) *Historique.*
(4) 2 blessés et un mort.

journée du 22 à Bourges sans pouvoir être embarqué.

1ʳᵉ division. Le reste de la 1ʳᵉ division (1ᵉʳ zouaves de marche, 12ᵉ mobiles, 4ᵉ chasseurs à pied, 18ᵉ mobiles, tirailleurs algériens) conserva ses emplacements au Sud de Bourges, sauf le Iᵉʳ bataillon de tirailleurs, qui se trouvait à Bourges même et qui avait dû d'abord être embarqué avec le corps Cathelineau.

Les 2ᵉ et 3ᵉ divisions devaient rester dans leurs positions lorsque, le 22 au matin, leur parvint l'ordre de revenir vers l'Ouest.

Le Général commandant 15ᵉ corps à Colonel commandant l'artillerie de réserve.
22 décembre 1870.

Mon cher Colonel,

L'artillerie de réserve part ce matin à 9 heures escortée par les 2 compagnies de gardes forestiers. Veuillez donc, au reçu de cette lettre, voir M. le Général commandant la division territoriale à Bourges pour obtenir de lui de mettre nos chevaux d'artillerie dans les écuries de la place. Cette formalité est indispensable.

En raison du froid, je me décide à faire partir la 3ᵉ et la 2ᵉ division à 10 h. 30.

La 3ᵉ reprendra son bivouac de Saint-Germain-du-Puits, la 2ᵉ bivouaquera au Nord du chemin de fer près des bords du Moulon.

Quant à moi, je serai probablement vers midi à Bourges.
Le Général commandant le 15ᵉ corps,
E. MARTINEAU.

Le général commandant la 2ᵉ division donna en conséquence l'ordre suivant :

« La 2ᵉ division quittera Brécy ce matin à 10 h. 30 pour se rendre à Bourges. Elle sera suivie par la 3ᵉ division.

« La 2ᵉ division marchera dans l'ordre suivant :

« La 2ᵉ brigade,

« L'artillerie divisionnaire,

« L'ambulance,

« La 1ʳᵉ brigade,

« Le convoi de la division.

« La 1ᵉ brigade fournira un bataillon qui marchera derrière le convoi.

« Les hommes devront faire la soupe de manière à la manger avant le départ.

« La distribution de viande pour la journée du 23 aura lieu le matin pour que les hommes l'emportent avec eux.

« La distribution de vivres pour la journée du 25 n'aura pas lieu à Brécy. »

Effectivement toute la division partit à 10 h. 30 et vint bivouaquer sur deux lignes parallèles au chemin de fer près du village de Saint-Doulchard (2 kil. N.-O. de Bourges). Ce jour-là le général Martineau des Chenetz prit le commandement du 15ᵉ corps et le général Rebillard celui de la 2ᵉ division par intérim.

La 3ᵉ division partit vers 11 heures et arriva vers 3 heures du soir à Saint-Germain-du-Puits, où elle reprit son pénible bivouac. Le sol était tellement durci par la gelée qu'on ne put dresser les tentes sans avoir amolli la terre par le feu (1). Parfois on dut y renoncer. Le vin gelait dans les gobelets aussitôt versé, et plusieurs hommes moururent de congestion causée par le froid (2).

18ᵉ corps. On se souvient que les ordres du 21 décembre prescrivaient au commandant du 18ᵉ corps d'embarquer à la Charité toute son infanterie et trois de ses batteries ; le reste de l'artillerie et la cavalerie devant se rendre à Nevers. En outre, le général Billot était chargé d'assurer l'évacuation de Briare, mouvement que le 92ᵉ de ligne devait exécuter par chemin de

---

(1) *Historique* du 34ᵉ de marche.
(2) *Historique* du 27ᵉ de marche.

fer dans la soirée du 22. Dans ce but, le 2ᵉ hussards et le 3ᵉ lanciers devaient rester à Chaulgnes et envoyer de nombreuses reconnaissances au Nord et à l'Est.

De fait les 1ʳᵉ et 2ᵉ divisions ne bougèrent pas de leurs bivouacs autour de Raveau. Quant à la 3ᵉ, qui devait s'embarquer la première à la Charité, elle fut mise sous les armes, le 22, dès 6 heures du matin. Le 81ᵉ mobiles, le 53ᵉ de marche, et le 82ᵉ mobiles allèrent s'installer autour de la gare de la Charité, attendant vainement d'être embarqués.

Enfin les 5ᵉ cuirassiers et 5ᵉ dragons virent à Nevers et bivouaquèrent près de la gare. Quant au reste de la division, 92ᵉ encore à Briare et 4ᵉ zouaves de marche, voici ce qui allait se passer.

On a vu plus haut (1) que l'entrée des Allemands à Auxerre avait été signalée par de nombreux renseignements, qui concordaient à ne pas attribuer à l'ennemi une force supérieure à 10,000 hommes. C'était presque exact. Mais la reconnaissance tout à fait infructueuse des 2 escadrons et demi envoyés par le général Zastrow au Sud-Ouest d'Auxerre allait avoir un effet inattendu, malheureusement trop fréquent au cours de cette campagne, pendant laquelle les rapports français exagérèrent constamment les forces de leurs adversaires.

Voici, en effet, ce que télégraphia, le 21, dès 11 h. 55 du soir, le colonel du 92ᵉ, chargé d'occuper Briare.

Colonel Bardin à Général commandant 18ᵉ corps.

Briare à la Charité (D. T.), 21 décembre 1870, 11 h. 55 soir.

Nous sommes menacés d'être coupés par Prussiens arrivés d'Auxerre à Toucy, nous sommes menacés sur notre front et notre flanc droit d'être jetés dans la Loire. Des trains militaires sont-ils dirigés pour venir à nous ou devons-nous nous mettre en route pour vous rejoindre; il y a urgence à

---

(1) Renseignements du 21 décembre (Succession Billot, *Reconnaissances*. Arch. Guerre).

ce que l'un des deux mouvements s'opère cette nuit; avis unanime de tous les officiers supérieurs de ma colonne à ce sujet. Les gardes nationaux placés sur notre ligne de retraite sont incapables de la défendre.

Le général Billot, bien qu'il dût un peu plus tard prévenir (1) le colonel Bardin que le gros du VIIe corps ennemi était encore à Auxerre, demanda au général en chef l'autorisation de ramener le 92e par chemin de fer.

Commandant 18e corps au général Bourbaki et général de Pointe. Nevers (Urgent).

Charité, 22 décembre 1870, 12 h. 35 matin.

Je suis informé qu'une colonne prussienne est arrivée ce soir entre Auxerre et Saint-Farjeau et que l'ennemi s'approche de Clamecy. Le chemin de fer peut être menacé entre Neuvy et Bonny dès demain. Dans cette situation je crois prudent de faire prendre cette nuit même à Briare et Châtillon le 92e de ligne et autres détachements destinés au 18e corps.

Les trains sont prêts à partir, je vous demande l'autorisation de les envoyer immédiatement au colonel Bardin au lieu d'attendre à demain soir.

BILLOT.

Sans attendre l'autorisation du général en chef, le général Billot avait déjà décidé d'expédier sur Briare les trois premiers trains préparés pour l'embarquement vers l'Est de son corps d'armée, causant ainsi un trouble extrême dans cette opération.

Commandant en chef 18e corps à général Bourbaki et à général de Pointe à Nevers.

La Charité, 22 décembre 1870, 1 h. 5 matin.

Je reçois du colonel du 92e de ligne le télégramme suivant : « Nous sommes menacés sur notre front et notre

---

(1) Dépêche de 5 h. 45 (Succession Billot).

flanc droit d'être jetés dans la Loire. Des trains militaires sont-ils dirigés pour venir à nous ou devons-nous nous mettre en route pour vous rejoindre. Il y a urgence à ce que l'un des deux mouvements s'opère cette nuit. Avis unanimes de tous les officiers supérieurs de ma colonne consultés à ce sujet, les gardes nationaux placés sur notre ligne de retraite sont incapables de la défendre. »

Sur les instances du colonel Bardin je lui envoie les trains nécessaires pour ramener cette nuit à la Charité le 92º de ligne et tous les détachements destinés au 18º corps, je vous en avise d'urgence afin que vous puissiez prendre à l'égard des autres troupes dont j'ignore l'existence qui pourraient se trouver dans les mêmes parages telles dispositions que vous jugerez convenables.

BILLOT.

Peu après, d'ailleurs, arrivait du général en chef l'autorisation demandée.

Le général Bourbaki au Général commandant 18º corps. La Charité (Urgent).

Nevers, 22 décembre 1870, 2 h. 30 matin.

Reçu votre dépêche; faites prendre sur-le-champ à Briare et à Châtillon le 92º de ligne et autres détachements destinés au 18º corps. Envoyez immédiatement les trains nécessaires.

Mais le colonel Bardin n'avait pas plutôt obtenu ce qu'il avait demandé d'une manière si pressante, qu'il changeait d'avis et se déterminait à opérer sa retraite par voie de terre.

C'est ce qu'exprime bien le télégramme suivant du général Billot.

Général Billot à général Bourbaki et à général de Pointe. Nevers.

Charité, 22 décembre 1870, 6 heures matin.

Après m'avoir demandé avec insistance à rétrograder et en avoir reçu l'ordre avec les trains nécessaires, le colonel du 92º de ligne, craignant de compromettre la défense de Briare et les troupes commandées par le colonel Carrière, qui s'est échelonné sur la route à Châtillon, Bony, Neuvy et Cosne, arrête son mouvement, ne pouvant, dit-il, les abandonner sans danger à moins de les replier elles-mêmes sur Neuvy et Cosne. Je prie le général de Pointe de prendre une décision à cet égard et de la notifier d'urgence à M. le colonel Carrière et à M. le colonel Bardin à qui je réitère l'ordre de commencer le mouvement en ce qui concerne les troupes du 18e corps.

Billot.

De fait, à 8 heures du matin, le 92e de ligne quitta Briare par la route qui suit la rive droite de la Loire, et arriva sans encombre à Châtillon-sur-Loire, où il trouva les 3 trains qui lui avaient été expédiés (1). Embarqué immédiatement, il fut dirigé sur Cosne, où nous allons bientôt le retrouver.

Mais ce n'était pas seulement à l'immobilisation de ces 3 trains qu'allaient se borner les résultats de l'inquiétude si légèrement conçue par le colonel de 92e. Au moment de partir de Briare, n'allait-il pas télégraphier que l'ennemi se portait « à marche forcée » de Toucy sur Bony (sur la Loire en aval de Châtillon), pour lui couper la retraite. Comment put se répandre une nouvelle si parfaitement erronée, puisque dès la veille la reconnaissance de cavalerie envoyée sur Toucy avait rétrogradé vers Auxerre? C'est ce qu'il faut renoncer à comprendre. Mais, de ce bruit, il résulta immédiatement un faux mouvement.

Dès l'arrivée du télégramme, le général Billot, justement inquiet, donna l'ordre que le 4e zouaves de marche (2), qui venait à 10 heures de terminer son embarquement en deux trains à la gare de la Charité, fût dirigé sur Cosne au secours du 92e. Peu après,

---

(1) *Historique* du 92e de ligne.
(2) *Historique* du 4e zouaves de marche.

l'ordre fut donné à la brigade de cavalerie, adjointe à la 2ᵉ division, de se porter vers le Nord, sur Narcy (7 kil. N.-E. de la Charité) et Sully-la-Tour (1). De là elle devait envoyer des reconnaissances sur la grand'-route qui va de Cosne à Douzy et « faire tous ses efforts pour entrer en relation avec les colonels Ritter du 4ᵉ zouaves et Bardin du 92ᵉ, venant de Briare et menacés d'être coupés par un corps prussien venant d'Auxerre sur Cosne ».

Cette brigade de cavalerie devait être suivie d'une partie de la 2ᵉ division.

Au travers des contradictions, des obscurités et des erreurs matérielles de date dont fourmillent les historiques, il semble que, vers midi, le 3ᵉ lanciers avait déjà envoyé en reconnaissance deux de ses escadrons et que ceux-ci reprirent à cinq heures du soir le bivouac de Chaulgnes. Le journal du 2ᵉ hussards de marche cite aussi une reconnaissance exécutée ce jour-là au Nord de la Charité, mais sans aucun détail précisant les faits. — Ce qui est certain c'est que les deux régiments de cavalerie se retrouvent le soir au bivouac de Chaulgnes. Quant aux troupes d'infanterie, elles semblent n'avoir pas bougé, de sorte qu'on doit croire que le contre-ordre arriva avant la mise en route.

Tout naturellement, l'envoi vers Cosne de 5 trains avait complètement désorganisé l'embarquement du 18ᵉ corps et, dès ce moment, le général Billot allait se trouver à court de matériel.

Général Billot à général de Pointe et au général Bourbaki à Nevers.

La Charité à Nevers (D. T.), 22 décembre 1870, 10 h. 35 matin.

Le colonel Bardin, qui a perdu toute la nuit à hésiter pour se rabattre sur la Charité quand il en avait les moyens et le

---

(2) Voir ordre de l'amiral commandant la 2ᵉ division (Arch. de la guerre).

temps, me télégraphie que l'ennemi se rend à marche forcée de Toucy sur Bonny et qu'il craint d'être coupé. J'envoie au-devant de lui sur sa demande deux trains chargés de troupes pour appuyer sa retraite. J'envoie également, mais par terre, deux régiments de cavalerie, une brigade d'infanterie et deux batteries d'artillerie pour couvrir la retraite. Je tâche de continuer le chargement pour la destination convenue, mais le matériel manque et du train dont vont les choses j'aurais plutôt fait d'aller à Nevers.

BILLOT.

Général Billot au commandant Brugère et à de Serres à Chagny, aux généraux Bourbaki et de Pointe, Nevers.

La Charité à Nevers (D. T.), 22 décembre 1870, 12 h. 35.

Au moment où le premier train allait partir pour vous rejoindre, le colonel du 92e de ligne se disant menacé d'être coupé à Bonny par des colonnes prussiennes venant d'Auxerre m'a demandé instamment d'être appuyé à Bonny par des troupes envoyées de la Charité ; je lui ai expédié deux trains chargés de troupes, j'envoie d'autre part au-devant de lui une colonne légère prise parmi les troupes à embarquer les dernières, l'embarquement continue mais trop lentement faute de matériel de ce train. Ce sera deux fois plus long qu'on n'avait pensé. Je vous enverrai, aussitôt que j'aurai du matériel, le général Bonnet qui connaît bien le pays. Je ne quitterai de ma personne la Charité qu'après avoir assuré mes derrières, mon flanc gauche et l'exécution matérielle de l'embarquement.

BILLOT.

Tout ce qu'il fut donc possible de faire partir de toute la journée, pour la direction de l'Est, ce fut d'abord l'État-Major de la 3e division, général Bonnet, avec 1,100 hommes (1) en un train ; un second, puis un troisième partirent avant 7 heures du soir, emportant 2 batteries.

---

(1) Impossible de savoir de quel corps ; probablement du 4e zouaves de marche.

D'autre part on sut bien vite que le 92ᵉ de ligne, arrivé à Cosne, n'y courait aucun danger. Les cinq trains qui se trouvaient en ce point, portant le 92ᵉ et 2 bataillons du 4ᵉ zouaves, reçurent l'ordre de rebrousser chemin sur la Charité et de là sur Nevers et Chagny (1). De fait, ces trains parvinrent à Chagny dans la nuit du 23 au 24 décembre (2).

Ce n'est donc pas sans raison que le général de Pointe pouvait écrire :

Le Général de division commandant supérieur de la Nièvre et de l'Yonne au général Bourbaki à Nevers.

Nevers, 22 décembre 1870.

Mon cher Général,

Je vous remercie de faciliter la retraite des troupes que j'avais sur la route de Gien; mais j'aurais désiré ne les voir se retirer qu'après qu'elles aient vu et contenu l'ennemi, afin que nous sachions au moins ce qu'il y a devant nous.

Agréez, mon cher Général, l'hommage de mon respect.

*Le Général de division commandant supérieur
de la Nièvre et de l'Yonne,*

DE POINTE.

Et l'on a peine à comprendre comment, en rendant compte du déplorable résultat des mesures prises si précipitamment, le général Billot ait pu dire que les bruits alarmants qui les avaient motivées « ne manquaient pas de fondement » (3).

---

(1) Voir dépêches de 4 h. 30 et 7 heures soir du général Billot (Archives de la Guerre).

(2) *Historiques* des 92ᵉ de ligne et 4ᵉ zouaves.

(3) *Le général Billot au général Bourbaki et général de Pointe à Nevers.*

La Charité à Nevers (D. T.), 22 décembre 1870, 9 h. 15 soir, arrivé 10 h. 47 soir.

Je viens d'expédier le colonel Ritter et ses zouaves à Nevers et au delà. Le colonel du 92ᵉ arrive avec son régiment; je

20ᵉ corps. L'obligation, où l'on allait se trouver, de faire converger sur Nevers les deux lignes de transport des 18ᵉ et 20ᵉ corps, allait causer une gêne excessive.

De minuit à 5 heures du matin, on avait embarqué à Saincaize, dans deux trains, les mobiles de la Loire, le 50ᵉ de marche, et 2 compagnies des mobiles du Jura. Aucun d'eux n'avait pu encore quitter Saincaize par suite de l'encombrement de la gare de Nevers à 5 h. 15 du matin (1). Les premières troupes arrivèrent à Chalon-sur-Saône le 22 à 7 heures du soir (2).

C'est à 2 heures du soir seulement que les départs reprenaient. A ce moment partait un bataillon et demi du 67ᵉ mobiles (Haute-Loire) (3). « A 6 h. 30 du soir, télégraphiait le commandant Berger, il n'était encore parti que quatre trains... il n'y a encore qu'une brigade et demie de la 1ʳᵉ division. Nous ne savons quand nous aurons un train ce soir (4). » Pour comble de malheur, vers 6 h. 30 du soir, au moment où un train, conduit par deux locomotives, démarrait de Nevers, il se produisait une rupture d'attelage entre ces deux machines, de sorte que la première, lancée seule et à toute vapeur, allait

---

l'expédie immédiatement. Les bruits alarmants qui ont motivé ces diverses dépêches ne manquent pas de fondement, mais avaient été exagérés par les auteurs de ces renseignements et les mobilisés, effrayés de voir le 92ᵉ les quitter; en somme tout s'est bien passé et tout marchera bien si le matériel ne manque pas. Je pars pour Nevers, hôtel de France, et continuerai ma route après avoir pris vos instructions au passage. Le colonel du génie Goury et trois officiers de l'Etat-Major général restent chargés des embarquements.

Billot.

(1) Dépêche de 5 h. 15 du commandant Berger (Archives de la Guerre).

(2) Dépêche du commandant Varaigne (Archives de la Guerre) et *Historique* du 11ᵉ mobiles.

(3) *Historique* du 67ᵉ mobiles, IIᵉ bataillon et moitié du IIIᵉ.

(4) Archives de la Guerre.

broyer le dernier wagon d'un train parti quelques instants auparavant (1). Quatre militaires étaient blessés, et la voie se trouvait obstruée pour plusieurs heures. En outre des tassements produits sur la ligne ferrée entre Santenay et Étang allaient obliger à réduire à 10 kilomètres la vitesse des convois.

D'autre part, les souffrances des troupes au bivouac sur le plateau de Saincaize devenaient si cruelles que le général Clinchant, voyant que l'embarquement serait très retardé, prescrivit dans la soirée de faire cantonner la 3ᵉ division qui devait partir la dernière. Cet ordre, parvenu seulement à 7 heures du soir (2), ne fut exécuté que d'une façon incomplète. Néanmoins, le soir même, on mit à l'abri à Trémigny et à Mose (Nord de Saincaize, le long du chemin de fer) la totalité des deux bataillons des Pyrénées-Orientales (3). Bien que de nombreux groupes de maisons ou hameaux fussent libres, aucun des autres chefs de corps ne paraît avoir consenti à lever le campement, pourtant si funeste à la conservation des hommes.

---

(1) Dépêche de l'ingénieur du contrôle (Archives de la Guerre).
(2) Ordre du général commandant la 3ᵉ division (Archives de la Guerre).
(3) Lettre du commandant Druaux (Archives de la Guerre).

III

Mouvements des Allemands.

En réponse à la dépêche peu rassurante du général de Werder, le maréchal de Moltke télégraphia (1) :

Au Général de l'infanterie de Werder, Dijon.

Versailles, 22 décembre 1870, 4 heures soir. Télégramme.

Le IIe bataillon du 2e régiment va vous être envoyé incessamment. Il n'y a actuellement aucun autre renforcement projeté. En cas d'attaque par des forces supérieures à celles qui sont signalées jusqu'à ce jour, vous pouvez vous retirer dans la direction de Chaumont; par cela même vous vous renforcerez du général von der Goltz et vous pourriez opérer de concert avec le général von Zastrow. Dans cette éventualité on peut admettre qu'on pourrait reprendre l'offensive si l'ennemi envoyait un détachement sur Belfort. Ne perdez pas de vue l'évacuation du personnel et du matériel rassemblé à Dijon et dont le transport peut être rapide.

En outre, il signalait que l'avis était parvenu à Versailles de la présence de partis ennemis vers Rougemont (2). D'autre part, le général de Goltz, chargé par le général de Werder de l'observation de Langres, avait informé le grand quartier général qu'on pouvait s'attendre à une prompte capitulation de la place, s'il était possible de la bombarder. Il demandait en conséquence qu'on lui envoyât 30 pièces lourdes avec les munitions et le personnel correspondants.

---

(1) *Correspondance militaire* du maréchal de Moltke, n° 532.
(2) Löhlein, *loc. cit.*

Il lui fut répondu que le matériel ne pourrait arriver avant dix jours (1).

Au général baron von der Goltz, Rolampont près Chaumont.
Versailles, 22 décembre 1870, 5 h. 45 soir. Télégramme (faire suivre).

Le transport des pièces d'artillerie demandées est commencé mais ne pourra pas être effectué avant dix jours. Protégez les quelques travaux de réparation qui sont prescrits par le grand quartier général sur la ligne Chaumont-Langres.

VIIe Corps. Les deux escadrons et demi envoyés par le général de Zastrow avaient été fort loin de remplir leur mission. Dès le 22, ils étaient de retour à Auxerre, rendant compte qu'ils n'avaient pu dépasser Toucy (22 kil. S.-O. d'Auxerre), car, à partir de ce point, toutes les routes menant vers la Loire étaient obstruées. — En outre un hussard avait été pris avec son cheval par les francs-tireurs (2). On apprit un peu plus tard qu'après le départ de Tonnerre pour Poinchy du IIe bataillon du 55e, qui y était resté avec les convois, le peloton, laissé pour attendre les détachements envoyés en réquisition, avait failli être enlevé par la population (3).

Les deux compagnies (9e et 12e) qui étaient restées à Nuits avec un détachement de pionniers et un peloton de ulans, s'étaient cru obligées, à la nouvelle, d'ailleurs fausse, de la présence de francs-tireurs à Montbard, de mettre Nuits en état de défense (4).

---

(1) *Correspondance militaire* du maréchal de Moltke, n° 533.
(2) *Historique* du 8e hussards.
(3) *Historique* du 55e.
(4) A titre d'exemple, on peut citer l'organisation du service à Nuits :
1 poste d'officier : 1 officier, 2 sous-officiers, 1 clairon, 36 hommes et 9 de supplément pour la nuit.
2 postes de sous-officier : chacun 1 sous-officier, 15 hommes et 6 de supplément pour la nuit.

Il devenait évident que la cavalerie ne pourrait à elle seule assurer la liaison avec la IIe armée, ni pousser jusqu'à la Loire. Il fallut donc avoir une fois de plus recours au système, si en faveur dans l'armée allemande, des détachements mixtes. — Dans la journée du 22, le général major Osten Sacken reçut l'ordre de se mettre en marche le lendemain sur Toucy avec le *13e* régiment d'infanterie, le *7e* bataillon de chasseurs, 3 escadrons du *8e* hussards, la 6e batterie légère et une compagnie de pionniers (1). Il devait pousser des reconnaissances vers la Loire et faire réparer de force par les habitants les chemins qui conduisaient de ce côté.

En même temps, sur un ordre arrivé la veille au soir, le *72e* régiment d'infanterie, qui était à Metz, embarquait en chemin de fer, à 11 h. 30 du matin et midi 30, deux de ses bataillons (Ier et IIe) (2) pour Châtillon-sur-Seine et Nuits, où ils devaient être mis à la disposition du général von Zastrow. Il y aura lieu de revenir sur ce voyage qui fut fécond en incidents, rendu pénible par sa lenteur et par le froid excessif, et qui constitue un exemple de ce que fut l'organisation allemande des transports militaires.

Poste du village : 1 sous-officier, 9 hommes.

Patrouilles le long du chemin de fer vers Laignes : 1 sous-officier et 15 hommes (à partir du 24, 1 sous-officier et 6 hommes seulement). Les compagnies de garde étaient relevées chaque jour (il y avait une ronde d'officier), les autres restaient pendant la journée dans le cantonnement et la nuit dans les maisons d'alerte, c'est-à-dire la gare et d'autres maisons situées dans le voisinage et organisées défensivement.

La 11e compagnie, restée à partir du 20 à Chablis avec un détachement d'ulans comme troupe d'étapes, avait une forte garde à la mairie et envoyait de fortes patrouilles en voiture à grande distance, surtout vers le Nord. Les hommes cantonnaient pendant la journée, et la nuit étaient réunis à la mairie.

(1) *Historique* du 73e.

(2) Et 65 ulans à pied.

XIVe Corps. Dans le détachement von der Goltz, le *34e* d'infanterie changea de cantonnements avec le *30e*, et vint occuper Rolampont (Ier bataillon), Lannes (2 compagnies du IIe), Changy (2 compagnies du IIe), Charmoilles (IIIe bataillon), — tandis que le *30e* tenait Dampierre (IIe bataillon), où logèrent aussi le régiment de hussards et 2 batteries, Frécourt (3 compagnies), Bonnecourt (3 compagnies), Montigny-le-Roi (2 compagnies).

A 8 heures du matin, la colonne von Röder quitta Dijon pour marcher sur Saint-Seine (15 kil. N.-O. de Dijon). Elle comprenait :

Le IIe bataillon du 5e badois (major von Röder commandant le détachement).

Le Ier bataillon du 6e badois,

2 escadrons du 2e dragons badois,

1 batterie,

1 détachement de pionniers.

Dès le départ, un peloton de dragons (1) fut lancé sur la grand'route de Val-Suzon et Saint-Seine. Il rentra bientôt, annonçant que la route était rendue impraticable par de nombreux obstacles, et le détachement dut changer son itinéraire et se porter sur Pasques et Pange. Ce détachement, déjà si faible, trouva moyen de se diviser encore. Sur Vantoux marcha un bataillon; le gros se porta sur Pasques. Quant à la cavalerie on mit un peloton avec l'avant-garde du gros, un au convoi, un en liaison entre les deux colonnes, deux allèrent vivement à Pasques, un autre, avec un officier, sur Sombernon. Enfin deux pelotons étaient avec la colonne de droite.

L'officier envoyé sur Sombernon (12 kil. S.-O. de Pasques) rendit compte de l'occupation de ce village par des troupes françaises. « Néanmoins, dit l'historique du 2e dragons badois, comme une attaque sur Sombernon était en dehors de la tâche prescrite, la marche continua

---

(1) *Historique* du 2e dragons badois.

vers le Nord jusqu'à Saint-Seine et Saint-Martin-du-Mont, où l'on prit pour la nuit des cantonnements d'alerte. »

Si l'envoi de détachements de cavalerie assez loin en avant dans la direction de la marche fut une excellente mesure, que l'événement justifia, puisqu'on put à temps faire changer d'itinéraire à l'infanterie, on ne saurait en dire autant de la formation de deux faibles colonnes qui se trouvèrent séparées de plus de 12 kilomètres. La liaison dans ces conditions ne put qu'être des plus précaires, et le peu de forces laissées au gros empêcha d'élucider la question autrement importante de l'occupation de Sombernon par des partis français.

En même temps que parvenait à Dijon l'annonce de la présence des Français à Sombernon, on apprenait qu'il ne restait plus à Nuits que quelques médecins occupés des blessés. Le lieutenant Rort du 3e badois, avec 2 pelotons de la 5e compagnie et un demi-peloton de dragons, avait en effet recueilli ce renseignement à Cîteaux (10 kil. Est de Nuits), où il s'était porté, tandis que ses cavaliers gagnaient Brouins (5 kil. Sud de Cîteaux) (1).

Néanmoins, dans la soirée, le général de Werder, inquiet de sa situation et voulant être prêt à évacuer Dijon, d'où étaient déjà partis tous les blessés transportables et une partie des impedimenta, prescrivit qu'à partir du lendemain, chaque jour, matin et soir, toutes les troupes seraient réunies en armes et en tenue de route devant leurs cantonnements, les chevaux harnachés, mais restant dans les écuries. On ne devait rentrer dans les maisons que sur l'ordre envoyé par le général en chef. Ces mesures furent complétées par un redoublement de précautions à l'égard de la population civile.

---

(1) *Historique* du 3e badois.

Dans la IVᵉ division de réserve, il n'y a à signaler pour le 22 que l'envoi d'une compagnie (*5ᵉ* du *55ᵉ*) à Essertenne, sur la route de Dijon à Gray, et la conduite, par deux autres compagnies (*6ᵉ* et *8ᵉ* du *55ᵉ*), de Gray à Vesoul, des 600 et quelques prisonniers faits au combat de Nuits.

Journée du 23 décembre.

I

Arrivé vers 9 heures du matin à Autun (1), M. de Serres se mit immédiatement en rapport avec Garibaldi. L'entente ne fut pas longue à se faire, car, dès 11 h. 40, le jeune délégué télégraphiait à M. de Freycinet que tout allait au delà de ses espérances et que Garibaldi serait « votre plus dévoué collaborateur (2) ». « Comptez sur lui, ajoutait-il, il est tout entier dans vos idées. » De fait Ricciotti Garibaldi s'était déjà mis en route pour Château-Chinon. Il devait « observer attentivement cette position, en vue d'une attaque éventuelle de ce côté, au cas où les Prussiens tenteraient d'occuper les routes de Nevers, faire une visite à Clamecy, enfin recueillir toutes les informations possibles sur le VIIe corps qui campait entre Auxerre et Tonnerre (3) ». Au lieu de l'activité qu'exigeait pareille mission, Ricciotti devait commencer par passer deux jours pleins à Château-Chinon, où il n'arriva le 23 qu'à 10 heures du soir.

Outre l'annonce de cette expédition qui devait si piteusement avorter, ce que M. de Serres recueillit encore de Garibaldi, si l'on en croit Bordone (4), c'est l'assurance « qu'en vue des opérations d'ensemble qui

---

(1) Dépêches de 9 h. 25 et de 10 h. 10 (Archives de la Guerre).
(2) Dépêches de 11 h. 40 et de 11 h. 45 (Archives de la Guerre).
(3) *Souvenirs* de Ricciotti Garibaldi, Nice, 1899.
(4) Bordone : *Garibaldi et l'armée des Vosges.*

devaient avoir lieu dans l'Est, on avait déjà fait partir des troupes en éclaireurs dans la direction de Fontaine-Française, Champlitte, Grancey et Langres; que des compagnies auxiliaires, appuyées par des détachements de francs-tireurs, étaient sur le point de faire sauter un pont de chemin de fer au-dessous de Nuits-sous-Ravières; que le mont Afrique, situé au Sud-Ouest de Dijon, où les Prussiens avaient fait des travaux de défense, venait d'être abandonné par eux par suite des attaques incessantes des francs-tireurs de Colmar que commandait Eudeline, et que, sous peu, nous entrerions à Dijon sans coup férir. » Assertions et promesses se valaient. Les partis qui opéraient sur la Saône ne dépendaient en rien de Garibaldi, on n'avait rien tenté du côté de Nuits-sous-Ravières, faiblement occupé par les Allemands, comme on l'a vu plus haut, et les Garibaldiens restaient paisiblement à Autun ou dans les environs immédiats. — Au reçu des dépêches optimistes de M. de Serres (1), M. de Freycinet crut devoir remercier Garibaldi « avec reconnaissance de la cordiale coopération que vous voulez bien nous prêter ».

Sans doute M. de Serres espérait arriver à régler rapidement avec le peu traitable Bordone toutes les questions en suspens. De ce nombre était un démêlé obscur avec un certain Frapoli qui avait joué un rôle louche dans le recrutement du corps Garibaldi. M. de Serres proposa de disgracier Frapoli, ainsi que Baillehache (2).

Dans quels termes fut réglée la coopération de Garibaldi, c'est ce qu'il est fort difficile de savoir au juste. D'après Bordone, on n'aurait demandé au corps des

---

(1) Garibaldi télégraphiait en même temps : 11 h. 50 du matin : « Ai vu de Serres et suis très heureux de vous apprendre que nous nous entendons parfaitement ».

(2) Dépêche de 3 h. 15 du soir (Archives de la Guerre).

Vosges d'autre service que de garder le Val-Suzon, on lui aurait promis de mettre Cremer sous ses ordres, de lui adjoindre le 83ᵉ d'infanterie et 2 escadrons de cavalerie ; on devait enfin lui fournir 2 batteries de campagne, des capotes, des guêtres et des souliers. Mais (ce qui contredit singulièrement la première affirmation de Bordone) une fois ainsi renforcé, Garibaldi aurait à se porter dans les Vosges, dès que l'armée de Bourbaki aurait atteint Vesoul. C'est de la non exécution de ces promesses que Bordone devait plus tard justifier son inaction (1). Avec un négociateur aussi peu précis que M. de Serres, on ne saurait s'étonner que les questions essentielles aient été laissées dans le vague.

Le même jour, d'ailleurs, allait surgir pour l'armée du général Bourbaki une nouvelle difficulté, au sujet du 15ᵉ corps, dont le rôle n'avait pas été encore défini avec assez de précision.

Dans un télégramme adressé de Nevers le 23 décembre 1870 à midi 45, le général Bourbaki disait à M. de Freycinet :

« Je profite de cette occasion pour appeler toute votre attention sur le 15ᵉ corps, qui se trouve distrait de mon commandement et qui doit recevoir directement vos instructions. Je considère cette dissémination de nos forces comme très nuisible. Il me semble essentiel de faire rejoindre les 18ᵉ et 20ᵉ corps par le 15ᵉ aussitôt que possible. La part que le 15ᵉ corps serait appelé à prendre dans une action serait peut-être décisive quelque jour, tandis qu'en restant isolé entre Vierzon et Bourges, j'ignore le rôle qui pourrait utilement lui être assigné. »

L'extrême hésitation, le retard et la lenteur du mouvement du 15ᵉ corps qui, le 23, c'est-à-dire trois jours après l'adoption du plan stratégique, était encore près

---

(1) *L'Armée des Vosges*, par Bordone.

de Bourges, alors que sa présence vers Vierzon eût été si utile, témoignent tout au moins de la répugnance manifestée par le général Bourbaki à se dessaisir des troupes les plus anciennement formées. Déjà il avait obtenu que les meilleurs régiment du 15ᵉ corps feraient partie de son armée, sous le nom de réserve générale. Cette fois il allait demander le corps d'armée tout entier, alors que le transport des 18ᵉ et 20ᵉ était encore si peu avancé et que le matériel paraissait devoir rester si insuffisant. Le moindre inconvénient, qui dût résulter de la coopération du 15ᵉ corps aux opérations dans l'Est, devait être un nouveau retard dans la date du début de ces dernières et par suite la perte des principales chances de succès de la diversion projetée. C'est ce dont ne paraît pas s'être rendu compte le général Bourbaki qui, le soir même, renouvela ses instances (1).

« Comme vous l'avez ordonné, le 15ᵉ corps est resté à Bourges à votre disposition immédiate. Je ne me rends pas compte des services qu'il est appelé à rendre dans cette région. Ne jugeriez-vous pas opportun de le diriger, dès que le matériel sera devenu disponible, par la voie ferrée sur le même point que le 18ᵉ et le 20ᵉ. Il augmenterait notablement les chances de succès. Le fractionnement des troupes en « petits paquets » ne pourrait que les diminuer.

Cette prétention, assurément nouvelle, du général en chef, allait soulever un orage.

Dès que M. de Serres eut connaissance de la demande de Bourbaki, il télégraphia à M. de Freycinet (2) :

Je reçois communication de la dépêche de Bourbaki traitant du transport et du rôle du 15ᵉ corps. Je ne partage point

---

(1) Dépêche de 10 h. 30 du soir.
(2) De Serres à Guerre et à Gambetta, Lyon. Urgent. Autun, 5 168, 195, 23 déc. 1870, 3 h. 30 s.

ses conclusions quant au 15ᵉ corps. On y a pris ce qu'il fallait y prendre et le reste doit rester à Bourges, y compléter sa reconstitution, et il rentrera en ligne avec un rôle important en temps et lieu. Bourbaki veut plus de forces qu'il ne lui en faut. C'est, je le sais, pour assurer le succès d'une opération faite par lui, bien plus que pour réaliser une chose profitable à la cause de la défense. Je maintiens qu'il a assez de forces, si elles sont bien utilisées, et désire personnellement que rien ne soit changé aux dispositions générales. Le 15ᵉ corps doit rester là où il sera nécessaire, à gauche aussi bien qu'à droite. On immobilisera à cet effet le matériel nécessaire. Les nouvelles réticences de ce chef sont simplement malheureuses et je demande à les arrêter dans leur cours comme dans leurs tendances.

De Serres.

Le 15ᵉ corps doit rester en réserve et sera porté par voie rapide là où il sera utile.

Ces insinuations malveillantes furent accueillies par M. de Freycinet, dont le plan, dans sa partie essentielle, se trouvait ainsi méconnu. A 8 h. 30 du soir, il télégraphiait à M. Gambetta :

« Mon étonnement, en recevant la dépêche de Bourbaki touchant l'opération, a été extrême. Je croyais que le plan, tel que je l'avais indiqué, avait été approuvé par lui dans ces grandes lignes, et conséquemment aussi en ce qui touche le 15ᵉ corps, dont la séparation d'avec les deux autres, et non la dissémination, comme il le dit, avait été explicitement formulée.

« Si le général avait des objections, c'est alors qu'il fallait les produire et non aujourd'hui que l'opération est en train. Je ne saurais, pour ma part, voir là-dedans qu'une porte de derrière, destinée, en cas d'insuccès, à rejeter la responsabilité sur d'autres têtes. Je n'y saurais à aucun degré souscrire. Mon rôle pur et simple a été de proposer un plan.

« On avait le droit de ne pas le suivre. On a aujourd'hui le droit de le modifier, mais alors qu'on assume nettement les rôles.

« Que le général de Bourbaki vous dise catégoriquement ce qu'il veut qu'on fasse de son 15ᵉ corps. Si vous l'approuvez, vous me donnerez des intructions et je les suivrai ponctuellement. Mais que le général reste dans un vague nuageux et veuille me faire trancher à moi des questions au-dessus de ma compétence, et cela dans un sens contraire à ma propre opinion, c'est ce que bien évidemment je ne puis faire.

« J'attendrai donc une nouvelle dépêche de votre part avant de toucher en quoi que ce soit aux ordres qui ont dû être donnés au 15ᵉ corps avant le départ de Bourbaki et qui ont dû être, je le suppose, la réalisation technique de la pensée qui consistait à couvrir en ce moment Vierzon et Bourges. »

Pour comprendre le ton de cette dépêche, en ce qui concerne la responsabilité que M. de Freycinet n'avait pas redouté de prendre jusqu'alors, il suffit de se rappeler le texte de sa lettre du 18 décembre, mais il importe aussi de connaître les malentendus qui s'étaient produits entre MM. Gambetta, de Freycinet et de Serres.

Ce dernier avait de son propre chef demandé des batteries à Bourges. Croyant que l'ordre provenait de Gambetta, M. de Freycinet avait, le 23, à 10 h. 15 du matin, télégraphié au ministre : « Si vous voulez administrer de Lyon, je n'y objecte rien et j'y applaudis, car je crois que votre main ferme produira de bons effets. Mais j'ai besoin de le savoir, pour ne pas placer les généraux entre des ordres contradictoires. »

Un peu plus tard, à midi 15, dans une longue dépêche M. de Freycinet déclarait ne rien comprendre au chiffre de 4 à 5,000 hommes seulement donné par le général Rolland pour l'effectif dont il disposerait pour l'expédition, chiffre que M. Gambetta allait accepter après une conférence avec le colonel de Bigot (1). Il déclarait que ce n'était pas à lui, mais à l'État-Major d'établir les ordres pour l'embarquement des troupes et les marches quotidiennes. Enfin il ajoutait qu'il avait fait tout ce qui était possible pour agir sur les compagnies de chemin de fer. De tout cela, ce qu'il y avait de plus grave, c'est que, d'après M. de Freycinet, l'idée de porter le 24e corps sur Dôle au lieu de Besançon serait une modification au plan convenu et détaillé dans la lettre portée par M. de Serres à Bourges.

« Votre fidèle et peut-être un peu méconnu Freycinet, » telle était la fin de cette apologie et de ces reproches peu dissimulés.

Une seconde dépêche de 4 h. 20 du soir faisait ressortir la nécessité d'une direction ferme et unique (2).

De son côté M. Gambetta se plaignait de ne pas être tenu au courant et de voir introduire des modifications au plan convenu.

Gambetta à Freycinet, Bordeaux.

Lyon, 12 h. 55 soir.

Je suis étonné de ne pas recevoir d'indications précises pour le départ des troupes de Bressolles et de leur direction exacte; j'ai écrit hier à ce sujet à de Serres; pas de réponse en ce qui touche l'affaire Pisani; il fallait aller vite pour que la position de Chanzy ne fût pas compromise et que les ordres fussent exécutés; quant à la demande passée à Masure pour batteries, j'y suis absolument étranger; ce doit être de Serres qui les a demandées, de même qu'il a passé ces ordres sur les chemins de fer. Je ne peux administrer d'ici; mais je veux être au courant.

L. Gambetta.

---

(1) Dépêches Rolland (Archives de la Guerre). Dépêches de 1 h. 45 et sans heure (Archives de la Guerre).
(2) Archives de la Guerre.

Gambetta à Freycinet, Bordeaux.

Lyon, 23 décembre, 1 h. 45 soir.

J'ai reçu votre dépêche au général de Besançon (sic). J'avais mandé hier le colonel Bigot de la place, homme sûr, qui m'a donné les renseignements les plus précis. Il est impossible de tirer de Besançon plus de 4 à 5,000 hommes, lesquels sont déjà occupés et très efficacement à défendre l'importante ligne qui va de Dôle à Montbéliard, et couvre une importante base d'opérations, derrière laquelle il faudrait accumuler des mobilisés pour les former; mais il faudrait au moins un mois. On a négligé ce côté depuis trop longtemps. Heureusement, information prise, Belfort est muni de toute manière pour huit mois et se défend très heureusement. Les 30,000 hommes d'investissement n'ont pas encore pu établir de batteries. Belfort est donc en sûreté. Mais nous ne pouvons rien tirer de Besançon dont j'ai en main l'effectif détaillé; il ne peut vous être d'aucun secours pour le mouvement proprement dit. Ce mouvement marche d'ailleurs avec une lenteur désespérante. Presque rien n'est embarqué.

Tous les généraux se plaignent, cette fois justement, de l'absence de matériel. Cette marche en chemin de fer sera plus longue qu'à pied....

Gambetta à Freycinet, Bordeaux, de Serres à Baune.

Autun, Chagny (faire suivre), de Lyon, 23 déc., 4 h. 5 soir.

Je reçois à l'instant dépêche au général Bourbaki venant de Nevers 1 h. 30. Elle contient des reproches très justes sur les retards de l'embarquement... et aussi des observations très fondées sur la dissémination du 15ᵉ corps. Je désire qu'on porte remède à ces deux griefs.

Gambetta-Freycinet, Bordeaux (extrême urgence).

Lyon, 5142, 265, 23 décembre 1870, 6 h. 35 soir.

Je réponds à votre dépêche sur les opérations en jeu. Vous me dites que vous avez expédié ce que je vous ai demandé. J'ai chargé ce matin un ingénieur de vérifier les chargements en gare et de procéder aux remises. Vous me dites qu'il faut que Bressolles aille à Besançon. J'avais toujours cru que c'était à Dôle et non à Besançon qu'il devait se rendre. J'avais demandé il y a deux jours à de Serres et à vous un ordre détaillé des mouvements; je n'ai rien reçu. Vous me questionnez également sur la question des commandements. Je vous ai déjà répondu hier, que, sauf Garibaldi, j'approuvais Bourbaki commandant à la fois 18e, 20e et 24e corps. Quant aux instructions aux généraux, il est bien évident qu'elles ne peuvent partir que de Bordeaux, où on a l'ensemble de tous les renseignements. Bref, après le déplorable retard que nous éprouvons, je vous prie de passer ou faire passer par de Serres les ordres de départ à Bressolles; j'en surveillerai l'exécution. De Serres a suspendu depuis deux jours la circulation de tous les trains sur la ligne de Lyon. C'est fort bien, mais il n'y passe encore aucun train militaire. Il faudrait mettre plus d'ordre dans tout cela. Je mande Bressolles pour qu'il soit en état de partir dimanche avec le monde qui lui reste ici, déduction des 18,000 hommes qu'il a à Chagny. Le capitaine Bruat et les officiers d'artillerie ne sont pas arrivés. Réponse.

GAMBETTA.

Enfin c'est Gambetta qui prenait l'initiative d'une mesure dont on devait plus tard faire honneur à M. de Serres, en proposant d'utiliser « le chemin de fer, non encore livré, de Chalon-sur-Saône à Dôle (1).

On voit quelles excessives difficultés apportait à une situation déjà délicate la séparation des trois personnes qui personnifiaient la direction suprême.

Les dépêches du général en chef adressées en triple expédition au triumvirat ne pouvaient qu'alarmer davantage.

Général Bourbaki à Guerre, Bordeaux et Lyon, communication à de Serres, secrétaire de guerre, Autun (faire suivre).

Nevers, 567, 212, 23 décembre, midi 45.

La concentration du matériel nécessaire pour opérer en deux jours le transport des 18e et 20e corps à Chagny et à

---

(1) Dépêche sans heure (Archives de la Guerre).

Chalon-sur-Saône a complètement manqué. Si nous avions suivi les voies ordinaires nous occuperions tous après demain nos positions d'attente; le 20ᵉ corps, souffrant énormément du froid auprès de Saincaize, ne peut demeurer plus longtemps dans cette situation; je l'achemine le long de la voie ferrée de manière qu'au moment où le matériel étant disponible, il pourra être embarqué à chaque gare à destination de Chalon-sur-Saône, je vais m'assurer par moi-même du moment où le 18ᵉ corps pourra être embarqué.

Je profite de cette occasion pour appeler toute votre attention sur le 15ᵉ corps qui se trouve distrait de mon commandement et qui doit recevoir directement vos instructions; je considère cette dissémination de nos forces comme très nuisible; il me semble essentiel de faire rejoindre les 18ᵉ et 20ᵉ corps par le 15ᵉ aussitôt que possible; la part que le 15ᵉ corps serait appelé à prendre dans une action serait peut-être décisive quelque jour, tandis que, en restant isolé entre Vierzon et Bourges, j'ignore le rôle qui pourrait utilement lui être assigné.

C. Bourbaki.

Général Bourbaki au ministre de la Guerre, Bordeaux et Lyon, communication à M. de Serres, secrétaire du ministre de la Guerre à Autun (faire suivre).

Nevers, 23 décembre 1870, 6 h. 45 soir.

A l'heure actuelle il n'a encore été embarqué que 10 batteries d'artillerie et à peine la valeur d'une division d'infanterie, sur l'ensemble de deux corps d'armée, plus 2 escadrons de cavalerie.

Ces résultats sont bien autres que ceux que nous a promis l'administration des chemins de fer.

Le 20ᵉ corps s'achemine le long de la voie ferrée en faisant étape à Saint-Ouen, Decize, Tours, Luzy, Étang. Je vais hâter le plus possible l'embarquement du 18ᵉ corps et ferai prendre où ils se trouveront, quand le matériel nécessaire sera disponible, les divers éléments du 20ᵉ corps. Il me tarde de faire cesser l'état de dispersion si regrettable et si dangereux dans lequel les troupes sous mes ordres se trouvent placées, par suite de tous les mécomptes que je vous ai signalés dans l'exécution des ordres donnés par vous aux agents des compagnies.

Je reçois votre dépêche, j'active par moi-même le plus possible notre concentration.

Tout le mécontentement devait retomber sur les compagnies de chemin de fer.

Dès 9 h. 25 du matin M. de Serres télégraphiait à M. Audibert.

« La concentration du matériel vide se fait lentement. Les troupes attendent. J'appelle votre attention sur les conséquences dont vous être responsable, alors que j'ai dû moi-même supprimer encore les services publics sur certaines sections voisines de celles où s'effectue le mouvement. » Et on a vu qu'il menaçait les agents de la cour martiale et annonçait l'intention de supprimer les services du P.-L.-M. jusqu'à Marseille, s'il le fallait. Mais cette compagnie avait de bonnes excuses à donner. Celle d'Orléans n'avait encore rien fourni comme matériel et en réclamait plutôt (1). Le soir seulement elle devait offrir 200 voitures. Le matériel restait immobilisé à Lyon dans l'attente du mouvement du 24ᵉ corps. « Entre Moulins et Nevers 1,804 wagons chargés d'approvisionnements encombraient toutes les gares et toute la seconde voie de la ligne du Bourbonnais entre Saincaize et Saint-Imbert (2). » Une seule des voies restait libre et des machines en détresse l'obstruaient pendant 12 à 15 heures. Ce n'est donc pas sans raison que M. Audibert pouvait télégraphier à M. de Serres (3) :

« Le mouvement de Lyon n'étant pas commandé, on

---

(1) De Nevers à Clermont-Ferrand. Bedermann à directeur. « De la Taille, au lieu de nous fournir du matériel comme il nous l'avait promis, nous en réclame pour 3 trains de troupes qui lui restent à expédier ».

(2) Rapport Audibert cité par M. Perrot. Commission d'Enquête.

(3) Télégramme de 1 heure du soir.

avait maintenu le service entre Lyon et Chagni, attendu que le matériel de ce service restait toujours à portée pour les trains à former à Lyon. Si nous avions été avisés que ce mouvement était ajourné, nous aurions immédiatement fait tout refluer ce matériel sur Nevers. Mais il avait été bien convenu, à Bourges, que le mouvement de Nevers et celui de Lyon seraient exécutés simultanément, le premier exclusivement avec le matériel d'Orléans. Or la compagnie d'Orléans ne nous avait encore rien fourni hier au soir. Au contraire, elle nous demandait des voitures pour les trains à expédier de son réseau. La compagnie de Lyon n'est donc aucunement responsable des retards qui se sont produits dans cette circonstance. »

Fort radouci, M. de Serres répondit :

De Serres à Dr Audibert, Clermont, en communication de Freycinet, Bordeaux.

Urgence, Autun, 5457, 101, 23 décembre 1870, 2 h. 30 soir.

Je reçois votre dépêche de ce jour, 11 heures matin. Quels que soient les torts de la compagnie d'Orléans, le ministère de la Guerre espérait que la compagnie P.-L.-M. ferait mieux. Les rapports du jour me font entrevoir plus de vigueur, nous comptons que les retards seront réparés et, personnellement, je vous prie de mettre toute votre énergie à accélérer par tous les moyens dont un homme comme vous peut disposer, et il y en a beaucoup, au mouvement dont vous connaissez l'importance.

DE SERRES.

D'ailleurs les agents de la compagnie du P.-L.-M. ne pouvaient s'expliquer la suppression du service dans une région où il n'y avait aucun mouvement de troupes (1).

Quant à la compagnie d'Orléans, M. de Serres mena-

---

(1) Dépêche du directeur ambulant de Mâcon. 3 h. du soir, de Richard à Cottiau 8 h. 50 du matin (Archives de la Guerre).

çait les agents des mesures les plus rigoureuses (1). M. de Freycinet en faisait autant pour M. Lemercier (2). A minuit il annonçait l'ouverture d'une enquête et la nomination d'un commissaire extraordinaire. On ne devait pas s'en tenir là le lendemain, au moins en ce qui concerne les reproches et les menaces.

Néanmoins la compagnie d'Orléans paraît avoir fait de sérieux efforts (3).

---

(1) Dépêche à Bourbaki 9 h. 55 du matin (Archives de la Guerre).

(2) Dépêche de 12 h. 15 du soir et de 4 h. 20 du soir (Archives de la Guerre).

(3) Dépêches de Bidermann à Cottiau 8 h. 45 du matin, d'Audibert à Guerre 2 h. 31 du soir, de David à 9 h. 10 du soir (Archives de la Guerre).

II

Opérations.

15ᵉ Corps. Conformément à l'ordre de mouvement de la veille, toute la 1ʳᵉ division se porta sur Marmagne. Les troupes, pour la première fois depuis plusieurs jours, furent cantonnées (1), mais fort à l'étroit dans ce petit village et ne paraissent avoir occupé qu'un petit nombre de fermes voisines.

La 2ᵉ division quitta Saint-Doulchard vers 8 heures du matin et arriva entre 2 heures et 4 heures du soir à Mehun. Il lui avait fallu 5 heures pour une étape de moins de 15 kilomètres, et la marche s'était faite en grand désordre (2). Là on crut bon de faire encore bivouaquer les troupes à 1,800 mètres au delà du village, sur la route de Vierzon, à l'emplacement déjà occupé lors du premier passage (3).

La 3ᵉ division, partie à 10 heures du matin de Saint-Germain-du-Puits, vint bivouaquer à Berry-Bouy à côté de la 1ʳᵉ. « Il fallut faire dégeler la terre pour enfoncer les piquets de tente (4).

---

(1) *Historique* du 1ᵉʳ zouaves et *Journal* de la 1ᵉ brigade.
(2) *Historiques* des 39ᵉ de ligne, 5ᵉ bataillon de chasseurs, 25ᵉ mobiles, régiment étranger, 29ᵉ mobiles.
(3) Ordre de la 2ᵉ division.
(4) *Historiques* des 6ᵉ bataillon de chasseurs, 34ᵉ de marche, 16ᵉ d'infanterie, 33ᵉ de marche, 27ᵉ de marche.

L'artillerie de réserve resta à Bourges.

On voit avec quelle incroyable lenteur le 15ᵉ corps se portait vers son objectif, important cependant, de Vierzon. Sa cavalerie fut un peu plus active. A la 1ʳᵉ brigade, le 11ᵉ chasseurs se porta sur Vierzon et détacha un escadron sur Méry. Les deux escadrons du 6ᵉ hussards qui étaient à Albouis se portèrent sur Vignaux avec la mission de surveiller le pays entre Allagny et Méry. La 3ᵉ conserva ses cantonnements de Reuilly et Lury, et les postes du 1ᵉʳ chasseurs de marche continuèrent à observer Vierzon sans y pénétrer.

La 2ᵉ brigade (Boërio) était depuis longtemps au 18ᵉ corps. Néanmoins, après toute la correspondance échangée pour reprendre au général de Boërio un de ses faibles régiments, et malgré la sanction donnée par le général en chef, on trouva bon de rappeler de Saint-Saulge le 2ᵉ escadron du 2ᵉ lanciers de marche pour l'adjoindre à la 1ʳᵉ division d'infanterie.

18ᵉ Corps. — La 1ʳᵉ division conserva son bivouac de Raveau. Les souffrances y furent extrêmes; la température était descendue à 16 degrés au-dessous de zéro; plusieurs hommes moururent de froid; les ophtalmies et les maladies de poitrine se multiplièrent (2). Quelques abus ayant été commis dans la consommation du bois, les habitants se plaignirent et l'autorité imposa une retenue sur les ordinaires du 73ᵉ mobiles (3). On entre-

---

(1) Dépêche du général Dastugne (Archives de la Guerre).

(2) *Historiques* des 9ᵉ bataillon de chasseurs, 44ᵉ de marche, 73ᵉ mobiles, *Journal* de la division.

(3) Extrait du rapport du colonel du 73ᵉ mobiles. — « Sans cesse sur le qui-vive, arrivant à nos campements presque toujours à la nuit, nous nous sommes vus fréquemment obligés de choisir des camps humides, où la paille manquait, les pays environnants n'en pouvant pas fournir. Faut-il dire en outre comment sont vêtus nos soldats du 73ᵉ mobiles. *Deux bataillons manquent entièrement de capotes...*; les pantalons sont de si

tint un service de garde très complet sur l'ordre exprès du général Billot. Chaque bataillon eut constamment une compagnie de piquet. Défense expresse était faite aux hommes de quitter le campement. Dans la journée, deux exécutions furent faites : l'une au 42e, l'autre au 44e de marche. Au matin, on rassembla les bagages de la division à la sortie du village de Raveau, sous la conduite du sous-lieutenant Michel du 42e de marche, vaguemestre de la division. Ils prirent la route de Chaulgnes par Guérigny et Ouzouer, et arrivèrent à Benin d'Azy. Le 24, ayant rejoint le convoi du corps d'armée, ils arrivèrent à Luzy, le 25, au Creusot, où ils devaient séjourner en attendant des ordres.

D'après les prescriptions de l'amiral Penhoat, la 2e division devait prendre les armes à 7 h. 30 du matin pour aller s'embarquer à la Charité. Mais le général Billot, voyant l'extrême retard que subissait l'embarquement de la 3e division, prescrivit de reprendre le bivouac

---

mauvaise qualité que plus de 60 hommes sur 100 sont à peine couverts. Bien des hommes manquent encore de chaussures, l'Intendance n'ayant pu nous fournir de grandes pointures. J'ai sans cesse sous les yeux, dans de longues marches que nous faisons, des soldats qui sont pieds nus et portent des sabots...

« Durant les trois jours que nous avons passés en cantonnement à Asnières, j'ai remarqué que ce mode de soulagement avait produit dans mon régiment un excellent effet et, au départ, le meilleur résultat : le soldat s'était refait; il avait à loisir nettoyé ses vêtements, et ses armes, et enfin, pendant les marches des derniers jours nous n'avons pas eu de traînards et presque pas de malades. Aucune réclamation n'était venue de la population qui avait logé nos soldats pendant ces trois jours. Les réquisitions ont pu se faire régulièrement dans chaque maison et, par conséquent, nos hommes n'ont été tentés de commettre aucune exaction... Nous étions bien loin du pillage des chantiers de bois et des provisions de paille, qu'on ne peut jamais empêcher complètement, quand nous arrivons la nuit à nos campements. »

et donna des instructions qui prouvent à quel point on était renseigné sur l'ennemi et quelle crainte on avait de son approche.

Général Billot à l'amiral Penhoat, au colonel du génie Goury, au colonel de Sachy, à M. Mitchel, à la Charité.

23 décembre, 9 h. matin.

J'ai toutes les peines du monde à faire filer les trains partis de la Charité par suite de l'encombrement de la voie. Des ordres sont donnés pour envoi de matériel à la Charité.

Prescrivez qu'il soit fait bonne garde du côté de Gien et de Clamecy.

Les brigades Charlemagne et Boërio doivent avoir des pelotons d'éclaireurs à deux jours de marche s'il est possible pour nous permettre de manœuvrer en toute sûreté. La première division d'arrière-garde et la brigade Charlemagne doivent se tenir prêtes à faire la route de la Charité à Nevers, si c'était nécessaire au dernier moment. Tenez toujours sévèrement les hommes alignés à quatre jours de vivres : qu'ils puissent emporter avec eux au moins un jour de viande cuite afin de pouvoir manger en chemin de fer pendant les longs retards.

Tenez-moi de deux heures en deux heures au courant de la situation au point de vue des mouvements de l'ennemi.

Le contre-amiral commandant la 2ᵉ division.

De fait, pendant la journée du 23, les départs, en ce qui concerne le 18ᵉ corps, se réduisirent à fort peu de chose. Au soir il était parti de la 3ᵉ division, le 4ᵉ zouaves, le 92ᵉ de ligne, une partie du 54ᵉ de marche (1), 2 batteries de 4, le convoi de bagages et de vivres de la 3ᵉ division dont 2,500 hommes environ restaient depuis 36 heures aux alentours de la gare. La presque totalité des troupes mises en chemin de fer,

---

(1) Iᵉʳ bataillon et 1ʳᵉ compagnie du IIᵉ (*Journal* du 53ᵉ de marche).

l'avaient été le 22 et dans la nuit du 22 au 23 ; la journée avait donc été presque entièrement perdue (1).

Le soir seulement arriva l'ordre de faire partir pour le Creusot une partie des voitures vides. Escorté par un bataillon du 82ᵉ mobiles (bataillon du Var), ce convoi partit à 5 heures du soir et vint à 10 heures à Chaulgnes (2). Le lendemain, il rejoignit à Guérigny la plus grande partie des voitures du corps d'armée et le tout cantonna à Benin d'Azy.

Le 25 on était à Arcy-la-Tour, le 26 et le 27 à Luzy, le 28 à Mièvres et l'Étang, le 29 au Creusot, le 30 à Saint-Germain-sur-Dheune et le 31 à Chagny. On verra, par cet exemple, s'il y eut avantage à se servir des chemins de fer pour le déplacement de l'armée de l'Est.

Quant à la cavalerie, la brigade Boërio se porta sur Saint-Saulge, d'où elle devait continuer à se porter par les routes dans le bassin de la Saône. Le 24, elle était à Château-Chinon, le 25 à Autun, le 26 à Conches, le 27 à Fontaine. Elle avait 4 jours d'avance sur l'armée et, cantonnée chaque soir, elle souffrit de la marche incomparablement moins que les régiments de la 1ʳᵉ brigade (5ᵉ cuirassiers et 5ᵉ dragons), qui le 23 étaient encore à Nevers, les chevaux parqués sur la place et couverts de neige, les vivres gelés, les hommes sans abri. L'attente du départ devait se prolonger encore deux jours pour les uns, six jours pour les autres.

La 2ᵉ brigade paraît n'avoir exécuté que le 23 l'ordre donné depuis la veille de couvrir le 18ᵉ corps vers le Nord. Les historiques des 2ᵉ hussards et 3ᵉ lanciers

---

(1) D'après une dépêche du colonel Goury (Succession Billot) il serait parti à 7 h. 35 du soir : le 4ᵉ zouaves, 1,400 hommes ; le 92ᵉ d'infanterie, 2,400 ; 3 batteries, 320 hommes, 240 chevaux ; 1 section de génie, 30 hommes, 16 chevaux ; convoi de vivres de la 5ᵉ division, ambulances de la cavalerie et du quartier général.

(2) *Historique* du 82ᵉ mobiles.

concordent pour affirmer qu'on partit entre 7 et 8 heures du bivouac de Chaulgnes, qu'on traversa Raveau, où se trouvait encore la division Penhoat, et que, vers 4 heures du soir, les deux régiments vinrent bivouaquer à Grand-Villate, à 2 kilomètres des bivouacs de l'infanterie. De là on expédia, à la nuit seulement, 3 pelotons du 3e lanciers et 5 du 2e hussards, sans que les historiques des corps permettent de discerner dans quelles directions, ni jusqu'où. Il est peu probable, en tous cas, qu'on se soit conformé à l'ordre du général Billot de pousser des partis de découverte à deux journées de marche, car on verra pendant les journées suivantes des pelotons partir et rentrer dans la même demi-journée.

20e corps. — La journée du 23 fut entièrement perdue pour l'embarquement.

Tous les corps, que désignait à 8 h. 10 du soir le commandant Berger (1), comme mis en route, étaient partis le 22 (sauf 1 demi-bataillon, le IIe du 67e provisoire, lequel partit le 23 à 3 heures du soir, arriva à 3 heures à Nevers et resta en gare jusqu'à 4 heures du matin, pour arriver à Chalon le 24 à 7 heures du soir (2)). C'étaient les 2 bataillons du 11e mobiles (Loire), 2 bataillons du 50e de marche, 2 bataillons du 55e mobiles (Jura), 2 bataillons du 67e mobiles (Haute-Loire), c'est-à-dire la 1re brigade de la 1re division et 2 bataillons de la 2e brigade. Le reste de cette dernière comprenant la moitié du IIIe bataillon et le Ier bataillon du 67e mobiles (Haute-Loire), 2 bataillons du 24e mobiles (Haute-Garonne), 1 bataillon de Saône-et-Loire et les mobiles du Haut-Rhin, resta à Saincaize à proximité de la gare.

Dès 9 heures du matin, le général Thorton, laissé par

---

(1) Dépêche de 8 h. 10 du soir (Archives de la Guerre).
(2) *Historique* des mobiles de la Haute-Loire.

le général Clinchant au commandement du corps d'armée, justement ému des souffrances subies par les troupes, demandait l'autorisation de cantonner sur la rive gauche de l'Allier (1).

Le général commandant le corps d'armée donna immédiatement l'autorisation nécessaire, sous la réserve que l'embarquement n'en serait pas retardé (2). Mais, dans l'intervalle, le général Bourbaki, informé, avait eu une autre idée : c'était d'acheminer le 20e corps le long de la voie ferrée (3) en faisant étape à Saint-Ouen, Decize, Fours, Luzy, Étang. Tel fut l'objet des ordres qui furent donnés le soir même (4). Mais déjà la 2e division était en partie installée à Apremont (3e zouaves).

De son côté le général Ségard, commandant la 3e division, avait, dans la matinée, prescrit de cantonner les troupes, de les laisser se reposer, se réchauffer (5) et de compléter les vivres jusqu'au 27 inclus. « Les officiers, était-il dit, feront des réquisitions légales aux maires des communes où ils sont cantonnés. Il faut que

---

(1) Général commandant de la 2e division au général commandant en chef le 20e corps, Chalon.

Saincaize, 23 décembre 1870, à 9 h. 5 du matin.

L'encombrement de la voie ferrée rendant indéterminée l'époque de notre embarquement, et les troupes ayant déjà campé deux nuits par une température glaciale, je demande l'autorisation de cantonner immédiatement ma division sur la rive gauche de l'Allier à la Gimouillé, au Guétur et à Apremont, et de ne laisser à Saincaize qu'un bataillon prêt à embarquer et qui sera successivement remplacé par les autres bataillons. La 2e division pourrait aussi se cantonner en s'étendant sur la rive droite de l'Allier.

THORTON.

(2) Dépêche de 1 h. 10 du soir (Archives de la Guerre).
(3) Dépêche de midi 45 (Archives de la Guerre).
(4) Dépêche de 7 h. 35 du soir (Archives de la Guerre).
(5) Ordre (Archives de la Guerre).

la troupe soit dans l'abondance en vivres, puisqu'elle souffre du climat. »

Effectivement, à partir de midi, le 47ᵉ de marche avait trouvé abri aux Marais, les mobiles de la Corse, dont un seul bataillon avait eu 13 cas de congélation (1), à Aglau, les mobiles des Vosges à Mors ; mais les autres corps paraissent être restés au bivouac.

On s'était décidé dès le 22 à mettre en route par voie de terre le 6ᵉ cuirassiers, qui arriva le 23 à Saint-Ouen. Le 2ᵉ lanciers eut 2 de ses escadrons embarqués à Nevers dans la même journée, et les 2 autres dans la nuit du 23 au 24.

En résumé, ainsi que devait le télégraphier le général Bourbaki (2), en 48 heures on avait expédié de Bourges, Nevers, Sancaize et la Charité 10 batteries, 2 escadrons et un peu plus d'une division d'infanterie.

---

(1) *Historique* du 1ᵉʳ bataillon des mobiles de la Corse.
(2) Dépêche de 7 h. 35 du soir.

III

Mouvements des Allemands.

L'incertitude où se trouvait le Grand État-Major allemand au sujet de l'objectif poursuivi par Bourbaki resta la même.

« Comme d'après votre télégramme d'hier, télégraphiait le maréchal de Moltke (1), Tours n'est pas occupé par nous, et que jusqu'à présent, les ponts n'étant pas détruits, la communication entre Bourges et le Mans n'est pas troublée, Sa Majesté ne sait pas si le général Bourbaki opère dans la direction de l'Est ou dans celle de l'Ouest. Que savez-vous à ce sujet? Dans quelle direction avez-vous l'idée de prendre l'offensive, le 25? »

Corps Werder. Quant au général von Werder, il fut de nouveau mis en éveil. »

---

(1) *Correspondance Militaire* du maréchal de Moltke, n° 534, au général major de Stiehle, Orléans, Versailles, 23 décembre 1870, 2 h. soir. Télégramme.

En réponse à ces questions, le général de Stiehle envoya, le 23 au soir, un télégramme qui arriva à Versailles le 24. On ne savait rien de précis sur les entreprises de Bourbaki, on avait projeté pour le 25 un mouvement en avant sur Briare, qui était faiblement occupé. Cependant l'exécution en a été ajournée, parce que le général de Zastrow avait été arrêté dans sa marche par des destructions de routes très étendues entre Auxerre et Saint-Fargeau.

« Le 23 décembre, dit Löhlein (1), l'ennemi poussa de nouvelles reconnaissances vers Auxonne et Saint-Jean-de-Losne et, au Sud de Vesoul, vers Rioz (2).

« Un facteur de la poste, arrêté vers Marnay, apporta de nombreuses lettres ; entre autres celles d'une jeune fille de quatorze ans, qui écrivait à ses parents à Lons-le-Saunier. Elle disait qu'elle ne pourrait venir à Noël, car la circulation sur les chemins de fer était interrompue pour les civils. Elle ajoutait que Besançon était plein de troupes et que son école avait été convertie en hôpital.

« Ces nouvelles, qui concordaient manifestement avec les précédentes, montraient nettement que l'ennemi, encore inactif, se concentrait entre Dôle et Besançon, et faisaient prévoir sous peu de jours une offensive (3). »

Ainsi qu'on l'a déjà remarqué, c'est avant tout transport de l'armée de Bourbaki, avant le moindre mouvement du 24ᵉ corps, que l'ennemi fut ainsi mis à même de prévoir le danger qui le menaçait. Les mesures relatives aux chemins de fer de la région de Lyon, si inutiles et si fâcheuses à l'époque où elles avaient été prises, furent pour les Allemands un précieux indice.

Dans la journée du 23 le détachement von Röder, continuant sa marche, se porta sur Baigneux-les-Juifs (22 kilomètres Nord-Ouest de Saint-Seine), à ce qu'il semble, en une seule colonne par la grande route de Chanceaux.

---

(1) *Les opérations du corps Werder.*
(2) Un fantassin badois est tué à Neuilly, 1 dragon à Genlis, 1 dragon est pris à Pontailler ; le 24, 2 dragons sont pris à Aiseray (Grenest, p. 88).
(3) Le 23, le capitaine de zouaves Cardot parvint, déguisé, à Dijon et put revenir rapportant d'importants renseignements.

Le froid était excessif (1), le chemin couvert de verglas et la fatigue fut extrême.

On avait envoyé un peloton directement sur Baigneux et un autre sur la Villeneuve-les-Couverts (5 kil. S.-O. de Baigneux). En outre le lieutenant de dragons de Winsloë avait été envoyé sur Montbard (25 kilomètres Ouest de Baigneux, 15 kilomètres Sud-Est de Nuits-sous-Ravières), visité deux jours auparavant par le peloton d'ulans du lieutenant von Lessing qui venait de Nuits. — Néanmoins la jonction ne fut pas établie de ce côté avec les troupes du VII° corps, bien que, d'après l'historique du 2° dragons badois, les patrouilles envoyées par le lieutenant Winsloë aient poussé jusqu'à un quart de mille au delà d'Etuis. — Elle le fut, la nuit suivante, à Châtillon-sur-Seine (31 kilomètres Nord-Nord-Ouest de Baigneux) et dans de curieuses conditions. Un sous-officier du 5° badois accompagné de 12 fantassins fut chargé de se rendre en voiture à Châtillon-sur-Seine, pour y porter un télégramme à l'adresse du général von Werder, et d'y attendre la réponse qu'il devait, autant que possible rapporter dans la nuit. Le sous-officier parvint sans encombre à Châtillon-sur-Seine et y trouva des troupes du VII° corps. C'étaient, on s'en souvient, 2 bataillons (II° et fusiliers) du *15°* d'infanterie et 1 bataillon de landvehr. — Obligé d'attendre jusqu'au matin sans recevoir de réponse, le sous-officier ne put arriver à Baigneux-les-Juifs qu'après le départ du détachement von Röder, et ne put savoir où il s'était dirigé. Il se décida à rentrer à Dijon et put traverser avec 12 hommes seulement cette région très hostile, essuyant quelques coups de feu à Val-Suzon, où il prit des otages. Le 25 il était rentré à Dijon (2).

---

(1) 15 à 20 hommes par compagnie ont les oreilles gelées. (*Historique* du 6° d'infanterie badois).

(2) *Historique* du 5° badois.

Les reconnaissances envoyées le 23 de Dijon vers la Saône méritent d'être signalées.

« A 7 heures du matin, le lieutenant Antenrieth avec 1 peloton de la 7ᵉ compagnie du *3ᵉ* badois et 10 dragons du *3ᵉ* régiment poussa une reconnaissance sur Aiserey (20 kilomètres Sud-Est de Dijon, route de Saint-Jean-de-Losne). A 9 h. 45, les dragons reçoivent des coups de fusil et des partis d'infanterie se montrent à la lisière des bois.

« Sur 5 dragons employés à la pointe, 1 seul revient. Après avoir observé l'ennemi qui n'avance pas et se borne à une fusillade insignifiante, le lieutenant Antenrieth se retira sur Longecourt et Longoie où il arriva à midi.

« Le major Steinwachs envoie alors une seconde patrouille aussi forte que la première, sous les ordres du lieutenant Haderer, qui devait se relier avec le lieutenant von Reichlin du *3ᵉ* dragons, envoyé dès le matin sur Seurre. Pas plus à Aiserey qu'à Brazey-en-Plaine on ne rencontra l'ennemi. D'après les dire des habitants, le parti français signalé le matin était fort de 100 hommes du 69ᵉ d'infanterie et du 14ᵉ bataillon de chasseurs et avait été envoyé d'Auxonne pour faire une réquisition.

« La reconnaissance du lieutenant von Reichlin avait atteint Cîteaux pour l'infanterie et les environs de Seurre pour la cavalerie. Au dire de charretiers, ce dernier village était libre d'ennemis ; on ne sut rien de positif au sujet des rassemblements dont on parlait entre Dôle et Besançon (2).

Ce résultat négatif ou à peu près des reconnaissances n'empêcha pas le général de Werder de faire creuser des tranchées vers Genlis et mettre en état de défense le parc à l'ouest du village (3).

---

(1) *Historique* du *3ᵉ* badois.
(2) *Historique* du *3ᵉ* badois.

VIIe Corps. — Le 23, à huit heures du matin, le détachement von Osten Sacken (1) quitta Auxerre précédé de trois escadrons du *8e* hussards. « En arrivant sur les hauteurs au Nord-Est de Toucy, le peloton de pointe (1er du 1er escadron) (2) fut accueilli par quelques coups de feu et dut livrer un combat à pied pour s'ouvrir un passage. » — On vit quelques cavaliers (3) français et « l'on apprit que le général Bourbaki occupait Gien en grandes forces (*sic*) (4). »

A midi la colonne s'installait à Toucy.

Le IIe bataillon du *55e* arriva à Auxerre avec le gros de la Division.

Quant aux deux bataillons du *72e*, ils commencèrent ce jour-là leur pénible voyage.

Embarqués à la gare de Metz, l'un (IIe) à 10 heures du matin, l'autre (Ier et État-Major) à 2 heures du soir, ils n'arrivèrent que dans la soirée respectivement à Bar-le-Duc et à Hermécourt (près Frouard), et, par un froid de 13 degrés, passèrent la nuit dans des wagons sans fenêtres (5).

L'encombrement de la grande ligne de Strasbourg à Paris rendait la circulation difficile et de plus on n'osait faire circuler les trains que dans la journée.

Détachement von der Goltz. Le 23, le général von der Goltz entreprit une petite opération au Nord-Est de Langres, pour enlever le village de Neuilly-l'Évêque.

A 7 heures du matin les troupes étaient disposées de la façon suivante :

A Charmoilles étaient rassemblés : le IIIe bataillon

---

(1) Voir journée du 22.
(2) *Historique* du 8e hussards.
(3) On n'a pu savoir lesquels.
(4) *Historique* du *13e* d'infanterie.
(5) *Historique* du *72e*.

du 34e, 1 escadron du *2e* dragons de réserve, 2 pièces de canon.

Le IIe bataillon, laissant une compagnie à Lannes, occupait Charmes et envoyait des patrouilles vers Champigny-les-Langres. — Le Ier bataillon restait à Rolampont.

Le détachement partant de Charmoilles était chargé de pousser sur Bannes, où l'on signalait 3 à 4,000 gardes mobiles.

Le *30e* d'infanterie, qui occupait les cantonnements les plus à l'Est, laissait à Montigny-le-Roi 2 compagnies, 1 escadron de hussards et 2 pièces. Son IIe bataillon se rassembla à Dampierre avec 6 pelotons de hussards et 1 batterie. Cette colonne devait traverser le bois de Champ et attaquer Neuilly-l'Évêque.

1 compagnie, 2 pelotons de hussards et 2 pièces, partant de Frécourt, devaient suivre la route de Langres, puis attaquer par le Nord le moulin situé au Nord de Neuilly-l'Évêque.

Enfin 3 compagnies et 6 pelotons de hussards, partant de Bonnecourt, devaient suivre la voie romaine et attaquer Neuilly-l'Évêque par l'Est.

En même temps était entreprise une opération tout à fait divergente.

Le capitaine Fischer de l'artillerie, avec 1 compagnie et 2 pelotons de hussards, devait partir de Montigny pour Lamarche (route de Mirecourt au Nord-Est), où l'on signalait des francs-tireurs.

Effectivement, le 11 décembre, il y avait eu un combat à Lamarche entre les francs-tireurs Coumès et Buhler, soutenus par quelques mobilisés, et un parti allemand venu par la route de Mirecourt. Depuis ce moment les francs-tireurs s'étaient retirés dans le « Camp de Boëne », sur le plateau haut de 60 mètres qu'entourent les villages de Sauville, Rozières, Villotte, Martigny, Grainvilliers et la Vacheresse.

Le capitaine Fischer avait l'ordre de se relier le lendemain à Lamarche à un détachement (Dannenberg) envoyé par le *60ᵉ* et d'enlever les francs-tireurs signalés dans les bois entre Bulgnéville, Brécourt et Grainvilliers.

En arrivant à Fresnois, cette petite troupe trouva le chemin barré par des abatis. Elle dut faire un détour par Aigremont, Serqueux et Mont, et ne parvint en vue de La Marche qu'à 6 heures du soir; elle passa la nuit à l'Ouest à Oreil-Maison.

Pendant ce temps un petit combat se livrait à l'Ouest de Langres. « En rapprochant de Bannes, dit l'historique du *34ᵉ* régiment d'infanterie, la colonne venant de Charmoilles et qui avait traversé Changey sans y rencontrer de résistance, vit au Sud du village des colonnes françaises avec de l'artillerie, qui se retiraient vers Langres le long de la voie romaine. Bannes paraissait faiblement occupé.

« L'artillerie dirigea son feu d'abord contre le village, puis contre les colonnes qui se retiraient vers l'Ouest.

« Le moment paraissant venu d'attaquer Bannes, le 1ᵉʳ demi bataillon (9ᵉ et 12ᵉ compagnies) fut chargé d'enlever le village et les petits bois situés au-dessus en traversant la vallée très encaissée et le ruisseau profond de 3 pieds. — La 11ᵉ compagnie suivait en soutien, la 12ᵉ et l'escadron restaient à la garde de l'artillerie.

« La 9ᵉ compagnie se dirigea vers la gauche du village et le bois qui y est attenant, la 12ᵉ compagnie vers la droite, la 11ᵉ compagnie fut chargée de relier les 2 attaques. — Malgré la raideur des talus et des terrasses, qu'on ne pouvait escalader qu'homme par homme, les deux compagnies traversèrent le ruisseau et grimpèrent les pentes opposées. Au cri de hourra, la 12ᵉ compagnie s'élança contre le village, dont la petite garnison prit la fuite, après une faible résistance. Laissant un peloton à la sortie du village, le reste de la compagnie poursuivit les gardes mobiles qui se retiraient vers le bois (1). La 9ᵉ compagnie précédée de tirailleurs attaqua « tambour battant » (sic) le bois, fortement occupé et s'empara de la lisière. Le second bois fut emporté par la 12ᵉ compagnie soutenue par la 11ᵉ. Les obus tirés du fort Peigney arrêtèrent la poursuite.

« Sur l'ordre du général von der Goltz, le combat fut rompu et les compagnies se replièrent sur Changey...

« On avait perdu 2 hommes.... Le soir le IIIᵉ bataillon rentra à Charmoilles. »

Pendant ce temps, les 3 autres colonnes avaient enlevé Neuilly-l'Evêque (2). Parvenues vers 8 h. 34 sur les hauteurs qui dominent le village au Nord et à l'Est, on aperçut environ 800 Français au bivouac. — Après quelques coups de canon ceux-ci se retirèrent, partie par la voie romaine, partie sur Orbigny-au-Mont, laissant 1 officier (3) et 14 hommes sur le terrain. Le lieutenant-colonel Nachtigal occupa Neuilly-l'Evêque, avec 1 bataillon, 1 escadron et 1 batterie. Le reste des troupes engagées retourna dès midi dans ses cantonnements.

A la nuit on évacua les deux villages de Bannes et Neuilly-l'Evêque. Les avant-postes furent poussés seulement jusqu'à ce dernier village d'une part et jusqu'à Charmes de l'autre (4).

---

(1) Des Lots, à 500 m. Sud-Ouest de Bannes.
(2) *Historique du 30ᵉ d'infanterie.*
(3) Lieutenant Tilbaud du bataillon du Gard (*Langres pendant la guerre de 1870.* Paris, 1873. Avon).
(4) *Die Festung Langres* (Monographie du *Grand État-Major allemand*).

Journée du 24 décembre.

I

A peine arrivé à Chagny dans la nuit du 23 au 24, M. de Serres rédigea les deux intéressantes dépêches que voici, relativement au rôle du 15ᵉ corps.

De Serres à de Freycinet, Guerre Bordeaux, Extrême urgence. Communication Gambetta à Lyon.

Chagny, 532, 278, 24 décembre à 2 h. 55 matin.

Je trouve à Chagny à l'instant 2 h. 30 matin communication de votre dépêche à Gambetta 8 h. 30 soir relative aux récriminations de Bourbaki, et au 15ᵉ corps. J'en suis heureux et fier, j'ai pensé et écrit sous autres formes dans mon journal les mêmes choses. Toucher au 15ᵉ corps pour en faire ce que demande Bourbaki serait une faute inqualifiable. Sa présence à Bourges ou en tout autre point entre les deux armées, s'il est bien mené, immobilise une force double au moins chez l'ennemi, et le rôle du 15ᵉ corps est le plus beau qui puisse exister, mais tout autrement que Bourbaki le pense. Notre mouvement en chemin de fer effectué, nous laisserons derrière le 15ᵉ corps (et nous l'avons sous la main) le matériel nécessaire à son transport en entier, et cette force, jetée à un moment très proche au delà de Besançon ou au delà du Mans, décidera peut-être du sort de la France. Pour ma part, je le répète, à Bourges, ou même au-dessous de cette ville, le 15ᵉ corps surveillant l'ennemi, immobilise une bonne partie de ses forces, le trompe sur les nôtres aussi bien que sur nos projets et grâce aux dispositions qui seront prises, je l'espère, d'abord pour « ne le laisser entamer à aucun prix », ensuite pour le lancer rapidement en un point choisi, il peut décider du sort du pays. Tel est, selon moi, le programme du 15ᵉ corps. Je supplie de l'admettre et de le donner tel à son chef.

DE SERRES.

De Serres à de Freycinet, Guerre, Bordeaux (urgent et confirmatif).

Chagny, 533, 336, 72, 3 h. 30.

Vous avez ma dépêche 24, 2 h. 55 matin, relative au 15ᵉ corps. J'ai cru devoir la communiquer à Gambetta, j'y reviens. Entre nous celui que vous savez veut simplement des forces pour lui. Que tout le reste soit compromis plutôt que le piédestal qu'on lui a fait. Je sens cette pensée non seulement dans chacun de ses actes, mais dans chacune de ses pensées. Voilà l'explication de la retraite de Gien à Bourges, etc. Le plan qui se réalise ne demanderait que le 18ᵉ corps et ce qui est à Autun aujourd'hui. Il y en a plus et Cremer et l'ex-Crouzat et Lyon et les garnisons et toutes les facilités, c'est-à-dire trois fois plus qu'il n'en faut ; si j'étais quelque chose, cette dépêche de Nevers seule me fixerait sur l'homme, si je ne l'étais déjà. Je vous en supplie, faites que le ministre seul mène le 15ᵉ corps avec un bon chef à sa tête ; qu'il achève à Bourges sa reconstitution en 3 divisions, néanmoins moins grosses qu'autrefois, qu'il couvre Vierzon et cette ville, mais seulement contre des forces qu'il puisse vaincre assez sûrement, sinon il s'éloignera, car avant tout, il doit ne pas se laisser entamer, tout en immobilisant au profit de Chanzy et Bourbaki un et même deux corps ennemis. Il doit menacer Orléans ou Gien suivant les circonstances, mais surtout être prêt à « embarquer ». Si par la fatalité persistante qui a fait commettre tant de fautes au pays le 15ᵉ corps est enlevé de Bourges, qu'on le donne à Chanzy, plutôt qu'à la première armée.

Prenez en mains par Gambetta les mouvements généraux du 15ᵉ corps, et alors la partie est belle, je vous l'assure ; merci pour tout ce que vous faites pour moi. Tout à vous.

DE SERRES.

Présenté dans les termes vagues de la première dépêche, le rôle du 15ᵉ corps était à la fois celui d'une réserve stratégique pouvant être transportée, soit dans un théâtre d'opération, soit dans l'autre, et, en attendant, un masque destiné à immobiliser une partie des forces qui pourraient éventuellement agir contre l'armée de Bourbaki. Il est aisé de voir, qu'emporté par son imagination, le jeune inspirateur du plan de campagne pensait à imposer au 15ᵉ corps deux missions inconciliables et méconnaissait l'idée même de M. de Freycinet. Qu'il pût y avoir intérêt à disposer d'une grosse troupe, intacte ou reformée, à l'abri des entreprises de l'ennemi, pour lui faire jouer un rôle décisif en la transportant rapidement dans telle ou telle zone d'action, cela pouvait être vrai, à la condition, toutefois, qu'on sût et qu'on pût organiser un grand transport par chemin de fer avec la puissance, la célérité et le secret nécessaires, et l'expérience du moment n'était guère encourageante. Mais, que des environs de Bourges le 15ᵉ corps pût avoir une action quelconque sur le corps Zastrow, qui avait à peine atteint Auxerre, à 100 kilomètres de là de l'autre côté de la Loire, c'est ce qui ne saurait être admis un moment. Pour immobiliser le VIIᵉ corps allemand, il eût fallu prendre contact avec lui, c'est-à-dire se porter au moins vers Gien ou Cosne, et on se serait trouvé dans la fâcheuse alternative, ou bien, restant sur la rive gauche de la Loire, de s'interdire toute action de menace, ou bien, passant le fleuve, de s'exposer à y être culbuté. Mais, dans un cas comme dans l'autre, la prise du contact ôtait toute possibilité d'exécuter un embarquement en sécurité et en secret. Enfin, si, par extraordinaire, on avait pu escompter assez de mollesse et d'indécision chez l'ennemi pour oser monter en chemin de fer à sa portée, le rôle de masque du mouvement général eût été infiniment plus approprié à la situation actuelle du 18ᵉ corps, qu'à celle du 15ᵉ. Le premier, en effet, pouvait, de la Charité, prendre le contact en un jour ou deux, le garder et, éventuellement, disparaître en se retirant vivement sur Nevers. Le second, désorganisé, dans son commandement, trop éloigné de l'ennemi pour agir sur lui, ne pouvait que s'en rapprocher au prix d'un dangereux passage de fleuve, et après un temps assez long, ou rester absolument inactif aux environs de Bourges.

A la vérité la situation eût été différente si, comme le dit la seconde dépêche, porté dès le premier jour vers Vierzon et Blois, habilement et énergiquement commandé, le 15ᵉ corps eût menacé d'une attaque enveloppante les corps allemands, alors aux prises avec l'armée du général Chanzy. Il se serait probablement produit un reflux vers l'Ouest des corps ennemis alors à Orléans. Mais quant à espérer que Zastrow aurait été attiré dans la même direction, c'était là une supposition fort risquée, car l'armée du prince Frédéric-Charles disposait d'assez de troupes pour se passer du concours du VIIᵉ corps, si le 15ᵉ seul eût été en jeu. Zastrow restait donc maître de ses mouvements et, tout au contraire, le 15ᵉ corps, porté vers Blois, eût été assez vite et assez sérieusement engagé pour qu'un embarquement en chemin de fer lui devînt impossible.

Aux plaintes du général Bourbaki et à son affirmation, dont Gambetta s'était fait l'écho, que la voie de terre eût été plus favorable que le mouvement en chemin de fer telle qu'il s'effectuait, M. de Serres répondait par l'annonce qu'il ferait sans doute bientôt usage de l'ordre de révocation dont il était détenteur (1). Plus tard dans la journée et après avoir exécuté sur une locomotive la reconnaissance prescrite la veille par M. Gambetta de la ligne Chalon à Dôle, M. de Serres revint encore

---

(1) Dépêches de 4 h. 10 matin et 4 h. 25 matin (Archives de la Guerre).

sur le rôle du 15ᵉ corps, insistant pour lui confier le rôle tout nouveau qu'il préconisait pour lui (1).

Quant à M. de Freycinet, il commença par refuser de prendre sur lui de « modifier les instructions qui ont dû être données d'un commun accord au 15ᵉ corps avant le départ de Bourges (2) ». Puis il rendit compte de l'incident à M. Gambetta dans des termes qui confirment bien le droit qu'il avait de croire que son plan de campagne avait été fidèlement transmis à celui qui avait la charge de l'exécuter.

« Je demande, disait-il, que la situation soit nettement tranchée... Si le général Bourbaki ne croit pas devoir au dernier moment se charger d'exécuter un plan qu'il avait d'abord approuvé, ainsi que le constate votre dépêche du 19 courant, 11 h. 22 du soir, qu'il se démette purement et simplement de son commandement... Si, au contraire, il continue d'approuver le plan, alors qu'il l'exécute directement sans réticences et récriminations perfides. Si, enfin, il a un plan meilleur et que vous l'adoptiez, je demande à le connaître... »

En retour, il reçut de Gambetta, avec une approbation sans réserves, l'autorisation de poser la question au général Bourbaki (3). En conséquence le général Bourbaki allait recevoir un refus formel...

« Vous avez, disait M. de Freycinet, accepté le plan d'ensemble, qui vous avait été proposé, et vous en avez commencé l'exécution. Dans ce plan figure explicitement la situation du 15ᵉ corps auprès de Bourges, contre laquelle vous vous élevez aujourd'hui.... Il est une situation que nous n'accepterons jamais. C'est celle

---

(1) Télégramme de 4 h. 15 de Chalon-sur-Saône (Archives de la Guerre).
(2) Dépêche à Bourbaki 10 h. 57 matin.
(3) Télégramme sans date. Réponse à celui de 10 h. 57 matin (Archives de la Guerre).

qui consiste à laisser au général qui exécute de son plein gré un plan accepté par lui, introduire chemin faisant des critiques rétrospectives (1)... »

Ayant décidé, vers 2 heures du soir, de partir le jour même à 9 heures du soir pour Chalon-sur-Saône (2), il est probable que le général Bourbaki reçut, avant de quitter Nevers, cette mise en demeure si formelle, mais, bien que d'autres télégrammes aient été échangés le 24 décembre entre le général en chef et M. de Freycinet, ce dernier ne reçut pas de réponse et la question ne fut pas tranchée ce jour-là.

Néanmoins M. de Freycinet agit comme si elle l'était dans le sens qu'il désirait, et envoya directement des instructions au 15ᵉ corps. Celui-ci dut avoir son gros à Bourges, une division occuperait très fortement les forêts de Vierzon et de Saint-Laurent, et de forts avant-postes seraient placés à Neuvy-sur-Barangeon et Chapelle-d'Ancillon. En même temps, les routes seraient soigneusement interceptées entre la Chapelle et Sancerre, ainsi que dans les directions de Bourges à Sancerre et à la Charité. On respecterait au contraire la route de Vierzon à Salbris, ainsi que celles dans l'intérieur du secteur Vierzon, Neuvy, La Chapelle (3)...

L'influence des idées de M. de Serres est facile à discerner dans les instructions précédentes. Mais, si MM. de Freycinet et de Serres sont d'accord, ou à peu près, sur les mesures à prendre immédiatement, le fond même de la conception est profondément dissemblable dans l'esprit de chacun d'eux, et l'on va voir que M. de Freycinet avait parfaitement discerné ce qu'il y avait de contradictoire à exiger du 15ᵉ corps, à la fois qu'il restât

---

(1) Télégramme de 2 h. 30 soir (Archives de la Guerre).
(2) Télégramme de 2 heures soir.
(3) Télégramme de 4 h. 55 au général commandant le 15ᵉ corps et à Gambetta (Archives de la Guerre).

au contact de l'ennemi, et qu'il se tînt prêt à s'embarquer en chemin de fer. Chose assez singulière, en communiquant ses objections à M. de Serres, M. de Freycinet ne lui fit pas connaître qu'il avait déjà envoyé au 15ᵉ corps, sinon des ordres fermes, au moins des instructions immédiatement exécutables.

A De Serres chez Spuller, à la préfecture, Lyon.

24 décembre 1870, 11 h. 25 soir.

Reçu vos diverses dépêches. Ne connaissant pas, mon cher ami, les instructions que Bourbaki et vous avez dû donner déjà au 15ᵉ corps, il m'est impossible d'intervenir soudainement auprès de ce corps, sous peine de faire du gâchis. Mais, pour courir au plus pressé, voici dans quel sens je crois qu'il serait bon de prescrire à ce corps, et je vous prie de vous en entendre avec qui de droit et en tenant compte de ce qui a pu être dit auparavant. A mon sens le 15ᵉ corps devrait avoir le gros de ses forces à Bourges. Une division occuperait très solidement la forêt de Vierzon et de Saint-Laurent et de forts avant-postes seraient placés à Neuvy-sur-Barangeon et à Chapelle-d'Ancillon. En même temps, les routes seraient soigneusement interceptées dans toutes les directions au-dessus de Neuvy, de la Chapelle, entre la Chapelle et Sancerre, ainsi que dans les directions de Bourges à Sancerre et à la Charité. On respectera au contraire la route de Vierzon à Salbris ainsi que celles dans l'intérieur du secteur Vierzon, Veuvy, la Chapelle. Je recommande l'agent-voyer chef de Bourges comme pouvant être d'un précieux secours pour tout cela, et, s'il y consentait, on l'attacherait au 15ᵉ corps comme colonel du Génie civil. Cela posé, les avant-postes auraient ordre de se replier sur Vierzon et Bourges, en cas de forces supérieures, et la division de Vierzon elle-même aurait Bourges pour objectif de retraite, de façon à ce que le 15ᵉ corps devînt la garnison du camp retranché de Bourges, qu'il faut, en attendant, fortifier et refortifier.

Je ne partage pas tout à fait votre avis sur le point de préparer ce corps à filer de Bourges en chemin de fer, s'il survenait des forces supérieures. Outre que ce genre de retraite peut-être difficile à pratiquer et même dangereux, à cause de la durée de l'embarquement, je pense qu'en cas d'une marche d'une armée sur le centre de la France, Bourges doit être un centre de résistance, permettant au besoin à Chanzy de tomber sur les derrières de cette armée, et ce n'est qu'après avoir été mis dans l'impossibilité de tenir davantage que le 15ᵉ corps devrait, suivant les circonstances, battre en retraite sur Nevers ou sur Saint-Amand.

Soumettez ce projet d'instructions à Gambetta et aux généraux, et faites-moi parvenir la copie exacte des instructions qui auront été effectivement adressées au 15ᵉ corps. Aussitôt que je les aurai reçues je me charge de les continuer ensuite directement. En tous cas, répondez.

C. DE FREYCINET.

Tout restait donc encore en question et l'incertitude du triumvirat civil, la répugnance du général en chef à se prononcer nettement ne devaient qu'augmenter le décousu et l'incertitude des opérations du 15ᵉ corps.

Cette journée du 24 allait se passer aussi sans qu'on pût arriver à se mettre d'accord sur le rôle assigné au 24ᵉ corps.

On a vu que, la veille, il avait été admis en principe que le général Bourbaki commanderait les 18ᵉ, 20ᵉ et 24ᵉ corps, et que Garibaldi « collaborerait » (*sic*) à l'exécution générale du plan de campagne. En lui confirmant le 24 à 11 h. 45 du matin cette attribution de pouvoirs (1), M. de Freycinet déclarait s'en remettre au commandant en chef du soin de désigner si le 24ᵉ corps irait à Besançon ou à Dôle, et de fixer la date de son mouvement.

De son côté, M. Gambetta déclarait s'en remettre à M. de Freycinet du soin de décider quel serait le point de débarquement du 24ᵉ corps (2). Or, à cette question

---

(1) Archives de la Guerre.
(2) Dépêche de 11 h. 15 (Archives de la Guerre).

précise le général Bourbaki ne donnait pas de réponse ; il fallait donc en revenir à M. de Serres, et, puisque M. Gambetta déclarait lui-même que cet incessant échange de dépêches n'aboutissait qu'à « des questions mal posées et mal résolues » (1), prescrire à M. de Serres d'avoir une conférence décisive avec le général, après qu'il aurait vu le ministre à Lyon et pris ses ordres (2).

Telle était aussi l'impression de M. de Serres, qui semblait décidé à en finir. Mais comment pouvait-il dire qu'il avait « franchement et complètement fait admettre à Bourges (sic, ce n'est plus à Beaugy) le plan tel que l'indiquait votre lettre (3) » ?

La constitution même du 24ᵉ corps n'était d'ailleurs pas encore définitivement fixée.

Tandis que M. de Serres proposait de donner la 2ᵉ division au général Bressolles et de confier « la 3ᵉ, encore très faible, au général Cremer, qui est jeune, vigoureux, plein de bonne volonté et capable », « qui plaît fort à Garibaldi et désire agir sous lui », ce qui est bien dans le programme (sic) (4) », « qu'il partirait avec la 3ᵉ division de Lyon, pour agir à droite », M. de

---

(1) Dépêche de 4 h. 45 matin (Archives de la Guerre).
(2) A de Serres, Chalon-sur-Saône.

24 décembre 1870, 3 heures soir.

Il est indispensable que Bressolles reçoive sans délai un ordre précis lui faisant connaître le moment de son départ, la direction qu'il doit prendre, son point de coopération, en un mot le mouvement militaire qu'il devra exécuter. J'ai télégraphié à Bourbaki dans ce sens, mais, comme M. Gambetta se préoccupe avec raison de ne rien recevoir, je vous prie de vous concerter d'urgence avec Bourbaki pour que Bressolles reçoive des instructions précises et que M. Gambetta en soit avisé.

C. DE FREYCINET.

(3) Télégramme de 5 heures soir (Archives de la Guerre).
(4) Dépêche de 3 h. 40 soir (Archives de la Guerre).

Freycinet proposait à Gambetta de laisser Cremer avec les troupes dont il disposait « dans le voisinage de Garibaldi pour manœuvrer avec lui (1) ». Avant même d'avoir adressé ce rapport au ministre et d'avoir eu son assentiment, M. de Freycinet avait déjà donné des ordres au général Bressolles, lui prescrivant de laisser sa 3e division à la disposition de Bourbaki (2).

Or, à ce moment, le général de Busserolle, arrivé depuis la veille à Beaune, y exerçait le commandement de toutes les troupes, représentant au total 438 officiers et 18,371 hommes (3). Il signalait que les corps qui avaient combattu à Nuits (4) ne s'étaient pas réorga-

---

(1) Dépêche de 3 h. 30 du soir (Archives de la Guerre).

(2) Télégramme de Freycinet à Bressolles, 2 h. 10 soir (Archives de la Guerre).

(3) *Général de Busserolle à Général commandant 8e division militaire. Lyon.*
24 décembre 1870, 10 h. 50 soir.

Je vous ai adressé hier une situation de mes troupes.

Voici celle d'aujourd'hui : 32e de marche : officiers 49, troupe 1,889. — 57e de marche : officiers 55, troupe 2,891. — 22e batterie du 9e : officiers 2, troupe 94, chevaux 89. — 22e batterie du 12e : officiers 3, troupe 108, chevaux 90. — Bataillon de la Loire, officiers 21, troupe 854. — 14e provisoire : officiers 43, troupe 1,805. — 83e provisoire : officiers 57, troupe 2,875. — 10e batterie, 3e régiment : officiers 3, troupe 119; chevaux 88. — 2e batterie du 3e montagne : officier 1, troupe 90; chevaux 27. — 20e compagnie 2e génie : officiers 3, troupe 191, chevaux 17. — 1re légion Rhône : officiers 31, troupe 1,503. — Bataillon Gironde : officiers 20, troupe 915. — 2e légion Rhône : officiers 62, troupe 2,141. — Artillerie, 1re légion : officiers 5, troupe 170. chevaux 118. — 3e batterie, 3e régiment : officier 1, troupe 90, mulets 27. — Train équipages : officier 2, troupe 124, chevaux 143. — Gendarmerie : officier 1, troupe 33, chevaux 30. — Guides de Saône-et-Loire : officier 1, troupe 12, chevaux 19. — 4e légion mobilisés Saône-et-Loire : officiers 83; troupe 2,723.

Cet effectif ne comprend que les présents.

De Busserolle.

(4) 32e de marche, 1re et 2e légions du Rhône, bataillon de la Gironde. Dépêche de midi 8 (Archives de la Guerre).

nisés et avaient de grands besoins. Néanmoins, il comptait le lendemain occuper Nuits (1). Le remaniement projeté allait scinder ces troupes et enlever au général Cremer la majeure partie de celles qu'il avait commandées.

Enfin le compromis, qui consistait à faire opérer Cremer avec Garibaldi, n'était pas compatible avec la constitution du 24° corps sous un seul chef soumis lui-même au général Bourbaki.

Là encore la manière dont M. de Serres avait négocié laissait trop de questions sans réponse.

Avait-il promis formellement à Garibaldi que Cremer serait sous ses ordres? c'est ce que semblent prouver deux dépêches produites par Bordone (2).

Mais, d'autre part, pas une des dépêches envoyées le 23 par M. de Serres n'avait visé la subordination de Cremer à Garibaldi ni fait allusion à une telle promesse. Il en devait être de même le 24, mais ce jour-là, chose singulière, en annonçant à Bourbaki qu'il va à Lyon, M. de Serres dit :

De Serres à général Bourbaki, Nevers (faire suivre).

24 décembre 1870, 8 h. 45

Je pars pour Lyon où arriverai avant minuit.

Je verrai où Bressolles en est; réglerai avec lui le trans-

---

(1) Dépêche de 5 heures soir (Archives de la Guerre).
(2) Garibaldi, page 239.

A Bordone.

Autun, de Chagny, 23 décembre.

Je suis à Chagny, je venais à Beaune ce matin pour m'entendre avec Cremer et lui donner des instructions conformes à ce que nous arrangerons (*sic*) ensemble aujourd'hui avec vous.

A Bordone.

Autun, de Chalon-sur-Saône, 24 décembre, 9 heures 30 matin.

Reçu votre dépêche; merci, j'ai tout télégraphié à Gambetta et Freycinet pour Cremer et les modifications proposées relatives à

port de son corps, *deux divisions*. Prière m'aviser chez lui simplement de son point de débarquement. Je penche pour Besançon, qui nous le met à 2 étapes de Gray, il observe de là fort bien Belfort et Vesoul et couvre notre droite. C'est selon moi le meilleur point de rayonnement.

De Serres.

Ce chiffre de 2 divisions pour le 24e corps, qui doit en compter 3, paraît typique, alors, que dans la journée, il n'a été parlé par M. de Serres que de Cremer avec la 3e division (*sic*) « partant de Lyon sur la droite, comme c'est convenu (*sic*) », et qu'à 7 heures du soir, il a télégraphié à Bordone :

A Bordone.
Autun, de Chalon-sur-Saône, 7 h. 10 soir.
Cher colonel, Cremer sera commandant d'une division. Est-ce en cette qualité qu'il parle en termes ambigus? Il est en ce moment sous l'effet d'un froissement qui sera passé demain quand il saura la position qu'on lui fait. Voici à l'instant une dépêche que je reçois de Freycinet à Gambetta.

« Cremer avec sa division resterait au voisinage de Garibaldi; ils s'entendent très bien ensemble..... »

Ce sera donc vite réglé... Comptez sur moi.

Ce n'est pas sans raison, semble-t-il, que Bordone peut dire : « On remarquera sans peine la nuance qui existe entre cette promesse formelle : Cremer restera sous vos ordres » et la proposition de M. de Freycinet à Gambetta : « Cremer avec sa division resterait dans

---

Busserolles. Ce sera réglé sous peu, avant besoin. Cremer en tous cas sera sous vos ordres. Je vous prie instamment d'attendre pour lui en donner que tout soit réglé, ce qui sera prochainement.

Salut au brave général et mes respectueuses amitiés.

le voisinage de Garibaldi ». C'est toujours de la part de M. de Serres le même procédé, singulier pour un négociateur : assurer ses commettants que tout est réglé, alors que les questions les plus essentielles n'ont pas été résolues et que peut-être des paroles imprudentes ont fait croire à des engagements formels.

II

Opérations.

15ᵉ corps. Conformément à l'ordre de mouvement de la veille, la 2ᵉ division devait se porter de Mehun sur Vierzon en deux colonnes, fortes chacune d'une brigade et passant respectivement par la grand'route et le chemin de halage le long du canal. On ne devait partir qu'à 10 h. 30 du matin. Néanmoins, le 5ᵉ bataillon de chasseurs, formant l'avant-garde de la 1ʳᵉ brigade, fut mis sous les armes dès 7 heures du matin, et vint, vers 4 heures du soir, s'établir au Nord de Vierzon, « à droite de la route d'Orléans, entre les dernières maisons et la forêt (1) ». Là se plaça au bivouac toute la 1ʳᵉ brigade. La 2ᵉ s'établit à sa hauteur de l'autre côté de la route d'Orléans. Les 4 batteries divisionnaires étaient bivouaquées également le long de la route et en arrière de l'infanterie.

Au moment où la 2ᵉ division était entrée à Vierzon, elle y avait trouvé « le 11ᵉ chasseurs, un millier d'hommes de la région bretonne et une centaine de francs-tireurs dits de Rochefort (2) ».

Les mesures de sûreté suivantes furent prises :

« Chaque régiment fournit ses grand'gardes, qui sont

---

(1) Rapport du général commandant la 2ᵉ division (Archives de la Guerre).
(2) *Id.*

placées à environ 2 kilomètres en avant, dans chacune des brigades un officier supérieur est chargé d'en surveiller le service.

« Les éclaireurs ont été portés assez loin en avant afin de surveiller les passages des forêts de Vierzon.

« Ceux de la 1re brigade (3 pelotons, 50 hommes) sont :

Eclaireurs de la légion... (Village d'en Haut
— 25e mobiles...) et Picardière,

chargés des routes de Neuvy et de celles qui aboutissent au grand carrefour de la rue de Loup, au centre de la forêt, se reliant à gauche aux éclaireurs du 39e de ligne placés à Orçay et surveillant le pays en avant.

« Les éclaireurs de la 2e brigade occupent les points suivants :

« Les Zigonnières,

« Le Chalumeau,

« Lojon.

« Ces troupes se relient à gauche avec 200 éclaireurs bretons établis à Theillay-le-Pailleu ; l'espace compris entre ce village et Méry-sur-Cher est éclairé par la légion bretonne.

« Deux cavaliers sont attachés à chacun des pelotons d'éclaireurs.

« Deux pelotons de chasseurs sont à Méry-sur-Cher et un au château du Fay.

« De cette façon Vierzon est gardé depuis la carrefour de la Lieuf du Houx à l'Est, jusqu'à Mery à l'Ouest, en passant au Nord par Theillay.

« Aujourd'hui vers 2 heures, 3 ulans (ou hussards prussiens) se sont avancés jusqu'à l'endroit où la route d'Orléans sort de la forêt du Nord ; ils ont tiré un coup de fusil sur trois éclaireurs et sont partis.

« La route d'Orléans est coupée à sa sortie de Vierzon ; elle l'est ensuite à la hauteur d'un point dit le Catonnet à l'entrée de la forêt ; elle est barricadée à l'autre extrémité de la forêt.

« Dès demain matin, je vais faire cantonner la division ; le triste état dans lequel se trouvent quelques-uns des régiments, et en particulier les régiments de mobiles, me fait prendre cette détermination (1).

D'après l'historique du 29ᵉ mobiles, on aurait effectivement vu des ulans à l'entrée de la forêt; on signalait l'ennemi en forces à la Ferté. Enfin plusieurs hommes seraient morts de froid aux avant-postes.

Dans la 1ʳᵉ division l'étape de Marmagne aux environs de Mehun était des plus courtes, moins de 10 kilomètres. Partie vers 10 heures du matin, la 1ʳᵉ brigade vint cantonner autour de Chancenay : le 1ᵉʳ zouaves dans cette localité avec le 12ᵉ mobiles et le bataillon de la Savoie (2). Cet entassement exagéré et inutile obligea plusieurs compagnies à bivouaquer (3). Quant à la 2ᵉ brigade, tout entière elle trouva à s'abriter autour de Mehun, les chasseurs à pied et le 12ᵉ mobiles à Torennes et les tirailleurs à Foëcy.

Enfin, la 3ᵉ division, partie vers 10 heures du matin de son bivouac de Berry-Bourg, était venue s'établir partie à Mehun même, partie au bivouac près d'Allouis. A 7 heures du soir, l'ordre ayant été donné de cantonner à Mehun et beaucoup d'hommes ayant déjà quitté le camp pour se mettre à l'abri dans les maisons (4), la 2ᵉ brigade vint en pleine obscurité s'entasser à Mehun, où un grand nombre d'hommes passèrent la nuit dans la rue.

L'état lamentable des troupes est attesté par tous les historiques. D'ailleurs le général Martineau, dans un rapport spécial (5), signalait « la situation fâcheuse du

---

(1) Rapport du général commandant la 2ᵉ division.
(2) Passé à la 1ʳᵉ brigade.
(3) *Historique* du 12ᵉ mobiles.
(4) *Historiques* du 27ᵉ et du 34ᵉ de marche.
(5) Au Ministre (Archives de la Guerre).

15ᵉ corps » réduit à 32,221 hommes et 832 officiers et n'ayant plus que 4 batteries de réserve au lieu de 7. « Depuis plusieurs nuits, ajoutait le général, les hommes meurent au bivouac de froid et d'épuisement; le suicide même commence. » Il croyait devoir demander un repos de 12 à 15 jours, des effets et surtout des souliers. Il déclarait qu'à Vierzon, il serait « de toute impossibilité de faire cantonner les troupes, puisque, placées en première ligne, elles doivent être groupées et prêtes à prendre les armes au premier signal. Il faut donc continuer à les faire bivouaquer » (sic). Néanmoins, revenant vite à une juste appréciation de la situation, le général Martineau s'occupa dès ce moment de faire cantonner ses troupes et prescrivit d'efficaces mesures pour que ce mode d'abri se conciliât avec la sécurité du 15ᵉ corps (1). Mais ce fut cette dernière considération qui l'emporta, et la mauvaise répartition des cantonnements n'amena que peu de soulagement aux misères de ces soldats si cruellement éprouvés.

18ᵉ corps. La 1ʳᵉ division resta encore au bivouac de Raveau. « La température a encore baissé, dit le *Journal* de la division, plusieurs cas de congélation des extrémités ont été constatés. » Le général Billot avait pourtant prescrit de faire reconnaître les locaux disponibles pour abriter à Raveau une partie de la division (2) et le reste autour des Petites-Maisons. Mais, bien que le général Charlemagne eût signalé que ses reconnaissances avaient atteint Douzy et Cosne sans rien trouver de suspect (3), que le général de Boërio déclarât le flanc gauche parfaitement tranquille (4), on

---

(1) Ordre du 24 (Archives de la Guerre).
(2) Ordre du 24 décembre (Archives de la Guerre).
(3) Rapport de la 1ʳᵉ brigade de cavalerie (Archives de la Guerre).
(4) Dépêche du 24 midi (Archives de la Guerre).

ne se crut pas assez en sécurité pour cantonner les troupes, sauf 2 bataillons de 44° de marche à Raveau (1). La lettre ci-dessous du chef d'État-Major de la 1re division montre à quel point l'annonce de l'apparition de l'ennemi à Auxerre avait inquiété le commandement.

18° CORPS 1re DIVISION (ÉTAT-MAJOR)

Note de Service.

D'après les renseignements qui m'ont été communiqués aujourd'hui au quartier général, un corps prussien évalué à 25,000 hommes et 60 pièces de canon serait à Auxerre et aurait envoyé une forte avant-garde à Touzy, se se dirigeant selon toute probabilité sur Bonny en arrière de Briare. Les troupes françaises envoyées sur ce point ont reçu l'ordre de rétrograder pour éviter d'être coupées. Elles ont été en même temps renforcées par les régiments de zouaves. En ce moment, la 2e division du 18e corps nous couvre suffisamment. Si l'ennemi, au lieu de se diriger sur Bonny à l'Ouest, prenait une direction plus au Sud, telle que celle de Douzy, la 1re division sera nécessairement forcée de changer de position dans le cas où la 2e division viendrait à quitter ses positions pour s'embarquer. Elle nous le fera connaître en temps utile afin que nous prenions des dispositions en conséquence. Je ne crois pas qu'il y ait lieu pour le moment de modifier la position des grand'gardes, mais il sera bon néanmoins de les faire surveiller ainsi que l'ordre le prescrit.

Autres renseignements : M. le général Billot m'a dit qu'il était très possible que, par suite de ce mouvement de l'ennemi, la 1re division n'eut pas le temps de s'embarquer à la Charité, et que, dans ce cas, nous ferions un mouvement sur Nevers, en partant de Raveau et passant par Chaulgnes, pour de là gagner la route nationale de Nevers, où nous prendrions le chemin de fer.

Votre tout dévoué,

Le colonel chef d'État-Major,
DE SACHY.

---

(1) *Historique* du 44e de marche.

L'État-Major du 18ᵉ corps partit vers 3 heures du matin (1), mais, dans la journée du 24, la 3ᵉ division ne put encore achever son embarquement. A 5 heures (2) du matin, ce qui restait du 2ᵉ bataillon du 53ᵉ de marche et le 3ᵉ bataillon de ce régiment partirent de la gare de la Charité. Ils devaient arriver le soir même à Chagny à 4 h. 30. Après une longue station près de la gare, ils furent mis en route à 10 heures du soir et parvinrent à Saint-Loup-la-Salle à 1 heure du matin le 25, ayant accompli une marche très pénible (3). Avant 2 heures du soir, le 81ᵉ mobiles (4) fut aussi embarqué à la Charité; il arriva le 25 à Chagny avant 6 heures du matin. Quant au dernier régiment de la division, le 82ᵉ mobiles, un bataillon (le 4ᵉ du Var) était parti le 23 au soir avec le convoi par voie de terre; les 2 autres restèrent à la Charité avec le Grand Parc.

Néanmoins l'embarquement commença le 24 pour la 2ᵉ division, sans que celui de la 3ᵉ fût terminé. Dans la journée l'artillerie divisionnaire de l'amiral Penhoat fut mise en wagons (5) et arriva à Chagny le 25. L'infanterie avait dès 9 heures du matin levé son camp de Raveau et se portait sur la gare de la Charité, lorsque, d'après un contre-ordre, le bivouac fut repris. Dans la nuit du 24 au 25, l'embarquement de la 2ᵉ division recommença. Il dura jusqu'au 25 vers 10 heures du soir. Les dernières troupes devaient arriver à Chagny dans la nuit du 27 au 28. Les deux régiments de cavalerie (5ᵉ cuirassiers et 5ᵉ dragons), qui, depuis le 22 déjà, attendaient sous la neige et sur la place de

---

(1) Télégramme du colonel Goury, 3 h. 25 (Succession Billot. Archives de la Guerre).

(2) *Id.* de 5 h. 5 matin (Archives de la Guerre).

(3) *Historique* du 53ᵉ de marche.

(4) Un bataillon et une compagnie à 8 h. 30. Télégramme du colonel Goury (Succession Billot. Archives de la Guerre).

(5) *Journal* de la 13ᵉ batterie du 21ᵉ d'artillerie.

Nevers leur tour d'embarquement, ne partirent pas encore le 24 (1).

On a vu plus haut les renseignements très rassurants envoyés par la brigade Charlemagne (2ᵉ hussards, 5ᵉ lanciers) qui resta à son bivouac de Grand-Villate.

20ᵉ corps. Si la journée du 23 avait été perdue pour l'embarquement, celle du 24 ne devait pas être beaucoup meilleure. C'est à 7 heures du soir seulement que la fraction restant du IIIᵉ bataillon du 67ᵉ mobiles Haute-Loire (2ᵉ compagnie) montait en chemin de fer. Le reste du régiment ne devait partir que le lendemain, et ce corps ne se trouva réuni à Chalon-sur-Saône que le 27. Le reste de la 2ᵉ brigade de la 1ʳᵉ division continuait d'attendre vainement sa mise en route (2).

Ainsi qu'on l'a vu, l'ordre donné par le général Bourbaki d'échelonner les 2ᵉ et 3ᵉ divisions le long de la voie ferrée n'était parvenu au général Thornton que le 23 au commencement de la nuit (3). A ce moment les troupes étaient enfin installées, en grande partie tout au moins, dans leurs cantonnements depuis trop peu de temps pour, qu'après les souffrances subies, on pût penser à les mettre en marche immédiatement.

Ce fut le 24 au matin seulement que la 2ᵉ division se mit en marche. Traversant Nevers, elle vint cantonner à Imphy, sur la rive droite de l'Allier. La 3ᵉ division devait tout entière dépasser Imphy et gagner Saint-Ouen. Ces troupes prirent en effet les armes dans les divers

---

(1) On en vint dans un de ces régiments (5ᵉ dragons) à faire acheter des sabots pour les cavaliers. (*Historique* du 5ᵉ dragons de marche.)

(2) 2 bataillons Haute-Garonne, 1 bataillon Saône-et-Loire, francs-tireurs Luppé, génie, État-Major de la division. Escorte, chevaux d'officiers. Dépêche du lieutenant Berger, 5 h. 10 soir (Archives de la Guerre).

(3) Dépêche du général Thornton, 24 décembre, 9 h. 30 (Archives de la Guerre).

cantonnements vers 7 heures du matin. Mais la marche fut si mal réglée qu'on n'atteignit pas Saint-Ouen avant 6 heures du soir; certaines troupes n'arrivèrent qu'à 8 heures (1), d'autres même restèrent à Imphy mêlées avec celles de la 2ᵉ division (2).

Le 6ᵉ cuirassiers, déjà rendu à Saint-Ouen depuis la veille, gagna Decize le 24, tandis que le 2ᵉ lanciers, embarqué le 23, arrivait à Chalon-sur-Saône en 2 fractions, l'une le 24, l'autre le 25, et cantonnait à Saint-Martin-en-Bresse.

---

(1) *Historique*, 2ᵉ mobiles de la Corse.
(2) 68ᵉ provisoire, mobiles des Pyrénées-Orientales.

III

Mouvement des Allemands.

« Le 24 décembre (1), dit Löhlein, arriva du général Treskow, commandant le corps de siège devant Belfort, la nouvelle, provenant de l'agent à Berne, M. Röder, que le chemin de fer de Lyon à Besançon était réservé depuis le 23 aux transports militaires. Le Grand État-Major, prévenu de ce fait, répondit que les troupes signalées à Besançon ne pouvaient être que des gardes nationales, mais que, néanmoins, on ne perdrait pas de vue le soutien éventuel que pourrait appporter le général de Zastrow.

« Celui-ci se trouvait le 24 à Auxerre. Le lendemain 25 un détachement de son corps d'armée (3 bataillons, 2 escadrons, 2 batteries sous le colonel Barby) atteignait Châtillon, Nuits-sous-Ravières et Ravières.

« Il était possible que si l'ennemi avait terminé sa concentration à Besançon le 23 et le 24, il vint dès le 25 ou 26 attaquer Vesoul. La garnison de cette ville, renforcée par des troupes d'étapes, eut l'ordre, en cas de besoin, de se replier sur Port-sur-Saône par Scey-sur-Saône. Les autres détachements furent mis au courant de la situation. »

Effectivement les généraux von Zastrow et von Werder

---

(1) *Loc. citat.*

reçurent respectivement du maréchal de Moltke les deux télégrammes suivants :

Au général de l'infanterie de Zastrow, Sens (1).

Versailles, 24 décembre 1870, 8 heures soir. Télégramme (faire suivre).

Des transports exécutés pendant trois jours de Lyon sur Besançon rendent nécessaire que votre Excellence se tienne prête à soutenir éventuellement le général Werder. Il n'y a pas lieu de continuer provisoirement votre mouvement sur la Loire par Auxerre. Le 72e régiment est en route pour Chaumont.

Au général de l'infanterie de Werder, Dijon (2).

Versailles, 24 décembre 1870, 8 heures soir. Télégramme.

D'après nos renseignements, ce ne sont que des gardes nationaux mobilisés qui peuvent être transportés de Lyon à Besançon. On n'en pense pas moins à vous faire soutenir par le général de Zastrow.

On a souvent reproché au maréchal de Moltke de n'avoir pas plus tôt discerné le mouvement vers l'Est de l'armée du général Bourbaki, tandis qu'on a fait un mérite au général de Werder de sa perspicacité. Il convient de remarquer que ce fut le 23 au soir seulement qu'arrivèrent à Chalon-sur-Saône les premières fractions du 20e corps. Le mouvement du 24e corps de Besançon était très loin d'être commencé. Dans ces conditions le Grand État-Major allemand ne pouvait guère connaître le 24 le grand déplacement stratégique de la Ire armée de la Loire, presque tout entière encore à Nevers et Saincaize. Quant au général v. Werder, très mal éclairé, nullement renseigné par sa cavalerie, se croyant à chaque instant sous le coup d'une attaque, il

---

(1) *Correspondance militaire* du maréchal de Moltke, n° 537. Le même télégramme fut envoyé au commandant en chef de la IIe armée.

(2) *Correspondance militaire* du maréchal de Moltke, n° 536.

n'eut d'autres nouvelles que celles relatives au matériel des chemins dans la région de Lyon. Or les mesures prises à ce sujet avaient eu à l'origine une tout autre cause que les opérations de l'armée de Bourbaki dans le bassin de la Saône. Elles se rapportaient au plan avorté de coopération entre Garibaldi, Cremer et Bressolles. Si von Werder avait, si peu que ce fût, deviné que l'armée de la Loire allait être transportée de Nevers à Chalon-sur-Saône, il n'eut pas manqué de discerner l'importance de Chagny, et il serait inexplicable qu'il n'eût pas tenté d'achever le succès qu'il se vantait d'avoir remporté à Nuits, en poussant par Beaune sur ce point essentiel (1). La vérité semble être que Nuits avait été pour les Badois rien moins qu'une victoire complète, ainsi que le montra leur retraite précipitée. Les inquiétudes de Werder s'appliquaient, non pas à l'arrivée dans ses environs de l'armée de la Loire, ce dont il n'avait aucune idée, mais bien au cas où Cremer, renforcé de Garibaldi, reprendrait l'offensive. Si, en outre, Bressolles devait déboucher de Besançon, le général allemand se considérait comme en grand danger.

Tout ceci se confirmera tout naturellement lorsqu'on saura comment et à quelle date tardive les Allemands surent que l'armée de Bourbaki avait été transportée dans l'Est.

VIIe Corps. Les mouvements du VIIe corps pendant la journée du 24 furent à peu près nuls.

« Le service de garde à Auxerre fut des plus durs », dit l'*Historique* du 55e d'infanterie.

« Un cercle de grand'gardes sur les deux rives de l'Yonne entourait la ville, de fortes patrouilles sillonnaient les environs. A l'intérieur, il y avait des postes et l'on avait pris des quartiers d'alarme, car la population était très hostile. On tira 2 fois pendant la nuit sur des

---

(1) Voir dépêche de Gambetta à Cremer du 19 décembre.

soldats ; les volets restèrent fermés jusqu'à ce que le général les ait fait ouvrir.

« Une particularité de la guerre à cette époque était que presque jamais on n'avait un véritable ennemi à combattre, mais que presque chaque habitant avait des intentions hostiles. La force des troupes ne s'étendait qu'aux points mêmes qu'elles occupaient.

« Dès qu'elles avaient le dos tourné, leur autorité était méconnue et les ordres du gouvernement de la Défense Nationale accueillis avec joie... Souvent les routes étaient coupées, et, comme on ne pouvait saisir les auteurs responsables, on frappait de contributions les localités voisines ou on les pillait. »

C'est ainsi que, le 24, la 8ᵉ compagnie du 55ᵉ avec un peloton de hussards alla à Pontagny, d'où l'on avait tiré sur un courrier, et pilla le village.

Des patrouilles de cavalerie fortes d'un peloton chacune furent aussi lancées à l'Ouest et au Sud d'Auxerre, mais ne purent aller loin. « Presque toutes les routes étaient détruites. Quand on se porte en avant, il n'y a généralement pas de résistance, mais au retour on est constamment harcelé par des francs-tireurs. L'un des pelotons commandé par le lieutenant von Assebourg, parti à 7 heures du matin, ne put rentrer qu'à minuit. On le croyait perdu, car le poste de 3 hussards, laissé par lui sur sa ligne de retraite, était revenu à Auxerre disant avoir été attaqué par des francs-tireurs. L'un des cavaliers avait été pris (1). Il fallut donc, pour le lendemain, organiser de nouvelles colonnes mixtes. »

Le 24 aussi, un convoi escorté par une compagnie (5ᵉ du 55ᵉ) se rendit d'Auxerre à Tonnerre.

Le reste resta au repos.

Détachement von der Goltz. Pour les troupes qui observaient Langres, il n'y eut le 24 que quelques change-

---

(1) *Historique* du 8ᵉ hussards.

ments peu importants. « Le général von der Goltz, dit la Monographie du Grand État-Major prussien, s'étendit vers l'Est et le Sud-Est, de façon que son aile droite vint observer la route de Langres à Châtillon et son aile gauche celle de Langres à Vesoul. » Dans la réalité, le *30ᵉ* d'infanterie, qui formait la gauche, se répartit entre Montigny et Dampierre avec 2 escadrons, « pour donner plus de repos aux troupes en s'éloignant de la forteresse », dit simplement l'*Historique* du *30ᵉ* d'infanterie. Les avant-postes, formés par 2 compagnies et 2 pelotons de hussards, ne dépassèrent pas la ligne Frécourt, Bannecourt. On était loin par conséquent de la route de Vesoul, qui resta parfaitement libre. Il en fut de même des routes allant vers le Nord-Ouest.

Quant au détachement Fischer, qui avait couché à Oreil-Maison près de La Marche, il se porta sur Grainvilliers par Martigny, échangea quelques coups de feu avec des francs-tireurs, et, vers 2 heures du soir, se relia à Luxiaville au *60ᵉ* d'infanterie. Le camp de la Boëne resta occupé par les francs-tireurs de Coumés, bien que les Allemands aient cantonné à Brécourt.

Le 23 décembre à quatre heures, du soir, le capitaine Javouhey était parti de Langres, avec 25 artilleurs de la marine, 35 sapeurs du génie, commandés par le lieutenant Gouin, et la section de partisans Barbas (1). Par Vieux-Moulin, Courcelles-en-Montagne, la vallée de l'Anjou, il avait gagné le château de Valbruant, à 3 kilomètres au Sud-Est d'Arc-en-Barrois (distance parcourue 30 kilomètres), où il s'était reposé le 24 jusqu'à midi.

---

(1) *Langres pendant la guerre.* Les chiffres donnés d'après Cavaniol dans la monographie allemande sont : 40 sapeurs, 24 artilleurs et 20 franc-tireurs. Ceux dus aux recherches personnelles de M. le maire de Bricon et de M. l'instituteur Paul Boyé de la même localité, sont : 40 sapeurs du génie (lieutenant-Gouin), 20 franc-tireurs (lieutenant-Barbas).

Bien qu'un accident ait détruit toutes les amorces au fulminate de mercure nécessaires pour les pétards emportés (1), Javouchey n'abandonna pas son entreprise. — Marchant toute l'après midi, il arriva au soir à la ferme de la Borde, à 2 kilomètres au Sud de Blessonville. A 3 h. du matin, il arrivait à Bricon. — Vers 7 heures 30 une patrouille de 6 hommes appartenant au bataillon de fusiliers du *60e* régiment et venant de Château-Villain, était enlevée tout entière, ayant eu 2 hommes tués. — Le petit parti s'embusqua près du chemin de fer, à la barrière d'Orges, et, avec de grandes peines, déplaça les rails, puis on attendit l'accident qui allait se produire et qui sera raconté à la date du 25 (2).

XIVe Corps. La journée du 24 décembre fut marquée à Dijon par le remplacement aux avant-postes de la *2e* brigade badoise par la *1re*.

A midi rentraient dans la ville les 3 bataillons du *3e* badois et le IIe du *4e*.

Le *2e* grenadiers badois fournit deux bataillons aux avant-postes sur le front Sud; le Ier à Longvic, envoyant des patrouilles sur Corcelles-les-Cîteaux et Aizeray, le IIe à Neuilly-les-Dijon, patrouillant vers le Sud. Le bataillon de fusiliers cantonnait à Dijon, moins une compagnie installée à Chevigny.

Le *1er* leib-grenadiers occupait la ligne Marsannay-Périgny par son bataillon de fusiliers, qui fournissait les grand'gardes; le IIe bataillon était à Chenove, le Ier, en réserve, avait 2 compagnies à le Fort-Yon, et 2 au

---

(1) Chaque homme portait du fulmicoton, 30 grammes de fulminate de mercure avaient été confiés à un chef artificier. Celui-ci avait commis l'imprudence d'approcher du poêle ce paquet d'amorces qui avait détoné. (Renseignements fournis par M. le maire de Bricon.)

(2) La maison du garde-barrière avait été cernée. (M. le maire de Bricon.)

faubourg d'Ouche. Une compagnie fut en outre envoyée en reconnaissance sur Saint-Philibert (1).

Le *3e* badois était en entier à Dijon, le *4e* fournissait des grand'gardes (fusiliers) en avant de Fontaine-les-Dijon vers Plombières, où on détacha une section d'artillerie (2).

Il restait en outre dans la ville 2 bataillons du 5e et 1 du 6e. — Le bataillon de ce régiment, qui était resté en Allemagne (IIe), s'embarqua à Rastadt dans la nuit du 23 au 24 et arriva le 25 à Epinal. — De là il se rendit à pied à Vesoul, où nous le retrouverons le 28 décembre. — Toute la cavalerie et l'artillerie restaient au Nord et au Nord-Est de Dijon.

On voit quelles précautions prenait le général de Werder pour n'être pas surpris. Ce jour-là, il dit aux officiers réunis à la parade « que la situation restait toujours obscure » (4). « On commençait à parler de Bourbaki et les habitants disaient que nous serions bientôt battus (5) ».

Nous avons laissé le détachement von Röder, parvenu le 23 au soir à Baigneux-les-Juifs, isolé au milieu d'une population hostile, et ne parvenant pas à se relier à d'autres troupes, ni à recevoir de nouvelles.

Le 24 au matin il se mit en route en une seule colonne dans la direction du Sud-Ouest, par la route : la Villeneuve-les-Convers, Darcey, Grésigny, Alise-Sainte-Reine et Pouillenay.

Entre Villeneuve et Grésigny le chemin forme un long

---

(1) Dans ce régiment très éprouvé, 4 compagnies sur 12 avaient encore des capitaines à leur tête, les 3 bataillons étaient commandés par des capitaines, le régiment l'était par le lieutenant-colonel, la brigade par le colonel.
(2) *Historique* de la 4e batterie lourde badoise.
(3) Voir ci-dessus 19 et 20 décembre.
(4) *Historique* du 3e badois.
(5) *Historique* de la 4e batterie lourde badoise.

et dangereux défilé (1). Aussi les précautions furent les suivantes :

« Un officier du 2ᵉ dragons badois fut envoyé directement sur Flavigny, un autre sur Crésigny, Alise-Sainte-Reine et Pouillenay, une patrouille de flanc dut gagner ce même point, en passant par Ménétreux et Benarey. »

Le reste de la cavalerie, à laquelle se réunit le peloton revenant de Montbard, marcha devant l'avant-garde. — Les patrouilles furent accueillies par des coups de feu en arrivant à Pouillenay et à Flavigny, et eurent 1 homme et 2 chevaux blessés. Mais l'infanterie occupa facilement Pouillenay. De là on envoya en reconnaissance un peloton et demi vers l'Ouest et le Sud-Ouest. Après avoir rapidement fait boire et manger les chevaux, sur la route, la moitié des cavaliers et officiers se portèrent sur Semur l'autre avec un officier sur Vitteaux. Ces partis rentrèrent le soir même, annonçant qu'il n'y avait pas trace d'une grande concentration ennemie.

« Néanmoins on observa autour de Pouillenay des bandes de paysans armés et on passa la nuit prêt à toute alerte, en exerçant un service de patrouille très strict. Par un froid de 14 à 16 degrés Réaumur en avait fait 50 à 60 kilomètres en trois jours. Les chevaux, qui n'avaient presque jamais été dessellés, étaient très fatigués (2). »

Dès son arrivée à Pouillenay, le major von Röder avait détaché sur Flavigny 1 bataillon, 4 pièces et peloton de dragons « pour en faire l'exécution » (*sic*) (3). Ce village, « situé sur un rocher accessible seulement par le Sud » (4), fut occupé après une légère résistance. Sous peine d'incendie, les habitants durent payer une contribution de guerre de 6,000 francs.

---

(1) *Historique* du 5ᵉ badois.
(2) *Historique* du 21ᵉ dragons (2ᵉ badois).
(3) *Id.*
(4) *Historique* du 5ᵉ badois.

Journée du 25 décembre.

I

Dès son arrivée à Lyon le 24 au soir, M. de Serres s'était occupé de remanier complètement l'organisation du 24ᵉ corps, afin de la mettre d'accord avec les engagements qu'il avait pris vis-à-vis de Garibaldi. C'est ainsi que Cremer étant le seul qui consentît à être en rapport avec le célèbre condottière, M. de Serres avait fait décider de le maintenir à proximité de ce dernier. Le général Busserolles était sacrifié pour le moment, puisque la division qu'on lui donnait, la 3ᵉ, était de force et de valeur médiocres. Mais on lui laissa entendre qu'avant peu il prendrait le commandement du corps d'armée tout entier.

C'est ce qu'exprime le télégramme ci-dessous.

De Serres à de Freycinet, Bordeaux (D. T.).

Lyon, 25 décembre 1870, 3 h. 58 matin.

Avant de quitter Lyon, où j'ai vu Gambetta régler avec Bressolles son affaire, je passe au télégraphe, où je trouve avis de l'arrivée de votre dépêche du 24, 11 h. 50 soir sur le 15ᵉ. Vos instructions pour le 15ᵉ sont identiquement celles indiquées par moi au colonel Desplas en présence de Colomb, au moment où je l'avisais de la modification du mouvement. Ce sont aussi celles que j'ai fait envoyer d'Avor par Borel au général Martineau. Je suis heureux d'avoir encore réalisé vos intentions. Il n'y a donc qu'à les confirmer en les dévelop-

---

(1) 15ᵉ Corps.

pant au général commandant de 15e corps pour ce qui est des positions à prendre. Je suis absolument d'avis d'attacher l'agent-voyer chef aux forces opérant à Bourges ; il connaît à fond le pays qu'il a préparé ; solide, vigoureux, animé des meilleurs sentiments, il peut et doit rendre de grands services. Quant aux mouvements éventuels du 15e corps, je me suis mal exprimé dans ma dépêche, car je n'ai jamais eu l'intention de faire opérer une retraite en chemin de fer. Un déplacement par ce moyen était envisagé par moi pour être employé dans le cas seulement où l'ennemi ne menacerait plus le corps et qu'il serait à lancer à grande distance. Dans le cas, au contraire, d'une attaque directe ou indirecte, il est incontestable qu'il faut exécuter uniquement votre programme qui a toujours été le mien. Je pars à quatre heures pour Chalon. J'arriverai à sept heures, et, dès la matinée, vous rendrai compte aussi bien des 18e et 20e que de la discussion que je soulèverai sur le rôle ultérieur du 15e. Le général y sera arrivé. Pour le 24 tout est ordonné, départ dimanche entamé, suite lundi. Je ferai rejoindre ce qui est en trop à Beaune par les nouvelles sections non encore ouvertes Chalon, Dôle. J'ai remanié cette nuit l'endivisionnement et l'embrigadement du 24e, sans trouble, au contraire, car je prends les résultats acquis et qu'on allait renverser inutilement. Cremer 1re, Commagny 2e, Busserolles 3e ; ce dernier sera peut être à prendre pour le tout sous peu (dès le déplacement). Je vais bien, comptez sur moi.

De son côté M. de Freycinet essayait de calmer l'irritable Bordone. Par une longue dépêche (1) il lui donnait satisfaction dans son démêlé avec Frappoli et Baillebache, et faisait une fois de plus appel à son dévouement. Bordone et Gauckler répondirent (2) en se couvrant de l'autorité de Garibaldi, qu'ils dépeignirent comme intraitable. — En communiquant à Gambetta

---

(1) Télégramme de 10 h. 50 (Archives de la Guerre).
(2) Télégrammes de 2 h. 48 soir et 2 h. 50 soir (Archives de la Guerre).

ces télégrammes presque insolents (1), M. de Freycinet manifesta son intention de n'y pas faire de réponse, tandis que, de son côté, Gambetta s'adressait au préfet de Marseille et lui demandait d'user de son influence pour calmer ces alliés si peu faciles (2).

Une autre mauvaise chance allait encore compliquer la situation : depuis la veille, la neige ne cessait de tomber; à Lyon même il y en avait 35 centimètres (3), à Mâcon 30 (4), à Bourg 52 (5). Un nouvel accident survenu à Luzy, dans la nuit du 24 au 25, obstruait une fois de plus la voie, où 6 wagons restaient en détresse pendant plusieurs heures (6). M. Gambetta télégraphiait à 3 h. 45 du soir à M. de Serres qu'il croyait « nécessaire et fatal tout ensemble de suspendre l'exécution des ordres » (7). Mais M. de Serres tint bon. Des instructions furent envoyées aux Préfets pour faire réquisitionner des travailleurs et procéder au déblaiement des voies, et M. David reçut avis d'avoir à se transporter à Decize pour y organiser l'embarquement des 2ᵉ et 3ᵉ divisions du 20ᵉ corps (8).

Le soir arriva à Chalon-sur-Saône le général Bourbaki. « Il vient 48 heures trop tôt », dit M. de Serres (9), qui aussitôt rédigea une note à faire publier par les journaux, anonçant que l'envoi de troupes à Chagny n'avait été qu'une mesure de défense temporaire néces-

---

(1) Télégramme de 10 h. 50 soir.
(2) Télégramme de Gambetta, 6 h. 50 soir.
(3) Dépêche de Gambetta, 3 h. 45 soir (Archives de la Guerre).
(4) Dépêche du maire, 4 h. 58 soir (Archives de la Guerre).
(5) Dépêche de Richard à Cottiau, 4 h. 15 soir (Archives de la Guerre).
(6) Télégrammes du commissaire de surveillance, 6 h. 40 soir (Archives de la Guerre).
(7) A de Serres (Archives de la Guerre).
(8) Télégrammes de de Serres et Gambetta, 8 h. 35 soir et 7 h. 42 soir (Archives de la Guerre).
(9) Dépêche à Gambetta, 7 h. 45 soir (Archives de la Guerre).

sitée par l'offensive des Allemands sur Nuits (1). Pourtant il fallait bien régler enfin avec le général en chef la question du 15ᵉ corps. D'ailleurs et bien que M. de Freycinet n'eût pas attendu la réponse du général Bourbaki pour envoyer ses instructions au général Martineau, il avait adressé, le 25, une nouvelle dépêche au général pour obtenir enfin une réponse catégorique (2). On verra que celle-ci ne devait être rédigée que le 26.

---

(1) Dépêche à Gambetta, 3 h. 5 soir (Archives de la Guerre).
(2) Télégramme de 9 h. 50 soir (Archives de la Guerre).

II

Opérations.

15ᵉ Corps. D'après l'ordre de mouvement donné le 24 (1), la 1ʳᵉ division du 15ᵉ corps devait se porter le lendemain de Mehun sur Vierzon et bivouaquer à l'entrée de la ville près des Forges, la 3ᵉ division devait rester à Mehun et y cantonner, la 2ᵉ conservait son bivouac au Nord de Vierzon. Quant à la cavalerie, la 1ʳᵉ brigade aurait un régiment à Vignoux-sur-Barangeon (entre Mehun et Vierzon) occupant Saint-Laurent, Chaumoux et Guérigny, en arrière de la forêt, avec une simple grand'garde à Vougeron près de la lisière Nord, un régiment en avant de Vierzon avec 1 grand'garde à Theillay et 1 régiment à Méry-sur-Cher. La 3ᵉ brigade resterait sur la rive gauche du Cher, à Saint-Georges, Saint-Hilaire et Méreau.

Ces dispositions, éminemment défectueuses, plaçaient deux divisions en avant du Cher, tout près de cette rivière dangereuse à passer en cas de retraite, derrière le rideau formé par les forêts de Vierzon et de Saint-Laurent insuffisamment observées sur leur lisière Nord; la 3ᵉ division restait isolée à 15 kilomètres des deux autres. — En outre la moitié de la cavalerie restait inutile en arrière de l'infanterie, et celle-ci ne jouissait

---

(1) Archives de la Guerre.

même pas de l'abri, dont la nécessité ferait à la rigueur comprendre la position à Vierzon même, puisqu'elle bivouaquait aux portes de la ville.

Soit que le général Martineau ait donné contre-ordre, soit que le général commandant la 1re division ait pris sur lui de modifier les dispositions prises, il ordonna à sa 2e brigade, qui devait marcher en tête, de traverser Vierzon pour aller occuper les cantonnements préparés depuis la veille (1) sur la rive gauche du Cher. La 1re brigade devait seule rester sur la rive droite.

Effectivement, le 1er zouaves de marche fut cantonné dans les fermes de la roix-d'En-Haut, de la Croix-d'En-Bas et de Foury (2), le 12e mobiles à Vierzon village (3). Quant à la 2e brigade, elle passa sur la rive gauche et s'établit dans le faubourg de la Croix; les tirailleurs allèrent même jusqu'à Saint-Hilaire-de-Court (4 kilomètres Sud-Ouest de Vierzon).

A la 2e division, on s'était aussi occupé de mettre à l'abri le plus de monde possible. En conséquence, le 5e bataillon de chasseurs vint cantonner à Vierzon même, (4) et la grand'garde qu'il fournissait dans la forêt sur l'Allée de la Plaine fut remplacée par 2 compagies du 25e mobiles (5). Le régiment étranger cantonna au Puits Berteau (1,500 mètres Nord-Est de Vierzon) (6), le 35e mobiles se répartit dans les fermes situées entre ce village et la forêt le long de la route de Neuvy (7). Quant au 39e d'infanterie, il paraît être

---

(1) Ordre du général commandant la 1re division (Archives de la Guerre).
(2) *Historique*.
(3) On fut sous les armes à 7 heures pour partir à 10 h. 30.
(4) *Historique*.
(5) Rapport du général commandant la 2e division (Archives de la Guerre).
(6) *Historique*.
(7) *Journal*.

resté à peu près en entier aux avant-postes « couvrant l'espace compris entre la grand'route de Salbris à Vierzon et la route de l'Aigle (1) ». Il fournit aussi une reconnaissance vers Toraise, qui rapporta l'annonce de l'apparition en ce point de 8 h. 30 du matin à midi d'une colonne allemande forte de 6 cavaliers et 200 fantassins (2).

La 2ᵉ brigade paraît avoir cantonné à Vierzon en conservant ses postes de Zigommières, le Chalumeau et Lojon, avec 200 éclaireurs bretons à Theillay-le-Pailleux.

Toute la 3ᵉ division d'infanterie cantonna à Mehun et Allouis.

A la 1ʳᵉ brigade de cavalerie, le 6ᵉ hussards vint à Vignoux-sur-Barengeon, le 6ᵉ dragons au Nord de Vierzon, le 11ᵉ chasseurs à Méry-sur-Cher, poussant une grand'garde jusqu'à Menneton le long du Cher.

Dans la 3ᵉ brigade, le 1ᵉʳ cuirassiers de marche vint à Saint-Hilaire de Court, le 9ᵉ cuirassiers à Méreau, détachant 1 escadron à Brinay, où se plaça le général de division. Le 1ᵉʳ chasseurs de marche, envoyé à Saint-Georges-sur-la-Prée, détacha de là un peloton commandé par le sous-lieutenant Laudes sur Menneton, sur la rive droite du Cher, à 12 kilomètres de son point de départ. Cette reconnaissance ne rencontra pas l'ennemi qui avait disparu depuis huit jours (3).

Enfin, ce jour-là, arriva à Vierzon un escadron du 2ᵉ lanciers, renvoyé par le général de Boërio, cédant enfin à l'insistance du général de Longuerue, lequel, malgré l'autorisation donnée par le commandant en

---

(1) Rapport du général commandant la 2ᵉ division (Archives de la Guerre).
(2) Rapport de la compagnie d'éclaireurs volontaires du 39ᵉ (Archives de la Guerre).
(3) Rapport du sous-lieutenant Laudes (Archives de la Guerre).

chef, n'avait jamais pu se décider à le laisser partir avec toute sa brigade à trois régiments forts en tout de 610 chevaux, parce que l'ordre du 18 décembre avait spécifié qu'il n'en prendrait que deux.

Le soir, le commandant en chef reçut directement de M. de Freycinet la dépêche qu'on va lire. Ne convenant plus à la situation, puisqu'elle aurait impliqué un nouveau recul sur Bourges, cette pièce contenait, sinon des prescriptions au moins des conseils, d'ailleurs justifiés, mais dont l'exécution semble être plutôt du ressort du général que de celui du ministre (1).

25 décembre 1870, 4 h. 30 soir.

Je ne connais point au détail les instructions qui ont dû vous être données relativement au rôle assigné au 15e corps depuis sa séparation d'avec les 18e et 20e corps. Mais je suppose qu'elles se trouvent en parfait accord avec les développements dans lesquels je vais entrer. S'il en était autrement vous auriez soin de m'en aviser.

Le rôle du 15e corps est au moins quant à présent un rôle d'observation beaucoup plus que d'action. Il doit se porter de manière à couvrir Vierzon et Bourges et mettre le temps à profit pour se refaire et réparer entièrement les désordres qu'a pu introduire dans son organisation la dernière campagne à laquelle il a pris part. Les diverses fractions de ce corps devront être échelonnées de manière à pouvoir se replier facilement les uns sur les autres et à permettre au corps tout entier de se porter rapidement dans une direction ou dans une autre sans se laisser entamer dans ce mouvement.

Pour atteindre le but que je viens d'indiquer, les dispositions qui me sembleraient les meilleures sont les suivantes.

Le 15e corps aurait le gros de ses forces à Bourges. Une division occuperait très solidement les forêts de Vierzon et de Saint-Laurent, et de forts avant-postes seraient placés à Neuvy-sur-Barangeon et à Chapelle-d'Aucillon. En même

---

(1) *A. Général commandant le 15e corps, Bourges* (faire suivre).

temps les routes seraient soigneusement interceptées dans toutes les directions au-dessus de Neuvy, de la Chapelle, entre la Chapelle et Sancerre, ainsi que dans les directions de Bourges à Sancerre et à la Charité. On respecterait au contraire la route de Vierzon à Salbris ; ainsi que celles dans l'intérieur du secteur Vierzon, Neuvy, la Chapelle. Je recommande l'agent-voyer chef de Bourges comme pouvant être d'un précieux secours pour tout cela. S'il y consentait, on l'attacherait au 15ᵉ corps dans le département du Cher comme colonel du génie civil. Prière de le consulter et de me fixer à cet égard.

Cela posé les avant-postes auraient ordre de se replier sur Vierzon et Bourges, en cas de forces supérieures, et la division de Vierzon elle-même aurait Bourges pour objectif de retraite, de façon à ce que le 15ᵉ corps devînt la garnison du camp retranché de Bourges, qu'il faut en attendant fortifier et refortifier.

En cas d'une marche d'une armée sur le centre de la France, Bourges doit être un centre de résistance permettant au besoin à Chanzy de tomber sur les derrières de cette armée, et ce n'est qu'après avoir été mis dans l'impossibilité de tenir davantage que le 15ᵉ corps devrait, suivant les circonstances, battre en retraite sur Nevers ou sur Saint-Omer.

D'une manière générale, je vous recommande instamment de vous éclairer à grande distance. Telles sont les instructions qui me paraissent en harmonie avec le rôle général de votre corps. Si elles vous paraissent soulever, par quelque point, des objections au point de vue militaire, je vous prie de me le faire connaître. Veuillez, en tous cas, m'accuser réception de la présente et vous tenir en communication constantes et au moins quotidiennes avec moi.

C. DE FREYCINET.

18ᵉ Corps. Toute la nuit du 24 au 25 et la plus grande partie de la journée suivante furent occupées par la mise en route de la 2ᵉ division.

A midi seulement l'ordre fut donné à la 3ᵉ division de lever le bivouac de Raveau et de se rapprocher de la Charité pour commencer l'embarquement à 3 heures du soir. « La 1ʳᵉ brigade, dit le journal de la 1ʳᵉ division, se met donc en marche, ayant en tête le 9ᵉ bataillon de chasseurs, suivi du 42ᵉ de marche qui précède le 19ᵉ mobiles. Cette brigade arrive à la gare à 3 h. 30. L'embarquement ne peut avoir lieu de suite, faute de matériel, parce que la 2ᵉ n'a pas terminé son embarquement. — A 10 heures part le 1ᵉʳ train qui emporte le 9ᵉ bataillon de chasseurs et 2 compagnies du 42ᵉ de marche. »

Ce premier train emportait en outre le général de division; il arriva à Chagny le 26 à midi 30.

Le reste du 42ᵉ de marche partit en deux trains dans la nuit du 25 au 26. Il fut suivi par le 19ᵉ mobiles. Toute la première brigade fut ainsi embarquée à la Charité dans la nuit du 25 au 26, de 10 heures du soir à 7 heures du matin. Elle débarqua à Chagny le 26 à partir de midi jusque très avant dans la nuit du 26 au 27. — La 2ᵉ brigade devait rester à son bivouac de Raveau jusque vers 2 heures du soir le 26, mais l'artillerie commença son embarquement, dès que celui de la 1ʳᵉ brigade fut terminé.

20ᵉ Corps. On se souvient que, de la 1ʳᵉ division restée à Saincaize, il restait encore à embarquer les 2 bataillons de la Haute-Garonne (24ᵉ), celui de Saône-et-Loire, les francs-tireurs de Luppé, le génie et le quartier général de la division. « Les dernières de ces troupes ne devaient être mises en chemin de fer que le 27 à midi (1). »

D'après l'ordre de mouvement donné le 24 par le général Thornton, commandant par intérim les troupes du 20ᵉ corps non embarquées, la 3ᵉ division devait quitter Saint-Ouen à 7 heures du matin et aller cantonner à Decize, la 20ᵉ devait la suivre et occuper Songy, Saint-Léger-les-Vignes et Rosières. — Le lendemain 26, la 3ᵉ division devait gagner Fours.

---

(1) *Historique* du 20ᵉ corps (Archives de la Guerre).

Effectivement la 3e division parvint à Decize vers midi, malgré la pluie glacée mêlée de neige qui ne cessait de tomber (1), la 2e division occupa Songy (3e zouaves de marche), Saint-Léger-des-Vignes (mobiles de la Savoie) et Rosières.

Dans la soirée arriva du commandant en chef l'ordre de garder les cantonnements, en raison du temps affreux qu'il faisait, et d'attendre que des convois permettent de prendre les troupes. — En conséquence l'ordre donné pour la marche le lendemain de la 3e division sur Saint-Ouen fut contremandée (2).

La répartition prescrite la veille pour la cavalerie ne fut pas encore accomplie. Le 6e cuirassiers de marche était arrivé à Fours et le 2e lanciers débarquait ce jour-là à Chalon-sur-Saône :

---

(1) *Historique* des mobiles de la Corse.
(2) Ordre et dépêche (Archives de la Guerre).

III

La situation dans la zone de débarquement.

Il convient maintenant de jeter un coup d'œil sur la région où s'opéraient les débarquements.

Le 1ᵉʳ corps de troupe arrivé dans cette zone avait été le Iᵉʳ bataillon du 11ᵉ mobiles (Loire), parvenu à Chalon-sur-Saône le 22 décembre à 6 heures du soir.

Après avoir passé la nuit près de la gare, ce bataillon vint le 23 cantonner à Ouroux (12 kilomètres Sud-Est de Chalon-sur-Saône), où il fut rejoint le 24 au matin par le IIᵉ bataillon qui, parti de Saincaize le 22 à 2 heures du soir et ayant passé la nuit du 22 au 23 en wagons à Nevers, arriva à Chalon-sur-Saône le 23 à 7 heures du soir. — Ces deux bataillons devaient conserver la même position jusqu'au 27. — A Ouroux arriva aussi, dans la journée du 23, le 50ᵉ de marche (3 bataillons) parti de Saincaize le 22 à 7 heures du matin et arrivé à Chalon-sur-Saône le même jour à 7 heures du soir. A 3 heures du soir arriva aussi à Ouroux le 55ᵉ mobiles (Jura), parti de Saincaize le 22 et arrivé à Chalon-sur-Saône dans la nuit du 22 au 23. Enfin une partie du 67ᵉ mobiles (Haute-Loire), embarquée le 22 à 2 heures du soir (IIᵉ bataillon et moitié du IIIᵉ), débarquait à Chalon-sur-Saône le 23 à 5 heures du soir et allait cantonner à Epervans. — C'est, en y ajoutant l'artillerie, à quoi allaient se réduire jusqu'au 27 les troupes du 20ᵉ corps parvenues sur la base de concentration. Il faut y ajouter la Réserve générale, dont le débarquement commença à Chalon-sur-Saône le 23, à 6 heures du matin, et se termina le même jour. — Le 38ᵉ de ligne, le 29ᵉ de marche et l'infanterie de marine restèrent en entier cantonnés à Chalon-sur-Saône ou dans le faubourg de Saint-Jean-des-Vignes. — Il ne paraît pas y avoir eu le moindre service de sûreté ou de reconnaissance organisé. La présence à Beaune, Chagny, Auxonne, Seurre de troupes nombreuses pouvait paraître suffisante.

Du côté de Chagny, les premiers arrivés furent le le 4ᵉ zouaves de marche, débarqué le 23 à 7 heures du soir, et qui, après avoir passé la nuit dans trois églises, vint le lendemain cantonner près de la Dheune dans les hameaux de Cercy, Sondebois, Champseuil, Choublanc (20 kilomètres Nord-Est de Chagny). Il fut suivi par le 92ᵉ de ligne, débarqué à Chagny dans la nuit du 23 au 24, puis par le 53ᵉ de marche, dont le premier détachement arriva à Chagny le 24 à 10 heures du matin et cantonna à Puligny-Montrachet (4 kilomètres au Nord de Chagny). Le reste de ce régiment (partie du IIᵉ bataillon et IIIᵉ bataillon), arrivé le 24 à 4 h. 30 du soir à Chagny, bivouaqua d'abord près de la gare. A 10 heures du soir, il reçut l'ordre de partir pour Saint-Loup-de-la-Salle, où il arriva à 1 heure du matin. « Vers 10 heures du matin, dit le *Journal* du 53ᵉ de marche, tout le régiment se trouva réuni au point et prit position entre le village et la Dheune, sur la route de Beaune à Verdun. Il resta sur pied jusqu'à 6 heures du soir et reprit alors son cantonnement. »

Enfin, dans la même journée du 25, arrivèrent à Demigny, où ils cantonnèrent, les 81 et 82ᵉ mobiles, ce dernier régiment incomplet.

Si l'on y ajoute l'artillerie de la 2ᵉ division du 18ᵉ corps, qui débarqua le 25 au soir à Chagny, on voit que dans la journée du 25 le général Billot avait à sa disposition presque toute sa 3ᵉ division placée le long de la Dheune de Choublanc à Demigny, et en outre 1 régiment (92º) avec 3 batteries, à Chagny, d'où il devait se porter au Nord de la ville sur Puligny.

Arrivé la veille au soir à Chagny, il avait reçu du général de Busserolles, à ce moment à Beaune, l'avis que, les Allemands paraissant se diriger sur Nuits, il avait l'intention de les y prévenir et la demande de faire occuper Beaune après son départ par les premières troupes débarquées du 18º corps (1). Le général Billot ayant refusé de mettre ses troupes en mouvement, le général de Busserolles renonça à son projet (2).

On sait qu'à la suite du combat de Nuits, les troupes qui y avaient pris part avaient eu l'ordre de venir à Beaune. Mais la 1ʳᵉ légion du Rhône était allée à Chagny le 19 et à Chalon-sur-Saône le 20. Sur l'ordre du général de Busserolles, qui le 22 avait pris le commandement, elle l'avait rejoint le 24 à Beaune.

La 2ᵉ légion du Rhône, qui avait aussi poussé sur Chagny, ne rentra à Beaune que le 22 à 8 heures du soir. Là se trouvaient en outre le bataillon des mobiles de la Gironde et les 32ᵉ et 57ᵉ de marche avec 2 batteries de 4 et 1 de montagne.

24ᵉ corps. C'est le 18 décembre qu'avait été formé le 24ᵉ corps. Il devait comprendre « les troupes réunies à Lyon, et aux environs sous les ordres du général Bressolles, qui réunira dans ses mains ce commandement avec celui de la 8ᵉ division militaire (3) ». « Plus tard, ajoutait M. de Freycinet, quand vous aurez rallié

---

(1) Dépêche du général Billot au général Bourbaki, 25 décembre (Archives de la Guerre).

(2) Dépêche du général de Busserolles au général de Bressolles, 25 décembre, 8 heures matin (Archives de la Guerre). Le général Billot au général Bonet, commandant la 3ᵉ division (Succession Billot).

(3) Dépêche du ministre, 18 décembre, 11 h. 45, et ordre nº 1 du corps d'armée.

Cremer, les garnisons de Besançon, Belfort et autres, il est probable qu'il y aura lieu de former un 25ᶜ corps. »
Dans la 1ʳᵉ organisation, la 1ʳᵉ division (2 compagnies du 6ᵉ bataillon de chasseurs, 32ᵉ de marche, francs-tireurs du Rhône, 60ᵉ de marche, 61ᵉ de marche et 3 batteries) devait être commandée par le général comte de la Serre, la 2ᵉ (4ᵉ mobiles de la Loire, 14ᵉ et 83ᵉ, 86ᵉ et 87ᵉ mobiles et 3 batteries) par le colonel d'Etat-Major Bousquet, la 3ᵉ par Cremer. Elle comprendrait les deux légions du Rhône et le 89ᵉ mobiles. Le général de Bressolles annonçait le 20 que, « d'après ses prévisions et sans tenir compte des obstacles que la neige peut apporter à la circulation, toutes les troupes de Lyon et le quartier général du 24ᵉ corps seront arrivés à Besançon le 28 au matin ».

Mais d'une part les demandes de cartouches, de havre-sac, de souliers, d'objets d'équipement affluant de tous côtés, montraient combien l'organisation des troupes était encore incomplète. De plus l'envoi, le 20 décembre, du général de Busserolles à Beaune, pour y prendre le commandement des troupes de Cremer, obligea à une nouvelle répartition. D'ailleurs Cremer avait avec lui à Beaune le 32ᵉ, qui avait combattu sous ses ordres à Nuits, et le 57ᵉ. On décida néanmoins que les 1ʳᵉ et 2ᵉ divisions conserveraient leur organisation, sous les ordres du général de la Serre et du colonel Bousquet, mais que la 3ᵉ division serait commandée par le général Busserolles, ayant sous ses ordres Cremer comme brigadier.

Le 23, ce dernier reçut le commandemant de la 1ʳᵉ division à Lyon, tandis que le général Busserolles concentrait à Beaune tout ce qui avait été précédemment sous les ordres de Cremer, détachait la légion de Saône-et-Loire non embrigadée à Bouze et Besset, se reliant à Bligny avec les avant-postes de Garibaldi, et poussait les francs-tireurs du Rhône sur Chaux, Nuits, Boncourt et des partis sur sa droite vers Corberon et

Argilly (1). Puis, le 24, sur l'ordre direct de Gambetta, et d'après la demande qu'avait faite Cremer à l'effet de conserver son état-major, on désigna pour la 1re division Cremer, pour la 2e Thibaudin-Comagny, pour la 3e Busserolles (2). Mais cette fois les corps et les divisions furent intervertis. De sorte que la 1re division se trouva formée avec les éléments qui étaient à Beaune, à proximité de Garibaldi, tandis que Busserolles prenait le commandement d'une 3e division très faible comme effectif et comme valeur.

L'ordre de bataille devint donc le suivant :

Ordre n° 12.

Par suite de combinaisons stratégiques la composition des différentes divisions du 24e corps d'armée est modifiée ainsi qu'il suit :

1re division d'infanterie. — Général de division commandant Cremer conservant près de lui tout son ancien état-major.

1re brigade : Milot, colonel commandant la brigade ; 1er bataillon des mobiles de la Gironde ; 32e régiment d'infanterie de marche ; 57e régiment d'infanterie de marche.

2e brigade : Commandant général Caroll Tevis, général de brigade de l'armée auxiliaire ; 3e compagnie des francs-tireurs du Rhône ; 83e régiment de mobiles ; 86e régiment de mobiles.

Artillerie : 2 batteries montées de 4 (22e du 12e, 22e du 9e) et 1 batterie de montagne (1re du 3e).

Génie : 1 compagnie du 2e régiment.

Jusqu'à nouvel ordre la division Cremer conservera la batterie Armstrong qui était attachée à la 1re légion des mobilisés du Rhône.

2e division. — Général commandant Thibaudin de Comagny.

---

(1) Dépêche du général de Busserolles, 23 décembre, 3 heures soir.

(2) Lettre de Gambetta du 24 décembre (Archives de la Guerre. 24e corps).

1re brigade : Commandant Irlande, colonel d'infanterie; 21e bataillon de chasseurs; 60e régiment d'infanterie de marche; 61e régiment d'infanterie de marche.

2e brigade : Commandant Brancas, colonel de garde mobile; 14e régiment de mobiles; 87e régiment de mobiles.

Génie : 20e compagnie du 2e régiment.

Artillerie : 2 batteries de 4; 1 batterie de montagne.

3e division. — Général de division de Busserolles, commandant; 4e batterie de la Loire; 89e mobile (2 bataillons), 1re légion de mobilisés du Rhône; 2e légion des mobilisés du Rhône.

Génie : 2 compagnies (1 par légion de mobilisés).

Artillerie : 2 batteries Armstrong; 1 batterie de montagne. (La batterie Armstrong de la 1re légion est momentanément attachée à la 1re division.)

Artillerie de réserve : 4 batteries de 12, dont 2 arrivées.

Dans la journée du 25, on devait faire partir de Lyon pour Beaune (1) le 86e mobiles en 3 trains, à 2 h. 50, 4 heures et 5 heures, et le 7e régiment de cavalerie de marche en 2 trains, à 3 h. 28 et 5 h. 20.

---

(1) Registre de correspondance du 24e corps.

IV

Mouvements des Allemands.

L'avis envoyé le 24 par le général de Treskow, commandant le corps de Liège devant Belfort, n'avait pas encore permis au grand État-Major allemand de discerner de quel côté était le péril. Néanmoins, on va voir par la lettre ci-dessous que le maréchal de Moltke commençait à envisager l'hypothèse d'une grande opération dans l'Est.

Au Général Major Stiehle, Orléans (1).

Versailles, 25 décembre 1870, 5 heures soir.

J'ai reçu aujourd'hui la lettre que vous avez bien voulu m'adresser le 23 courant.

Je crois que, tout d'abord, la II⁰ armée n'a rien de mieux à faire que de se reposer, se recompléter et se ravitailler. Il faut avant tout éviter de donner un coup d'épée dans l'eau avec de gros effectifs.

Nous aussi nous sommes sans aucune nouvelle positive de la situation du corps du général Bourbaki.

L'opération la plus efficace qu'il pourrait tenter serait une offensive par la rive droite de la Loire, contre l'armée d'investissement de Paris; seulement il pourrait se croire trop faible pour l'entreprendre. Aussi semble-t-il désirable que vous vous borniez à vous poster solidement et à surveiller strictement la direction de Gien.

---

(1) *Correspondance militaire* du maréchal de Moltke, n° 545.

Il pourrait être vraisemblable que, dès à présent, il se soit mis en marche par Angers, pour rejoindre vers le Mans et Conlie, les débris de l'armée de Chanzy, et reprendre de là l'offensive sur Chartres. En tout cas, cela demandera encore quelque temps et des préparatifs. Dans cette hypothèse, tout en laissant des forces suffisantes pour occuper Orléans et observer Gien, j'aurai l'idée de faire faire un à droite à toute la IIe armée de manière à la porter contre l'ennemi sur le Loir.

Des troupes qui sont actuellement autour de Chartres sous les ordres du grand-duc de Mecklembourg, formeraient alors avec la IIe armée une masse puissante qui marcherait sous un même commandement. Il serait possible que d'ici l'on pût ultérieurement envoyer encore des renforts, si tout d'abord on avait la possibilité de réparer les lignes ferrées.

Si, contre toute attente, Bourbaki marchait par la rive droite, dès qu'on en aurait la nouvelle certaine, le général de Zastrow, dont Sa Majesté s'est réservée la disposition, serait, en conséquence, dirigé vers l'Ouest.

En ce moment, il ne paraît pas possible de la pousser au delà d'Auxerre. La nouvelle de la réquisition pendant trois jours, pour des trains militaires, de la ligne de Lyon-Besançon, la présence de Gambetta dans la première de ces villes, la possibilité que Bourbaki pourrait, par Moulins, s'être porté dans la direction de l'Est, oblige à songer à renforcer éventuellement le général de Werder, qui a la charge de couvrir le siège de Belfort et toutes nos communications contre des attaques venant du Sud.

Quelles sont les raisons d'occuper même momentanément Tours, dont la possession a cependant une grande importance politique? nous n'en savons rien ici, il semble cependant que surtout le IXe corps a eu l'occasion de le faire.

Avant-hier, sans attendre de renforts, le général de Manteuffel a attaqué Faidherbe, dont les forces étaient doubles; il lui a pris six villages et 1 000 hommes. Hier l'ennemi s'était maintenu cependant dans ses positions retranchées. Il semble aujourd'hui les avoir abandonnées. Le général Manteuffel fait connaître qu'il a commencé la poursuite dans la direction du Nord-Est.

Le voisinage de Faidherbe rendait probable une nouvelle sortie de l'armée de Paris, dans ces derniers jours. Aussi nous tenons solidement toutes nos positions, et les postes plus exposés sont de nouveau occupés.

Rien de positif sur la situation intérieure de Paris. Il semble cependant que la cherté des vivres devient de plus en plus sensible et que les rations délivrées sont insuffisantes.

A ce moment parvint au grand quartier général de Versailles un nouvel avis, expédié par le général de Treskow et provenant des agents allemands à Berne, d'après lequel « 25,000 hommes étaient en marche pour débloquer Belfort (1) ». Prévenu en même temps que le maréchal de Moltke, le général v. Werder télégraphia à Versailles que « si la nouvelle se confirmait, il n'hétait pas à abandonner Dijon pour marcher au secours de Treskow » et, sans attendre davantage, il envoya au général v. der Goltz l'ordre d'abandonner ses positions devant Langres, et, avec toutes ses forces disponibles, de se porter sur Port-sur-Saône, pour se mettre de là en relations avec le corps de siège devant Belfort.

D'autre part, le Grand État-Major allemand avait, dans cette même soirée du 25, reçu du prince Frédéric-Charles un renseignement des plus importants. Les patrouilles de cavalerie qui battaient l'estrade au Sud-Ouest de Gien, vers Aubigny-Ville, avaient rencontré des paysans qui avaient été auparavant employés comme conducteurs de voitures à l'armée du général Bourbaki et qui rentraient chez eux, après avoir été congédiés. Ils annoncèrent que, depuis le 22, les troupes françaises s'embarquaient en chemin de fer à Nevers et à Bourges pour Chalon-sur-Saône (2).

Cette fois le maréchal de Moltke ne pouvait plus

---

(1) Löhlein.
(2) Von der Wengen (Die Kämpfe vor Belfort).

douter, et, à 11 heures du soir, il adressa au général de Zastrow l'ordre télégraphique suivant :

Télégramme (faire suivre).

Versailles, 25 décembre 1870, 11 heures soir.

Il devient vraisemblable que l'armée de Bourbaki est partie par chemin de fer de Nevers pour Chalon-sur-Saône. Votre Excellence voudra bien partir immédiatement, avec toutes ses forces, dans la direction de l'Est, sur Châtillon. Le but est de vous réunir éventuellement avec le général de Werder et ensuite de prendre l'offensive avec lui. Rendez compte des emplacements prochains de votre quartier général.

Le duplicata de cette dépêche parvint au général de Werder le 26 au matin.

Corps Werder. Toute la journée du 25 avait été parfaitement calme autour de Dijon, et les emplacements pris la veille n'avaient pas été modifiés. Du côté du détachement v. Röder (1) la nuit de Noël s'était passée tranquillement à Pouillenay et à Flavigny (2); les patrouilles n'avaient rien vu de suspect, sauf quelques paysans armés. Il semble, d'après les *Historiques* des corps, que le détachement conserva ses cantonnements jusqu'à 11 heures du matin, et vint, après une marche assez courte, s'installer à Chanceaux, d'où il envoya des patrouilles de dragons sur Baigneux-les-Juifs et Saint-Seine. L'effet de l'opération avait été en somme fort peu important : sauf à Sombernon, où l'on n'avait pas poussé l'affaire, on n'avait nulle part pris le contact avec des forces adverses sérieuses et l'on ne s'était pas relié avec le VIIe corps.

Le général von der Goltz conserva le 25 ses positions près de Langres. Dans la journée rentra à Montigny le

---

(1) 2 bataillons, 2 escadrons, 1 compagnie, 1 détachement de pionniers.

(2) Voir ci-dessus.

détachement Fischer qui s'était, la veille, relié vers Luxiaville au *60ᵉ* d'infanterie.

VIIᵉ Corps. Nous avons laissé le capitaine Javouhey (1) embusqué le 25 vers 7 h. 30 du matin près de Bricon, et attendant le déraillement qu'il avait préparé.

Le bataillon du *72ᵉ* prussien, qui avait passé en gare de Chaumont sa seconde nuit en chemin de fer, en repartait au même moment.

« Le train, dit l'*Historique* du *72ᵉ*, était dédoublé, à cause de la forte rampe entre Chaumont et Château-Villain ; les voitures à cartouches, les chevaux et les bagages restant à Chaumont pour être transportés de là à Châtillon-sur-Seine.

« Vers 9 heures, en arrivant au Sud-Ouest de Bricon, le train attelé de 2 locomotives subit une telle secousse que les hommes tombèrent les uns sur les autres ; le train dérailla, continua quelque temps sur la voie et s'arrêta.... Au même moment, une violente fusillade partit de fossés parallèles au chemin de fer et à moins de 200 pas.

« ... Il fallut longtemps pour sortir des wagons, car les hommes avaient ôté leurs bottes et les fusils barraient les portes.... Une partie de la 6ᵉ compagnie se porta à l'attaque de la maison du garde-barrière, où l'on assomma (*sic*) deux francs-tireurs... la plus grande partie du bataillon attaqua la lisière des bois... que l'ennemi abandonna... on trouva sur le terrain 11 tués ennemis et on fit 12 prisonniers ; le bataillon avait perdu 2 morts et 7 blessés... »

En réalité (2) la maison du garde-barrière ne contenait qu'une jeune femme, laquelle avait reçu à travers la fenêtre une balle dans la joue, et 2 vieillards désar-

---

(1) Voir aussi l'article du capitaine Painvin du *69ᵉ* d'infanterie (*Revue du cercle militaire*, 27ᵉ année, n° 41).

(2) Relation personnelle de M. le maire de Bricon.

més (1), que le capitaine Javouhey avait enfermés pour les empêcher de donner l'alarme et qui furent impitoyablement massacrés. Les Prussiens firent 5 prisonniers, au nombre desquels était l'ordonnance du capitaine, et on retrouva 5 tués qui furent inhumés à Orges.

« Les Allemands, dit d'autre part le livre *Langres pendant la guerre* (2), perdirent 182 hommes tués ou blessés. De notre côté, nous eûmes 5 hommes tués et 13 blessés. Le capitaine Javouhey reçut à la poitrine une grave blessure, mais ne resta pas au pouvoir de l'ennemi. » De fait le détachement put s'échapper et rentrer à Langres.

La première locomotive avait repris d'elle-même sa place sur les rails et fut expédiée sur Château-Villain. De là arriva bientôt une compagnie du *60*ᵉ (3). Un quart d'heure après l'accident, arrivait aussi sur le lieu du combat un convoi de 80 voitures venant de Chaumont et escorté seulement par 6 hommes du *60*ᵉ (4).

« A 11 heures le IIᵉ bataillon partit pour Château-Villain par la route, suivi du convoi. Il y arriva à 1 heure et en exécution d'ordres supérieurs, y cantonna. La 7ᵉ compagnie était au château de la Belle-Fontaine. En représailles on incendia 3 maisons à Bricon, on emprisonna pour 10 jours le maire et 3 notables. Il en fut de même du maire d'Orges, localité dont les habitants furent menacés d'incendie et de contribution de guerre, sans que cette menace fût suivie d'exécution. Au contraire les habitants durent, sur la proposition du colonel Dannenberg du *60*ᵉ, et par ordre de la commandatur de Château-Villain, abattre les arbres le

---

(1) Barrois, né en l'an IX, guide du détachement, et Boudelot, dit « Père Tata », âgé de soixante-cinq ans, mendiant.
(2) *Loc. cit.*
(3) Dont 2 bataillons occupaient Chaumont depuis le 29 novembre, le 3ᵉ était à Verdun.
(4) *Historique* du 72ᵉ.

long du chemin de fer sur une longueur de 100 mètres et une profondeur de 300. Jusqu'à la signature de la paix, 4 notables d'Orges eurent à accompagner les trains allemands, montés sur la locomotive. »

Les représailles exercées par les Allemands furent en réalité les suivantes (1) :

« Dès 11 heures du matin, un détachement envahit le village de Bricon. Le maire, M. Graillet, fut arrêté et emmené au lieu du combat, avec M. Gillot, les 5 prisonniers et 2 autres notables. Frappés à coups de crosse et de pied, ces malheureux furent conduits à la prison de Chaumont, où vinrent les rejoindre 2 autres otages, MM. Chrétien (2) et Maugras. Après 8 jours de captivité, les civils furent mis en liberté.

« Les Prussiens incendièrent la ferme de M. Graillet et une partie du château... La commune d'Orges dut payer 3,700 francs et celle de Bricon 3,500 francs. »

Plus heureux, le Ier bataillon du 72e était arrivé à 1 heure du soir à Chaumont et y cantonna. Le bataillon de fusiliers, embarqué le 25 à 7 heures du matin de Metz, arriva à 10 h. 30 du soir à Bar-le-Duc et y passa la nuit en wagons.

La journée du 25 décembre fut marquée du côté d'Auxerre par l'envoi d'une reconnaissance, forte de 1 bataillon et 1 escadron (3), sur Charny (4). La mission du chef de détachement, lieutenant-colonel von den Busche, était de se relier avec le détachement Rantzau (5) à Montargis. Mais, ce jour-là, le général von Rantzau s'était mis en marche sur Briare. Le même jour égale-

---

(1) Relation de M. le maire de Bricon.
(2) Aujourd'hui maire de Bricon.
(3) IIe bataillon du 13e d'infanterie, 3e escadron du 8e hussards. (*Historique* du 8e et du 13e westphalien.)
(4) Sur l'Ouanne, Nord-Ouest de Toucy.
(5) De la division hessoise, 2e d'infanterie, 2e de cavalerie, 1 batterie à cheval.

ment partait d'Auxerre le II⁰ bataillon du *73⁰* (hanovrien) avec 1 escadron du *5⁰* ulans de réserve pour Gy-l'Évêque, sur la route de Nevers. La compagnie du *55⁰*, qui escortait un convoi et qui avait quitté Auxerre le 24 et couché ce jour-là à Tonnerre, arriva le 25 à Châtillon. Les autres troupes conservèrent leurs emplacements.

Le *Journal* de marche du général von Zastrow indique très exactement la situation des troupes et l'état d'incertitude où se trouvait alors le commandement allemand (1).

« Dans la région d'Auxerre se trouvent 9 bataillons, 10 escadrons, 6 batteries ayant comme avant-garde à Toucy 4 bataillons, 3 escadrons, 1 batterie, 1 compagnie de pionniers ; à Gy-l'Évêque, 1 bataillon et 1 escadron, comme liaison avec Joigny, 1 compagnie avec quelques cavaliers à Appoigny. Des autres troupes disponibles, 4 bataillons, 2 escadrons, 2 batteries occupent Châtillon, 1 bataillon est à Troyes et 2 compagnies à Nuits. Le *72⁰* régiment est en marche par chemin de fer sur Châtillon, le *60⁰* est à Chaumont.

« Nous ne pouvons pas avoir de nouvelles récentes sur l'ennemi ; les grands froids, les routes glissantes rendent presque impossible l'emploi de la cavalerie, qui a encore à essuyer le feu des bandes irrégulières et même des habitants dans un terrain très coupé. Les nouvelles recueillies à Auxerre disent que les habitants ont l'espoir de voir bientôt la France dans une situation bien meilleure à la suite des nouvelles opérations qu'on prépare actuellement. Où seront dirigées ces opérations et avec quelles forces les fera-t-on ? Nous n'avons là-dessus aucun renseignement. Il semble que le gouvernement de Gambetta, qui a à Auxerre beaucoup d'adhérents, répande ce bruit pour redonner courage au peuple fatigué de la guerre. »

---

(1) Baille (*loc. cit.*), d'après Fabricius.

Journée du 26 décembre.

I

L'impression que M. de Serres d'une part, et le général Bourbaki de l'autre, gardèrent de la conférence tenue le 25 au soir à Chalon-sur-Saône au sujet du rôle du 15° corps se traduisit par les télégrammes suivants qu'il est utile de reproduire intégralement.

De Serres à Gambetta, Lyon, à de Freycinet, Guerre, Bordeaux.
Chalon, 5529-194-78, 12 h., 25 décembre 1870.

On est revenu aujourd'hui soir sur le 15° corps en poussant sur son emploi et utilité une série de questions bizarres. J'ai nettement et carrément développé nos idées sur le rôle qui était assigné à ces forces sans paraître admettre qu'il peut être modifié. On a admis son maintien où il est pour le moment, et après, j'ai fait les hypothèses et présenté les solutions. Pas « une » objection sérieuse n'a été présentée par ces forts qui m'ont laissé voir une fois encore leur pauvreté. La tenue, l'attitude, la façon d'être plus docile et charmante que jamais, tout est aussi obscur que certain voyage non éclairci encore, il faudra bien cependant être bientôt fixé, car l'heure du travail sérieux est proche. Si, à force d'efforts, j'étais éclairé, avant tout moment sérieux soyez convaincu que je saurai éviter toute conséquence malheureuse. Plus je vais, plus je renforce ma conviction sur l'insuffisance du personnage. Je me donne comme second objet d'étude urgente la recherche et l'analyse du remplaçant.

DE SERRES.

De Serres à Gambetta et de Freycinet

Châlon-sur-Saône, 26 décembre, 11 h. 55 matin.

Vous recevrez une dépêche du général, en réponse à celle de Bordeaux que vous savez. C'est une échappatoire du cru déjà dégusté, comme je vous l'avais fait entrevoir; il parle de responsabilité sur le 15e corps, alors qu'il n'en a jamais été question. En conclusion, il accepte le plan tel quel et se prépare à l'exécuter.

Je me charge de le pousser vigoureusement sans m'arrêter aux difficultés et aux obstacles qu'il se complaît à annoncer et à grossir. Mesurez à la même échelle les délais qu'il vous indique pour la concentration qui serait déjà presque effectuée, si je n'avais eu à réparer aujourd'hui et demain les conséquences des dispositions hésitantes et malencontreuses prises par lui à Nevers (*sic*). Le temps seul est désormais la véritable difficulté, que j'espère bien amoindrir, sinon surmonter par les énergiques mesures que je ferai prendre aux chefs de corps que vous connaissez.

Bourbaki à Guerre, Bordeaux et Lyon.

Urgence. Lyon, Bordeaux de Chalon, le 25 à 2 h. 15 soir, n° 5549.

Parti avant hier soir de Nevers je ne suis arrivé qu'hier soir à Chalon. C'est pour cela que je n'ai pas encore répondu à votre dépêche (1). D'après la conversation que j'ai eue avec M. de Serres, le 15e corps a complètement cessé de faire partie de mon commandement. Je ne suis plus en correspondance avec son chef. Je n'ai donc pas à décliner une responsabilité qui ne m'incombe à aucun titre. Mais si nous sommes assez heureux pour enlever les deux points convenus de la ligne ennemie et pour pouvoir continuer notre marche vers ses communications, il est évident que ces deux points devront être solidement gardés sous peine de voir menacer ou même couper les nôtres. J'aurais trouvé à ce moment un appui précieux dans le 15e corps, pour jouer ce rôle ou pour

---

(1) Le 26, à 2 h. 30 du soir, M. de Freycinet se plaignait à M. Gambetta de ne pas avoir encore de réponse du général en chef relativement au 15e corps.

me permettre de faire tel autre détachement qui m'aurait garanti mes communications. Le matériel ayant fait défaut le mouvement de concentration de l'armée sur les points désignés s'opère beaucoup plus lentement que nous ne l'espérions. Le 18e corps sera à peine réuni après demain, le 20e ne semble pas devoir l'être avant 4 jours. J'ai donné les ordres les plus précis pour que les troupes fussent cantonnées et placées dans les meilleures conditions possibles. En raison de la rigueur extrême de la saison, nous subirons néanmoins quelques pertes; un certain nombre de chevaux sont morts même en wagon. Je ne néglige rien pour me procurer des renseignements sur Dijon ; vous savez combien les obstacles matériels déjouent parfois tous les calculs. Je ne serai donc content que quand je connaîtrai exactement les travaux exécutés par l'ennemi dans la place même ou dans les environs. Je termine en disant que je crois que le 15e corps, en laissant l'ennemi dans le doute sur nos mouvements, joue quant à présent un rôle fort utile, mais qu'il sera non moins avantageux de lui en assigner un autre ultérieurement. Dans les circonstances actuelles et pour le moment présent je crois que le mieux est ce que nous faisons.

Bourbaki.

Que la dépêche si tardive du général en chef (1) témoignât d'un entier acquiescement au projet concernant le 15e corps, c'est ce que M. de Serres pouvait contester à bon droit et ce que l'attitude ultérieure du général Bourbaki élucidera complètement. Mais que M. de Serres pût dire que la concentration serait presque terminée sans

---

(1) A la même heure le général Bourbaki télégraphiait au général Martineau :

Le général Bourbaki au général Martineau, commandant le 15e corps à Vierzon.

Chalon-sur-Saône, 27 décembre 1870, 2 heures soir.

Renseignez-moi sur tout ce que vous apprendrez concernant le mouvement de l'ennemi, quoi que vous ne soyez plus placé sous mes ordres.

les mesures défectueuses prises à Nevers par le commandant de l'armée, c'est ce dont on peut s'étonner. Les pitoyables résultats obtenus n'étaient en rien imputables à l'état-major de l'armée, mais à l'absence d'un véritable organe directeur des mouvements, puisque tout avait été remis entre les mains d'agents des compagnies, sans autorité et sans entente, alors que M. de Serres se dépensait en une activité plus brouillonne que productive.

Dans la journée, néanmoins, il put régler avec les généraux Cremer et Busserolles la question assez délicate de l'organisation des deux nouvelles divisions. Le 86e mobiles était arrivé de Lyon et le matériel employé fut destiné à emporter de Beaune à Besançon les fractions qui restaient au général de Busserolles (1). Enfin le colonel Bourras reçut de M. de Serres un ordre d'opérations ferme.

De Serres au colonel Bourras, Seurre, Dôle et Saint-Jean-de-Losne.

Beaune, 26 décembre, 5 h. 42 soir.

Veuillez porter vos compagnies en avant de Seurre, occuper Cîteaux, éclairer tout le pays en avant de Seurre et Saint-Jean-de-Losne et envoyer des renseignements journaliers à Cremer à Beaune, à Pélissier à Seurre.

DE SERRES.

C'est ce jour-là aussi qu'il fut décidé, d'accord entre M. de Serres et le général Bourbaki, que les troupes non débarquées du 20e corps pousseraient jusqu'à Dôle.

Les résultats de ces diverses négociations furent portés à la connaissance de M. de Freycinet sous la forme suivante :

---

(1) Dépêche de de Serres au général Bressolles, 5 h. 40 soir (Archives de la Guerre).

De Serres à Gambetta et Freycinet.

Chalon-sur-Saône, 26 décembre, 11 h. 30 soir.

Il y a lieu d'être satisfait des résultats du jour et ils dépassent la prévision exprimée dans ma dépêche d'hier soir.

Tout ce qui se rapporte à la division Cremer du 24ᵉ corps est réglé; sa composition, ses positions, son action, son rôle. Cremer possède le tout; Busserolles ramène la partie des autres divisions à leur nouvelle destination; leur transport est assuré. Billot, avec lequel j'ai passé quelques heures, est content de ses troupes qu'il aura toutes demain, du programme que je viens de lui développer et qu'il est heureux et impatient d'exécuter. Ici ce qui manque encore va arriver, bien plus vite que le général ne l'a cru, comme les dépêches du jour me le confirment enfin, et c'est là l'important. Le général, devenu aussi net qu'il avait été obscur jusqu'à ce moment, non seulement accepte franchement sa tâche, mais aborde avec confiance l'exécution du plan adopté. Je sors d'un entretien de deux heures avec lui et je l'ai laissé absolument autre, tel qu'il doit être. Je ferai tout ce qu'il faut pour le maintenir ainsi, j'espère y rénssir. En somme impressions satisfaisantes, la confiance est revenue, l'espérance renaît, l'impatience apparaît déjà. Si le temps nous seconde tant soit peu, les résultats sérieux sont proches.

On verra par la suite si le résultat obtenu justifiait cet optimisme.

II

Opérations.

15ᵉ corps. — Les instructions contenues dans la dépêche de M. Freycinet, datée du 25 décembre, 4 h. 30 du soir (1), consistaient à placer le gros du 15ᵉ corps à Bourges en détachant à Vierzon une seule division. Celle-ci aurait été à 30 kilomètres de tout secours et chargée d'un service d'avant-postes qui paraît exagéré pour son effectif. Tout en reconnaissant les inconvénients d'un stationnement à Vierzon, le général Martineau préféra garder ses forces plus rapprochées et proposa de les établir sur le front Vierzon-Allogny, étendu de 20 kilomètres, avec une réserve à Mehun (2). Cette solution ne valait pas mieux que la précédente, en raison de l'étendue du terrain à occuper, alors que le 15ᵉ corps était réduit à 30,000 hommes, et des dangers de la retraite. De plus on restait en arrière du rideau formé par les forêts, dans une attitude passive, alors que le rôle assigné au 15ᵉ corps comportait une grande activité, et sans même couvrir la ville de Bourges, que l'apparition de l'ennemi vers Aubigny pouvait faire croire menacée. D'ailleurs le général Martineau ne se souciait pas davantage de défendre Bourges même, qui, disait-il « est,

---

(1) Voir ci-dessus.
(2) Dépêche de 10 h. 35 matin (Archives de la Guerre).

de l'avis général une véritable souricière et ne peut être défendue avec succès ». Mais, comme le général déclarait ne pas connaître Bourges, M. de Freycinet était assez fondé à lui prescrire d'en faire l'étude, avant de faire aucun mouvement, tout en continuant à s'éclairer au loin (1). De fait, le 15ᵉ corps paraît être resté absolument immobile dans la journée du 26. Toutefois, la ligne de surveillance fut renforcée par l'envoi à Orçay du 5ᵉ bataillon de chasseurs de marche (2) qui y retrouva un peloton de dragons. Celui-ci patrouillait jusqu'à Neuvy-sur-Barangeon et Nançay. Le bataillon, fort de 4 compagnies seulement, fournit 2 compagnies en grand'-garde.

L'arrivée dans la soirée de la dépêche du ministre, prescrivant une fois de plus de s'éclairer à grande distance, détermina le général Martineau à pousser quelques troupes à la sortie des bois (3). Le régiment étranger (4) qui était au Puits-Berteau (sortie Nord-Est de Vierzon) dut se porter sur la route de Neuvy-sur-Barangeon jusqu'au hameau de la Lœuf-du-Houx; le 5ᵉ bataillon de chasseurs dut envoyer d'Orçay des postes de 20 hommes aux coupures de la forêt situées cependant en arrière de son cantonnement; six compagnies du 2ᵉ zouaves avaient à occuper Theillay.

Cette fois la lisière Nord de la forêt était occupée, mais non pas les débouchés. Quant à la cavalerie elle restait en arrière, fort gênée d'ailleurs par la neige.

18ᵉ corps. — On a vu plus haut que l'embarquement de la 1ʳᵉ division du 18ᵉ corps, la dernière à faire partir, avait commencé le 25 à 10 heures du soir et que la 1ᵉʳ brigade était tout entière en route le 26 au matin. Le chargement de l'artillerie divisionnaire occupa toute la

---

(1) Dépêche de 11 h. 25 soir (Archives de la Guerre).
(2) *Historique.*
(3) Ordre à la 2ᵉ division (Archives de la Guerre).
(4) De la 2ᵉ division.

matinée de ce jour et, à 2 heures du soir seulement, la 2ᵉ brigade quittait le bivouac de Raveau pour venir se placer près de la gare de la Charité. Peu après le 44ᵉ de marche montait en wagons. Il n'en fut pas de même du 73ᵉ mobiles, qui attendit vainement son tour pendant toute la nuit. Quant à la 2ᵉ brigade de cavalerie elle resta encore à Nevers; c'était le 6ᵉ jour qu'elle passait sur la grande place de cette ville. La 1ʳᵉ conserva son bivouac de Grand-Villain et, dans la journée, des pelotons des hussards furent poussés sur Pouilly, Cosne, Bosny, Neuvy, Vazy, Douzy et Châteauneuf. Tous ces pelotons, dit l'*Historique* du 2ᵉ hussards de marche, échangèrent des coups de feu avec les éclaireurs allemands. Un escadron du 3ᵉ lanciers de marche monta en chemin de fer à la Charité à midi.

20ᵉ corps. — On ne put achever le 26 l'embarquement à Saincaize de ce qui restait de la 1ʳᵉ division. Le soir, il restait encore un demi-bataillon, les bagages et les chevaux de l'État-Major (1). On n'avait embarqué dans la journée que 6 compagnies du IIIᵉ bataillon de la Haute-Garonne, 1 bataillon et demi de Saône-et-Loire et les francs-tireurs de Luppé (2) en deux trains. Quant aux 2ᵉ et 3ᵉ divisions, elles restèrent à Decize et environs, la cavalerie à Fours, le parc du Génie à Cercy-la-Tour. « Nous aurions volontiers continué notre route par petites étapes », écrivait à ce propos le général Thornton (3).

Si les embarquements s'étaient réduits à peu de chose pendant la journée du 26, les débarquements retardés par la neige ne furent pas plus heureux. Aucune fraction du 18ᵉ corps ne vint rejoindre les troupes débarquées près de Chalon-sur-Saône, et celles-ci conservè-

---

(1) Dépêche du capitaine Bénier, 6 heures soir (Archives de a Guerre).
(2) Dépêche du commandant Nicolas, n° 47 (Archives de la Guerre).
(3) Télégramme de 1 h. 2 soir (Archives de la Guerre).

rent leurs emplacements d'Ouroux (11ᵉ mobiles, Loire), 50ᵉ de marche, 55ᵉ mobiles), d'Épervans (67ᵉ mobiles en partie) et de Saint-Martin-en-Bresse (2ᵉ lanciers) et Chalon-sur-Saône pour la réserve générale. Du côté de Chagny, le général Billot disposait le 26 à midi de « toute sa troisième division et de la 2ᵉ moins une batterie, avec 1 escadron de cavalerie (1ᵉʳ du 3ᵉ lanciers de marche), le parc d'artillerie, 2 batteries à cheval, 1 batterie de mitrailleuses, 1 de 12 et 1 de 4 de montagne, faisant toutes les cinq parties de la réserve d'artillerie (1) ». Les cantonnements de la 3ᵉ division furent légèrement modifiés par l'envoi de Demigny à Saint-Loup-la-Salle du 81ᵉ mobiles (2). La 2ᵉ division devait s'installer à Corpeaux, Chassagne, Saint-Aubin-Gamay, la Rochepot, Pulligny, Santenay et Ebaty. En réalité, l'artillerie divisionnaire s'installa à Corpeaux (4), le régiment d'Afrique à Ébaty et Masse, le 52ᵉ de marche, (5) débarqué dans la nuit du 27 au 28, à Saint-Aubin et la Rochepot, « se reliant par ses avant-postes aux Garibaldiens établis à Nolay. »

L'intention du général Billot était de placer en deuxième ligne dès son arrivée la 1ʳᵉ division à Remigny, Bouzeron et Rully (6). D'ailleurs le général Bourbaki se montrait opposé à tout mouvement prématuré, ainsi que le montre sa dépêche de 2 h. 30 du soir.

Le général Bourbaki au général Billot, commandant le 18ᵉ corps, à Chagny.

Chalon-sur-Saône, 26 décembre 1870, 2 heures 1/2 soir.

Merci de vos renseignements sur les bons cantonnements. Vous comprenez trop bien la situation pour que je vous

---

(1) Télégramme de midi 15 (Archives de la Guerre).
(2) Dépêche 11 heures matin, arrivée 2 heures soir (*Historique du 81ᵉ mobiles*).
(3) *Id.*
(4) *Historique* du 13ᵉ artillerie.
(5) *Historique* du 52ᵉ de marche.
(6) Dépêche de midi 15 (Archives de la Guerre).

adresse, personnellement, des recommandations sur la conduite à tenir en ce moment vis-à-vis de l'ennemi; mais je crois qu'il convient d'appeler l'attention de vos divisionnaires sur la nécessité de ne pas se laisser aller à des entraînements de francs-tireurs, si l'ennemi venait à lui en fournir l'occasion. Je tiens à ne pas attaquer le taureau par les cornes. Aussitôt que possible je vous donnerai l'ordre de marcher et j'espère, qu'une fois partis, nous ne nous arrêterons plus.

24ᵉ Corps. En avant des positions du 18ᵉ corps, les troupes commandées par Cremer et Busserolles à Beaune furent augmentées dans la journée du 26 par l'arrivée en 3 trains du 86ᵉ mobiles, envoyé de Lyon et qui cantonna à Pernant et environs (1). Le général Busserolles devait emmener par les voies ferrées de Beaune à Besançon le bataillon de la Loire, le 14ᵉ mobiles, les 2 légions du Rhône des détachements du train et des francs-tireurs (2).

Le mouvement de Lyon sur Besançon devait commencer le 26. Dès le matin, 3 trains emportèrent la cavalerie (7ᵉ de marche) et le génie du 24ᵉ corps (3); dans la journée 6 trains devaient emmener l'artillerie et les réserves divisionnaires, et la nuit suivante l'infanterie de la 2ᵉ division devait partir en huit trains. Le général Bressolles comptait que le départ des derniers éléments, Intendance et État-Major, aurait lieu dans la matinée du 27 (4), et que tout le 24ᵉ corps, moins la division Cremer, serait réuni le 28 à Besançon. Toutefois, il ne pouvait répondre du transport des troupes

---

(1) *Historique* du 86ᵉ mobiles.
(2) Dépêche de Busserolles (Archives de la Guerre).
(3) A 9 heures, 10 heures et 11 heures matin. Télégramme de 10 h. 25 (Archives de la Guerre).
(4) Dépêche de 11 h. 20 matin et de 10 h. 45 matin (Archives de la Guerre).

que le général Busserolles devait amener de Beaune.

La neige avait complètement obstrué la voie pendant la nuit du 25 au 26 entre Lyon et Besançon (1); en certains endroits, il y en avait 50 et même 70 centimètres d'épaisseur. Grâce aux vigoureuses mesures prises par les préfets de l'Ain et du Doubs, on put annoncer dès midi (2) que la circulation était rétablie. On avait préparé des rateaux, réquisitionné des travailleurs et employé 500 mobilisés.

Pour définir complètement la situation, il faut signaler encore la présence à Seurre du gros du corps Bourras. — Les partis de francs-tireurs envoyés par Cremer étaient à Chaux et poussaient jusqu'à Nuits (3), Bonbonel était à Pont-de-Passy. Ricciotti Garibaldi (4) était arrivé le 26 à Sormes. Les Garibaldiens, dont le gros était toujours à Autun, avaient des postes à Nolay et Sombernon. La garnison d'Auxonne, forte de 1,500 hommes, faisait de fréquentes sorties. Enfin le capitaine Cardot était parvenu à Dijon déguisé, et avait envoyé d'Auxonne des renseignements très précis sur la force des troupes de Werder et leur situation (5).

---

(1) Dépêche de Bourg, 12 h. 55 matin.
(2) Dépêches de 6 heures matin, midi 35, 1 heure matin (Archives de la Guerre).
(3) Ardouin-Dumazet.
(4) L'armée des Vosges.
(5) Rapport du capitaine Cardot (Archives de la Guerre).

III

Mouvements des Allemands.

Corps Werder. C'est le 26 décembre à 5 h. 30 du matin (1) qu'arriva à Dijon le télégramme (1) du grand quartier général allemand, cité ci-dessus, et qui envisageait l'hypothèse d'un transport de l'armée du général Bourbaki vers l'Est. Peu après, à midi, arrivait du général Treskow l'avis que les Français occupaient Rougemont, Isle-sur-le-Doubs et Clerval (2). Préparé depuis longtemps à l'idée d'évacuer Dijon, le général de Werder décida en conséquence de concentrer toutes ses forces à Vesoul. — Il répondit donc en ces termes :

« Le général Treskow rend compte de l'approche de l'ennemi. 60,000 hommes sont attendus à Besançon. L'ennemi a atteint aujourd'hui Clerval.

« Les généraux Goltz et Schmeling arriveront probablement le 18 à Vesoul. Je projette de partir également pour Vesoul avec toute la division badoise, si je ne reçois pas de nouveaux ordres du grand quartier général. »

Ainsi qu'on le voit, le projet du général de Werder était surtout basé sur l'éventualité du débouché de Besançon vers Belfort de forces considérables. Pensant

---

(1) Löhlein.
(2) Daté de 11 heures soir.

sans doute que les renseignements parvenus à Dijon étaient exacts, et que le corps qui assiégeait Belfort était en danger, le maréchal de Moltke donna son approbation et s'occupa de renforcer Werder de toutes les troupes disponibles (1).

D'ailleurs, avant même d'avoir reçu la réponse de von Werder, le Grand État-Major avait pris des mesures pour rendre disponible la brigade von der Goltz occupée autour de Langres.

Le général Werder n'avait donc pas cru nécessaire de vérifier ce qu'il y avait d'exact dans l'avis envoyé par le général de Treskow. Craignant par-dessus tout d'être coupé de Belfort, il se décidait à se porter vivement sur Vesoul, où il serait joint par la brigade von der Goltz, et il profita de la journée du 26 pour faire filer sur Mirebeau tous ses trains et ses gros bagages; puis il rédigea les ordres suivants.

a) La 2ᵉ brigade badoise (6 bataillons, 1 régiment de cavalerie et 3 batteries) devait partir de Dijon le 27 et régler son mouvement de façon que le soir elle ait 3 bataillons, 2 batteries et 2 escadrons à Renève-l'Eglise et Essertenne, 3 bataillons, 1 batterie et 2 escadrons à Mirebeau.

---

(1) *Au général de l'infanterie de Werder, Dijon.*

Versailles, 26 décembre 1870, 10 h. 30 soir.

Votre projet d'opérations est approuvé. 8 bataillons, 2 escadrons et 2 batteries, sous les ordres du général Debschitz, seront dirigées de Strasbourg sur Belfort pour être mis à votre disposition. Entendez-vous pour les détails avec le gouvernement général d'Alsace.

Correspondance militaire du maréchal de Moltke, n° 555.

Au gouverneur général d'Alsace, Strasbourg.

Versailles, 26 décembre 1870, 10 h. 50 soir. Télégramme.

Les 8 bataillons de landwher mobilisés, avec 2 batteries de réserve et 2 escadrons, seront concentrés près de Belfort, et, sous

b) Le général Schmeling, alors à Gray, dut envoyer ses trains et son équipage de ponts à Port-sur-Saône, et faire sauter le pont de Gray, dès qu'il aurait reçu la poudre envoyée de Dijon à cet effet. Laissant 1 bataillon et 1 batterie à Arc, la division de réserve se mettrait en marche le 27, pour être le 28 à Vesoul.

c) Le général von der Goltz, alors à Rolampont, reçut l'ordre de se porter par une marche rapide (Eilmarsch) sur Vesoul, gardant par un fort détachement la route de Langres à Vesoul.

d) Les troupes badoises furent tenues prêtes à se mettre en marche au premier signal. La *1re* brigade devait se rassembler à l'Est de Sainte-Apollinaire, la *3e* à l'Ouest de ce point, formant l'arrière-garde, avec la 1re brigade de cavalerie et les pionniers (1).

Pendant la journée une petite reconnaissance avait eu lieu au Sud de Dijon. A l'annonce de la présence à Broindon et Noiron-les-Cîteaux (entre la voie romaine et la route de Dijon à Seurre) de partis ennemis, le général commandant la 1re brigade badoise avait fait partir de Saulon-la-Rue 1 compagnie du *1er* Leib-grenadier et 1 du *2e* grenadiers, à 4 heures du matin. Retardé

---

le commandement du général Debschitz, détachés sous les ordres du général Werder.

2 nouvelles batteries de réserve viendront de Dresde remplacer les autres à Strasbourg. (Le général major de Debschitz commandait en Alsace les troupes de garnison prussiennes).

Correspondance militaire du maréchal de Moltke, n° 552.

Au Général de l'infanterie de Werder, Dijon.

Versailles, 26 décembre 1870, 3 h. 30 soir. Télégramme.

Le transport du matériel de siège devant Langres est suspendu jusqu'à nouvel ordre, de manière à permettre au général Goltz de participer aux opérations actives.

(1) Löhlein.

par la neige, ce parti n'arriva qu'au jour levé devant Broindon, évacué une demi-heure auparavant. Des reconnaissances signalèrent de tous côtés des groupes armés (1) et les compagnies ne rentrèrent qu'à 11 heures du soir à Périgny.

D'autre part le détachement von Röder se porta le 26 sur Panges. De là un escadron du *21ᵉ* dragons se porta sur Villotte et Val-Suzon, où il ne trouva pas trace de Garibaldiens (2), mais, tout au contraire, le peloton envoyé sur Sombernon fut accueilli par des coups de fusil.

Effectivement il y avait en ce point un poste de l'armée de Garibaldi, déjà signalé lors du départ vers l'Ouest du détachement Röder. C'était même le seul point où celui-ci ait pris le contact avec une troupe véritable, et l'on se souvient qu'il avait passé outre pour continuer son inutile pointe vers Flavigny. D'après l'*Historique* du *5ᵉ* badois, il semblerait que, cette fois, le major Röder ait voulu en avoir le cœur net et ait préparé une marche sur Sombernon de toute sa colonne, qui devait quitter Panges à 3 heures du matin. Mais à minuit arriva l'ordre de se porter en toute hâte sur Dijon. Dès 3 heures du matin, la colonne était sous les armes et à 10 heures elle arrivait à Dijon, où elle retrouvait sur la place d'Armes le 1ᵉʳ bataillon du *5ᵉ* badois resté seul dans la ville.

L'ordre de mouvement ne devait pas en effet être exécuté tel qu'il avait été rédigé. Dès le 26 à 4 heures du soir, sur l'ordre du général von Degenfeld, commandant la *2ᵉ* brigade, dit l'*Historique* du *4ᵉ* badois, ce régiment avait quitté Dijon et s'était porté sur Arc-sur-Tille, Couternon, Remilly-sur-Tille et Villeneuve, où il cantonna, envoyant pendant la nuit des

---

(1) *Historique* du *1ᵉʳ* Leib-grenadiers.
(2) *Historique* du *21ᵉ* dragons.

reconnaissances sur Pontailler et la route de Dijon à Auxerre. — Cette courte étape, accomplie dès le 26, allait permettre au général von Degenfeld de dépasser sensiblement, le 27, le but assigné primitivement à son mouvement ce jour-là.

La décision prise par le général de Werder a été louée sans réserves par les historiens allemands, qui y ont vu une haute pensée stratégique.

Si la suite des événements n'avait pas justifié ce parti, l'évacuation précipitée de Dijon, la retraite à tire d'ailes ordonnée sur Vesoul à plus de 100 kilomètres en arrière, l'abandon des blessés non transportables à l'hôpital de Dijon, le départ, le 27 au matin, sans attendre même le détachement Röder, sur de simples nouvelles non vérifiées et généralement fausses, devant un adversaire encore incapable de marcher, sans que le contact ait été pris avec lui nulle part sérieusement, alors que la brigade de cavalerie Willisen restait inactive dans ses cantonnements au Nord-Est de Dijon, tout cela pourrait sembler au moins prématuré.

Si, en effet, le général de Werder avait profité de son succès de Nuits pour enlever Beaune et peut-être Chagny, s'il avait simplement conservé, après le combat du 18, sa cavalerie au contact de Cremer presque désorganisé, il aurait su jour par jour les résultats des transports stratégiques dans le bassin de la Saône, si même il ne les avait pas sérieusement gênés. Pouvant être appuyé par von der Goltz, par la IVe division de réserve alors à Gray, il est peu probable qu'il aurait choisi une direction de retraite qui devait complètement le séparer du VIIe corps.

La vérité c'est, et c'est ce que la lecture des différents *Historiques* prouve amplement, que depuis le combat de Nuits, les troupes badoises étaient très ébranlées, qu'elles avaient fait de grosses pertes, montraient une certaine mollesse dans leur service de reconnaissances, et que le commandement était inquiet, désorienté, ignorant de la situation réelle, troublé par l'hostilité de la population et les menaces, quelque platoniques qu'elles fussent, des francs-tireurs. Dans ces conditions, au premier avis inquiétant, l'idée d'une retraite précipitée devait être immédiatement accueillie.

Pendant ce temps la IVe division de réserve (v. Schmeling) abandonnait Gray le 26 au matin et se portait par Dampierre sur Membray et Lavoncourt dans la direction de Vesoul (1). Tout aussi prématurément que les Badois elle commençait son mouvement précipité dans la direction de Belfort.

Vers Langres il ne se passa rien d'intéressant le 26, à l'exception d'une petite reconnaissance, poussée par une compagnie du 34e avec 1 peloton de dragons, vers Richebourg. Le soir seulement le général v. der Goltz reçut l'ordre du général v. Werder et dans la nuit il rédigea l'ordre suivant que les troupes reçurent le 27 à 3 heures du matin (2).

Ordre de détachement.

Rolampont, 27 décembre 1870, matin.

Le détachement a reçu l'ordre de se porter sur Vesoul par une marche rapide.

Le lieutenant-colonel Nachtigall avec le régiment n° 30, le régiment de hussards et les batteries Ulrich et Fischer se portera sur Bourbonne-les-Bains. — Les cantonnements de Dampierre, Frécourt et Bonnecourt sont indiqués comme devant être évacués avant onze heures du matin.

Le détachement commandé pour aller chercher la colonne de munitions la conduira à Fresnes-sur-Apance.

Les troupes cantonnées à Lannes et Charmoilles se porteront par Dampierre sur Dammartin (entre Montigny et Bourbonne), de façon que les troupes de Lannes (5e et 6e compa-

---

(1) *Historique* du 25e rhénan.
(2) *Historique* du 34e d'infanterie.

gnies) rompent à 11 heures et se réunissent à Charmoilles au IIIᵉ bataillon. Le colonel Wahlert prendra le commandement des troupes cantonnées à Rolampont (1ᵉʳ bataillon, 6ᵉ et 7ᵉ compagnies) et partira à 11 heures pour Montigny.

La poste de campagne partira à l'heure habituelle et ira directement de Foulain à Montigny.

Les malades seront évacués sur Montigny et les cadres de conduite rentreront la nuit prochaine à Montigny.

Je cantonnerai à Montigny.

Demain 28, le lieutenant-colonel Nachtigall, avec tout son détachement, y compris la colonne de munitions, se portera sur Combeaufontaine, Semmadon et Arbecey. Dans la colonne du colonel Wahlert, le détachement de Dammartin ira à Jussey, celui de Montigny à Blondefontaine. Je cantonnerai à Jussey, où le lieutenant-colonel Nachtigall devra laisser un officier avec une escorte pour recevoir les ordres ultérieurs.

Pour la marche du 28, les sacs pourront en totalité ou en partie être transportés sur des voitures. Celles-ci seront augmentées les 28 et 29 pour enlever l'avoine et la farine des localités non encore réquisitionnées. Les troupes ne doivent rien prendre dans les localités qui sont désignées pour recevoir d'autres fractions.

Signé : Baron v. d. GOLTZ.

Cet ordre provoque quelques réflexions.

Il existe entre Langres et Vesoul une route directe et excellente, celle de Paris à Mulhouse, qui passe par Fayl-Billot, Combeaufontaine et Port-sur-Saône. La direction la plus courte pour von der Goltz était évidemment de rejoindre cette grande voie aussi près de Langres que possible, c'est-à-dire à Chaudeney ou Fayl-Billot. Tout au contraire, il fut prescrit de la rejoindre à Combeaufontaine seulement, où seule la tête du détachement devait arriver le 28 au soir, le reste étant encore fort en arrière à Jussey et Blondefontaine. Le détour prescrit sur Bourbonne-les-Bains augmentait énormément le trajet à effectuer et la seule compensation était de rallier un peu plus tôt la colonne de munitions venant de Fresnes sur Apance au-devant de laquelle était parti dès le 26 le major v. Run du *30ᵉ* d'infanterie avec 1 compagnie, 1 escadron et 2 pièces de canon (1). Ce n'était pas assez pour légitimer un tel surcroît de fatigue et un tel retard, puisque le général Werder comptait (2) que von der Goltz serait à Vesoul dès le 28, alors qu'une partie de ses troupes en seraient encore distantes de 25 kilomètres et les autres de 40.

Dans la journée du 26, le *72ᵉ* d'infanterie, après sa mésaventure de la veille à Bricon, continua sa route. Le IIᵉ bataillon partit à 8 h. 30 du matin de Château-Villain dans un train appelé de Châtillon et arriva à midi dans cette ville, où il cantonna.

Le Iᵉʳ bataillon resta à Chaumont avec le *60ᵉ*; enfin le bataillon de fusiliers du *72ᵉ*, parti à 7 h. 45 du matin de Bar-le-Duc, quitta le train à 4 heures du soir à la station de Bologne (10 kilomètres de Chaumont), d'où il fut réparti dans les villages de Bretenay (5 kilomètres N. de Chaumont), Laharmont et Condes. Les bagages et les chevaux furent transportés jusqu'à Chaumont (3).

VIIᵉ Corps. La journée allait être marquée pour le VIIᵉ corps par l'envoi d'intéressantes reconnaissances, fortes chacune d'un demi-escadron du 8ᵉ hussards, et commandées, l'une par le Rittmeister v. Schütz sur Entrains, l'autre par le lieutenant von Steuplitz sur Clamecy.

« La première trouva Entrains occupé et laissa en observation quelques hussards (4); la seconde se heurte à Courson à des Garibaldiens et perd 2 hussards et 3 chevaux tués, 3 chevaux blessés et 3 hommes disparus. Au soir arrivait devant le village le chef du

---

(1) *Historique* du *30ᵉ* d'infanterie.
(2) Voir ci-dessus.
(3) *Historique* du *72ᵉ*.
(4) *Historique* du *8ᵉ* hussards.

régiment, lieutenant-colonel Axent, avec le 4ᵉ escadron ; il passait la nuit en observation sans pouvoir découvrir la force et la nature de l'ennemi. »

En réalité et d'après des témoignages irrécusables dus aux précieuses recherches de M. le maire de Courson, voici ce qui s'était passé :

« Dans l'après-midi du 23 décembre quelques cavaliers allemands étaient venus à Courson vers 2 heures. Ils étaient descendus à l'hôtel, avaient fait ferrer leurs chevaux. Un habitant de Courson, dans le but de faire surprendre ces cavaliers, s'ils reparaissaient dans le pays, avait prévenu trois compagnies de francs-tireurs, qui s'étaient embusquées aux entrées principales. Le 26 à 9 heures du matin arriva un escadron d'ulans (1) (sic). Il s'en détacha une patrouille, composée d'un maréchal de logis et 5 à 6 cavaliers, qui traversa le pays dans presque toute sa longueur pour se rendre à l'hôtel déjà visité, situé à une des extrémités. Au moment où ils atteignaient l'hôtel, les francs-tireurs firent feu. Un cheval tomba et son cavalier fut pris. A la sortie du pays, les Allemands reçurent de nouveaux coups de fusil ; il resta 4 hommes sur le terrain, dont 2 morts et 2 faits prisonniers. Les prisonniers furent dirigés sur Clamecy et le gros de la troupe ennemie, qui était resté hors du village, repartit au galop. »

Le lieutenant v. Steuplitz se retira sur Ouanne, où il fut recueilli par une compagnie du 7ᵉ bataillon de chasseurs détachée de Toucy en avant-postes (2). Sur le rapport de la cavalerie, ce bataillon tout entier, avec 2 escadrons de hussards et 2 pièces, fut désigné pour attaquer Courson ; mais la nuit qui survenait décida son chef, le lieutenant-colonel Axent, à s'arrêter à Ouanne.

---

(1) On sait que les paysans français avaient pris l'habitude d'appeler « ulans » tous les cavaliers allemands.

(2) Fabricius, *Auxerre et Châtillon*.

Le parti qui était à Gy-l'Evesque avait lui aussi envoyé un peloton d'ulans pour reconnaître Courson par le Nord. Mais en voyant les hussards de Steuplitz se replier au grand trot, les ulans n'avaient pas cherché à en savoir davantage et étaient rentrés à Gy-l'Evesque (1).

De ce point étaient partis 2 compagnies et 1 peloton d'ulans dans la direction de Coulange-la-Vineuse (2), pour réquisitionner des travailleurs qu'on voulait obliger à réparer la route de Clamecy. Ce détachement se porta de là à Merry, où il resta en position jusqu'au soir.

D'après son aveu même, Ricciotti Garibaldi arrivait ce jour-là seulement à Sormes, et n'avait joué aucun rôle dans cet incident de Courson (3).

En même temps 2 pelotons du 55ᵉ d'infanterie s'étaient portés de Chablis sur Chichée, au Sud-Est d'Auxerre, où l'on signalait des francs-tireurs (4). On ne trouva pas d'hommes, mais seulement 47 fusils, 30 sabres, des pièces d'équipement et un drapeau cachés dans l'église. Cela suffit pour que le village fût pillé de fond en comble. Le reste du corps d'armée ne bougea pas et n'eut aucun contact avec les Français.

Le général Rantzau entra le 26 à Briare. Une patrouille d'officier passant au Sud de la ville essuya quelques coups de fusil à Bony (5) et signala des gardes nationaux et dix francs-tireurs aux environs.

C'est vers midi qu'arriva au général de Zastrow la dépêche du maréchal de Moltke annonçant le transport de l'armée de Bourbaki vers Chalon-sur-Saône, et prescrivant au VIIᵉ corps de se porter sur Châtillon.

« Le général commandant le VIIᵉ corps décida de

---

(1) Fabricius.
(2) 3 kilomètres Sud-Est de Gy-l'Evesque.
(3) Voir la suite au 27 décembre.
(4) *Historique* du 55ᵉ.
(5) *Grand État-Major allemand.*

considérer comme l'indication d'une direction générale, la désignation du point de Châtillon qui lui était faite par le chef d'État-Major général, et résolut de venir en aide au général de Werder, dans une certaine mesure, en se portant plus au Sud et plus près de Dijon.

« En conséquence l'avant-garde dut se porter le 27 de Toucy à Merry, tout en s'emparant de Courson. Le 28, elle devait rallier le détachement qui occupait Gy-l'Evesque et gagner Vermanton. Le détachement de Charny devait, le 27, aller à Toucy et le 28 à Auxerre. L'État-Major du corps d'armée et le reste de la division irait le 26 à Chablis. On comptait par ces mesures et l'attaque de Courson laisser l'ennemi dans l'indécision. Le colonel Barbey resterait à Châtillon, le *72°* resterait à Tonnerre et Nuits et le Ier bataillon du *15°* irait de Troyes à Tonnerre (1). »

Les dispositions prises à ce moment par le général de Treskow pour couvrir le corps qui assiégeait Belfort étaient les suivantes (2).

A Héricourt : colonel Zglinicki. — 3 bataillons, 1 batterie, 1 demi-escadron d'ulans devaient agir comme détachement de flanc et occuper la route Héricourt, Arcey.

Secteur Delle-Morvillars. — Colonel v. Ostrowski — 3 compagnies du bataillon Konitz, bataillon Gnesen, 1 demi-escadron d'ulans, 4 canons (de la batterie v. Braunschweig).

A Montbéliard. — Colonel v. Bredow, ayant autorité sur les 2 précédents détachements, avec le bataillon Bromberg, la batterie Grottke, 1 compagnie d'artillerie à pied avec 4 canons de campagne, et 1 escadron et demi.

« On fit connaître aux troupes que l'ennemi tenterait de faire lever le siège... Même s'il se présentait en nombre

---

(1) Fabricius, d'après le *Journal* du VIIe corps.
(2) *Historique* du 67e d'infanterie.

supérieur, il aurait l'infériorité en valeur, instruction et audace sur nos troupes. Les « goums » aux costumes arabes ne devaient pas plus faire d'impression que les zouaves et les turcos, qui avaient toujours été battus. Il y avait cependant à se tenir prêt à toute éventualité; les troupes devaient être tenues constamment prêtes à marcher, et les bagages devaient pouvoir être rapidement emportés. Quant aux troupes restées devant la forteresse, la consigne s'appliquait plus que jamais de rejeter dans la place toute troupe qui tenterait d'en sortir (1).

Depuis que ces dispositions générales avaient été prises, le colonel Zglinicki avait fait occuper Arcey par le III⁰ bataillon du *67*⁰ avec 1 peloton d'ulans et 2 pièces de canon. De là on envoyait de nombreuses patrouilles jusqu'au Doubs, et le 25 encore on n'avait rien su d'inquiétant.

« Cette situation allait brusquement changer (2). »

Le 26 une patrouille venant d'Arcey (10⁰ compagnie, III⁰ bataillon du *67*⁰) allait atteindre le Doubs à Médière (1,500 mètres Est de l'Isle-sur-le-Doubs), lorsqu'elle fut accueillie par une violente fusillade partant du village même. A cette nouvelle, le colonel Zglinicki quitta Héricourt avec le II⁰ bataillon du *67*⁰, et se porta sur Desandans (2 kilomètres N.-E. d'Arcey) à portée du III⁰ bataillon, laissant à Héricourt le bataillon de landwehr d'Insterburg.

---

(1) *Historique* du 67⁰ d'infanterie.
(2) *Id.*

Journée du 27 décembre

I

Voici l'emploi que M. de Serres comptait donner à la journée du 27.

De Serres à de Freycinet, Guerre, Bordeaux, communication à Gambetta, Lyon.
27 décembre 1870, minuit 55.

Mon programme pour demain 27 : Chalon de 10 à 4, route de Dôle, retour à Chalon, où je passerai la nuit, la dernière certainement. Cremer et Busserolles me signalent les mobilisés de l'Ain comme des troupes de moral et d'allure excellents et qui feraient des soldats de 1er ordre à utiliser immédiatement, s'ils étaient armés et équipés. Les mobilisés de Saône-et-Loire, 3 200 hommes que le général Pélissier a sous ses ordres à Verdun et Seurre, seront des troupes de première qualité quand ils seront outillés; voyez si vous pouvez fournir un peu d'effets d'équipement et campement. Je vous ferai parvenir les besoins exacts.
DE SERRES.

Avant d'opérer la reconnaissance de la section Chalon-sur-Saône-Dôle, M. de Serres eut communication de la demande que faisait M. Cottiau (1) pour garder et affecter au service de Lyon à Beaune et Besançon une partie du matériel qui venait de Nevers, ce qui allait une fois de plus troubler et retarder le transport des 18e et 24e corps. M. de Serres s'y opposa avec énergie, jugeant que le matériel rassemblé près de Lyon depuis si longtemps, matériel qui avait si cruellement fait défaut à

---

(1) Dépêche du 26, 2 h. 40 du soir (Archives de la Guerre).

Nevers, ne pouvait être détourné de sa première destination (1).

M. de Serres était déjà monté sur la locomotive avec laquelle il allait parcourir la voie entre Chalon-sur-Saône et Dôle, lorsque le représentant de la compagnie du P.-L.-M. lui adressa le curieux télégramme ci-dessous :

Audibert à de Serres.

Clermont-Ferrand, 27 décembre, midi 50.

Absolument impossible de faire un service sur la ligne Chalon à Dôle. La voie n'est posée que d'une manière provisoire et sans ballast sur plusieurs kilomètres. Sur toute la partie entre Verdun et Dôle, elle n'est pas consolidée, manque de ballast et ne supporterait pas le passage de nos machines. D'ailleurs, il n'y a ni télégraphe, ni signaux, ni personnel et seulement des prises d'eau provisoires sur lesquelles on ne peut pas compter. Dans ces conditions, un service sur une ligne à voie unique de 75 kilomètres de longueur est impos-

---

(1) *De Serres à Inspecteur principal Cottiau, gare Perrache, Communication à Gambetta, Lyon; de Freycinet, Guerre, Bordeaux.*

27 décembre 1870, 9 h. 35 du matin.

Encore des demi-mesures, faut-il donc sans cesse intervenir ? *Vous deviez et devez encore suffire aux transports au départ de Lyon sans toucher à une seule des voitures du mouvement de Nevers à moins qu'elles n'y soient absolument inutiles.* Le Ministère ne peut admettre que le mouvement de Nevers soit ralenti même de quelques heures pour vous fournir du matériel alors qu'un seul train du service public circule encore sur une section de votre réseau. Je conclus : vous avez à recevoir les wagons plats devenus inutiles, quant aux voitures à voyageurs, voitures transformées et wagons à bestiaux, Biedermann en a encore besoin et tout ce qu'il a, il doit l'employer sous sa responsabilité pour achever les transports dans les plus brefs délais. Les 7 premiers trains de voitures voyageurs ou transformées qui n'auront pas à revenir à leur point de départ doivent, de Chagny ou de Chalon, aller prendre dans nos environs des troupes pour les mener à une destination que je vous ai fait connaître ; cette

sible. Le tenter serait s'exposer à des accidents certains sans aucune chance d'obtenir des résultats utiles.

AUDIBERT.

Bien que M. de Serres n'ait pas, dès le 27, atteint Dôle, il crut pouvoir répondre de la possibilité de pousser les débarquements jusque-là.

De Serres à Gambetta, Lyon, de Freycinet, Guerre, Bordeaux.

Bordeaux et Lyon de Chalon-sur-Saône, 5 660 52, 27 décembre
11 heures soir.

J'ai parcouru aujourd'hui la ligne de Chalon-Dôle jusqu'au Doubs, 13 kilomètres de Dôle avec vitesse atteignant 40 kilomètres à l'heure, j'organise même sans la compagnie service pour demain et conduirai les trains jusqu'à Dôle même.

DE SERRES.

De Serres à Gambetta et Freycinet.

Chalon-sur-Saône, 27 décembre, 11 h. 5 soir.

La ligne Chalon-Dôle eût pu, sans efforts spéciaux, sans augmentation de dépenses, être livrée au service de l'armée; il est vraiment honteux pour ceux qui ont supporté la responsabilité du retard qu'il faille aujourd'hui exiger l'ouverture d'un service provisoire sur une section qui, prête il y a huit jours seulement, pouvait rendre possible un mouvement stratégique des plus importants, sinon même assurer au pays un grand succès matériel et moral.

DE SERRES.

L'événement devait justifier cette audacieuse tentative.

---

partie du mouvement a la même importance que celui que vous faites, et vous n'avez pas à le troubler ou le ralentir. Brezzé reçoit ordre de ne rien modifier aux instructions reçues de moi hier soir relatives à ces 7 trains. Votre compagnie a déjà employé pour la tâche importante qu'elle avait à remplir, deux fois plus de temps qu'elle n'eût dû y consacrer. La responsabilité de ces lenteurs sera peut-être lourde à porter.

DE SERRES.

II

Opérations.

15ᵉ corps. Dès le 26 au soir, le général Martineau avait été prévenu de divers côtés de l'approche de l'ennemi signalé à Argent et à Aubigny-Ville, c'est-à-dire sur la route directe de Bourges, que le 15ᵉ corps ne couvrait en rien. Il semble que si un mouvement de toutes les troupes du côté menacé ne s'imposait pas encore, tout au moins la nombreuse cavalerie qui lui était adjointe aurait trouvé son emploi en se portant au Nord de Bourges. Le général Martineau se borna à expédier sur Chapelle-d'Ancillon le 6ᵉ hussards, qui était à Vignoux-sur-Barangeon, en le faisant soutenir par une batterie à cheval envoyée de Bourges sous l'escorte de 100 gardes forestiers.

« Le but du mouvement, disait l'ordre (1), n'est pas d'attaquer l'ennemi s'il se présente en forces, mais seulement de faire une démonstration qui pourra empêcher l'entrée à Aubigny d'un parti de cavalerie. »

C'était, comme on le verra, le 28 seulement que le détachement devait s'approcher d'Aubigny, mais sans y entrer.

En outre un régiment de cavalerie devait aller à Vignoux-sur-Barangeon remplacer le 6ᵉ hussards.

---

(1) Archives de la Guerre.

Conformément à cet ordre, le 9ᵉ cuirassiers se porta de Méreau sur Vignoux, d'où il envoya un escadron à Vouzeron.

Le 1ᵉʳ cuirassiers fut chargé, en envoyant un escadron à Verdaux (près Brinay), d'assurer la correspondance entre Vierzon, Brinay, Mehun et Bourges.

Pour le lendemain (1) 28, la 3ᵉ division devait se porter de Mehun sur Allogny, poussant des postes sur Saint-Palais, Cantilly, Saint-Georges, Vignoux-sur-les Aize, et être remplacée à Mehun par la 2ᵉ division.

« Le mauvais temps (sic) » fit ajourner ce mouvement. Il fut simplement prescrit au 9ᵉ cuirassiers (2) d'exécuter, le 28, le mouvement qui avait été prescrit pour le 27 et qui avait déjà été exécuté, et de gagner Vignoux-sur-Barangeon.

20ᵉ corps. Ce fut le 27 à midi que le dernier élément de la 1ʳᵉ division du 20ᵉ corps partit de la gare de Saincaize. Avec lui se trouvait le général de Polignac (3).

L'embarquement à Decize devait commencer par la 3ᵉ division, 2ᵉ brigade, de 5 heures à 11 heures du matin en 4 trains (4).

Effectivement le 1ᵉʳ bataillon des mobiles des Pyrénées-Orientales, embarqué à 5 heures du matin, arriva à Chalon-sur-Saône à 10 du soir. Il fut suivi 2 heures après au départ et à l'arrivée par le 2ᵉ (5), puis par les mobiles de la Meurthe et des Vosges, en 2 trains, qui s'arrêtèrent à Chalon-sur-Saône dans la nuit. Mais le train qui emportait 100 hommes des mobiles des Vosges et le 1ᵉʳ bataillon de la Corse (1ʳᵉ brigade), parti le 27 à

---

(1) Ordre nº 136 (Archives de la Guerre).
(2) Ordre du 27 (Archives de la Guerre).
(3) Dépêche du capitaine Renier, 2 h. 35 du soir (Archives de la Guerre).
(4) Ordre de la 3ᵉ division daté du 26 (Archives de la Guerre).
(5) *Historique* des mobiles des Pyrénées-Orientales (à 2 bataillons seulement).

10 heures du soir de Decize, arriva le 28 à 11 heures du matin à Chalon-sur-Saône ; là on fit un arrêt d'une heure, pendant laquelle on distribua des vivres, puis le train repartit pour Dôle, où il arriva à 8 heures du soir. « C'étaient les premiers de toute l'armée à atteindre ce point (1) ». Le 2ᵉ bataillon de la Corse fut moins heureux. Parti le 27 de Decize à 11 heures du soir, il ne devait arriver à Dôle que le 29 au matin.

Ce fut tout pour les embarquements à Decize, qui, pour la journée du 27, se réduisent donc à la 2ᵉ brigade de la 3 division et à 2 bataillons de la 1ʳᵉ brigade de la même division.

Personne de la 2ᵉ division ne fut mis en route le 27, et, fort sagement, le général Thornton recommanda de ne déranger les hommes pour les amener à la gare que sur un ordre précis, afin d'éviter cette attente pénible qui avait tant fait souffrir les troupes des autres corps (3).

Quant à la cavalerie, le 6ᵉ cuirassiers resta encore le 27 à Nevers, sans être mis en chemin de fer ; le 2ᵉ lanciers était, ainsi qu'il a été dit, parvenu sur la base de concentration depuis le 24 et s'était réuni le 25 à Saint-Martin. Le 27, sur l'ordre direct du général Clinchant, il exécuta plusieurs reconnaissances, et il est à remarquer que les Allemands surent très vite la présence de lanciers dans le bassins de la Saône. L'apparition dans cette région de ces cavaliers, dont l'uniforme et l'armement étaient une nouveauté, fut un des indices qu'ils recueillirent.

Pendant ce temps le 7ᵉ chasseurs était arrivé à Autun, les parcs d'artillerie et du génie à Luzy. Le lieutenant-colonel directeur comptait, malgré le mauvais temps, atteindre le 28 Étang et le 29 Autun (4).

---

(1) *Historique* des mobiles de la Corse.
(2) Lettre au général Vivenot (Archives de la Guerre).
(3) Dépêche de 2 h. 10 (Archives de la Guerre).
(4) Dépêche n° 44 (Archives de la Guerre), 6 h. 48 du soir.

Mais le général Clinchant lui envoya l'ordre de continuer sa route par terre et de faire ses efforts pour arriver en 2 étapes à Chalon-sur-Saône, si le temps, très défavorable, le permettait (1).

Pendant la journée du 27, la 1re division du 20e corps, renforcée à partir de 10 heures du matin par le débarquement à Chalon-sur-Saône d'un bataillon (1er de la Haute-Loire, 67e), exécuta un mouvement vers le Nord.

Les 2 bataillons du 50e de marche vinrent cantonner au hameau de la Planche près de Damerey (route de Chalon-sur-Saône à Strasbourg); les mobiles de la Loire (11e, 2 bataillons), partis à 7 heures d'Auroux, arrivèrent à 2 heures du soir à Damerey. Le 55e mobiles (Jura, 2 bataillons) arriva à 3 heures à Sainte-Marie-en-Rivière (2 kilomètres Nord-Est de Damerey). Les troupes de la 2e brigade se répartirent entre Damerey, Allériot et Rey (2).

Le 2e lanciers resta à Saint-Martin-en-Bresse. L'artillerie de la 3e division était avec celle de la 1re à Rey, celle de la 2e était à Saint-Marcel.

Le soir, le général Bourbaki prescrivit de porter, le lendemain 28, la 1re division du 20e corps à une quinzaine de kilomètres au Nord-Est pour occuper sur la rive gauche du Doubs le triangle Navilly, Frontenard et Sermesse (3) avec l'artillerie de la 3e et celle de la 2e division déjà débarquées. Le 2e lanciers, mis à la disposition du commandant de la 2e division, devait couvrir la droite du mouvement en se portant sur Mervaux et Frontenard.

18e Corps. Il ne restait plus à embarquer dans la nuit

---

(1) Lettre du général Thornton, 10 h. 5 du soir (Archives de la Guerre).

(2) *Historiques* des 67e mobiles (Haute-Loire), 24e mobiles (Haute-Garonne), bataillon de Saône-et-Loire.

(3) Ordres du général en chef et du commandant de corps d'armée.

du 26 au 27 à minuit que le dernier régiment de la 2ᵉ brigade de la 1ʳᵉ division, le 73ᵉ mobiles et les 3 batteries de la 1ʳᵉ division. Le départ commença à 5 heures du matin par le 1ᵉʳ bataillon, bientôt suivi du 2ᵉ, puis de l'artillerie, enfin du 3ᵉ. Malgré un arrêt de 6 heures (1) à Nevers, tous ces trains parvinrent le 28 à partir de 6 heures du matin à Chagny.

Le 73ᵉ mobiles et l'artillerie divisionnaire vinrent ce jour-là cantonner à Rully (5 kilomètres Sud de Chagny).

Le 44ᵉ de marche, embarqué le 26, débarqua le 27 à Chagny et vint occuper Bouzeron (2 bataillons et État-Major de la brigade) et Corchanut (IVᵉ bataillon parti de la Charité dans la nuit du 26 au 27).

Le 18ᵉ corps aurait été au complet le 27 au soir comme infanterie et artillerie ou le 28 au matin, s'il ne lui avait encore manqué le grand parc, qui ne devait partir de Nevers que le 29 à 8 h. du soir sous l'escorte d'un bataillon du 82ᵉ (2) (bataillon du Vaucluse, 3ᵉ division, 2ᵉ brigade), les convois qui étaient partis par voie de terre le 23 sous l'escorte du IIIᵉ bataillon du 82ᵉ mobiles (bataillon du Var) et qui, par Chaulgnes, Guérigny, Saint-Bénin-d'Azy, Arcy-la-Tour, étaient arrivés le 26 à Luzy où ils firent séjour le 27. — Ils devaient être le 28 à Mièvres et l'Etang, le 29 au Creuzot, le 30 à Saint-Léger-sur-Dheune, le 31 à Chagny. — Comme le corps d'armée était déjà en route, ils allèrent le 1ᵉʳ janvier à Beaune, le 2 à Seure, le 3 à Saint-Jean-de-Losne, le 4 à Auxonne (3).

C'est le 27 seulement que la cavalerie du 18ᵉ corps commença son embarquement à Nevers (4).

---

(1) *Historique* du 73ᵉ mobiles. En contradiction avec 1 dépêche du colonel Goury datée de 5 h. 10 disant : « Le 18ᵉ corps parti sauf cavalerie Charlemagne (Succession Billot).

(2) *Historique* du 82ᵉ mobiles.

(3) *Idem*, bataillon du Var.

(4) Dépêches de d'Artiguelongues (Succession Billot).

Le 5ᵉ cuirassiers, parti au matin, arriva le soir même à Chagny. Le débarquement, gêné par la gelée qui empêchait de glisser les portes des wagons, dura jusqu'à 3 heures du matin le 28. De là, le régiment n'ayant pu trouver abri à Chaudenay, déjà encombré, gagna Corcelles-les-Arts, où il devait rester jusqu'au 30 (1).

Le 5ᵉ dragons de marche, embarqué le 27 tardivement, n'arriva que le 29 à Chagny, d'où il alla cantonner à Masse.

Quant à la brigade Charlemagne, qui était restée en observation au Nord de la Charité, avec le 3ᵉ lanciers de marche, elle avait, dès le 26, embarqué un des escadrons de ce régiment; un autre, le 3ᵉ, partit... le 27; les 1ᵉʳ et 4ᵉ avec l'État-Major, montés en chemin de fer le 28 à 8 h. du matin, ne furent mis en route qu'à midi.

Le 29 tout le régiment était réuni à Demigny (2).

Le 2ᵉ hussards était seul resté occupé au service de sûreté, mais le 27 on rappela tous les pelotons détachés. Ceux-ci ne rejoignirent que le 28 de 6 heures à 10 heures du matin.

Enfin la brigade Boërio, arrivée le 25 à Autun, le 26 à Conches, était le 27 à Fontaine; elle y fit séjour jusqu'au 31 décembre.

24ᵉ Corps. Des troupes qui devaient concourir à la formation du 24ᵉ corps, il y avait déjà à Besançon ou aux environs à la date du 27 décembre :

Le 15ᵉ bataillon de marche de chasseurs qui avait exécuté quelques reconnaissances vers Vesoul, notamment le 23 (3).

Le 63ᵉ de marche (deux bataillons, le IIIᵉ en formation à Lons-le-Saunier) ne devait arriver à Besançon que le 31 décembre.

---

(1) *Historique* du 5ᵉ cuirassiers.
(2) *Historique* du 3ᵉ lanciers.
(3) *Historique* du 15ᵉ bataillon de chasseurs.

Le IV⁰ bataillon de la Loire venant de Beaune.

Le I⁰ʳ bataillon de Tarn-et-Garonne, à peine armé.

Les mobiles de l'Yonne, qui étaient partis en chemin de fer le 25 de Beaune et étaient arrivés à Besançon le 26 à 8 h. du soir, d'où ils avaient été envoyés cantonner à Saint-Claude (1).

Dans la nuit du 26 au 27 avant minuit, il était parti de Lyon, à destination de Besançon, le 7ᵉ régiment mixte de cavalerie légère (2) qui arriva le 28 seulement, ainsi que le génie et l'artillerie.

Il fut suivi d'un bataillon du 60ᵉ de marche, puis du 61ᵉ, de détachements des 14ᵉ et 6ᵉ d'artillerie, puis du reste du 60ᵉ, du 87ᵉ mobiles, qui venait seulement de recevoir des Remington (3), dont les hommes ne connaissaient pas le maniement. « A 10 heures du matin, le dernier train partait de Lyon (4), etc., de Mâcon, on le dirigeait sur Bourg, où se produisait un long arrêt en pleine voie. Le 28 à 10 heures du soir seulement on arrivait à Besançon. Le régiment cantonna à Saint-Claude. »

Il restait encore à expédier de Lyon un bataillon des mobiles de l'Yonne, non encore armé de fusils à tir rapide, le 5ᵉ bataillon de la Loire, qui reçut des Remington le 27 seulement et s'embarqua le 28, le 1ᵉʳ du Var, qui, faute de fusils, ne put être embarqué que le 5 janvier à 10 heures du matin, le 21ᵉ bataillon de chasseurs à pied de marche, qui partit de Lyon le 29, arriva à Besançon le 30 à 3 heures du soir et cantonna à Chalèze. Enfin un escadron de marche du 6ᵉ dragons,

---

(1) Un bataillon de ce régiment resté à Lyon n'en partit que le 29 pour arriver à Besançon le 30 à 1 h. du soir.

(2) Dépêche du général Bressolles, 22 décembre, minuit (Archives de la Guerre et *Historique* du corps).

(3) Dépêche du général Bressolles, 27 décembre (Archives de la Guerre).

(4) *Journal* du IIᵉ bataillon du 87ᵉ provisoire.

parti de Libourne le 25 décembre, ne devait arriver à Lyon que le 28 pour être le 30 à Besançon et cantonner à Thise. — Il avait passé six jours et six nuits en chemin de fer (1).

L'embarquement s'était fait, ainsi qu'on le voit, à Lyon dans d'assez bonnes conditions et assez vite. Mais l'encombrement causé par ces trains si rapprochés, l'amoncellement des neiges, non moins que les besoins des corps restés à Lyon décidèrent le général Bressolles à retarder son départ jusqu'au 28, 9 heures du matin.

Du côté de Beaune, les troupes emmenées par le général Busserolles sur Besançon se réduisaient aux 1re et 2e légions du Rhône par suite du départ du 4e bataillon de la Loire. — Leur départ fut retardé jusqu'au 28 et ne se termina que le 29 à 1 heure du matin.

Cremer se trouvait donc avoir sous ses ordres : le bataillon de la Gironde cantonné à Beaune, le 32e et le 57e de marche, à Beaune également, formant la 1re brigade (colonel Millot). La 2e (général Caroll) Tevis comptait le 83e mobiles, arrivé le 22 à Beaune, et le 86e mobiles, débarqué au même point le 26 au soir, et qui, pendant la nuit du 26 au 27, était venu cantonner à Pernant et environs (6 kil. N. de Beaune).

Il faut ajouter que le général Bressolles avait prescrit (2) au colonel Bourras d'abord de s'embarquer à Dôle pour venir le rejoindre à Besançon, puis de se porter entre Dôle et Besançon pour garder la voie ferrée entre ces deux points, tout en laissant une partie de son monde à Saint-Jean-de-Losne. Il lui signalait en outre que « 6 000 Prussiens étaient signalés en marche de Gray à Dôle. »

Le colonel Bourras de son côté put annoncer à 4 h. 50

---

(1) Huit hommes avait eu les pieds gelés. (*Historique* du 6e dragons de marche.)

(2) Dépêche de 10 h. 20 du matin et de 10 h. 40 du matin (Archives de la Guerre).

du soir (1) qu'il n'y avait pas le moindre Prussien à Pesmes. Mais à l'ordre du général Busserolles, il répondit qu'il ne dépendait pas du 24° corps « étant régulièrement institué en corps franc par le ministre », que Saint-Jean-de-Losne restait occupé par les mobiles et le 84° sous les ordres du colonel Fischer. Enfin que tout son monde était à Offranges et Moissey, à une dizaine de kilomètres au Sud de Pesmes qu'il surveillait (2).

Du côté de Garibaldi, Ricciotti était resté le 27, non pas à Courson, mais à Coulanges (3). Le matin du même jour, des partisans faisaient sauter le pont de Buffon sur l'Armançon que Bordone croyait nécessaire aux communications entre Werder et Zastrow (4).

---

(1) Télégramme (Archives de la Guerre).
(2) Télégramme minuit 40 (Archives de la Guerre).
(3) Voir Opérations des Allemands le 27.
(4) Bordone (p. 262) crut pouvoir dire que cette destruction causa l'évacuation de Dijon par les Allemands!!!

III

Mouvements des Allemands.

La très importante dépêche ci-dessous, rédigée le 27 décembre au grand quartier général de Versailles, résume très exactement ce qu'on savait du côté allemand et la manière dont la situation était envisagée.

Au Général de l'infanterie de Zastrow, Nuits-sur-Armançon (1).

Versailles, 27 décembre 1870 (après-midi).

Les renseignements reçus dans ces derniers jours et en particulier.

1° Que d'importants transports de troupes ont eu lieu sur la ligne de Lyon-Besançon.

2° Que de Besançon des troupes ennemies se sont approchées à deux marches de Belfort.

3° Que l'armée du général Bourbaki, rassemblée à Bourges et Nevers, avait peut-être été envoyée par chemin de fer dans la direction de l'Est (Chalon-sur-Saône).

Tout cela, joint à cette circonstance que Gambetta, l'actif ministre de la guerre française, se trouve à Lyon depuis plusieurs jours, permet de présumer que l'ennemi prépare une grande expédition dans l'Est.

Le but de cette entreprise pourrait être, outre la levée du siège de Belfort, de réoccuper le Sud de l'Alsace et de la Lor-

---

(1) Correspondance militaire du maréchal de Moltke.

raine, ainsi que d'apporter un trouble permanent sur nos lignes de communication.

Si ces nouvelles se confirment, le général de Werder ne sera pas assez fort pour s'opposer, avec la certitude de vaincre, aux opérations ennemies.

En conséquence, ainsi que votre Excellence en a déjà été avisée par télégramme, S. M. le Roi a prescrit que le VIIe corps se porterait dans la direction de l'Est pour opérer de concert avec les troupes du général de Werder. Sa Majesté, en outre, a daigné ordonner que votre Excellence exercerait le commandement supérieur sur le théâtre des opérations de l'Est. Le général de Werder, qui est à Dijon, a été avisé des décisions de Sa Majesté. Les troupes de cet officier général étaient dernièrement réparties comme il suit :

a. Devant Belfort, dont le bombardement continue depuis le 3 courant : Général de Tresckow I : 19 bataillons, 4 escadrons, 3 batteries;

b. Devant Langres. Général baron von der Goltz : 6 bataillons, 8 escadrons, 3 batteries;

c. A Gray. Général de Schmeling : 11 bataillons, 8 escadrons, 6 batteries;

d. A Dijon. Général de Glümer, 17 bataillons, 12 escadrons, 9 batteries.

Sur la confirmation de la nouvelle que des forces importantes ennemies venant de Besançon s'approchaient de Belfort, le général de Werder a ordonné le rassemblement à Vesoul des éléments *b*, *c*, *d*. Les généraux von der Goltz et de Schmeling doivent y arriver le 28 courant.

Comme renforts ultérieurs, on a mis à la disposition du général de Werder 8 bataillons, 2 escadrons et 2 batteries placés sous le commandement du général de Debschitz. Ces troupes venant de Strasbourg et environs vont être très prochainement concentrées près de Belfort.

Dans sa marche sur Nuits-sur-Armançon et Châtillon-sur-Seine, Votre Excellence ralliera les *60e* et *72e* régiments d'infanterie. Elle disposera alors immédiatement de 19 bataillons, 12 escadrons et 10 batteries.

L'ensemble des effectifs placés sous vos ordres et libres pour des opérations actives comprendra donc :

80 bataillons, 46 escadrons, 33 batteries.

A ces forces l'ennemi, d'après les derniers renseignements, pourra opposer.

a. A Autun, Garibaldi avec environ 15,000 hommes;

b. A Beaune et Dôle, le général Cremer avec environ 20,000 hommes;

c. En marche de Lyon, au plus 12,000 hommes;

d. L'armée de Bourbaki, environ 90,000 hommes.

Ces troupes manquent en partie d'artillerie, et surtout n'ont qu'une faible cavalerie.

Il faut observer que, jusqu'à ce moment, on ne possède pas la confirmation certaine de la marche de ce dernier officier général de Bourges et Nevers vers Chalon-sur-Saône.

Le commandant en chef de la IIe armée a pris entre temps des dispositions pour éclairer ce point dans le plus bref délai, et communiquer à Votre Excellence les renseignements qu'il se sera procuré à ce sujet.

Les troupes qui seront opposées à votre Excellence sont, au pis-aller certainement bien supérieures en nombre, mais leurs qualités, surtout en ce qui concerne leur capacité d'opérations, sont de beaucoup inférieures à celles des troupes prussiennes et badoises. Sa Majesté a donc l'espoir que votre Excellence réussira sans peine à empêcher tout progrès durable de l'ennemi.

Si celui-ci n'est pas renforcé par toute l'armée de Bourbaki, il ne sera pas nécessaire de conduire le VIIe corps dans la vallée de la Saône; il devrait auparavant assurer la sécurité de la ligne Tonnerre-Nuits, Châtillon-Chaumont, et on l'emploierait aussi à isoler Langres.

Une action vigoureuse des troupes permettra de procéder au désarmement complet de la population, dont on devra réprimer l'attitude hostile avec la plus sévère rigueur.

Dans le cas, d'ailleurs, où l'armée de Bourbaki marcherait de Chalon, etc., sur Dijon, elle devrait, en raison de son organisation défectueuse, rester liée aux voies ferrées qui la ravitailleraient en vivres et en munitions; elle serait aussi probablement couverte, sur son flanc gauche, par un mouvement simultané de Garibaldi par Autun. Dans ce cas, le

VIIe corps devrait marcher immédiatement sur les bandes de Garibaldi, et, après les avoir dispersées, pouvoir menacer de la manière la plus efficace, par ses mouvements ultérieurs, les communications de Bourbaki.

Tout d'abord il faut remarquer la rare clairvoyance avec laquelle le maréchal de Moltke discerna que le général Bourbaki serait amené à se diriger sur Belfort.

Tel n'était pas le but initial prévu de l'expédition française, tel il n'aurait pas dû être, d'après le projet primitif. Mais c'était faire preuve d'une bien remarquable connaissance de l'état d'esprit de ses adversaires que de deviner qu'ils préféreraient un objectif géographique et des mouvements réglés sur les voies ferrés à une opération nettement offensive et dirigée contre l'ennemi le plus à leur portée, c'est-à-dire les troupes badoises.

Mais, ceci admis, on peut s'étonner de l'approbation donnée par le Grand État-Major au plan du général von Werder.

Il semble, en effet, qu'en évaluant si exactement l'effectif des forces pouvant sortir de Lyon et être transportées à Besançon par chemin de fer, le maréchal de Moltke condamnait implicitement la concentration du XIVe corps vers Vesoul.

En effet, comme le disait le Chef du Grand État-Major, une opération directe et immédiate, entreprise de Besançon sur Belfort, ne pouvait être qu'une faible diversion, à laquelle le corps de siège, renforcé du détachement Debschitz, était parfaitement apte à résister.

La concentration de tout le XIVe corps et de la division Schmeling à Vesoul était donc inutile pour protéger Belfort.

Par contre, cette marche éloignait et risquait de séparer complètement, ainsi qu'il arriva par la suite, les forces de Werder de celles de Zastrow.

De telle sorte que, si la grosse masse de Bourbaki

se portait de Chalon-sur-Saône à Belfort, Werder, ainsi qu'il advint, se trouverait seul à lui résister ; si, au contraire, l'armée française se portait franchement au Nord, Zastrow et Werder, isolés et séparés, pouvaient être accablés l'un après l'autre.

Une fois de plus, on put constater l'importance à la guerre d'un renseignement mal donné.

La nouvelle fausse et invraisemblable du transport de 60,000 hommes de Lyon à Besançon avait fait croire à Werder que le corps de siège devant Belfort courait un danger pressant, auquel il voulut immédiatement parer. — Mieux renseigné et appréciant plus sainement les choses, le Grand État-Major de Versailles laissa cependant agir le général Werder contrairement aux véritables données de la situation.

On verra du reste combien l'opinion qui vient d'être émise sera confirmée par la longue immobilité du XIVe corps autour de Vesoul.

Corps Werder. Conformément à l'ordre donné la veille, les troupes badoises se rassemblèrent le 27, vers 10 heures du matin, près de Saint-Apollinaire.

Dans la *1re* brigade, le *1er* Leib-grenadiers vint occuper Mirebeau, Bezenotte et Tanay (1), le *2e* grenadiers occupa Renève et Renève-le-Château (2). L'artillerie était répartie entre Renève (3e batterie légère), Mirebeau (4e batterie lourde), Tanay près Mirebeau (batterie à cheval (3).

Les 2 escadrons du *21e* dragons attachés à la 1re brigade cantonnèrent à Renève-l'Église. — Un reconnaissance du *1er* Leib-grenadiers, partie le 27 au matin avant la réception de l'ordre de départ, put rallier la *3e* brigade à Arc-sur-Tille.

---

(1) 1 bataillon dans chaque localité. (*Historique* du *1er* badois).
(2) *Historique* du 2e badois.
(3) *Historiques* des batteries.

A la *2ᵉ* brigade, le *4ᵉ* badois, qui avait la veille au soir occupé Arc-sur-Tille, Couternon, Reuilly-sur-Tille et Villeneuve (1), fut rejoint dès le matin par le *1ᵉʳ* dragons (2) et la 1ʳᵉ batterie lourde, et le détachement commandé par le général von Degenfeld vint le soir occuper Mantoche (2 batteries, 1 régiment de dragons), Arc près Gray (1 bataillon), Gray (1 compagnie et 1 batterie).

Quant au 3ᵉ badois, il avait fait une halte de 45 minutes à Arc-sur-Tille, et il cantonna à 6 heures du soir à Essertenne (3).

La *3ᵉ* brigade, à laquelle appartenait le détachement von Röder, devait former l'arrière-garde. — Elle occupait les avant-postes à l'Ouest de Dijon.

Vers 2 heures seulement elle fut réunie à Saint-Apollinaire, grâce à l'arrivée de Röder entré à Dijon vers 10 heures du matin (4), et vint cantonner à Arc-sur-Tille (5ᵉ badois et Iᵉʳ bataillon du *6ᵉ*, 2 escadrons du *61ᵉ* dragons) et Belleneuve (fusiliers du *6ᵉ* badois) (5).

La IVᵉ division de réserve exécuta, le 27, une marche considérable (45 kilomètres), en se portant de Dampierre par Port-sur-Saône, Pusey, Vesoul et Noidans. « Les fatigues furent excessives, faute de vin et même d'eau, les hommes furent réduits à manger de la neige » (6).

Dans la brigade von der Goltz la marche du 27 se fit sans sacs (7). Dès 6 heures du matin 1 compagnie, 1 escadron et 2 canons, sous les ordres du major von Run, étaient partis pour Bourbonne-les-Bains; après y avoir rallié la colonne des munitions, ce détachement can-

---

(1) *Historique* du *4ᵉ* badois.
(2) *Historique* du *1ᵉʳ* Leib-dragons, nº 20.
(3) *Historique* du *2ᵉ* badois.
(4) *Historiques* des *5ᵉ* et *6ᵉ* badois, 2ᵉ dragons, nº 21.
(5) Le *6ᵉ* badois n'avait que 2 bataillons.
(6) *Historique* du *25ᵉ* d'infanterie.
(7) *Historiques* des *30ᵉ* et *34ᵉ* régiments.

tonna à Fresnes-sur-Apance, d'où il rejoignit le lendemain le gros de la colonne Nachtigall. Le reste du *30ᵉ*, parti à 1 heure du soir de Montigny, arriva le soir à Bourbonne-les-Bains avec le régiment de hussards et 2 batteries. L'autre colonne (Wahlert) occupa Dammartin et Montigny. Ces mouvements s'accomplirent sans que la garnison de Langres y mît le moindre obstacle. Elle recueillit seulement quelques approvisionnements abandonnés par l'ennemi (1).

Le 27 le IIᵉ bataillon du *72ᵉ* partit à 9 heures du matin à pied de Châtillon par la route d'Auxerre et vint à 1 heure cantonner à Loignes. Le Iᵉʳ arriva à midi en chemin de fer à Châtillon-sur-Seine, le bataillon de fusiliers resta près de Chaumont à Bretenay, Laharmont et Condes. Le *60ᵉ* était toujours à Chaumont.

VIIᵉ corps. — La journée du 27 allait être marquée, pour le VIIᵉ corps, par le début de la marche vers le Sud-Est.

On sait que depuis le 23 décembre le détachement Osten Sacken, dit avant-garde (2), occupait Toucy, et que, le 25, 1 bataillon et 1 escadron avaient été détachés sous les ordres du lieutenant-colonel von den Busche sur Charny, pour tenter de se relier avec le détachement Rantzau à Montargis. Ils n'y réussirent pas; néanmoins une de leurs patrouilles mérite d'être citée, car c'est la seule du VIIᵉ corps qui ait atteint la Loire.

Le 27, à 4 heures du soir, dit l'*Historique* du *8ᵉ* hussards, le lieutenant Loeselmann quitta Charny et gagna Nogent. Là il apprit que le général von Rantzau s'était porté sur la Bussière et de là à Briare, où le lieutenant Loeselmann n'arriva que le 28 à 2 heures du matin. A 10 heures du matin, il repartit pour Charny, mais là, il

---

(1) *Langres pendant la guerre*, loc. cit.
(2) 8ᵉ hussards, 7ᵉ bataillon de chasseurs, 73 d'infanterie, 1 batterie légère (Gasch), 1 compagnie de pionniers.

ne trouva plus son escadron. Il se dirigea donc sur Toucy, où il arriva à 9 heures du soir. En 29 heures il avait couvert 90 kilomètres, par un froid extrême et sur un si mauvais terrain qu'il avait fallu souvent conduire les chevaux à pied.

En effet, conformément aux ordres donnés la veille au soir, le 27 au matin, le lieutenant-colonel (1) von den Bussche avait quitté Charny pour rallier à Toucy le gros de l'avant-garde. « Mais il n'y avait trouvé personne et dut, en raison de la fatigue de ses hommes, coucher à Toucy, d'où il devait le lendemain se rabattre sur Auxerre ». Le général Osten Sacken était en effet parti de Toucy pour Merry avec le gros de l'avant-garde (2), tandis que le lieutenant-colonel Axent se portait d'Ouanne sur Courson pour tirer vengeance de la résistance rencontrée la veille. D'après les *Historiques* des 8e hussards et 7e bataillon de chasseurs, les Allemands entrèrent dans le village sans rencontrer de résistance, le pillèrent de fond en comble, prirent 10,000 francs et enlevèrent 3 otages et 12 notables. De là ils se retirèrent sur Mouffy près de Merry. Ricciotti Garibaldi raconte de son côté qu'arrivé le 27 au soir à Clamecy, il avait poussé sur Coulange-sur-Yonne, d'où à la nouvelle « que l'ennemi menace de piller Courson » (3) il avait rapidement gagné cette localité, laissant en route ses bagages. « Là il n'y avait pas encore de Prussiens, mais on les attendait d'un moment à l'autre. Je fis prendre des positions de défense et des patrouilles furent expédiées en avant pour chercher contact avec l'ennemi. Celui-ci avait évidemment changé de direction, car on ne le retrouva nulle part. Nous rentrâmes alors à Coulanges (*sic*). C'était le

---

(1) IIe bataillon du *13e* d'infanterie, 1 escadron du *8e* hussards. (*Historique* du *13e* d'infanterie.)

(2) 7e bataillon de chasseurs.

(3) Ricciotti Garibaldi, *loc. cit.*

29 décembre. » Les renseignements recueillis par M. le maire de Courson sont en contradiction absolue avec ce témoignage.

« Le lendemain (27) les Prussiens arrivèrent en nombre (1), établirent des postes tout autour de la ville de façon que personne n'en pût sortir. Ils braquèrent deux pièces de canon sur une petite colline à l'Ouest de Courson. Ils permirent aux soldats de piller pendant 2 heures et exigèrent le versement immédiat d'une somme de 10,000 francs qui ne pût être parfaite que le lendemain ; il manquait 2,000 francs qui leur furent remis à Mouffy (6 kilomètres de Courson), où ils passèrent la nuit suivante. Ils avaient en outre réquisitionné vin, bestiaux, fourrages, etc. Ils emmenèrent 3 otages, MM. Jacquin, Rapin et Boussard, sous prétexte que leur maison avait abrité des francs-tireurs. Ces messieurs ne furent remis en liberté que le 25 février.

« C'est après le départ des Prussiens, le lendemain seulement, que Ricciotti Garibaldi vint à Courson avec environ 1,000 à 1,200 hommes, cavaliers et fantassins. Il y passa la journée et retourna dans la direction de Clamecy d'où il venait. »

Le soir le détachement Osten Sacken auquel s'était joint le détachement de Gy-l'Evesque, occupa Merry et Mouffy.

Le 27 décembre, le général de Zastrow commença l'évacuation d'Auxerre.

Laissant dans la ville le IIIe bataillon du régiment n° 55, il se dirigea avec 5 compagnies du 55e, 1 batterie lourde et les Ier et IIIe bataillons du 73e sur Lichères. 3 compagnies du 55e étaient envoyées sur Chablis avec 2 batteries à cheval, 1 détachement sanitaire et 2 lazarets de campagne.

---

(1) 7e chasseurs, IIe bataillon du 73e, Ier et IIe bataillons du 13e, 3 escadrons du 8e hussards, 2e d'ulans, 1 compagnie de pionniers, batteries.

Quant au dernier régiment, le *15*ᵉ westphalien, il avait toujours 2 bataillons à Châtillon-sur-Seine, où ils étaient renforcés par 1 bataillon de laudwehr, et 1 à Troyes comme troupe d'étapes.

« Le général von Zastrow comptait réunir toutes ses forces sur la ligne Montbard-Nuits. Le 30, la *13*ᵉ division serait autour d'Aizy. L'avant-garde du général Osten Sacken (4 bataillons, 3 3/4 escadrons, 1 batterie, 1 compagnie de pionniers) serait à Austrude; le gros mis sous les ordres du lieutenant-colonel von Lœbell (2 1/4 bataillons, 3 escadrons, 2 batteries) seraient à Aisy. Le détachement von den Bussche (2 bataillons, 1 escadron, 1 batterie) à Etivey, le détachement Woedtke (1 1/4 bataillon, 2 escadrons, 2 batteries à cheval et les trains) à Ravières (1). »

L'apparition des Français sur le Doubs et l'échauffourée de Médière avaient fortement inquiété le général de Treskow; aussi, tandis que le colonel Zglinicki se portait à Desandans (2), avait-il été prescrit au major von Laüe, qui commandait à Arcey, de se porter le 27 avec 2 compagnies (10ᵉ et 12ᵉ) du IIIᵉ bataillon du *67*ᵉ et 1 peloton 1/2 d'ulans sur Médière et d'occuper l'Isle-sur-le-Doubs. Parti à midi d'Arcey, le major von Laüe repoussa facilement quelques tirailleurs français, pénétra dans Médière, puis dans l'Isle-sur-le-Doubs et, passant le pont, fouilla le faubourg de Magny. Au soir il se retira sur Arcey.

Pendant son mouvement, une compagnie (5ᵉ du IIᵉ bataillon du *67*ᵉ) avait été envoyée par le colonel Zglinicki pour couvrir son flanc droit vers Onans. Elle n'avait rencontré personne.

---

(1) Fabricius, *loc. cit.*
(2) Avec le IIᵉ bataillon du *67*ᵉ, le Iᵉʳ était aux tranchées devant Bavilliers (voir ci-dessus).

Le même jour le détachement Ostrowski (bataillons Konitz et Gnesen du *14e* de landwehr, Ier poméranien combiné, 1/2 escadron ulans de réserve, 4 canons) quittait Andelnans et Sévenans, où il était remplacé par le bataillon Schneidemühl (IIIe du *1er* poméranien), tandis que le *2e* poméranien occupait Méroux (bataillon Deutsch Krone) et Vézelois (bataillon Jaroslaw).

Renforcé par le Ier bataillon du *67e*, qui avait le 26 terminé son service de tranchée, le détachement Ostrowski devait se porter dans l'espace compris entre le coude du Doubs et la frontière suisse et occuper Abévillers, Mérimoncourt et Bondeval.

Ce mouvement devait donner lieu, le 29, à un petit combat.

Journée du 28 décembre.

I

La première nouvelle de l'évacuation de Dijon par les Allemands paraît avoir été donnée par une dépêche du maire d'Auxonne datée du 27, 4 h. 20 du soir (1), et communiquant une lettre du maire de Dijon. De nombreuses confirmations vinrent de divers côtés jusqu'à minuit. A 7 h. 42 du soir Cremer télégraphiait (2) qu'il tenait la nouvelle du commandant de Garibaldiens Ordinaire (3), mais sans dire que ce dernier lui annonçait son entrée à Dijon. L'assertion de Bordone, d'après laquelle Ordinaire et Eudeline seraient entrés à Dijon le 27 « dès la première heure du jour (sic) », et la mention d'une dépêche datée du même jour 5 h. 10 du matin, et non reproduite, d'ailleurs, par laquelle Garibaldi aurait annoncé la retraite de Werder, avant qu'elle se soit produite (4), paraissent controuvées. Tout au contraire, on connaît la dépêche du lendemain 28, datée de 9 h. 15 matin, par laquelle Bordone annonçait qu' « en ce moment, nos avant-gardes entrent à Dijon évacué par les Prussiens, 5 h. 45 du matin » et celle de Gauckler du 27 décembre, 9 h. 40 du soir, disant : « Les Prussiens évacuent Dijon avec tout leur matériel se rendant sur Gray. Marchons en avant. »

---

(1) Archives de la Guerre.
(2) Archives de la Guerre.
(3) Des francs-tireurs du Doubs, brigade Menotti Garibaldi.
(4) Bordone, *loc. cit.*

Enfin, à 9 h. 30, puis à 11 h. 20 du soir Cremer télégraphiait (1) que « l'évacuation se trouvant annoncée par des sources différentes et des plus sérieuses », il suffirait « d'un ordre ou d'une autorisation » pour qu'il fût le lendemain matin à Dijon. A cela M. de Serres répondit à 10 h. 52 du soir : « Reçu votre dépêche sur évacuation de Dijon. Rien à changer aux instructions que je vous ai données hier. Envoyez seulement à Dijon quelques hommes sûrs constater le fait, si ce n'est déjà fait. J'ai vu aujourd'hui Pélissier et colonel Lefaivre à... Tout va bien. J'ai télégraphié pour votre frère. »

D'autre part, le général Bourbaki dut à la même heure aviser M. de Freycinet de l'évacuation de Dijon (2) et lui annoncer qu'il prenait « des mesures pour les suites de cet événement ». Cette dépêche, non retrouvée et qui provoqua un incident sur lequel il y aura lieu de revenir, fut complétée peu après par la suivante :

Général Bourbaki à ministre Guerre, Bordeaux, Lyon.

Chalon, 28 décembre 70, 2 h. 30 matin.

Je suis informé de l'évacuation de Dijon par l'ennemi, dans la journée d'hier 27. Je prescris au général Cremer de s'établir en avant de cette ville et d'y faire exécuter les travaux de défense nécessaires.

Le général Pélissier occupera la ville même, avec des mobilisés. Je me suis entendu à ce sujet avec M. de Serres. Je crois que le 20e corps achèvera son mouvement après-demain, nous rejoignant en chemin de fer, ce qui n'empêchera pas le 18e et les autres troupes, que j'ai sous la main, de se porter en avant, dès que je le jugerai nécessaire. Je vous prie de ne pas oublier les 400 chevaux d'artillerie que vous m'avez promis.

Il serait bien utile de convenir d'un chiffre, pour nos communications télégraphiques.

---

(1) A Bressolles et Bourbaki (Archives de la Guerre).
(2) Dépêche de 10 h. 50 matin, n° 5673. Voir dépêche de M. de Freycinet le 28, midi.

L'accord entre M. de Serres et le général de Bourbaki était complet, mais, on ne sait trop pourquoi, le jeune délégué crut devoir prendre à son compte l'ordre envoyé au général Cremer, ce qui était au moins inutile en raison des ordres que le général en chef donnait au moment même.

Le général Bourbaki au général Cremer à Beaune (faire suivre).

Chalon-sur-Saône, 28 décembre 1870, 1 heure matin.

Merci de vos communications relatives à l'évacuation de Dijon par l'ennemi. Portez-vous en avant de Dijon, faites exécuter les travaux de défense nécessaires. Je prescris au général Pélissier d'occuper la ville même.

Le général Bourbaki au général Pélissier à Verdun-sur-Saône (faire suivre).

Chalon-sur-Saône, 28 décembre 1870, 1 heure matin.

Dijon est évacué par l'ennemi. Occupez immédiatement cette place. Le général Cremer est prévenu. Il va s'installer lui-même en avant de la ville.

Le général Bourbaki au colonel Bombonnel à Sainte-Marie (faire suivre).

Chalon-sur-Saône, le 28 décembre 1870, 1 heure matin.

Dijon est évacué par l'ennemi. Je prescris aux généraux Cremer et Pélissier de se porter en avant et dans l'intérieur de la ville. Appuyez le mouvement en ne perdant pas de vue ce qui peut se produire sur votre gauche, Garibaldi est directement informé de la situation. Il occupera sur votre gauche la route de Tonnerre et le Val-Suzon.

Le général Bourbaki au général Billot, commandant le 18e corps à Chagny (faire suivre).

Chalon-sur-Saône, le 28 décembre 1870, 1 heure matin (faire suivre).

Dijon est évacué par l'ennemi. Je prescris aux généraux Cremer et Pélissier d'occuper les positions en avant de Dijon et la ville même. Le colonel Bombonnel est chargé d'appuyer ce mouvement. Vous recevrez vous-même des ordres dès que le moment sera venu.

De Serres à général Cremer, Beaune. Communication à Gambetta, Lyon, à de Freycinet, guerre, Bordeaux.

Beaune, Lyon et Bordeaux de Chalon, 7682 36, 28 décembre, 2 h. 15 matin.
(Extrême urgence.)

Soyez au delà de Dijon demain ; j'y serai avec vous, Garibaldi sera à Val-Suzon, Pélissier vous rejoint.

De Serres.

Effectivement le général Pélissier annonça (1) que « 3 bataillons de mobilisés partiraient le 28 au matin de Seurre et Navilly sur Saint-Jean-de-Losne et continueraient le 29 sur Dijon, que 3 autres bataillons de mobilisés iraient le 28 de Beaune à Cîteaux ; 2 bataillons devaient aller de Verdun à Auvillars, et Bombonnel, alors à Sainte-Marie, télégraphia le 28 à 9 heures du soir (2) qu'il partait pour Talant, Fontaines et Corcelles, où il comptait arriver avant le jour.

Quant à Cremer, dès la réception de l'ordre de M. de Serres, il se mit en route pour Dijon.

Enfin M. de Serres donnait à Garibaldi une mission strictement défensive :

De Serres à général Garibaldi, Autun, faire suivre, communication à Gambetta, Lyon, De Freycinet, guerre, Bordeaux.

Urgent. Autun, Chalon, 7681 77, 28, 2 h. 25 matin.

La province que vous avez si longtemps protégée n'est plus en danger. Dijon est évacué, Cremer l'atteindra et le dépassera peut-être demain. L'ennemi peut encore tenter un effort par les routes de Tonnerre ou de Châtillon ; ce sont elles dont nous vous confions la défense. Le Val-Suzon peut devenir rapidement, grâce à vous, une barrière infranchissable.

De Serres.

---

(1) 28 décembre, 6 h. 15 matin (Archives de la Guerre).
(2) Archives de la Guerre.

Comment le général Bourbaki envisageait la situation toute nouvelle créée par la brusque évacuation de Dijon, c'est ce qui ne ressortait en rien de la dépêche adressée au ministre dans la nuit du 27 au 28 (1). Or cet événement imprévu devait apporter au plan général d'opérations de telles modifications que M. de Freycinet crut devoir écrire les 2 dépêches suivantes qui ont été diversement jugées plus tard.

A Général Bourbaki, Chalon.
28 décembre, 9 h. 1/2 matin.

Veuillez me faire connaître chaque jour, aussitôt la marche des troupes terminée, les positions exactes occupées par ces troupes et les projets du lendemain. Je désire que cette dépêche me parvienne le plus tôt possible afin que j'aie le temps avant la nuit de vous envoyer moi-même, s'il y a lieu, des instructions.

Dès cette dépêche reçue, je vous prie de m'indiquer, en traits généraux, le mouvement que vous comptez effectuer, dans l'hypothèse où le corps ennemi de Dijon, se retirant par Gray, opérerait sa jonction avec le corps d'investissement de Belfort.
C. DE FREYCINET.

A de Serres, au quartier général Bourbaki, Chalon (faire suivre).
28 décembre, 11 h. 25 matin.

Votre dépêche d'hier au soir, 10 heures 50, n° 5673, porte que vous prenez des mesures pour les suites de l'évacuation de Dijon. Si vous entendez par là que vous comptez combiner la suite du mouvement stratégique, je désire qu'il soit bien entendu qu'aucune décision ne doit être prise avant de m'avoir été soumise. Ce n'est que dans le cas d'urgence commandée par les nécessités militaires qu'on agirait sans mes instructions. Hormis ce cas je tiens à être tenu jour par jour au courant des projets du quartier général pour envoyer

---

(1) Archives de la Guerre.

les instructions en conséquence. Jusqu'à ce jour cette formalité, désormais indispensable, a pu être supprimée sans aucun inconvénient, parce qu'il ne s'agissait que de transports de troupes et non d'opérations proprement dites.

C. DE FREYCINET.

On ne saurait dire que M. de Freycinet prétendait régler lui-même la marche des troupes et substituer pour les mesures d'exécution son autorité ou celle de son délégué à celle du ministre, car, peu après, il réprimandait M. de Serres de son inutile et dangereuse immixtion dans l'envoi des ordres aux unités subordonnées.

A de Serres, à Châlon.

28 décembre, 3 h. 10 soir (faire suivre).

Je reçois communication d'une dépêche de... ainsi conçue.

De Serres à général Cremer, Beaune : « Soyez au delà de Dijon demain, j'y serai avec vous. Garibaldi sera à Val-Suzon, Pélissier vous rejoint.

Cette dépêche et quelques autres semblent indiquer que vous donnez des ordres directs aux chefs de corps. Ce serait très dangereux, car vous rompriez ainsi l'unité du commandement et déplaceriez la responsabilité. Si vous avez des pouvoirs spéciaux de M. Gambetta, c'est auprès de Bourbaki, et non de ses subordonnés, qu'il faut les faire valoir, sauf à en référer au ministre dans le cas où vous ne seriez pas d'accord. Si, au contraire, vos dépêches sont passées de la part de Bourbaki lui-même, il faut indiquer expressément que c'est par ordre du général en chef ; comme cela nous arriverions très promptement à une confusion des plus dangereuses pour nos armées.

Répondez, je vous prie.

C. DE FREYCINET.

Enfin, en communiquant à M. de Serres la dépêche qu'il adressait au général Bourbaki, M. de Freycinet montrait nettement que ce qui le préoccupait était l'idée générale, le plan d'ensemble, dont la détermination devenait urgente par suite du mouvement imprévu de l'ennemi.

A de Serres, quartier général de Bourbaki, Châlon.

9 heures 1/2 matin, 28 décembre.

Je vous envoie copie de la dépêche que j'adresse à Bourbaki. Ainsi que je lui télégraphie, je désire connaître chaque soir en temps opportun le programme projeté pour le lendemain, afin d'y introduire, s'il y a lieu, des corrections. Ce programme ne doit être considéré comme définitif que si ma réponse n'a pu parvenir à temps avant l'exécution. Je désire en outre connaître, et je vous prie de le répéter au général, comment il entend procéder à l'exécution de la suite de mon plan. Il me paraît probable que le corps de Dijon va se joindre avec celui de Belfort, ce qui constituera un total de 60,000 hommes environ. Comment le général compte-t-il se porter à la rencontre de cette armée pour la combattre ou l'..... (1)? Je désire connaître le projet avec précision, car jusqu'ici les dépêches n'annoncent que des mouvements purement de transport et ne m'indiquent aucun projet stratégique.

Répondez.

Le général Bourbaki, loin de se formaliser de la demande du ministre, donna très complètement les renseignements réclamés sur sa situation et manifesta ses intentions pour la suite des opérations dans les termes suivants :

Le général Bourbaki au Ministre de la Guerre, Bordeaux.

Chalon-sur-Saône, le 28 décembre 1870, 4 h. 30 soir.

Je réponds à votre télégramme de ce jour. Le 18ᵉ corps, moins la partie en route pour rejoindre, est à Chagny. La 1ʳᵉ division du 20ᵉ corps est à Navilly, sur le Doubs; le reste

---

(1) Illisible.

du 20ᵉ corps est dirigé par la voie ferrée de Decize sur Dôle.

Le général Pélissier occupera Dijon dès demain, le général Cremer occupera en même temps les positions en avant de cette ville.

Le colonel Bombonnel appuie le mouvement. Le général Garibaldi se charge d'observer les routes de Tonnerre et d'occuper le Val-Suzon.

La position de Dijon bien assurée je concentrerai le 18ᵉ et le 20ᵉ corps entre Auxonne, Pontailler, Pesmes et Dampierre; si l'ennemi, ce que je ne crois pas, veut faire résistance à Gray, je m'y porterai directement avec ces deux corps, pendant que le général Bressolles marchera sur ce même point par Besançon.

S'il évacue Gray sans combat, il nous attendra vraisemblablement à Vesoul. Nous l'y suivrons sans retard, à moins que le prince de Reuss menace sérieusement Dijon, ce qui est peu probable. Du reste une fois notre concentration opérée sur la rive gauche de l'Ognon, nos mouvements devront forcément être en rapport avec ceux de l'ennemi.

Si nous sommes vainqueur à Vesoul, et si Garibaldi occupe les Vosges entre Vesoul et Belfort, le siège de cette dernière place sera forcément levé.

Aurons-nous à lutter contre des troupes venant du duché de Bade ou détachées de l'armée du prince Frédéric-Charles? Je l'ignore.

En tout cas je ferai en sorte de n'engager le combat que dans de bonnes conditions. Je m'entendrai d'ailleurs, au préalable avec votre délégué M. de Serres.

Toutes ces dispositions seront forcément subordonnées aux circonstances qui pourront se produire pendant le cours même des opérations.

Général Bourbaki à Guerre, Bordeaux (D. T.)

Chalon, 28 décembre 1870, 6 heures soir.

Rien n'est changé à ce qui a été convenu et dont M. de Serres a dû vous donner connaissance. Nos mouvements dépendront de ceux de l'ennemi. L'évacuation de Dijon est confirmée. L'ennemi se replie vers Gray d'un autre côté. D'après les renseignements qui m'arrivent de Nevers il paraîtrait que les troupes ennemies qui étaient à Auxerre se replieraient sur Tonnerre et Châtillon-sur-Seine. Demain le 18ᵉ sera complètement arrivé; le 20ᵉ ne sera pas concentré avant 48 heures. D'ici là nous serons mieux renseignés sur la marche de l'ennemi et nous pourrons décider la direction dans laquelle il sera le plus utile d'opérer la condition de l'ensemble du projet qui vous a été communiqué.

Ces deux importantes dépêches fixent très nettement et la situation et l'état d'esprit du général en chef. A ce dernier titre surtout, elles méritent d'être étudiées avec soin.

Il semble tout d'abord que le projet soit de prendre comme objectif le corps Werder, qu'il soit à Gray ou à Vesoul, et on doit remarquer une prévision très exacte des points où l'ennemi aura le plus de tendance à accepter la bataille qu'on recherche.

Dans cet ordre d'idées, l'occupation de Dijon et du Val-Suzon par Cremer et Garibaldi, pour couvrir le flanc gauche de la ligne d'opérations contre les entreprises du VIIᵉ corps, paraît être complètement justifiée. Elle obligera Zastrow a renoncer à la ligne d'opérations Auxerre, Tonnerre, Montbard, Dijon, et le forcera, s'il veut rejoindre Werder, à un long détour par le Nord. Avec de la rapidité et de la décision, on peut espérer profiter de la faute commise par ce dernier en se séparant complètement du VIIᵉ corps et l'écraser avant qu'il puisse en être secouru.

On peut encore considérer comme fort bien choisie la zone Auxonne, Dampierre, Pontailler et Pesmes comme lieu de rassemblement de l'armée. Protégée par l'Ognon, permettant de passer à volonté sur une rive ou l'autre de la Saône, elle met le général en chef en mesure d'attaquer l'ennemi, supposé à Gray, dans une direction qui ne le rapproche pas de Zastrow, s'il reste en ce point, ou de l'en couper complètement, s'il a poursuivi sa retraite jusqu'à Vesoul.

Mais, dans cette dernière hypothèse, se porter de Pesmes et Pontailler sur Vesoul, c'est prêter le flanc au VII⁰ corps, qui peut à tout moment déboucher des montagnes entre Dijon et Langres, hors de la portée de la garnison de chacune de ces deux places ; c'est se rapprocher de façon dangereuse de la frontière suisse, c'est allonger sa ligne d'opérations, reculer l'instant de la bataille, alors que les instants sont précieux. Si, et ce sera le cas, les transports sont encore retardés, si la marche est lente avec cette armée si peu manœuvrière, poursuivre Werder jusqu'à Vesoul, c'est donner à Zastrow le temps d'intervenir et au Grand État-Major allemand celui de détacher de nouvelles troupes sur ce théâtre d'opérations.

Peut-être aurait-il été plus conforme à l'esprit du plan de campagne, si, une fois les 18⁰ et 20⁰ corps répartis entre Auxonne, Dampierre, Pesmes et Pontailler, on apprenait que Werder s'était retiré jusqu'à Vesoul, de renoncer à poursuivre cet adversaire qui se dérobait, de le faire contenir par le 24⁰ corps, tandis que l'armée, renforcée de Cremer et flanquée de Garibaldi, se serait portée vers Langres, avec la chance de rencontrer sur son chemin Zastrow et peut-être de l'écraser. On aurait ainsi conservé sa ligne de retraite assurée vers le Morvan, et enfin on aurait poursuivi le but initial, en menaçant directement à Chaumont, puis à Blesmes la ligne des communications allemandes.

Quoi qu'il en soit, l'idée d'aller à Vesoul, bien qu'elle fût très différente de celles qu'il avait exprimées, fut agréée par M. de Freycinet.

Freycinet au général Bourbaki, Chalon (faire suivre).

28 décembre, 11 h. 20 soir.

Je vous remercie des détails que vous me donnez par votre dépêche de ce soir 28 décembre, 4 h. 30 soir. Je n'ai aucune observation à présenter sur vos dispositions de demain 29, qui me paraissent bien conçues. La concentration et la marche sur Gray me semblent combinées de manière à ce qu'on puisse prévoir avec une quasi certitude qu'il n'y aura pas plus résistance à Gray qu'à Dijon. Si votre mouvement se continue avec rapidité vous arriverez à Vesoul avant les renforts venus d'Orléans, ou d'Auxerre, car le premier gros des forces arrivera ce soir seulement à Tonnerre. Il sera donc très en retard sur vous, pour se porter sur Vesoul par Langres. Je ne pense d'ailleurs nullement qu'il soit tenté de se porter de Tonnerre sur Dijon. J'en conclus qu'en suivant votre programme, vous arriverez à Vesoul le premier et sans doute sans combat.

Je me félicite de la bonne entente qui règne entre vous et M. de Serres, qui est en mesure de vous donner de très utiles indications. Il est bien entendu d'ailleurs que ces indications, quelque confiance qu'elles méritent, ne doivent gêner en rien la liberté de vos décisions, dont vous avez seul la responsabilité.

J'espère, général, que Dieu aidant, vous allez rendre à la France de grands services.

C. DE FREYCINET.

C'est donc d'un commun accord que fut accepté le projet de marcher sur Vesoul, quelque différente que fût cette conception de celle qui avait déterminé le transport de l'armée de Bourbaki dans le bassin de la Saône.

II

Opérations.

15ᵉ Corps. Le mouvement prescrit pour la 3ᵉ division et la cavalerie ayant été décommandé, le 9ᵉ cuirassiers vint s'installer à Vignoux-sur-Barangeon, avec un escadron à Vouzeron. La 3ᵉ division se borna à placer des grand'gardes fournies par le 6ᵉ bataillon de chasseurs, le 34ᵉ et le 27ᵉ de marche sur la ligne Pont-de-Quoy, Jarry, Allouis, Gros-Cailloux, Chancenay, c'est-à-dire à la porte même de ses cantonnements, face aux bois, sans vues et sans moyens d'action. C'était peu se conformer au conseil de s'éclairer au loin.

D'ailleurs le général Martineau était peu satisfait de la mission qui lui incombait et regrettait de ne plus faire partie de l'armée de Bourbaki.

Général commandant le 15ᵉ corps à Guerre, Bordeaux.

Bourges, le 28 décembre 1870, 10 h. 5 du matin.

Conformément à vos instructions, je suis venu à Bourges. Mon opinion bien formelle est que la défense de cette ville, possible peut-être contre un coup de main, ne peut être efficace contre une attaque sérieuse de l'ennemi. Le général Mazure, que j'ai vu, partage mon avis, et m'a dit qu'à son arrivée à Bourges, il avait écrit plusieurs fois dans ce sens au ministre. Peut-il du reste en être autrement? Bourges étant dominé de tous côtés, très certainement, plus on y entraînerait de troupes, plus on se rapprocherait de la triste journée de Sedan.

Comme je vous l'ai déjà fait connaître, Vierzon est une très mauvaise position militaire, l'armée étant adossée au Cher, à l'Yèvre et au canal, trois défilés difficiles et dangereux. On rencontre de plus entre Vierzon et Bourges, Mehun, où plusieurs bras de l'Yèvre et le canal renouvellent les difficultés. Enfin l'armée, qui défendrait les approches de Bourges du côté de la Chapelle-d'Ancillon, aurait aussi, pour se retirer par la route de Nevers ou celle de Saint-Amand, à traverser Bourges dans toute sa longueur et par des rues très étroites et très creuses. Il est fâcheux que le 20 décembre le 15e corps, qui était parti avec les 18e et 20e, ait été arrêté, pour revenir vers Bourges et y recevoir une mission que je considère comme impossible.

Ce n'est pas sans raison, semble-t-il, que M. de Freycinet pouvait rappeler au général son rôle et sa compétence.

Général commandant 15e corps.
28 décembre, 2 h. 25.

Votre dépêche de ce matin 10 h. 5, de Bourges, fait connaître : 1° que Bourges et Vierzon sont de mauvaises positions; 2° qu'il est fâcheux que le 15e corps ait été arrêté dans son mouvement avec le 18e et 20e. En ce qui concerne ce dernier point, permettez-moi de vous faire remarquer que, préposé comme vous l'êtes à une part seulement de la scène militaire qui embrasse la France entière, vous ne pouvez apprécier avec certitude les motifs qui ont déterminé le gouvernement. J'ajoute que, dans le rapport écrit auquel j'ai répondu hier au soir, vous-même déclarez la nécessité d'interrompre les marches du 15e corps et de le faire cantonner pendant 12 ou 15 jours. Mais venant au fond, la question qui se pose aujourd'hui est celle-ci. Etant admis que le gouvernement veut couvrir autant que faire se peut, avec les forces dont il dispose, la direction de Vierzon à Nevers, quelle est la meilleure position à faire prendre au 15e corps?

Est-ce le camp de Bourges avec une division dans la forêt

de Vierzon ? Est-ce la forêt de Vierzon exclusivement. Est-ce toute autre disposition ? Tel est le problème qu'il s'agit de résoudre. Il ne suffit point de critiquer, il faut proposer quelque chose de mieux.

Nous n'avons point fait le pays et sommes forcés de le prendre tel qu'il est. Je vous prie donc de me dire nettement quelle est la position que vous êtes d'avis de faire occuper au 15º corps, pour protéger le mieux possible la direction de Vierzon à Nevers, tout en ménageant la retraite éventuelle du 15º corps.

C. DE FREYCINET.

A cette mise en demeure, le général Martineau répondit le lendemain seulement par la proposition de consacrer deux divisions à la défense de la forêt de Vierzon et de pousser un peu au Nord la 3ª division dans la région Saint-Laurent, Vouzeron et Allogny.

Division Cremer. — Dès 7 heures du matin, Cremer quitta Beaune, avec le bataillon de la Gironde, le 83ª mobiles, puis les 57ª et 32ª de marche et prenant au passage le 86ª mobiles, qui venait de Pernant. Après une grand'halte à Nuits, la division entrait à Dijon entre 8 et 9 heures du soir, ayant parcouru près de 40 kilomètres.

Le bataillon de la Gironde cantonna à Dijon, tandis que le 32ª de marche poussait un bataillon sur Talant, un à Fontaine-les-Dijon, le dernier restant à la gare du chemin de fer. Le reste de la division s'installa dans la ville.

18ª Corps. — Après l'arrivée du 19ª mobiles (Cher), qui occupa par 2 bataillons Corpeau et par 1 Ebaty, la 1ʳᵉ division fut complétée dans la journée par l'arrivée de ses 3 batteries divisionnaires et du 73ª mobiles, qui vinrent cantonner à Rully (1). L'escadron de cavalerie affecté à la division n'arriva que dans la

---

(1) *Journal* de la 1ʳᵉ division.

nuit du 28 au 29 (1). — Il arriva aussi un régiment de cavalerie, le 5ᵉ cuirassiers. — Les autres étaient en route ou s'embarquaient (2).

Un ordre du corps d'armée prescrivit, pour le lendemain 10 heures après la soupe du matin, de modifier les cantonnements (3).

20ᵉ Corps. — En exécution de l'ordre de mouvement du 27 décembre, la première division se mit en marche le 28 à 7 heures du matin.

Le 55ᵉ mobiles vint cantonner à Navilly avec le 50ᵉ de marche et le 11ᵉ mobiles. Le 67ᵉ mobiles (4) vint à Sermesse. Les lanciers à Frontenard.

Pendant ce temps, le débarquement de la 2ᵉ brigade de la 3ᵉ division, commencé le 27 à 10 heures du soir par le 1ᵉʳ bataillon des mobiles des Pyrénées, était terminé le 28 au matin. Cette brigade cantonna à Epervans et la Rougère, au Sud de Chalon-sur-Saône (5). Cependant une partie du 2ᵉ bataillon de mobiles des Vosges embarqué dans le même train que le bataillon corse de la 1ʳᵉ brigade, arrivé à Chalon-sur-Saône à 11 heures du matin, continua sa route sur Dôle, sous la conduite personnelle de M. de Serres, et débarqua à partir de 6 heures du soir pour cantonner au collège des Jésuites (6). — Ce fut tout pour ce jour-là; et les débarquements ne devaient reprendre à Dôle que le 29 au matin par le 2ᵉ bataillon de la Corse.

---

(1) Le *Journal* de l'ambulance de la 1ʳᵉ division signale le bon effet du cantonnement sur la santé des hommes. Il n'y avait plus d'entrées aux ambulances.
(2) Voir dépêches diverses (Succession Billot).
(3) Ordre de mouvement du 28 décembre (Succession Billot).
(4) Archives de la Guerre.
(5) *Journal* de la brigade.
(6) *Historique* du 58ᵉ mobiles; dépêche de M. de Serres (Archives de la Guerre).

Enfin on commença, le 28, à Decize, l'embarquement de la 1re brigade de la 2e division (1).

Quant à la réserve générale elle continua à séjourner à Chalon-sur-Saône.

En somme tout devait se réduire pour le 28 à la courte étape accomplie vers le Nord-Est par la 1re division du 20e corps. La distance qui restait à cette division à parcourir, pour aller rejoindre les troupes qui allaient débarquer à Dôle, restait encore supérieure à 40 kilomètres. La réserve générale et la 2e brigade de la 3e division du 3e corps se trouvaient encore plus en arrière de 30 à 40 kilomètres, et l'on risquait ainsi de ne pas profiter de l'avance qu'on croyait regagner en poussant les débarquements jusqu'à Dôle.

24e Corps. — On a vu plus haut que toutes les troupes venant de Lyon débarquèrent à Besançon le 28, à l'exception du 5e bataillon de la Loire, non encore armé, qui partit le 28 et arriva le 29, et de quelques détachements. Les deux légions du Rhône s'embarquèrent le 28 à Beaune avec le général Busserolles. La 2e, partie la première, arriva à Besançon le 29, mais la 1re dut attendre son tour de 11 heures du matin à 1 heure du matin, resta 36 heures en wagon, et ne débarqua que le 30 à 9 heures du matin. Elle fut dirigée sur Saint-Ferjeux.

---

(1) *Historique* des mobiles de la Savoie.

III

Mouvements des Allemands.

VIIe Corps. — Le 28 décembre, le détachement Osten-Sacken (1) arriva à Vermanton où il leva une contribution de 5,000 francs, « parce qu'antérieurement et lors de la marche sur Auxerre la patrouille du lieutenant von Schule avait reçu des coups de fusil de ce côté et perdu un cheval » (2). Le détachement Bussche (IIe bataillon du *13e*, 1 escadron du *8e* hussards) arriva à Auxerre (3) et rejoignit le Ier bataillon du *73e* (3) (3 compagnies et 1 batterie lourde, dont il prit le commandement). Le IIIe bataillon du *73e*, qui marchait avec le Ier bataillon du *55e* (5 compagnies) et 1 batterie lourde, gagna Noyers. Le IIe bataillon du *55e* (détachement Wœdtke) avec les 2 batteries à cheval, les 2 colonnes de munitions et le détachement sanitaire, gagna Tonnerre où arrivait le IIe bataillon du *72e*, escortant un convoi de 100 voitures chargées d'avoine et amenées de Châtillon. La compagnie du *55e*, envoyée le 24 sur ce point avec un convoi de voitures vides, était à Laignes depuis la veille.

---

(1) *8e* hussards (3 escadrons), 7e bataillon de chasseurs, *13e* d'infanterie (2 bataillons), 1 batterie légère (Gasch), 1 compagnie de pionniers.
(2) Fabricius.
(3) *Historique* du *13e* d'infanterie.

« Comme divers indices donnaient à penser que le colonel Barby n'avait pas reçu ou n'avait pas compris les ordres qui lui avaient été adressés, le général en chef lui signifia qu'il était responsable de la réunion, le 30, sur la ligne Aisy, Montbard, Nuits, de tous les détachements de son corps qui avaient été dispersés à l'extrême pour des réquisitions ou des reconnaissances, et qu'il ne devrait pas laisser à Châtillon plus de 2 bataillons, 1 escadron, et, s'il était absolument nécessaire, 1 batterie... En conséquence, le colonel Barby avait à porter sur Montbard le *72ᵉ* avec 1 escadron et 1 batterie, de telle sorte que, le 30, 1 bataillon et 1 escadron au moins fussent arrivés. En cas d'impossibilité, un détachement de même force devrait être poussé dans l'espace Ravières, Coulmiers-le-Sec, Montbard.

« Le *60ᵉ* devrait, dès qu'il serait disponible à Chaumont, venir relever les troupes de Châtillon et de Nuits. Le Iᵉʳ bataillon du *13ᵉ* irait de Troyes à Nuits-sous-Ravières ; toutes les colonnes de munitions, les lazarets, les trains encore à Châtillon devaient arriver sans escorte dans la même région avant le 31 décembre ou au plus tard le 1ᵉʳ janvier (1). »

On a vu que, dès le 28 à midi, le gouvernement

---

(1) Fabricius.

Correspondance militaire du maréchal de Moltke, n° 557.
Au *Général de l'infanterie de Werder, Vesoul.*

Versailles, 28 décembre 1870, midi 30. Télégramme.
Le général Zastrow sera le 29 à Noyers et le 30 à Aisy. Communication télégraphique par Châtillon-sur-Seine.

Correspondance militaire du maréchal de Moltke, n° 558.
Au *Général de l'infanterie de Zastrow, Châtillon-sur-Seine.*

Versailles, 28 décembre 1870, midi 30 (faire suivre Nuits sur Aisy).
A partir d'aujourd'hui, 28 décembre, le général Werder est à Vesoul.

français connut la nouvelle de l'évacuation d'Auxerre et de la marche des Allemands vers le Sud-Est.

XIV⁰ Corps. Les troupes du général Werder continuèrent leur marche vers le Nord-Est.

La *1ʳᵉ* brigade vint occuper Gray (*1ᵉʳ* Leib-grenadiers), Arc-sur-Gray (Iᵉʳ bataillon du *2ᵉ* grenadiers), Montureux-lès-Gray (IIᵉ bataillon), Vereux (fusiliers). La *2ᵉ* cantonna à Vaitte (Iᵉʳ et IIᵉ bataillons du *4ᵉ* badois), Motte-les-Ray (6ᵉ compagnie), Autet (fusiliers), Dampierre-sur-Salon (*3ᵉ* badois). La *3ᵉ* vint à Mantoche (3 bataillons du *5ᵉ* badois), Essertenne (les 2 bataillons du *6ᵉ* badois).

Les 3 régiments de dragons se répartirent entre Montureux, Vereux et Gray; la marche pour cette cavalerie avait été très pénible par suite du verglas et de l'usure des clous, qui avaient obligé les cavaliers à faire la plus grande partie de la route à pied (1).

L'artillerie était à Gray et Dampierre.

Les troupes de von der Goltz continuèrent leur marche vers l'Est. La première colonne Nachtigall (*30ᵉ* d'infanterie, *2ᵉ* hussards et 2 batteries de réserve), partie de Bourbonne-les-Bains, arriva le soir à Combeau-Fontaine, Arbecey et Semmadon. La seconde vint à Blondefontaine (au Nord de Jussey).

Quant à la IVᵉ division de réserve, très fatiguée de la marche de la veille, elle resta inactive à Vesoul.

Le détachement Zglinicki montra ce jour-là une grande activité. Le bataillon de fusiliers du *67ᵉ* envoya d'Arcey de nombreuses patrouilles sur Geney, le Doubs et Montbéliard; le IIᵉ bataillon du *67ᵉ* dirigea de Désandans 2 compagnies (6ᵉ et 7ᵉ) à l'Ouest sur Vellechevreux. Celles-ci y passèrent la nuit et poussèrent le lendemain sur Villersexel. Enfin le bataillon d'Insterburg, laissé jusque-là à Héricourt, vint à Désandans.

---

(1) *21ᵉ* dragons.

Journée du 29 décembre.

I

A la dépêche de la nuit précédente relative à la marche sur Vesoul et approuvant ses projets, le général Bourbaki répondit par une demande de renforts.

Bourbaki au Ministre de la Guerre.

Chalon, 29 décembre 1870, 3 heures soir.

Je vous remercie des encouragements que vous me donnez. Si mes opérations réussissent, le siège de Belfort sera levé. Je pourrai, en me jetant sur les derrières de l'ennemi, prêter un secours efficace aux défenseurs de Paris, peut-être même les aider à faire lever le blocus de la capitale.

Les mouvements, qui me sont signalés, semblent avoir pour objet une concentration de l'Ouest, vers Vesoul et Combeaufontaine. S'ils devenaient assez considérables pour me priver du succès, je ne pourrais plus que disputer le terrain à l'ennemi, sans exercer d'influence sérieuse, sur la situation militaire de la France. Je crois donc qu'il y a un intérêt réel à ce que vous renforciez mon armée en infanterie, en artillerie et en chevaux. Malgré les mesures prises pour mettre les troupes le mieux possible à l'abri, le temps a été si mauvais, que nous avons perdu un certain nombre de chevaux, il serait essentiel de les remplacer.

Renforcez-moi le plus possible de toutes les troupes disponibles, afin de me donner le jour du choc les meilleures chances de succès.

Là, me semble-t-il, est l'intérêt réel du moment. Il me faut pouvoir compter sur des troupes bien commandées pour protéger efficacement mes communications ou pour opérer une concentration propre à assurer le succès.

J'espère pouvoir me mettre en route après-demain matin.

Cette dépêche se croisa avec celle de M. de Freycinet, signalant les mouvements du corps Zastrow et invitant le général Bourbaki à se servir des corps francs pour couvrir sa gauche.

Guerre à général Bourbaki, Chalon (faire suivre). *De Serres, Chalon* (faire suivre), (D. T.).

Bordeaux, 29 décembre 1870, 3 h. 45 soir.

Vous avez dû recevoir des renseignements directs sur les mouvements de l'ennemi. Je vous les confirme en tous cas. D'une part, ainsi que je vous le mandais hier, il se porte, venant d'Auxerre et d'Orléans, dans la direction de Tonnerre et Châtillon, dans un but probable de concentration sur l'Est. On m'informe que les lignes ferrées de Tonnerre et de Troyes à Langres fonctionnent énergiquement pour le compte de l'ennemi. Il y a donc un intérêt capital à marcher vivement sur Vesoul pour le devancer. En outre, j'attire particulièrement votre attention sur l'avantage qu'il y aurait à envoyer des corps francs à votre gauche pour interrompre, s'il se peut, les lignes ferrées susdites et faire sauter les ouvrages d'art afin de ralentir la concentration de l'ennemi.

A l'invitation de marcher rapidement, le général Bourbaki répondit :

Le général Bourbaki au ministre de la Guerre, Bordeaux.

Chalon, 29 décembre 1870, 10 h. 40 soir.

Notre concentration a été retardée par la rigueur de la saison et par les mauvaises dispositions des administrations de chemins de fer. Néanmoins, le 20e corps sera rendu à Dôle le 31, le 18e à Auxonne le 1er janvier. Je hâterai le plus possible les mouvements ultérieurs. Je confie au général Logerot, nouvellement promu, le commandement de la 1re brigade de la 1re division du 20e corps.

C. Bourbaki.

M. de Freycinet, tout en persistant à compter sur Garibaldi pour couvrir la gauche de l'armée de l'Est, et à se fier à une entente qui n'existait pas entre les chefs des 2 armées, promit de s'occuper de la question des renforts.

De Freycinet au général Bourbaki, Chalon (D. T.).

Bordeaux, 29 décembre 1870, minuit.

Pressez le général Garibaldi pour qu'il occupe solidement, si ce n'est déjà fait, le Val-Suzon, de manière à bien couvrir votre gauche; malgré l'improbabilité d'une marche de l'ennemi de Tonnerre sur Dijon, j'étudie les moyens de vous procurer quelques renforts. En tous cas, ne perdez pas de vue que vous avez un intérêt capital à arriver rapidement à Vesoul, afin de prévenir la jonction des forces situées à droite et à gauche. Mes renseignements sur les mouvements de l'ennemi sont parfaitement d'accord avec les vôtres.

II

Opérations.

15ᵉ corps. C'est seulement le 29 à 1 h. 25 du soir que le général Martineau adressa à M. de Freycinet ses propositions au sujet de la position à donner à ses troupes (1). Le soir il reçut l'approbation du délégué à la guerre.

A Général commandant 14ᵉ corps à Guerre, Bordeaux.

Vierzon, 29 décembre 1870, 1 h. 25 soir.

Je propose d'occuper la position de Vierzon et forêt avec deux divisions, qui, en raison de leur faible effectif, me sont nécessaires pour surveiller en même temps la rive droite et la rive gauche du Cher. Ma troisième division serait établie entre Saint-Laurent, Vouzeron et Allogny, de manière à surveiller la forêt et inquiéter sur son flanc l'ennemi, s'il se présentait par la route de la Chapelle. Je demande l'envoi de régiments pour remplacer les trois corps que l'on m'a enlevés, ainsi que les pièces de sept qui sont promises. Mon effectif diminuant chaque jour, j'attends votre approbation pour donner ordre de mouvement.

Général Martineau.

A Général commandant le 15ᵉ corps. Vierzon.

29 décembre, 5 h. 1/2 soir.

Je n'ai pas d'objection contre les positions que vous vous proposez de prendre avec le 15ᵉ corps, et que vous m'indiquez par votre dépêche de ce soir 1 h. 25. J'y ajoute seule-

---

(1) Voir ci-dessus.

ment le conseil de faire occuper par une ou deux compagnies de tirailleurs la forêt de Saint-Palais, et d'avoir un solide avant-poste à la Chapelle-d'Ancillon.

Je vais envoyer dans quelques jours 8 à 10 bons bataillons de mobilisés à Bourges, lesquels seront à votre disposition. Quant à l'artillerie qui pourrait vous manquer, réclamez-la directement au général Thoumas.

C. DE FREYCINET.

On a vu que l'envoi d'un parti en avant de la forêt de Saint-Palais et jusqu'à la Chapelle-d'Ancillon était décidé depuis longtemps. Néanmoins les dispositions proposées, éparpillant le corps d'armée sur un front considérable, sans pourtant couvrir réellement Bourges, paraissent bien défectueuses. En attendant qu'on les prît, le général Martineau crut devoir conserver ses emplacements de Mehun et de Vierzon, que lui-même considérait comme dangereux. La journée du 29 fut (1) cependant marquée par une série de reconnaissances qui méritent d'être signalées, surtout comme symptôme des procédés en usage à cette époque.

Le 4e bataillon de chasseurs de marche (1re division, 2e brigade) fut poussé le 29 de Vierzon sur Saint-Florent-sur-Cher.

Les francs-tireurs de la légion bretonne avaient depuis le 26 une compagnie à Salbris; 6 autres arrivèrent en ce point le 27 au soir, et, le 28, à 7 heures du matin, une reconnaissance de 10 hussards ennemis fut en partie détruite (2 tués et 1 prisonnier).

Le 2e zouaves envoya une reconnaissance sur Nançay (2); celle-ci rentra de bonne heure, de sorte que peu après, on annonçait par erreur que Nançay était occupé par l'ennemi, qui avait 900 hommes à Aubigny (3).

---

(1) Rapport du 29 décembre (Archives de la Guerre).
(2) Rapport du capitaine des éclaireurs (Archives de la Guerre).
(3) Rapport du 39e mobiles (Archives de la Guerre). Rapport du 30e de marche (Archives de la Guerre).

Une reconnaissance du 11ᵉ chasseurs poussa jusqu'à Romorantin inoccupé.

Le 6ᵉ hussards, arrivé à la Chapelle-d'Ancillon, établit 1 escadron à la Chapelle avec une batterie. On signalait des éclaireurs ennemis vers Saint-Moutaine et Menétréol-sur-Sauldre (S.-O. d'Aubigny) (1). Le général Duval, qui était allé à la Chapelle-d'Ancillon, prendre le commandement du détachement, demandait, pour rester en ce point, qu'on occupât Allogny, et qu'un bataillon avec une batterie vinssent s'installer à Neuvy-sur-Barangeon, 1 bataillon et 2 mitrailleuses à Henrichemont (2). En transmettant cette demande, le général Mazure signalait la nécessité de faire cesser les déprédations (3).

Dans la soirée, à 2 reprises (4), il insista auprès du général Martineau pour qu'Aubigny, où les éclaireurs allemands avaient reparu le 28, fut occupé. Toute la journée se passa sans que le détachement de la Chapelle-d'Ancillon cherchât à prendre le contact.

18ᵉ corps. Dans la nuit du 28 au 29 le général Billot prescrivit de faire après 10 heures du matin un mouvement qui devait amener la tête de la 2ᵉ division jusque près de Beaune; la 3ᵉ division tenant la droite allait se trouver près de Seurre, étendant sa gauche jusqu'aux villages de Palleau, Corgengoux et Meursanges, sur la Bouzoise; la 1ʳᵉ division s'intercalerait entre les 2 autres, en occupant par ses troupes les plus avancées Combertaut, tandis que les dernières resteraient au Nord et près de Chagny (5). Ces dispositions mettaient les divisions à même de suivre, pour se porter vers le

---

(1) Rapport du lieutenant-colonel Polinières (Archives de la Guerre).
(2) Dépêche de 11 h. 30 du matin (Archives de la Guerre).
(3) Dépêche de 2 h. 20 du soir (Archives de la Guerre).
(4) Dépêche de 6 h. 42 et de 10 h. 30 du soir (Archives de la Guerre).
(5) Ordres de mouvement (Archives de la Guerre).

Nord ou le Nord-Est, des routes indépendantes : celle de Nuits pour la 2ᵉ division, celle de Saint-Jean-de-Losne, ou d'Aizerey, pour la 3ᵉ, celle d'Argilly, Cîteaux pour la 1ʳᵉ.

De fait, dans la 1ʳᵉ division, le 4ᵉ bataillon de chasseurs de marche vint à Combertaut, où il arriva à 3 heures, le 42ᵉ de marche à Le Vernois et Sainte-Marie-la-Blanche, le 19ᵉ mobiles à Corpeau et Ebaty, le 44ᵉ de marche à Puligny-Montrachet, le 73ᵉ mobiles à Chassagne. Le quartier général était à Corpeau.

Dans la 2ᵉ division, le 77ᵉ mobiles, le 12ᵉ bataillon de chasseurs, le 52ᵉ de marche et le régiment d'Afrique à Pommard ; le 92ᵉ de ligne vint vers Pommard et Volnay ; l'artillerie à Meursault.

Dans la 3ᵉ division, le 4ᵉ zouaves de marche occupa Labergement-lès-Seurre, le bataillon de tirailleurs du 81ᵉ mobiles occupa Palleau (1).

Le 53ᵉ de marche plaça 1 bataillon à Gros-Bois, où il arriva à 9 heures du soir, 1 à Mazerotte, 1 à Gorgengoux. Chaque bataillon plaça 1 compagnie en grand'-garde. Le 82ᵉ mobiles vint à Meursanges. En réalité 1 seul bataillon de ce régiment était ce jour-là avec l'armée ; le 2ᵉ bataillon du Var arrivait le 29 au Creusot escortant le convoi. Il devait être le 30 à Saint-Léger-sur-Dheune, le 31 à Chagny, le 1ᵉʳ janvier à Beaune, le 2 à Seurre-sur-Saône, le 3 à Saint-Jean-de-Losne, le 4 enfin à Auxonne et aux Granges. Le 2ᵉ bataillon du Vaucluse, resté à Nevers avec le grand parc, embarqua 200 hommes le 29 et le reste de son monde le 30 à 11 heures du matin. Une fois arrivé à Chagny, ce train continua sur Chalon-sur-Saône, puis sur Mâcon, puis sur Lons-le-Saunier, enfin sur Auxonne, où il arriva le

---

(1) D'après l'ordre de mouvement, ce régiment devait occuper Chèvres, Palleau, Molaise-la-Grose. Son *Historique* dit qu'il alla jusqu'à Pouilly, où il fit halte, puis à Charrey-sur-Saône, à 10 kilomètres au Nord de Seurre.

1ᵉʳ janvier à 10 heures du matin. Pas une fois pendant ce trajet les hommes n'avaient pu descendre dans les gares. A Lons-le-Saunier la charité des habitants avait seule pourvu à leur subsistance.

L'artillerie de la 3ᵉ division était répartie entre Labergement-lès-Seurre, Gorgengoux et Palleau, où se trouvait le quartier général.

En ce qui concerne la division de cavalerie, le 5ᵉ cuirassiers resta à Corcelles-les-Arts, le 5ᵉ dragons, débarqué dans la journée à Chagny, quitta cette ville à 6 heures du soir et vint au hameau de Masse (2 kilomètres N.-O. de Demigny), le 2ᵉ hussards cantonna à Demigny près d'où bivouaquait le 3ᵉ lanciers de marche (1).

Enfin la réserve d'artillerie resta à Corpeau et Ebaty. Dans la soirée le général Billot reçut du général Bourbaki l'ordre de se porter en trois marches sur Auxonne (2).

20ᵉ corps. Pendant la journée du 29 la 1ʳᵉ division conserva ses cantonnements de Navilly, Sermesse, Frontenard, avec les lanciers et l'artillerie de la 3ᵉ division, dont la 2ᵉ brigade resta également à Epervans et la Rougère (3). L'absence du général Clinchant, alors en chemin de fer entre Decize et Chalon-sur-Saône, ne fut sans doute pas étrangère à la prolongation de cette situation peu explicable.

---

(1) C'est ce que dit l'*Historique* de ce corps, mais il donne, comme cantonnements du 30, Géanges et Saint-Loup-la-Salle, et du 31, Labergement-lès-Seurre, « après avoir passé ces 2 journées entières à marcher », quoique la distance soit très courte. Il y a peut-être une erreur.

(2) Télégramme de 5 h. 30 du soir (Succession Billot).

(3) Mobiles des Pyrénées-Orientales à Epervans : Iᵉʳ bataillon et 250 hommes du IIᵉ bataillon des mobiles des Vosges à Epervans, le reste du IIᵉ bataillon est à Dôle. Ce détachement partit de Dôle le 29 au soir et arriva à Archelange le 30 à 11 heures du matin.

A Dôle, les débarquements, commencés la veille au soir et interrompus toute la nuit, ne reprirent que le 29 au matin. A 6 heures le 2ᵉ bataillon de mobiles de la Corse descendait de chemin de fer, et, après avoir pris un peu de repos à Dôle, se portait à Menotey tandis que le premier, arrivé le 28 au soir, se portait vers le Nord sur Gredisans, d'où il poussait une grand'garde sur la route de Pesme (1). Le 47ᵉ de marche (2) acheva son débarquement vers 4 heures du soir à Dôle, et, après quelques heures de repos, gagna Authume, sur la route de Pesme, et Mont-Roland.

Pendant ce temps le 7ᵉ chasseurs à cheval et le parc s'embarquaient à Autun, le 5ᵉ cuirassiers à Cercy-la-Tour (3).

Dans la 2ᵉ division, les mobiles de la Savoie débarquèrent le 29 à Chalon-sur-Saône.

Le 3ᵉ zouaves de marche s'embarqua le même jour à Decize et « fut dirigé sur Dôle par Chagny, Chalon-sur-Saône, Mâcon, Bourg, Poligny et Arbois. 3 compagnies du IIIᵉ bataillon furent dirigées par erreur sur Besançon (4). »

24ᵉ corps. La division Cremer passa toute la journée du 29 à Dijon.

A Besançon le 24ᵉ corps s'augmenta dans la journée du 5ᵉ bataillon de la Loire et de la 2ᵉ légion du Rhône, en outre de la plus grande partie de son artillerie.

Quant au général de Bressolles il crut devoir demander au ministre le rappel de la division Cremer, en même temps qu'il invitait ce général à le rejoindre.

Cremer répondit (5) qu'il avait l'ordre précis du

---

(1) *Historique* du corps.
(2) 3ᵉ division, 1ʳᵉ brigade.
(3) Il devait être le 30 à Chalon-sur-Saône.
(4) *Historique* du corps.
(5) Dépêches de 6 h. 50 et 10 h. 40.

général Bourbaki et du ministre de s'installer à Dijon avec toutes ses forces et celles du général Pélissier. De son côté M. de Freycinet repoussa la demande du général Bressolles en termes assez durs.

Guerre à général Bressolles, Besançon.

Bordeaux, n° 722, 29 décembre, 12 h. 30 matin.

Votre corps d'armée ne risque rien à Besançon, puisqu'il est dans une place forte; il n'y a donc pas nécessité en ce moment de rappeler la division Cremer, mais il y a des motifs spéciaux de laisser cette division opérer de concert avec Garibaldi. Quand le général Bourbaki appréciera qu'il y a lieu de changer cette disposition, il vous en avisera. Veuillez, en ce qui vous concerne, n'apporter aucune difficulté à l'exécution du plan du général adopté.

FREYCINET.

En effet, M. de Serres avait pris des mesures pour faire occuper le lendemain par Cremer les positions de Varois, Orgeux, Saint-Julien, en plaçant 2 ou 3 des 7 bataillons de mobilisés du général Pélissier vers Asnières (1). Un peu plus tard (2), il avait demandé que Cremer fût indépendant du 24° corps.

Bressolles allait donc se trouver réduit à 2 faibles divisions, les 2° et 3° de son corps d'armée.

Du côté du corps Garibaldi, l'absence du chef d'État-Major, Bordone, allait rendre les mouvements insignifiants. Ricciotti (3) était ce jour-là à Coulanges, laissant défiler sous ses yeux, sans presque les inquiéter, les troupes allemandes marchant sur Vermanton. Cependant le 2° bataillon de mobiles des Basses-Pyrénées, qui occupait depuis le 19 décembre Nolay, se porta le 27 par Saussey sur Thomirey, Bernay et Emsigny.

---

(1) Dépêche de 7 h. 15 du soir.
(2) Dépêche de 11 h. 55 du soir.
(3) 3° brigade du corps Garibaldi.

III

Mouvements des Allemands.

VIIe Corps. Le 29 décembre, le détachement Osten Sacken (1) se porta de Vermenton sur l'Isle-sur-Serein (24 kilomètres), constamment harcelé par des coups de feu. Une patrouille de hussards (1 sous-officier et 11 hommes), qui remontait la rive gauche du Serein, traversa sans encombre le village de Montréal. Au retour les habitants se jetèrent à la tête des chevaux et les hussards ne s'échappèrent qu'après une lutte corps à corps (2).

Le détachement von den Bussche gagna Saint-Cyr-les-Colons (3). L'avant-garde de la division, placée sous les ordres du lieutenant-colonel von Helden Sarnowski, à laquelle furent jointes 2 compagnies de fusiliers du 55e (4), arriva à Censey et Jouancy (Est de Noyers); l'escorte des batteries à cheval des convois (détachement Woedtke) à Ancy-le-Franc (route de Ravières). Le gros de la division était à Noyers et Jouancy (Ier bataillon du 55e). « La route de Noyers à Montbard par Aisy était,

---

(1) *8e hussards (3 escadrons), 7e bataillon de chasseurs, 13e d'infanterie (2 bataillons), une batterie légère, 1 compagnie de pionniers (voir ci-dessus).*
(2) *Historique du 8e hussards.*
(3) Au lieu de Lichères, où il devait aller (Fabricius).
(4) *Historique du 55e.*

à un quart de mille de Noyers et dans un endroit très bien choisi, si profondément coupée, que l'on ne pouvait espérer la remettre en état pour le lendemain. »

« Après avoir reçu, le 29, l'avis du colonel Barby (1) annonçant la réception de ses ordres de la veille, aussi bien pour ménager les forces de la *13ᵉ* division et du *8ᵉ* hussards très éprouvées par les marches, le service de sûreté, les reconnaissances et le mauvais temps, que pour mettre au même niveau les troupes les moins entraînées, enfin pour des raisons tirées de l'emplacement même des troupes, le général en chef résolut de former une nouvelle avant-garde. Il désigna pour cette mission le *72ᵉ* d'infanterie, le Iᵉʳ hussards de réserve, la 4ᵉ batterie légère (de l'artillerie de corps, alors à Châtillon) et 1 compagnie de pionniers, et mit ces troupes sous les ordres du lieutenant-colonel Lœwenberger von Schönholtz (2). » Dès le 28, 3 compagnies du *72ᵉ* avaient été envoyées par chemin de fer à Ravières (3); le IIᵉ bataillon, envoyé le 27 sur Laignes (peut-être au devant du convoi) était arrivé le 25 au soir à Tonnerre.

Par suite ce régiment se trouvait complètement dispersé lui aussi.

Un télégramme fut envoyé à Tonnerre prescrivant au IIᵉ bataillon du *72ᵉ* de faire demi-tour et de se porter dans la direction de Nuits. Deux compagnies arrivèrent le soir à Ancy-le-Serveux, les 2 autres à Lézinnes (4).

« Le 29, à 9 h. 30 du matin, dit l'*Historique* du *72ᵉ*, le lieutenant-colonel von Schönholtz partit de Châtillon avec le bataillon de fusiliers du *72ᵉ*, la 4ᵉ batterie légère du 7ᵉ régiment de campagne, 1 escadron du

---

(1) Du régiment nº *55* resté à Châtillon.
(2) Fabricius.
(3) Nᵒˢ 1, 3 et 4 du Iᵉʳ bataillon; arrivent le 29 à 1 heure du matin. La 2ᵉ compagnie escortant les bagages était venue le 28 à Gigny-les-Foires (*Historique* du *72ᵉ*.)
(4) *Historique* du *72ᵉ*.

5° ulans de réserve et la 2° colonne de vivres du VII° corps d'armée. A 1 heure, par un froid de 10 degrés, le détachement atteignit Coulmier-le-Sec (Sud-Sud-Ouest de Châtillon) et y prit un cantonnement d'alerte. »

XIV° Corps. La marche du 29 décembre fut pour les troupes badoises la plus pénible de toute la campagne.

Dès 7 heures du matin, toute la *2°* brigade qui devait garder la tête du mouvement était réunie à Vaitte, le *4°* badois en tête. Par Membray, Recologne, Raye et Vanne, elle se porta sur Soing, où elle passa la Saône sur un pont construit par les pionniers.

De Soing, on détacha le bataillon de fusiliers du 4° badois pour occuper par 2 compagnies le village de Fresne-Saint-Mamès, et par les 2 autres, celui de Noidans-le-Ferroux, tandis que le reste de ce régiment, continuant sur Vesoul, arrivait à 8 h. 30 du soir à Noidans-les-Vesoul, où cantonnait le I⁰ʳ bataillon du *4°* badois, tandis que le II° restait à Vaivre « ne pouvant plus marcher et encombrant ce cantonnement où il y avait déjà 4 batteries » (1).

Le *3°* régiment, dépassant le *4°*, entra à 10 heures du soir à Vesoul au son de la musique et reçut les remerciements du général de Glümer pour les fatigues subies. Le cantonnement n'était pas fait et il fallut longtemps attendre avant de faire reposer les hommes. Les bagages envoyés par le Nord sur Combeaufontaine rejoignirent fort tard (2).

La 1ʳᵉ brigade suivit immédiatement la 2°, sauf, semble-t-il (3), qu'elle gagna Vanne par le chemin de Tincey, au lieu de passer par Recologne. A Dampierre, on détacha sur Combeaufontaine la *8°* compagnie du *1*ᵉʳ Leib-grenadiers pour escorter un convoi de blessés.

---

(1) *Historique* de la 1ʳᵉ batterie lourde badoise.
(2) *Historiques* des 3° et 4° badois.
(3) *Historique* du *1*ᵉʳ Leib-grenadiers.

A 10 heures la brigade s'installait à Boursières et Clans (Ier bataillon du *1{er}* régiment), Velle-le-Châtel (IIe bataillon), Raze (Ier bataillon du *2e* régiment), Noidans-le-Ferroux (IIe et fusiliers). Les fusiliers du *1{er}* régiment restés en arrière ne rejoignirent qu'à minuit à Mont-le-Vernois. Les hommes étaient harassés et affamés. Dans les 10 derniers jours, un seul régiment, le *2e*, avait eu 284 malades (1). « En 3 jours on avait fait 105 kilomètres, dont 47 dans la seule journée du 27 (2). » Le *2e* régiment détacha 1 compagnie (6e) sur Vy-le-Ferroux et une (7e) sur Traves avec la cavalerie. Plusieurs patrouilles d'officiers furent lancées vers le Sud, des partis ennemis ayant été signalés vers Frétigney.

La *3e* brigade, continuant son rôle de protection, n'eut, le 29, qu'à venir occuper Gray, où elle arriva dès 10 heures du matin (3). Un bataillon (fusiliers du *5e* badois) était parti dès 5 heures du matin pour aller relever les avant-postes de la *1{re}* brigade autour de Gray.

Toute la *3e* brigade s'installa à Gray (*5e* badois) et Arc (*6e* badois); la ville fut mise en état de défense, face au Sud, et des patrouilles furent lancées sur Cresancey. On vit des cavaliers français qui se retirèrent dans la direction de Besançon.

L'artillerie de corps et celle de la *2e* brigade furent réparties entre Noidans-les-Vesoul (4), Raze et Vaivre. Cette troupe avait beaucoup souffert de la marche, les hommes montés avaient dû faire presque tout le trajet à pied. Les chevaux mal cramponnés s'abattaient constamment. Une seule batterie (4e légère) en avait perdu 9 de froid et de fatigue (5).

---

(1) *Historiques* des *1{er}* et 2e badois.
(2) *Idem*.
(3) *Historiques* des *5e* et *6e* badois.
(4) 4e batterie légère, 3e batterie légère, 4e batterie lourde, batterie à cheval.
(5) *Journal* de la batterie lourde.

C'est sans doute à ces conditions atmosphériques défavorables qu'il faut attribuer la nullité du rôle joué par la cavalerie badoise, qui, loin de couvrir la droite des colonnes, vint cantonner à la gauche de l'infanterie à Aroz, Traves et Vy-le-Ferroux (1).

L'exécution de la marche des 3 brigades badoises de Dijon sur Vesoul provoque quelques réflexions.

La distance entre ces deux points est d'un peu plus de 100 kilomètres; on avait employé à la couvrir trois journées entières, sans compter l'avance qu'avait prise dès le 26 au soir une partie de la 2e brigade, en se portant sur Arc-sur-Tille, ce qui lui avait fait gagner dans la direction à suivre une quinzaine de kilomètres.

Seule cette brigade était parvenue le 28 au soir à Vesoul même, ayant ainsi couvert moins de 90 kilomètres en 3 jours, et elle arriva si fatiguée qu'un bataillon resta à Vaivre ne pouvant plus avancer. En réalité, un seul régiment, le *3e*, avait accompli l'étape entière. Un repos était absolument nécessaire le lendemain et fut accordé.

Ces fatigues excessives, qui rendaient pour 24 heures au moins le corps Werder indisponible, tout en le laissant égrené de Vesoul à Gray, tenaient bien moins au froid, à la neige, et au verglas, qu'à l'organisation tout à fait défectueuse de la marche.

Les étapes de la tête de la 2e brigade avaient été :

Le 26, de Dijon à Belleneuve.....	18 kilomètres.	
Le 27, de Belleneuve à Gray......	21	—
Le 28, de Gray à Membrey........	21	—
Le 29, de Membrey à Vesoul.....	42	—
Total...............	102 kilomètres.	

Cette répartition était donc extrêmement défectueuse, mais elle le paraîtra encore bien davantage, si l'on

---

(1) *Historiques* des dragons nos *20* et *21*.

remarque que le *3ᵉ* badois, seul arrivé à Vesoul le 29 au soir, n'était parti de Dijon que le 27 seulement. Les étapes avaient été pour ce corps :

Le 27, de Dijon à Essertenne......	34 kilomètres.
Le 28, d'Essertenne à Dampierre-sur-Salon...................	25 —
Le 29, de Dampierre-sur-Salon à Vesoul......................	45 —
Total..............	102 kilomètres.

Par conséquent le seul régiment parvenu au but assigné, le *3ᵉ* badois, était celui qui se trouvait dans les plus mauvaises conditions; il arriva exténué.

L'autre régiment de la brigade, le *4ᵉ*, n'avait pas pu couvrir 100 kilomètres en 4 marches et n'en pouvait plus.

Quant à la 1ʳᵉ brigade elle s'était déplacée :

Le 27, de Dijon à Renève........	30 kilomètres.
Le 28, de Renève à Verreux......	25 —
Le 29, de Verreux à Boursières....	36 —
En tout.............	91 kilomètres.

Mais, comme le *2ᵉ* grenadiers, qui avait tenu la tête le 27 et le 28, n'avait pas atteint Raze le 29, le *1ᵉʳ* Leib-grenadiers, qui le dépassa le 29, se trouva avoir fait :

Le 27, de Dijon à Mirebeau........	25 kilomètres.
Le 28, de Mirebeau à Gray........	20 —
Le 29, de Gray à Boursières.......	46 —
Soit................	91 kilomètres.

Les fatigues avaient donc été mal réparties, et il n'est pas surprenant que les troupes badoises, une fois leurs premiers éléments arrivés près de Vesoul, se soient trouvées momentanément indisponibles, sans que le but de l'opération, la concentration autour de Vesoul, eût été réellement atteint.

L'appoint apporté par von der Goltz se réduisit le 29 à l'arrivée au Nord-Est de Vesoul de la colonne Nachtigall (*30ᵉ* d'infanterie, régiment de hussards, 2 batteries) qui vint cantonner à Colombier, Comberjon, Coulevon et Villeparois. Le reste des troupes, colonne Wahlert, était encore en arrière et ne devait arriver à Vesoul que le lendemain, tandis que Nachtigall gagnerait Lure (1).

La IVᵉ division de réserve s'était, le 29, portée de Vesoul vers Villersexel, renforcée du IIᵉ bataillon du 6ᵉ badois, arrivé la veille de Rastadt (2), et d'une batterie lourde du 7ᵉ prussien envoyée par le gouvernement de Lorraine. Le but de l'opération était de reconnaître les ponts de l'Ognon, qui furent atteints à Esprels et Villersexel par l'avant-garde formée des Iᵉʳ et IIᵉ bataillons du *25ᵉ* d'infanterie (3). Quelques partis français se retirèrent derrière l'Ognon. A Villlersexel on releva les 2 compagnies du colonel Zglinicki (6ᵉ et 7ᵉ du *67ᵉ*), qui rentrèrent à Désandans.

De son côté, le colonel Zglinicki, relié à sa droite avec la IVᵉ division de réserve, poussa de nombreuses reconnaissances sur le Doubs, et installa à Sainte-Marie le bataillon d'Insterburg. Son détachement occupa le triangle Arcey, Désandans, Sainte-Marie (4), tandis que 2 compagnies (9ᵉ et 11ᵉ, maj. von Laue), lancées au Sud-Ouest, cantonnaient à Cuse et Cubry.

Au Sud de Belfort la marche du détachement Ostrovski (5), dans la trouée entre le Doubs et la frontière suisse, amena, le 29, un petit combat.

Le 1ᵉʳ bataillon du *67ᵉ* avait été rejoint à Beaumont

---

(1) *Historiques* des *30ᵉ* et *34ᵉ* d'infanterie.
(2) Voir ci-dessous.
(3) *Historique* du *25ᵉ* d'infanterie.
(4) IIᵉ bataillon et fusil. du *67ᵉ*, bataillon Insterburg.
(5) Bataillons Konitz et Gnesen, Iᵉʳ bataillon du *67ᵉ*.

par un peloton d'ulans et 4 pièces. De là il se porta sur Hérimoncourt. « Peu avant d'y arriver, il fut accueilli par une vive fusillade partant du bois dit Combe-Rougeot (1). Le lieutenant Schmidt et quelques hommes furent atteints par les balles des zouaves et des francs-tireurs. La 1re compagnie qui formait l'avant-garde se déploya et se porta à l'attaque. L'ennemi ne tint pas et se retira aux premiers coups de canon vers le Sud. Le détachement put s'installer à Hérimoncourt, où il passa la nuit. »

---

(1) *Historique* du 67e.

Journée du 30 décembre.

I

Dès 7 heures du matin M. de Serres annonçait à M. de Freycinet que la petite place d'Auxonne (1) pourrait fournir comme renfort à l'armée de l'Est le 14ᵉ bataillon de chasseurs de marche (8 compagnies, 1,600 hommes), 7 compagnies du 49ᵉ de marche (colonel de Gueytat, 1,000 hommes); « avec quelques mobiles et mobilisés, on pourrait, disait-il, tirer de la place pour le 20ᵉ corps 2,600 hommes qui seraient remplacés par 2 ou 3 bataillons de mobilisés. » A Dôle, le lieutenant-colonel Fischer avait 1 bataillon du 55ᵉ de marche, 1 du 63ᵉ de marche, 1 « très bon » du 84ᵉ. M. de Serres proposait de donner 2 de ces trois bataillons au 24ᵉ corps et un au 20ᵉ. Les 4 légions de mobilisés du Jura, quoique encore non armées, paraissaient capables de rendre de bons services à Dijon. Ces propositions furent toutes agréées par M. de Freycinet (2), qui donna des ordres pour leur exécution.

La veille au soir (3) M. de Freycinet avait proposé à M. de Serres « d'enlever définitivement Cremer au 24ᵉ corps et de souder sa division à Garibaldi, qui en aurait la direction stratégique, tandis que la division Cremer serait remplacée au 24ᵉ corps au moyen d'une

---

(1) Dépêches de 7 h. 10 et 7 h. 19 du matin.
(2) Dépêches de 1 h. 45 soir, 2 h. 30 soir et 5 h. 14 soir (Archives de la Guerre).
(3) Dépêche de 11 h. 35 soir.

douzaine de mille hommes pris au camp retranché de Besançon et que des mobilisés remplaceraient ». M. de Serres répondit en ces termes :

Dijon, 30 décembre, 11 heures matin.

Je reçois ce matin 8 h. 30 votre dépêche de 12 h. 50. Voici les observations qu'elle me suggère.

Cremer, officier jeune, actif, vigoureux, multiple, me paraît éminemment propre à commander, comme il l'a fait jusqu'à présent, c'est-à-dire comme chef d'un détachement. Si le plan d'opérations le demande, le mettre sous la direction de Garibaldi ne me paraît plus pratique et serait peut-être d'une réalisation difficile, vu surtout l'entourage de Garibaldi. (Plus longs détails par dépêche spéciale) (1).

Voici, pour le moment, mon avis sur la répartition des forces de l'Est. Extrême gauche : Cremer menaçant Langres, tout en surveillant Zastrow, les positions de Dijon restant occupées par 15 à 20,000 mobilisés, que nous y jetterons dans le camp retranché en formation. Centre : Billot, Clinchant et colonne de réserve opérant sur Vesoul. Extrême droite, Bressolles avec deux divisions, plus colonne de Besançon immédiatement embrigadée, plus Garibaldi que nous enlevons d'ici par chemin de fer, pour le lancer aussi loin que possible, au-dessus de Baume-les-Dames et Clerval, ce dernier destiné à gagner les Vosges, ce qu'il désire vivement. Nos forces de droite débloqueraient Belfort, soit seules, soit par la coopération stratégique du centre. Cela fait, réunissant la droite au centre, sauf Garibaldi qui garderait les Vosges, après les avoir soulevées, et au besoin Belfort, suffisamment renforcé par les mobilisés, notre opération principale, ayant pour base Langres et les Vosges, aurait pour objectif la prise de possession de Nancy et de l'artère principale sur laquelle elle se trouve.

On examinerait la part que, suivant les circonstances, le 15e corps et les forces de Nevers pourraient prendre à la réalisation de cette opération, directement ou indirectement. Ces mouvements, faisant nécessairement venir à nous une

---

(1) Non retrouvée.

partie des forces ennemies du centre, Chanzy dégagé, avec toutes ses forces de l'Ouest, pourrait faire sur Paris et par l'Ouest, sans se préoccuper d'Orléans, une vigoureuse tentative.

Les propositions de M. de Serres avaient au moins ce mérite de maintenir très nettement le plan initial de la campagne et son objectif essentiel : l'attaque des communications allemandes. Mais, une fois de plus, la recherche de ce but accessoire, le déblocus de Belfort venait tout compliquer. — M. de Serres semblait oublier que diriger les 18e et 20e corps de Dôle et Auxonne sur Vesoul, tandis que le 24e irait de Besançon sur Belfort, c'était donner à l'armée un front de marche de près de 60 kilomètres, et procurer à von Werder la faculté de se jeter avec tout son monde sur le 24e corps isolé, faible en nombre et en qualité, et de l'écraser. Si, pour parer à ce danger, on faisait soutenir Bressolles par Garibaldi transporté en chemin de fer, on risquait de perdre encore beaucoup de temps à l'attendre et d'augmenter les chances d'une intervention de Zastrow. Dans ce dernier cas, la remise de Dijon à la garde de 15,000 mobilisés ne pouvait empêcher le commandant du VIIe corps prussien de passer par cette ville pour menacer la gauche et les derrières de l'armée de Bourbaki. Cremer était plus capable, à la vérité, de barrer les routes menant de Châtillon au bassin de la Saône par Langres, mais celles beaucoup plus dangereuses d'Is-sur-Tille, Thil-Châtel, Selongey, etc., restaient ouvertes à l'ennemi. — Il eût fallu à Cremer, outre une forte proportion de cavalerie, beaucoup d'activité et de chance pour arriver à couvrir efficacement le flanc gauche de l'armée sur l'espace de 75 kilomètres qui sépare Dijon de Langres.

Tout devait être subordonné à la rapidité avec laquelle on arriverait à mettre von Werder hors de cause, et, puisqu'on avait chance de le rencontrer à Vesoul, il semble, qu'une fois ce parti pris, ce point eût dû être l'objectif d'une marche concentrique et rapide des 18ᵉ, 20ᵉ et 24ᵉ corps.

On pouvait espérer être le 5 ou le 6 devant Vesoul avec une masse de 80,000 hommes au moins, et c'est en effet ce qui arriva.

A ce moment, Zastrow, en supposant qu'il eût été prévenu dès le début de mouvement, atteindrait à peine la ligne Langres-Dijon. Si on avait un succès sur Werder, il serait bien temps de marcher ensuite sur Zastrow.

A la vérité, il pouvait arriver, comme le prévoyait M. de Freycinet, que Werder n'attendît pas le choc à Vesoul et se rapprochât de Belfort, dont il devait avoir, et avait en réalité, la crainte constante d'être coupé.

C'était là, il faut bien le dire, ce qu'il pouvait faire de plus dangereux pour l'armée de Bourbaki, qui, après avoir porté un coup dans le vide vers Vesoul, allait avoir tendance à infléchir encore plus son mouvement vers l'Est, augmentant sa durée et favorisant de plus en plus une attaque du VIIᵉ corps sur sa ligne d'opérations.

Mais M. de Serres aurait dû s'apercevoir que diriger le 24ᵉ corps et même Garibaldi de Besançon sur Clerval, c'est-à-dire au Nord-Est (au lieu du Nord sur Vesoul), c'était menacer si nettement les communications de Werder avec Belfort que le général allemand serait naturellement amené à se porter vers l'Est, soit sur Lure, soit sur Villersexel. — Dans ces conditions, le souci de ne pas laisser le 24ᵉ corps exposé seul aux coups de tout le XIVᵉ corps allemand fortement renforcé obligerait fatalement Bourbaki, dès qu'il connaîtrait le mouvement de son adversaire, et, comme il devait le faire plus tard, à infléchir encore plus son mouvement vers l'Est, direction si éminemment dangereuse.

Tout devait malheureusement se réunir pour la faire

prendre, ainsi qu'on va le voir, et, dès ce moment, le général Bourbaki fait pressentir qu'il y sera quelque jour amené fatalement.

L'importante dépêche suivante qu'il adressa au ministre indique comment à ce moment le général Bourbaki comprenait son rôle.

Le général Bourbaki au Ministre de la Guerre, Bordeaux.

Chalon-sur-Saône, 30 décembre 1870, 6 h. 30 soir.

Malgré le temps affreux que nous avons en ce moment et qui rend peu praticables les différentes voies de communication, j'espère que le mouvement des troupes et des parcs des 18e et 20e corps, de Nevers sur Chalon, sera terminé demain. Comprenant l'importance de la rapidité d'exécution de notre marche en avant, je n'ai pas attendu l'arrivée des dernières troupes pour mettre en route les premières. Le Quartier Général du 18e corps, aujourd'hui à Beaune, sera demain à Saint-Jean-de-Losne et après demain à Auxonne. Celui du 20e corps sera demain, je l'espère, à Dôle. Toutes les précautions possibles sont prises, en vue de protéger hommes et chevaux contre les rigueurs de la saison.

Si l'évacuation de Gray est complète, je réduirai notre parcours en me contentant de faire occuper cette ville par la division Cremer, et marchant avec toutes mes forces directement sur Vesoul.

Lorsque ce dernier point nous appartiendra, je ne pourrai me porter plus au Nord avant d'avoir fait lever le siège de Belfort.

N'oubliez pas que les 18e et 20e corps ne comptent pas plus de cinquante et quelques mille combattants.

Des envois de chevaux me seraient fort utiles.

En somme, dans la prévision de l'évacuation complète de Gray, l'axe du mouvement général de l'armée allait être la route d'Auxonne à Vesoul par Pesmes, qui court presque en ligne droite de Sud-Ouest au Nord-Est, sur une longueur de près de 80 kilomètres.

Le flanc gauche aurait été gardé par Cremer occupant Gray.

Le général admettait que les 18ᵉ et 20ᵉ corps seraient prêts à marcher sur la ligne Dôle-Auxonne le 2 janvier. Il fallait compter 4 jours au moins pour que le 18ᵉ corps pût atteindre Vesoul, le 20ᵉ, beaucoup moins favorisé sous le rapport des routes extrêmement sinueuses et en terrain difficile, devait avoir une certaine peine à rester à sa hauteur. Mais le 24ᵉ avait à sa disposition une route directe et courte entre Besançon et Vesoul. Il pouvait, même retardé dans sa formation, arriver devant Vesoul en même temps que les 2 autres. — Les directions de marche convergeaient en diminuant le front de plus en plus et la direction générale de la marche était la seule qui permît de combiner rapidement les opérations du gros de l'armée avec celles du 24ᵉ corps.

Mais on pouvait prévoir à l'avance de sérieux retards, et on ne pouvait espérer arriver devant Vesoul avant le 5 janvier, plus probablement le 6 ou le 7.

En effet, outre la difficulté de l'itinéraire assigné au 20ᵉ corps, l'armée devait être considérablement gênée dans son mouvement par l'éloignement de toute ligne ferrée, une fois qu'elle aurait passée l'Ognon. — Jusque là, en effet, il était facile de se servir de la ligne de Dôle sur Auxonne et Gray, de la ligne Dôle à Besançon jusqu'à la Barre, et même de la transversale : la Barre à Gray.

Mais, au delà, la ligne Dôle, Besançon, Clerval divergeait de la direction suivie par les troupes ; celle d'Auxonne, Gray, Vesoul, assez éloignée parfois, était directement menacée par l'ennemi, qui pouvait avoir rompu le pont sur la Saône près de Dampierre. — C'était donc de 50 à 60 kilomètres à franchir, en s'éloignant constamment des voies ferrées. — Si, comme il était probable, on ne pouvait pendant quelque temps se

LA GUERRE DE 1870-1871.   353

servir de la ligne Gray-Vesoul, une fois devant cette ville, on se trouverait à 35 kilomètres de Clerval, point le plus rapproché du chemin de fer (1).

Ainsi que l'événement le montra, ce point devait exercer sur les opérations une attraction singulière.

---

(1) D'une étude spéciale, il résulte que 3 corps d'armée modernes, partant d'Auxonne, Dôle et Besançon, pourraient, en arrivant le 4ᵉ jour au soir devant Vesoul, posséder encore 2 jours de vivres du sac, 2 des trains régimentaires, 2 des convois administratifs; 2 sections de ces derniers seraient vides, et il serait fort difficile de les avoir à portée des troupes avant 3 ou 4 jours au plus tôt.

II

Opérations.

Les ordres du général Bourbaki prescrivirent : 1° à la brigade Boërio de se mettre en route le 1ᵉʳ janvier, pour être le même jour à Verdun, le 2 à Annoire, le 3 seulement à Dôle (1). En même temps il prescrivait au général commandant le 15ᵉ corps de lui renvoyer à Dôle par chemin de fer les détachements des 2ᵉ et 3ᵉ lanciers que le général de Boërio avait été forcé de laisser avec les divisions de ce corps, on sait après quelles alternatives (2). 2° Au 18ᵉ corps (3), de porter sa 2ᵉ division sur Beaune, Gigny, Longvay, Argilly, Bagnot pour cantonner le long de la route, la 3ᵉ sur Pouilly-sur-Saône, Auvillars, Broin, Charrey, Esbarres, pour cantonner d'Esbarres à Auvillars ; la 1ʳᵉ devait gagner la grand'route de Beaune à Saint-Jean-de-Losne et cantonner à Labergement, Pouilly, Corberon et Marigny. La réserve d'artillerie irait à Meursanges et Bourguignon ; la division de cavalerie avait à terminer son débarquement et à se concentrer à Saint-Loup-la-Salle. Le quartier général du corps d'armée irait à Beaune.

---

(1) Ordre n° 82 (Archives de la Guerre).
(2) Dépêche du 30 (Archives de la Guerre).
(3) Cet ordre ne parvint aux divisions qu'à 5 heures du matin. Le départ devait avoir lieu à 7 h. 30. Voir ordre de la 1ʳᵉ division (Archives de la Guerre).

En somme, dans la marche entreprise vers le Nord-Est, la 3ᵉ division allait déplacer sa tête d'une vingtaine de kilomètres de Labergement à Esbarres, mais elle venait couper la route de la 2ᵉ, et on n'utilisait pas la route directe de Seurre à Saint-Jean-de-Losne que la 1ʳᵉ division devait suivre le lendemain. Il semble qu'on aurait pu, sans fatigue exagérée, porter dès le 30 au soir la 3ᵉ division sur Saint-Jean-de-Losne par Seurre, la 2ᵉ de Broin à Argilly, la 1ʳᵉ à Seurre et Labergement.

18ᵉ corps. — Quoi qu'il en soit, à la 3ᵉ division, le 4ᵉ zouaves vint à Esbarres, le 81ᵉ mobiles atteignit Charrey à 7 heures du soir, le 53ᵉ de marche était à Broin à 5 h. 30 du soir, l'artillerie et le seul bataillon présent du 82ᵉ mobiles à Auvillars.

Dans la 2ᵉ division, la 1ʳᵉ brigade (12ᵉ bataillon de chasseurs de marche, 52ᵉ de marche, 77ᵉ mobiles) s'établit à Argilly et Bagnot, avec l'artillerie et le génie, la 2ᵉ se répartit entre Longvay (régiment d'Afrique), Villy-le-Moutier et Villy-le-Brulé (92ᵉ de ligne).

Dans la 1ʳᵉ division, le 9ᵉ bataillon de chasseurs, parti à 10 heures du matin de Combertaut, arriva à trois heures à Pouilly-sur-Saône, le 42ᵉ de marche arriva à la tombée du jour à Labergement, le 19ᵉ mobiles profita de l'autorisation donnée par le général de division (1) et s'arrêta à Palleau. Le 44ᵉ de marche cantonna à Corberon et Marigny, le 73ᵉ mobiles gagna Corgengoux, où il arriva à 4 heures du soir, ayant passé depuis Chasagne par Ébaty, Merceuil, Sainte-Marie-la-Blanche et Meursanges.

Le 5ᵉ cuirassiers de marche se porta de Corcelles-les-Arts à Maizières-les-Saint-Loup, le 5ᵉ dragons de marche passa la journée à Maine et ne rejoignit la division que le lendemain, le 2ᵉ hussards quitta Saint-Loup à 2 heures du soir et vint à 5 heures cantonner à Géange,

---

(1) Ordre de la 1ʳᵉ division (Archives de la Guerre).

où il retrouva le 3ᵉ lanciers de marche. L'artillerie de réserve était à Meursanges et Bourguignon.

20ᵉ corps. — Conformément aux ordres de mouvement du général en chef et du général de Polignac (1) la 1ᵉʳ division du 20ᵉ corps, accompagnée de l'artillerie de la 3ᵉ division (2), devait aller s'échelonner sur la route de Dôle entre Chemin et Champdivers. Les lanciers formant l'avant-garde allèrent à Saint-Aubin. Le 55ᵉ mobiles, qui marchait en tête de la 1ʳᵉ brigade, gagna Champdivers; le 55ᵉ mobiles la Borde, Deune, Nicole et Péreux, le 11ᵉ mobiles Chemin, Beauchemin et Villangrette avec les 2 artilleries divisionnaires. La 2ᵉ brigade arriva à 4 heures du soir à Annoire (3); son mouvement avait été retardé par une coupure de la route. Après avoir passé le pont de Navilly, il avait fallu suivre un chemin forestier pour la rejoindre au village de Pourlans (4).

La 2ᵉ brigade de la 3ᵉ division avait à se porter d'Épervans sur Saint-Marcel (3 kilomètres Est de Chalon-sur-Saône) (5). De là un nouvel ordre lui prescrivit de gagner Damerey et Saint-Maurice-en-Rivière (route de Seurre). Les 2 bataillons des Pyrénées-Orientales gagnèrent ce dernier village. Le Iᵉʳ bataillon du 58ᵉ (Vosges) (6) vint à Damerey avec le 2ᵉ bataillon de mobiles de la Meurthe. Du côté de Dôle le général Ségard laissa à Authume le 47ᵉ de marche, et à Gredisans le 1ᵉʳ bataillon des mobiles de la Corse; il envoya le second à Menotey.

En ce qui concerne la 2ᵉ division, elle paraît avoir été

---

(1) Archives de la Guerre.

(2) Le génie était ce jour-là à Chalon-sur-Saône. Dépêche du général Clinchant au général Ségard (Archives de la Guerre).

(3) 1 bataillon (IIᵉ du 67ᵉ, poussa jusqu'à Chemin).

(4) *Historique* du 67ᵉ mobiles.

(5) Ordres nᵒˢ 34 et 36 (Archives de la Guerre).

(6) Le IIᵉ, rendu à Dôle depuis le 28, allait ce jour-là à Archeange.

à peu près tout entière en chemin de fer pendant la journée du 30. Dans la soirée, le colonel Leperche écrivit au général Clinchant que M. de Serres offrait de faire débarquer les troupes au delà de Dôle sur la ligne de la Barre à Gray. Le 3ᵉ zouaves de marche, dont on a dit plus haut le détour par Mâcon et Arbois, profita de cette faculté et débarqua dans la nuit du 31 décembre au 1ᵉʳ janvier à Ougney, où il cantonna, poussant 1 bataillon (IIᵉ) jusqu'à l'Ognon à l'abbaye d'Arcy (1). Le 2ᵉ bataillon de mobiles de la Savoie, arrivé à Chalon-sur-Saône dès le 29, passa encore en chemin de fer les journées du 30 et du 31, pour débarquer le 1ᵉʳ janvier seulement à Dôle (2).

Plus heureux, le 6ᵉ cuirassiers de marche, arrivé le 30 à Chalon-sur-Saône, en repartit en chemin de fer et débarqua le 31 à Dôle, d'où il fut dirigé le 1ᵉʳ janvier sur Champvans (6 kilomètres Nord-Ouest de Dôle). Enfin le parc du génie, arrivé à l'Étang, ne devait en partir que le 31 par chemin de fer.

L'intention du général Clinchant était, une fois le 20ᵉ corps réuni à Dôle (3), de placer une division à Dôle même, 1 sur la route de Besançon, 1 sur la route de Pesmes, précédées sur ces 3 directions par les lanciers et les chasseurs (4).

En conséquence, il fut prescrit à la 2ᵉ brigade de la 3ᵉ division de se porter le 31 sur Clux et Pourlans (route de Seurre au delà de Navilly), et, le 1ᵉʳ janvier, sur Foucherans et Saint-Ylie (5 kilomètres Sud-Ouest de Dôle). La 1ʳᵉ division (5) devait atteindre Dôle, où

---

(1) *Historique* du 3ᵉ zouaves.
(2) Les autres *historiques* manquent.
(3) Dépêche au capitaine Cardot (Archives de la Guerre).
(4) Les cuirassiers devaient rester près de Dôle et être répartis dans les divisions.
(5) Ordre de mouvement (Archives de la Guerre).

allait s'installer le quartier général du corps d'armée.

Division Cremer. Après avoir passé toute la journée du 29 à faire reposer ses troupes, le général Cremer se mit le 30 en mesure de répondre aux desiderata formulés par M. de Serres (1).

Parti de Dijon à 1 heure du soir, le 3e bataillon de la Gironde vint occuper Ruffey (6 kilomètres Nord-Est), le 32e de marche vint à Varois (2 bataillons) avec postes à Orgeux et Couternon (1 bataillon), le 57e à Crimolois et à Chevigny. Le 83e mobiles à Brétigny (1er bataillon), Bellefond (400 hommes), Norges-la-Ville, Norges-le-Pont (2e bataillon), Marsannay (3e bataillon) (2).

Le 86e plus au Nord occupa Saint-Julien (2e bataillon), Flacey, Brognon et Spoix (1er bataillon), Clenay (3e bataillon).

Dans la ville même, se trouvait le général Pélissier avec les mobilisés de Saône-et-Loire, et la 3e compagnie des francs-tireurs du Rhône (3).

La ligne de surveillance s'étendait de Messigny au Nord-Ouest à Crimolois au Sud-Est par Saint-Julien et Couternon (4). Le 86e mobiles occupait le terrain en avant vers le Nord-Est.

Ces positions furent conservées le 31 décembre.

Corps Garibaldi. On a vu que, dès le 28 décembre, M. de Serres avait invité Garibaldi à se porter sur Val-Suzon ; mais ce dernier ne se hâta pas d'obéir. Le 30 (5) M. de Freycinet avait prescrit au général Bourbaki de « presser Garibaldi d'occuper le Val-Suzon si ce n'est déjà fait » et le général en chef avait transmis ce télégramme à M. de Serres, « pour assurer l'exécution des

---

(1) Voir dépêches (Archives de la Guerre).

(2) On signala l'ennemi à 4 kilomètres. (*Historique* des mobiles du Gers.)

(3) Ardouin-Dumazet, p. 106.

(4) Dépêche de Cremer à Bressolles (Archives de la Guerre).

(5) Archives de la Guerre.

prescriptions du ministre » (1). On ne sait si M. de Serres se chargea de la commission, mais ce qui est certain c'est l'immobilité du gros de l'armée des Vosges à Autun. On ne trouve comme mouvement à signaler le 30 que l'envoi de 2 compagnies du 2ᵉ bataillon de mobiles des Basses-Pyrénées (3ᵉ brigade, Menotti) de Sainte-Sabine sur Milly-sur-Rouvre (route d'Autun à Dijon).

Ricciotti Garibaldi, qui avait laissé piller Courson sous ses yeux, laissa également passer sans encombre la colonne Osten Sacken, et arriva le 30 au soir à Sombernon après son départ. « La brigade, dit Ricciotti (2), se mit en position d'observation, envoyant 3 compagnies à Saint-Cyr, 2 à Cravant, 1 à Essert-le-Grand, 1 à Sacy, 1 autre à Lucy-sur-Cure, le gros restant à Vermenton. Tout autour de nous il se faisait un rapide mouvement de troupes ennemies, mais les nouvelles étaient confuses... Il paraît que les mouvements que nous exécutions ont préoccupé les Prussiens, qui nous prenaient sans doute pour l'avant-garde de quelque grand corps (sic)... Ayant appris que de fortes masses prussiennes se mouvaient sur les routes conduisant à Montbard et à Châtillon, c'est-à-dire vers le Sud-Est, nous décidâmes de retourner par Avallon, d'autant plus que le Préfet, qui se trouvait dans cette ville, nous informait le 30 décembre par dépêche que de ce côté on était sérieusement menacé. Ce mouvement des Prussiens vers le Sud-Est était fort inquiétant. Nous ignorions encore l'apparition de Bourbaki vers l'Est, et nous pensions que l'ennemi visait directement notre armée des Vosges, laquelle occupait Autun. En conséquence, je résolus de prendre, si c'était possible, en flanquant toujours les colonnes ennemies, le contact avec notre armée. »

---

(1) Dépêche du 30, à 2 h. 25 soir (Archives de la Guerre).
(2) *Armée des Vosges*, p. 72.

24ᵉ Corps. — Dans la nuit du 29 au 30, à 2 heures du matin, arrivèrent à Besançon un escadron du 6ᵉ dragons parti le 25 de Libourne et qui alla cantonner à Thise (1), puis un autre du 10ᵉ dragons, parti également le 25 de Limoges, et qui resta à Besançon ce jour-là.

Pendant la journée du 30 décembre, à 3 heures du soir, le 21ᵉ bataillon de chasseurs, embarqué la veille à Lyon à 6 heures du soir, arriva à Besançon (2). De là il fut dirigé sur le village de Chalèze où il cantonna. — A Besançon débarqua aussi à 1 heure du soir le 2ᵉ bataillon du 14ᵉ mobiles (Yonne) (3); à 9 heures du matin était arrivée la 1ʳᵉ légion du Rhône, qui alla à Saint-Ferjeux, tandis que la 2ᵉ (4), pour lui faire place, portait son 1ᵉʳ bataillon à la Velotte, les 2 autres restant à Saint-Ferjeux avec les franc-tireurs de la Mort.

Il restait encore à Lyon le 5ᵉ bataillon de mobiles de la Loire et le 1ᵉʳ bataillon du Var (5). De Lyon partait, le 30, une batterie du 19ᵉ d'artillerie.

En avant de ces troupes se trouvaient celles qui sont parfois désignées sous le nom « de corps d'observation du Haut-Doubs » et qui étaient entrées en contact avec les Allemands (6). Elles comprenaient :

Les 1ᵉʳ et 3ᵉ bataillons du 54ᵉ mobiles (Doubs), le 3ᵉ bataillon de mobiles du Haut-Rhin, plus tard celui de la Haute-Garonne, une compagnie franche du 2ᵉ zouaves (commandant de la Vallière), 200 douaniers, 1 compagnie de 40 mobilisés (Cap. Viette) et 3 obusiers de montagne. Il n'y avait pas unité de commandement et tous

---

(1) 6 jours et 6 nuits en chemin de fer. (*Historique.*)

(2) *Historique* et dépêche du général commandant la 8ᵉ division (pièces annexes).

(3) Les 1ᵉʳ et 3ᵉ étaient à Saint-Claude. (*Historique.*)

(4) *Historique.*

(5) Ils devaient partir le 4 et le 5 janvier seulement et former le 89ᵉ mobiles. (*Historique.*)

(6) Voir *Opérations des Allemands*, 28, 29 et 30.

ces corps étaient indépendants les uns des autres.

Le 3ᵉ bataillon de mobiles du Haut-Rhin était vers Baume-les-Dames, le 3ᵉ du Doubs vers Clerval, détachant 1 compagnie sur Voujaucourt, le 1ᵉʳ bataillon du Doubs était à Pont-de-Roide et Mathay, avec 1 compagnie à Voujaucourt (avec celle du 3ᵉ bataillon) et 2 à Audincourt. A Pont-de-Roide étaient 2 puis 3 pièces de canon (1). La compagnie de zouaves était à Saint-Hippolyte et les 40 mobilisés de M. Viette étaient d'ordinaire à Blamont.

C'est sur l'initiative personnelle de M. Viette qu'avait été livré le petit combat d'Hérimoncourt, ce qui amena l'occupation de Bondeval et fit croire un moment que l'ennemi était entré à Blamont (2).

Toutes les nouvelles relatives à cet incident exagèrent le chiffre des Allemands qui avaient paru à Hérimoncourt (3) et qui s'étaient montrés sur le Doubs. En conséquence, le général Bressolles ordonna que, le 31, une reconnaissance formée de 2 bataillons, l'un du 14ᵉ mobiles, l'autre du 87ᵉ provisoire, se porterait « au moins 10 kilomètres en avant de ses cantonnements sur la route de Vesoul (4) ». En outre il demanda au général Bourbaki l'autorisation d'envoyer à « Blamont, sérieusement menacé par l'ennemi, 3 à 4,000 hommes avec de l'artillerie » (5).

Les 2 légions du Rhône seraient chargées de cette opération et pourraient être ultérieurement remplacées

---

(1) Il restait à Besançon le 2ᵉ bataillon du Doubs, avec le dépôt des 3 bataillons, le 1ᵉʳ de la Haute-Garonne, le 1ᵉʳ de Tarn-et-Garonne, le 3ᵉ de la Loire, le 1ᵉʳ des Hautes-Alpes (cantonné à Châtillon).
(2) Rapport du lieutenant-colonel de Vezet du 54ᵉ mobiles.
(3) Voir renseignements (Archives de la Guerre).
(4) Ordre du général commandant la 3ᵉ division (Archives de la Guerre).
(5) Dépêche de 9 h. 30 soir (Archives de la Guerre).

par « une petite brigade avec 2 batteries » que fournirait la garnison de Besançon.

En même temps le gouverneur de cette place adressait l'ordre suivant au Lieutenant-Colonel de Vezet (1) du 1er bataillon des mobiles du Doubs, à Vallet, Pont-de-Roide, au commandant des Vengeurs à Pont-de-Roide, au capitaine de la Vallière, commandant des zouaves, à Saint-Hippolyte.

Ordre d'occuper Blamont, Roche, Thulay et les bois couvrant la route qui s'élève de Bondeval sur le plateau. Un bataillon de garde mobilisée du Doubs va se porter de Pierrefontaine à Pont-de-Roide. Deux compagnies du 1er bataillon du Doubs occuperont Blamont avec deux pièces de montagne. La compagnie franche des zouaves occupera Roche et les bois conduisant à Bondeval. Les compagnies des Vengeurs occuperont Thulay et les bois couvrant les vallées en avant. Les habitants du pays seront requis par le capitaine Vallet pour faire des coupures et des ouvrages défensifs propres à couvrir l'artillerie et les tirailleurs sur la route de Blamont à Bondeval, dans le bois à 2 kilomètres avant Bondeval, au point resserré entre les deux vallées. Ordre absolu au capitaine de la Vallière de quitter Saint-Hippolyte et de transporter le dépôt de sa compagnie à Blamont ou à Pierrefontaine, la compagnie elle-même restant appuyée à Roche et occupant les bois en avant. Une troisième pièce de campagne est envoyée et sera conduite à Pont-de-Roide avec convoi d'effets par le sergent-major d'Hotelaus. Rendez compte, chacune en ce qui vous concerne. Avis au maire de Pont-de-Roide.

Par ordre : De Bigot.

Un peu plus tard partait une seconde dépêche :

Tenez à outrance dans vos positions. Si vous occupez encore Blamont, faites-y sans retard travaux défensifs, en couvrant avec de la terre les murs de clôture du côté du

---

(1) Du 54e provisoire.

Nord. Occupez aussi Autechaux et faites-y faire travaux analogues pour que les tireurs y soient à l'abri du canon. Une brigade entière va vous renforcer avec artillerie. Tenez jusqu'à son arrivée, soit 24 heures.

Par ordre : De Bigot.

Corps Bourras. — Le corps Bourras, qui le 28 avait passé l'Ognon à Marnay, avait marché de là vers le Nord.

« Le 30 au matin la 2ᵉ compagnie rencontra à Cresancey (8 kil. S.-E. de Gray) et Velesme les Prussiens, qui eurent quelques hommes hors de combat (1). »

D'après l'*Historique* du 5ᵉ badois, ce fut un peloton de la 9ᵉ compagnie qui eut à Cresancey une escarmouche, où il eut 4 blessés. De plus les Allemands reçurent un renseignement inquiétant et d'ailleurs inexact. « On apprit par un prisonnier que 100,000 hommes marchaient de Besançon sur Belfort. »

15ᵉ Corps. Bien que le général Martineau ait, le 29 au soir, reçu de M. de Freycinet une approbation complète à ses propositions relativement aux positions à faire occuper par le 15ᵉ corps (2), toute la journée du 30 allait encore être perdue.

Néanmoins le lieutenant-colonel Polinières, ayant appris que l'ennemi avait évacué Aubigny, où l'on ne voyait plus que quelques éclaireurs, s'y porta avec 2 escadrons du 6ᵉ hussards et 4 pièces, pour revenir avant la nuit à la Chapelle-d'Ancillon. — Une autre reconnaissance de 2 escadrons du 9ᵉ cuirassiers sous les ordres du commandant de Benque (3) s'était portée à la gauche de la première entre Ménétréol-sur-Sauldre et Méry-ès-Bois et avait également signalé la retraite de l'ennemi au Nord d'Aubigny.

---

(1) Commandant Bourras, *loc. cit.*, p. 45.
(2) Dépêches du 30, 9 h. 45 matin et 5 h. 50 soir.
(3) *Historique* du 9ᵉ cuirassiers.

Toutes les autres troupes conservèrent leurs emplacements. On fit quelques exercices et on distribua aux hommes des vêtements et quelques chaussures, dont le besoin était extrême.

Les ordres du général en chef (1) prescrivirent pour le lendemain :

A la 2ᵉ division, d'occuper fortement Méry-sur-Cher, Theillay-le-Pailleux (route de Paris), Orçay et la Lœuf-du-Houx. Elle devait donc faire face à l'Ouest et au Nord.

A la 1ʳᵉ division, d'occuper par une brigade l'angle formé par le Cher et la route de Vierzon à Massay (10 kil. S.-O.) face au Sud-Ouest, tandis que l'autre, placée entre la route de Vierzon à Neuvy et la vallée du Barangeon, ferait face au Nord et au Nord-Est.

A la 3ᵉ division d'avoir son centre à Allogny, et de tenir la ligne Delas (4 kil. S.-O. d'Allogny), Bourgy (5 kil. Ouest d'Allogny), Mitterand (6 kil. Nord d'Allogny), la corne Nord et la lisière Est de la forêt d'Allogny.

A la division de cavalerie, de surveiller tout le pays entre le Cher à l'Ouest et la grande route de Bourges à Paris à l'Est. Elle devait avoir : 1 régiment à la Chapelle-d'Ancillon, 1 à Neuvy-sur-Barangeon, 1 à Méry-sur-Cher avec détachement à Theillay-le-Pailleux. Sur la rive gauche du Cher : 1 régiment à Dampierre et Massay. Le choix des emplacements des 2 derniers régiments de cavalerie était remis au général commandant la division.

Enfin la réserve d'artillerie devait venir de Bourges à Vierzon.

Les 3 divisions d'infanterie allaient donc être réparties sur un front de 35 kilomètres, avec une ligne de surveillance de 50 kilomètres. Celle dont la cavalerie avait la charge mesurait au moins 70 kilomètres.

---

(1) Archives de la Guerre.

III

Mouvements des Allemands.

VIIe corps. Le 30 le détachement v. d. Bussche arriva à Châtel-Gérard (12 kilomètres Sud-Ouest de Nuits) (1). Le *73e* était en entier à Etivey, Aisy et Perrigny, le *55e* à Rougemont et Buffon, sauf 3 compagnies à Nuits, 3 compagnies du *15e* westphalien étaient amenées par chemin de fer de Troyes à Châtillon et de là par la route à Nuits (2). « Le lieutenant-colonel Axent, qui avait couvert le flanc droit du détachement Osten Sacken, était arrivé à Fain-lès-Moutiers (11 kilomètres à l'Ouest de Montbard). Le 2e escadron du *8e* hussards, qui avait été employé en flanc-garde de droite, avait trouvé les routes praticables et le pays tranquille. Les patrouilles avaient entendu dire que Semur était occupé par des francs-tireurs. Le général Osten Sacken établit son quartier général à Anstrude (route d'Avallon à Aisy) et occupa en outre Vassy.... Pendant la marche, le lieutenant-colonel v. Langen, avec le 1er bataillon du *73e*, le 4e escadron du *8e* hussards, 2 canons, avait été lever une réquisition à Montréal.... Tout le *73e* se trouva enfin réuni à Etivey après une longue séparation.

---

(1) La population est très surexcitée. Tout homme qui s'écarte est massacré. (*Historique* du *13e* westphalien.)

(2) Les autres bataillons étaient à Châtillon.

« A la colonne principale, l'avant-garde, lieutenant-colonel v. Helden, gagna Saint-Rémy et Blaisy-le-Château (5 kilomètres Ouest de Montbard). Une patrouille du 1ᵉʳ hussards de réserve, lancée de Censy (à l'Est de Noyers) au delà de Montbard, constata que Semur était occupé par une centaine de francs-tireurs et fit prisonnier un sergent qui annonça que des renforts étaient attendus. Les patrouilles envoyées vers Alise, Saint-Seine et Vitteaux ne rencontrèrent pas l'ennemi et constatèrent que les routes étaient en bon état.

« Le quartier général du corps d'armée était à Aisy, celui de la division à Rougemont (1) ».

Dans le détachement v. d. Bussche, qui avait dû le 29 s'arrêter à Saint-Cyr-les-Coulons, le IIᵉ bataillon du *13ᵉ* d'infanterie fut obligé par la neige et la fatigue de s'arrêter à Châtel-Gérard (15 kilomètres Sud-Est de Noyers). Les colonnes du major v. Wœdtke arrivèrent à Nuits et à Ravières (2). Le Iᵉʳ bataillon du *15ᵉ* arriva à Cry après être allé en chemin de fer de Châtillon jusque près de Ravières.

Quant au lieutenant-colonel de Schoenholtz, il partit à 8 heures du matin de Coulmiers-le-Sec, et arriva à 1 heure du soir à Montbard, où il cantonna, plaçant ses avant-postes sur les routes de Paris et de Semur, la voie romaine et les hauteurs au Sud de la ville. Deux compagnies de fusiliers fournirent les grand'gardes et les postes intérieurs, les deux autres furent de piquet. Le Iᵉʳ bataillon du *72ᵉ*, parti à 8 h. 30 de Nuits, arriva à 2 heures à Montbard, le IIᵉ bataillon arriva à 3 heures à Buffon, la marche avait été très dure pour les compagnies venant de Lésines. Le 1ᵉʳ hussards de réserve avait 2 escadrons à Saint-Rémy, 1 à Aisy, quartier général des généraux v. Zastrow et v. Bothmer. La

---

(1) Fabricius.
(2) *Historique* du *15ᵉ* régiment d'artillerie.

compagnie de pionniers était à Blaisy-le-Château. Le bataillon de réserve Neisse vint remplacer le *60ᵉ* à Château-Villain (1).

Il restait à Châtillon le IIᵉ bataillon et les fusiliers du *15ᵉ*, le 3ᵉ escadron du *5ᵉ* ulans de réserve, 1 batterie et 1 lazaret de campagne. Le colonel Barby annonçait que les fusiliers du *60ᵉ* iraient le 30 en chemin de fer de Château-Villain à Nuits, et que les Iᵉʳ et IIᵉ bataillons arriveraient à Châtillon les 2 et 3 janvier. Le général de Zastrow ordonna de laisser le 31 au repos les troupes de la *13ᵉ* division, en envoyant des patrouilles d'officiers sur Guillon, Semur, Pouillenay et Baigneux-les-Juifs, pour se renseigner non seulement sur l'ennemi, mais sur les routes (2).

C'est à ce moment que le général de Zastrow, pensant à continuer son mouvement vers Dijon, reçut communication de la longue instruction rédigée le 27, par le maréchal de Moltke (3), et qui prescrivait de marcher sur Nuits puis sur Châtillon-sur-Seine, c'est-à-dire de l'Ouest à l'Est.

La réponse du général de Zastrow communiquée à Vesoul fut la suivante : « Je concentre mes troupes sur la ligne de Montbard, Aisy, Nuits. J'ai l'intention de marcher le 1ᵉʳ janvier de Montbard sur Dijon (4)... » A cela Werder répondit le soir même : « Je n'ai plus personne à Dijon. Une de mes brigades est à Gray. Si vous allez vers Dijon, je me porterai vers Sombernon.... L'ennemi se renforce vers Belfort, particulièrement en troupes d'Afrique. Mon gros est concentré à Vesoul. »

XIVᵉ corps. Ainsi qu'on l'a vu plus haut, la journée du 29 avait été marquée par l'arrivée à Vesoul de la

---

(1) *Historique* du *72ᵉ*.
(2) Fabricius.
(3) Voir au 27.
(4) Fabricius.

tête des troupes du général v. Werder ; un seul régiment y était encore parvenu. Sauf le petit engagement d'Hérimoncourt, où les quelques mobilisés du capitaine Viette n'avaient pas tenu, le contact n'avait été pris nulle part. Mais « dès le 30, le général de Werder reçut des nouvelles détaillées au sujet des numéros de beaucoup des régiments qui étaient à Besançon. Pour la première fois, il fut constaté que des troupes venant de Lyon étaient venues joindre ces corps. Près de Gray on constata aussi la présence de troupes nouvellement arrivées. Différents renseignements, particulièrement ceux donnés par des déserteurs, firent connaître que des troupes venues d'Afrique, probablement sous les ordres du général Bressolles, avaient quitté Besançon dès le 28. En conséquence, le général de Werder décida de concencentrer le 14e corps au Sud de Vesoul pour être à même de prendre une offensive énergique dans toute direction. Pour donner plus de liberté à ses mouvements, il renvoya tous ses trains au Nord de Vesoul (1).... »

« Sa ligne d'étapes fut organisée sur Faverney, Saint-Loup, Épinal, où elle se relia à la voie ferrée Blainvillle, Épinal qui était restée praticable (2). »

C'est au moment où le général v. Werder décidait ces mesures, que le maréchal de Moltke, complètement trompé cette fois sur la situation réelle, prit le parti d'arrêter le corps Zastrow dans sa marche vers le Sud-Est.

Au Général de l'infanterie de Zastrow, Chaumont (3).

Versailles, 30 décembre 1870, midi 30. Télégramme (faire suivre).

Aucune nouvelle sûre, encore aujourd'hui d'une marche quelconque de l'armée de Bourbaki. En conséquence arrêter

---

(1) Löhlein, p. 151.
(2) *Heeres Bewegungen im Kriege 1870-1871*, monographie du *Grand État-Major allemand*. Le grand convoi était arrivé dès le 29 à Passy, Nord de Vesoul. (*Historique* du 5e badois.)
(3) *Correspondance militaire* du maréchal de Moltke, n° 559.

le mouvement du VIIe corps, mais agir dans les environs. Laisser provisoirement le général Werder indépendant.

Au Général de l'infanterie de Zastrow, Nuits, Châtillon (1).

Versailles, 30 décembre 1870, 6 heures soir. Télégramme.

Un télégramme, qui vous a été envoyé ce matin à Chaumont, vous priait déjà de suspendre provisoirement votre marche, de rester dans votre position actuelle et de procéder activement au désarmement de la population. Provisoirement le général de Werder, à Vesoul, opérera d'une façon indépendante contre l'ennemi qui lui est opposé, continuez à vous communiquer réciproquement vos renseignements.

Au Général de l'infanterie de Werder, Vesoul (2).

Versailles, 30 décembre 1870, 6 heures soir. Télégramme.

Le général Zastrow est aujourd'hui entre Montbard et Nuits-sur-Armançon. Télégrammes par Nuits. Il a l'ordre de rester provisoirement là, car, rien n'étant encore connu sur la marche de Bourbaki, il y a tout lieu de croire que celui-ci est encore à Bourges et Nevers. En face de vous, à Besançon, il n'y a seulement que des formations sans cohésion. Depuis le 27 des trains de troupes sont partis de Lyon sur Besançon. On ne sait rien de plus ici (3).

Werder allait donc être réduit à ses seules forces : 24,825 fantassins, 3,240 cavaliers et 114 canons, auxquels pouvaient se joindre éventuellement certaines troupes du corps de siège de Belfort, que l'arrivée du détachement Debschitz portait à 25,000 fantassins, 800 cavaliers et 34 canons de campagne (4).

---

(1) *Correspondance militaire* du maréchal du Moltke, n° 561.
(2) *Correspondance militaire* du maréchal de Moltke, n° 560.
(3) Après le départ du télégramme envoyé à midi 30 au général de Zastrow n° 559, arriva une dépêche envoyée la veille de Nuits par cet officier général, rendue à Versailles à 2 heures du soir, et demandant si l'on désirait toujours qu'il prît la direction de Dijon.
(4) *Heeres Bewegungen*, loc. cit., p. 94.

Les mouvements du corps Werder furent les suivants dans la journée du 30 décembre.

La *2ᵉ* brigade badoise fut répartie entre Vesoul, où resta le *3ᵉ* badois, Echenoz-la-Méline (Iᵉʳ bataillon du *4ᵉ* badois), Andelarre (IIᵉ bataillon) et Noidans-les-Vesoul (fusiliers).

La 1ʳᵉ brigade paraît être restée dans les cantonnements atteints le 29 au soir, c'est-à-dire : Boursières et Elans (Iᵉʳ bataillon du *1ᵉʳ* régiment), Velle-le-Châtel (IIᵉ bataillon) Mont-le-Vernois (fusiliers), Raze (Iᵉʳ bataillon du *2ᵉ* régiment), Noidans-le-Ferroux (IIᵉ bataillon et fusiliers). L'artillerie resta répartie entre Vaivre et Montoille, Noidans-les-Vesoul et Raze. Il ne semble pas que, vu la fatigue des troupes, on ait le 30 entrepris aucune reconnaissance. — La cavalerie resta aussi inactive à Traves et Aroz en arrière de l'infanterie.

La *3ᵉ* brigade, laissée à Gray, avait dès le matin envoyé des reconnaissances vers le Sud, ce qui avait amené les escarmouches de Crésancey et de Velesmes avec le corps des francs-tireurs Bourras (1).

Elle ne bougea pas de Gray, sauf une compagnie du 6ᵉ badois (11ᵉ) envoyée dans la journée sur Dampierre avec un équipage de pont. — Le passage de Soing ayant été reconnu dangereux la veille (2), on voulait jeter un pont à Savoyeux.

La 1ʳᵉ colonne du détachement von der Goltz, arrivée le 29 au soir au Nord-Est de Vesoul (3), fut portée le 30 sur Lure. « Placée entre le gros du corps d'armée et le corps de siège, elle devait se relier vers Frahier avec le détachement Zimmermann (4). Le reste des

---

(1) Voir ci-dessus.
(2) *Historique* de la batterie à cheval badoise.
(3) Détachement Nachtigall, 30ᵉ d'infanterie, 2ᵉ régiment de hussards de réserve, 2 batteries, cantonne le 29 à Couleuvre, Comberjon, Colombier et Villeparois.
(4) *Historique* du *30ᵉ* d'infanterie.

troupes du général von der Goltz (colonne Wahlert) (1) atteignit la région à l'Est de Vesoul le 30 au soir. Le Ier bataillon du 34e d'infanterie fut logé dans la ville même, le IIe à Frotey-les-Vesoul, le IIIe à Calmoutier avec 1 compagnie à Colombotte.

IVe division de réserve : Après avoir atteint Villersexel le 29 au soir, le général von Schmeling avait ordonné pour le lendemain au 25e régiment d'infanterie, dont 2 bataillons avaient atteint l'Ognon, d'occuper Rougemont (2).

De là 2 compagnies (n°s 5 et 12) furent envoyées en reconnaissance l'une sur Beaume-les-Dames, l'autre sur Clerval, tandis qu'un peloton (de la 7e compagnie) était poussé sur Aviley (3). « Les 2 compagnies, dit l'*Historique du 25e* d'infanterie, rencontrèrent des détachements ennemis, l'un près de Clerval, l'autre 1 lieue avant d'arriver au Doubs. Après un petit engagement qui n'amena pas de perte, on constata que l'ennemi occupait en forces la ligne du Doubs. » Les reconnaissances revinrent sur leurs pas.

Un autre détachement (7e compagnie du IIe bataillon du 6e badois et 1 escadron d'ulans) poussé sur Isle-sur-Doubs, avait trouvé la ville occupée par des francs-tireurs.

A 6 heures du soir le IIe bataillon du 6e badois tout entier avec 2 pelotons d'ulans fut appelé au Nord sur les Aynans, où l'on avait signalé des francs-tireurs (4). C'était une fausse alerte.

Le détachement Zglinicki (5) resta à Arcey, où vin-

---

(1) *34e d'infanterie, 2e dragons de réserve*, 1 batterie.
(2) *Historique du 25e* d'infanterie.
(3) Sud-Ouest de Rougemont sur l'Ognon.
(4) *Historique du 6e badois*.
(5) IIe bataillon et fusiliers du 67. Bataillon Insterburg, 1 escadron d'ulans, six canons.

rent le rejoindre les 2 compagnies du major von Laue qui avaient couché à Cuse et Cubry et qui rentrèrent par Abbenans, Fallon, Vellechevreux, Corcelles et Gonvillars, après avoir pris le contact avec la IVe division de réserve.

Après le combat d'Hérimoncourt, le détachement, envoyé sur ce point par le colonel von Ostrovski (1), y avait passé la nuit. Le 30 il revint à Montbéliard, rejoindre le gros des forces du colonel von Ostrovski.

Ce jour-là arrivait le général von Debschitz avec ses 8 bataillons de Landwehr, 2 escadrons et 3 batteries; il fut chargé d'occuper l'espace compris entre Audincourt et la frontière suisse. Il ne fut en position que le 31.

---

(1) 1er bataillon du *67*, 2 pelotons d'ulans, 4 canons.

Journée du 31 décembre.

I

M. de Freycinet paraît s'être parfaitement rendu compte à ce moment de la situation stratégique.

« Vous êtes, disait-il à Bourbaki, entre deux armées que vous pouvez écraser successivement ou au moins annihiler... Ne perdez donc pas un moment et faites des miracles d'activité (1). »

En même temps le délégué à la guerre autorisait le prélèvement des troupes disponibles de la garnison d'Auxonne et de celle de Besançon.

Mais dans la journée arrivèrent de nombreux renseignements, très exagérés, comme toujours, sur les forces de l'ennemi, et, impressionné par leur gravité ainsi que par la lenteur du mouvement de l'armée, M. de Freycinet allait prendre une décision importante relativement au *15ᵉ* corps.

---

(1) *Guerre à général Bourbaki, Chalon en communication à de Serres. Dijon* (faire suivre).

Bordeaux, 31 décembre, minuit 45, n° 7507.

Votre dépêche du 30 courant 7 h. 15 soir montre que vous sentez toute l'importance de marcher rapidement sur Vesoul.

La rapidité est ici la condition essentielle du succès car il n'est pas douteux que toutes les forces de la région à votre gauche tendent à se concentrer vivement vers Langres, tandis que celles venues de Dijon rejoignent le corps de Belfort. Vous êtes donc entre deux armées que vous pouvez écraser séparément ou au moins annihiler, et, qui, par leur jonction, pourraient vous

Guerre à Audibert, directeur Compagnie Lyon à Clermont, et à Lemercier, directeur Compagnie Orléans, Bordeaux et à de Serres, Dijon.

Bordeaux, 31 décembre 1870, 11 h. 45 matin.

Veuillez prendre toutes vos dispositions pour pouvoir, aussitôt que vous en aurez reçu ordre par le télégraphe, transporter en 36 heures le 15e corps, environ 30,000 hommes avec son artillerie, de Vierzon, où il est actuellement, sur un point à déterminer de la ligne de Vesoul ou de Montbéliard. L'ordre pourra être donné d'un moment à l'autre, mais ne le sera pas avant deux jours. Prière de vous concerter avec votre collègue de la compagnie intéressée qui reçoit pareille dépêche. Accusez réception.

A de Serres Dijon (faire suivre), confidentiel.

31 décembre, 11 h. 50 soir.

Je suis très préoccupé de la lenteur de notre concentration qui, pour une raison ou pour une autre, a manqué totalement son effet. Nous avons donné aux Prussiens le temps de prendre leurs dispositions et aujourd'hui nous devons avoir 70,000 hommes concentrés autour de Belfort et 80,000 en voie de l'être près de Langres. Par cette rapidité de mouvement, les Prussiens nous donnent un grand exemple que nous ne suivons pas.

Mais laissons là les plaintes stériles. Le fait actuel, c'est que, quand nous arriverons à Vesoul, si jamais nous y arri-

---

menacer sérieusement, ne perdez donc pas un instant et faites des miracles d'activité.

Je m'évertue à vous fournir les renforts, déjà je ramasse à votre intention quelques bataillons de marche à Auxonne et à Dôle; demandez-les en passant et incorporez-les où vous jugerez utile. En outre, je forme une division à Besançon pour remplacer au 24e corps la division Cremer, laquelle restera définitivement sous vos ordres directs.

Vous vous enrichirez donc au total d'environ 15 000 hommes; quant aux chevaux, j'ai dit d'en envoyer 400 à Lyon, mais réclamez-les au service compétent.

DE FREYCINET.

vons, nous pourrons avoir sur les bras 150,000 hommes, sans compter les renforts venant d'Allemagne. Dans ces conditions nous sommes trop faibles, et je me décide à vous envoyer le 15ᵉ corps que je remplacerai à Vierzon par un corps improvisé. Il faudrait selon moi que ce 15ᵉ corps fût envoyé à Besançon, de manière à élever à 60,000 les forces venant de cette direction sur Belfort, tandis que Bourbaki marcherait par la direction Vesoul-Lure de manière à prendre l'armée de siège entre deux feux. Seulement il faudrait aller vite.

Bourbaki souscrira d'avance à toute combinaison tendant à lui adjoindre le 15ᵉ corps. Je vous prie de me dire : 1° si c'est bien à Besançon et non à Gray que vous êtes d'avis d'envoyer ce corps; 2° quel est, d'après l'allure de la concentration et l'ordre marche adopté, la date précise à laquelle le dit 15ᵉ corps devrait être transporté sur Clerval, point auquel vous savez que le chemin de fer est intercepté. Veuillez conférer avec Bourbaki et surtout Borel et me télégraphierez en conséquence.

Ainsi qu'il résulte de cette dépêche, tout en ne voulant prendre aucune mesure d'exécution avant d'avoir l'avis du général en chef et de son chef d'État-Major, toutes les préférences du ministre sont pour l'envoi du 15ᵉ corps à Besançon, ou, si on le peut, au delà sur la ligne de Belfort, c'est-à-dire à Clerval. Cela veut dire que le projet de M. de Serres est devenu celui du ministre, c'est-à-dire qu'il est admis que le 18ᵉ et 20ᵉ corps iront sur Vesoul, et que le 24ᵉ ira de Besançon sur Belfort. M. de Freycinet s'est aperçu du danger que peut courir le 24ᵉ corps isolé et il veut le renforcer du 15ᵉ... D'accord cette fois avec le général Bourbaki, il admet aussi qu'une fois les 18ᵉ et 20ᵉ corps arrivés à Vesoul, ils devront se détourner vers l'Est et marcher sur Lure « pour prendre le corps de siège entre deux feux ».

Cette fois, il devient manifeste que le but initial de toute la campagne est faussé dans sa conception même.

Le déblocus de Belfort, considéré par le général Bourbaki comme « nécessaire pour pouvoir se porter au Nord de Vesoul », est devenu l'objectif principal. Il n'est plus question de pousser Cremer sur Langres, ni de transporter Garibaldi à Besançon pour le lancer dans les Vosges. C'est sur Belfort que sont orientées toutes les forces de Bourbaki.

Toutefois on ne saurait dire que le général Bourbaki fut forcé d'accepter pour le 15e corps un point de débarquement plutôt qu'un autre. Le 1er janvier, M. de Freycinet dira encore (1). « Provisoirement je tiens Clerval comme destination, mais je suis prêt à accepter toute autre destination que Bourbaki préférera. » On verra plus loin que ce fut du consentement formel du général en chef et de son chef d'Etat-Major que ce point si défavorable au point de vue du débarquement, si funeste pour l'ensemble de la campagne fut désigné.

On a aussi vu par la dépêche précédente de combien M. de Freycinet exagérait les forces réelles des Allemands. A minuit (1) il répétait encore qu'on aurait 70,000 hommes à droite et 80,000 à gauche. Or presque en même temps l'Etat-Major de l'armée de l'Est recevait sur les forces réelles de l'ennemi des renseignements intéressants.

Service des reconnaissances à de Serres, Dijon.

Bordeaux, 31 décembre, 11 h. 35 soir.

Le IIIe corps qui occupait le pays entre Gien et Montargis, se dirige sur Joigny et Tonnerre, 15,000 hommes (2).

Le VIIe corps, Zastrow, qui occupait Auxerre, comprend les divisions 13 et 14. Il était appuyé par la division de landwehr, général Debschitz, en tout, environ 35,000 hommes qui semblent se concentrer vers Châtillon.

La division badoise qui occupait Dijon compte environ

---

(1) Télégramme de 10 h. 10 soir.
(2) Télégramme de minuit.

20,000 hommes. Elle doit être soutenue par une portion de la 4ᵉ division de réserve, général de Schmeling, dont une portion investit Langres, général Goltz avec 10,000 hommes.

On aurait donc du côté de Vesoul environ 30,000 hommes. A Belfort, la 1ʳᵉ division, général Treskow avec d'autres troupes de landwehr, forme un total que l'on évalue à 45,000 hommes.

On pouvait conclure de cette dépêche que, sous peine de lever le siège de Belfort, Werder ne pourrait avoir à Vesoul plus d'une trentaine de mille hommes, ce qui se rapprochait du reste beaucoup de la vérité. On pouvait en déduire aussi que le corps de siège ne serait en état de détacher au-devant du 24ᵉ corps et du 15ᵉ qu'une partie seulement de ses forces. On pouvait donc, en marchant vite, espérer être le plus fort à la fois à Vesoul et sur la ligne Besançon à Belfort. Telle fut sans doute la considération qui empêcha le général Bourbaki de ne pas discerner de prime abord les dangers d'une marche simultanée en 2 fractions éloignées de 60 kilomètres l'une de l'autre. Mais les mesures qu'on fut amené à prendre par la suite pour parer à cet inconvénient, en rapprochant les colonnes de gauche de celles de droite, ne firent qu'augmenter les risques de toute l'opération.

Au général Bourbaki, Chalon (faire suivre).

31 décembre 1870, minuit.

Je suis sans dépêche de vous ce soir. Notre mouvement s'effectue avec une lenteur désespérante. Il me serait bien difficile à distance de dire avec certitude à qui en est la faute. Sont-ce les ordres d'embarquement qui ont été mal donnés? Est-ce le matériel qui a manqué? Sont-ce maintenant les étapes à pied qui ne se font pas? Ce qui est certain, c'est que nous nous laissons distancer de plus en plus par les Prussiens et que, si nous ne pressons pas davantage notre marche sur Vesoul, non seulement nous trouverons une forte concentration à notre droite, environ 70,000 hommes, mais nous trouverons aussi une forte concentration à notre gauche peut-être 80 à 90,000 hommes. J'insiste donc de toutes mes forces auprès de vous pour que vous obteniez de votre armée un peu de cette mobilité que nous montre en ce moment même l'armée prussienne.

Je charge M. de Serres de vous entretenir du projet que j'ai de vous renforcer prochainement, ce que rend plus nécessaire encore la lenteur de votre mouvement.

FREYCINET.

La nullité du rôle que jouait alors le 15ᵉ corps près de Vierzon autorisait évidemment l'intention de l'adjoindre aux troupes placées sous les ordres du général Bourbaki. Mais une telle décision, prise à ce moment, allait avoir une très fâcheuse conséquence. Le général en chef devait se trouver ainsi encouragé à différer une action décisive tant qu'il n'aurait pas reçu le 15ᵉ corps. Sans doute, le gouvernement pourra bien dire plus tard à Bourbaki, lorsque celui-ci restera hésitant devant Vesoul, qu'il s'était engagé à y attaquer l'ennemi avant qu'il fût question de lui envoyer des renforts. L'impression n'en resta pas moins entière auprès du général Bourbaki et de son entourage qu'il ne fallait rien risquer sans avoir la plénitude de ses moyens.

Avant même que le général Bourbaki fût officiellement et personnellement prévenu que le 15ᵉ corps allait lui être adjoint, il allait opérer de sa personne un fâcheux déplacement, qui devait l'éloigner de ses troupes au moment où elles allaient s'ébranler, et par la suite le mettre en retard sur leur marche.

Toujours plus préoccupé de ses flancs et de ses derrières que de ce qu'il avait devant lui, il décida de se rendre à Dijon pour en organiser la défense et, à minuit, il s'embarqua en chemin de fer avec son chef d'Etat-Major; M. de Serres était déjà parti à 9 heures du soir.

Il n'avait confié le commandement à personne en

quittant son armée, et l'on verra que la réserve générale resta oubliée et sans ordres, tandis que l'armée se portait vers le Nord. Les troupes les meilleures et les plus solides, dont la place était à l'avant-garde, furent ainsi laissées en arrière avec un retard qu'elles ne purent regagner avant Villersexel.

II

Opérations.

18ᵉ corps. Conformément à l'ordre de mouvement (1) la 3ᵉ division devait se mettre en marche à 7 heures du matin (2), passer le canal de Bourgogne à Saint-Jean-de Losne et suivre la route d'Auxonne par Trouhans et Champdôtre, où elle devait cantonner, ainsi qu'à Montot, Echenon et Saint-Usage. La tête se déplaçait ainsi d'une douzaine de kilomètres.

Effectivement le 4ᵉ zouaves formant l'avant-garde gagna Champdôtre, le 81ᵉ mobiles vint en entier à Trouhans, le 14ᵉ bataillon de chasseurs et le 53ᵉ de marche à Echenon, avec 1 bataillon à Montot, d'où une compagnie fut détachée en grand'garde (3). Le 1ᵉʳ bataillon du 82ᵉ mobiles était à Saint-Usage avec le quartier général de la division.

La 2ᵉ division devait suivre la 3ᵉ en serrant sur sa tête et occuper Magny-lès-Aubigny, Esbarres, Charrey et Bonnencontre. Le 12ᵉ bataillon de chasseurs et le 52ᵉ de marche vinrent à Esbarres; le 77ᵉ mobiles à

---

(1) Archives de la Guerre.
(2) On a vu qu'elle était échelonnée sur la route à suivre sur une profondeur de 12 kilomètres environ.
(3) Le IIᵉ était en chemin de fer entre Chagny et Bourg, et devait arriver à Auxonne le 1ᵉʳ janvier. Le IIIᵉ, avec le convoi de réserve, arrivait le 31 à Chagny.

Charrey, le régiment d'Afrique, formant l'avant-garde, vint à Magny-lès-Aubigny, avec la cavalerie moins un peloton, le 92ᵉ était à Bonnencontre. Les grand'gardes étaient fournies par le 12ᵉ bataillon de chasseurs et le régiment d'Afrique. L'artillerie, le génie et l'ambulance étaient réparties entre Esbarres et Charrey. Le quartier général de la division à Esbarres.

La 1ʳᵉ division, passant la Saône à Seurre, devait occuper sur la rive gauche de la Saône : Pagny-la-Ville, Pagny-le-Château, la Bruyère, Chamblanc et Seurre. Profitant de cette faculté, l'ordre (1) de la division assigna la ville de Seurre comme cantonnement de toute la 2ᵉ brigade, ce qui devait réduire sensiblement le terrain gagné dans la journée.

Le 9ᵉ bataillon de chasseurs vint à Pagny-le-Château, le 42ᵉ de marche (2) le dépassa et vint à Pagny-la-Ville, le 19ᵉ mobiles, que suivaient les bagages de la 1ʳᵉ brigade, occupa les deux gros villages de Chamblanc et la Bruyère.

Le 44ᵉ de marche était à Seurre (3) avec le 73ᵉ mobiles (4). L'artillerie à Chamblanc, le génie à Seurre, le quartier général à Pagny-le-Château, la cavalerie au château.

La réserve d'artillerie était à Broin et Auvillars, les parcs à Corberon.

La cavalerie, toujours derrière les colonnes, devait venir à Chivres et Labergement-lès-Seurre. Les 5ᵉ cuirassiers et 5ᵉ dragons vinrent à Chivres, le 2ᵉ hussards à Labergement (5) avec le 3ᵉ lanciers (6).

---

(1) Voir ordre de la 2ᵉ division (Archives de la Guerre).
(2) Parti à 10 heures du matin de Labergement.
(3) Parti à 7 heures du matin. (*Historique.*)
(4) Arrivé dès 10 h. 30. Distance 12 kilomètres. (*Historique.*)
(5) Arrivé à 5 heures du soir. (*Historique.*)
(6) Parti de Géanges à 7 heures du matin, arrivé à 8 heures du soir. (*Historique.*)

Par une dépêche datée de 3 heures du soir, le général Bourbaki recommandait au général Billot, lorsqu'il arriverait à Auxonne, de faire passer tout son monde sur la rive gauche.

20ᵉ corps. Conformément à l'ordre de mouvement (1) la 1ʳᵉ division, avec les lanciers et l'artillerie de la 3ᵉ division, devait gagner Dôle. L'intention du général Clinchant était de la placer sur la route de Besançon aussi près que possible de Dôle (2).

De fait, la 1ʳᵉ brigade traversa Dôle et gagna Andelange, à 10 kilomètres sur la route de Besançon.

Là se plaça le 11ᵉ mobiles, tandis que le 55ᵉ mobiles allait à Châtenois, et le 50ᵉ de marche à Éclans, sur la rive gauche de la Saône.

Le 24ᵉ mobiles (Haute-Garonne, 2 bataillons) vint à Falletans, le 67ᵉ mobiles (Haute-Loire, 3 bataillons) à Rochefort-sur-Nenon.

L'artillerie resta avec le Iᵉʳ bataillon du 67ᵉ à Dôle; les lanciers (2ᵉ de marche) allèrent à Orchamps.

Les troupes de la 3ᵉ division, placées sous le commandement du colonel Simonin, avaient à gagner Clux et Pourlans (route de Dôle à Seurre à 26 et 28 kilomètres de Dôle) par une marche de 21 à 22 kilomètres et restaient ainsi très en retard.

Les mobiles des Pyrénées-Orientales vinrent à Clux (3). Le 1ᵉʳ bataillon des Vosges occupa Pourlans (4) avec le 2ᵉ bataillon de la Meurthe.

---

(1) Ordre de marche : lanciers avec leurs bagages, 1ʳᵉ brigade avec ses bagages, artillerie avec ses bagages, 2ᵉ brigade avec ses bagages, convois. Départ à 7 heures.

(2) Dépêches au capitaine Cardot (Archives de la Guerre).

(3) « Les chemins sont de plus en plus mauvais, les convois ne peuvent suivre ; je suis forcé de requérir du pain et une paire de bœufs. Plusieurs compagnies ne trouvent que de la farine et passent la nuit à faire du pain. » (*Historique*.)

(4) Le 2ᵉ bataillon des Vosges, débarqué le 28 à Dôle, était depuis le 29 à Archelange (7 kilomètres nord de Dôle).

Le reste de la 3ᵉ division, qui avait débarqué à Dôle avec le 2ᵉ bataillon des Vosges, garda ses cantonnements d'Authume (47ᵉ de marche), Archelange, Gredisans et Menotey (mobiles de la Corse, 2 bataillons).

Toute la journée du 31 devait encore se passer avant que la 2ᵉ division fût réunie à Dôle. Un régiment, le 3ᵉ zouaves de marche, avait été égaré en partie : 3 compagnies allaient à Besançon, le reste arriva dans la nuit du 31 au 1ᵉʳ janvier à Ougney sur l'Ognon.

Le convoi du génie ne partit de l'Étang que le 31 dans l'après-midi. Le 6ᵉ cuirassiers arriva le 31 au soir à Dôle, d'où, le lendemain, il fut dirigé sur Champvans.

Corps Bourras. « Le 31 décembre, dit le colonel Bourras, le capitaine Boulay, aidé du capitaine Godard qui commandait les Chasseurs franc-comtois, repoussa de nouveau la reconnaissance prussienne qui fit quelques pertes. A Velesmes, le capitaine Ferry, avec les 15ᵉ et 16ᵉ compagnies, délogea les Prussiens du bois où ils étaient embusqués... » D'après l'*Historique* du 5ᵉ badois, 1 peloton de la 5ᵉ compagnie aurait trouvé Cresancey fortement occupé et se serait retiré, perdant 4 hommes blessés. Toujours est-il que de cet engagement Bourras conclut à l'occupation en forces de Gray et en rendit compte en ces termes :

Bouboillon, 31 décembre 1870, midi.

Mon Général,

Hier soir, léger engagement du côté de Cresancey; ce matin engagement plus sérieux à Cresancey et à Velesmes. A Velesmes nous avons eu un officier assez sérieusement blessé à la main et au bras, un franc-tireur tué et quelques Prussiens tués de tous côtés. Un prisonnier badois pris à Cresancey nous affirme qu'il y a près de 12,000 hommes à Gray (les 5ᵉ et 6ᵉ régiments) avec prisonniers assez nombreux et artillerie (3 batteries).

Ces chiffres sont peut-être exagérés, mais la ville est loin d'être évacuée, et mon projet d'attaquer les derniers partant me paraît bien aventuré; d'après les prisonniers, la division badoise serait à Vesoul et à Gray.

BOURRAS, colonel du corps franc.

A part l'effectif exagéré attribué aux troupes de Gray, le renseignement était exact au moment où il était transmis. Mais, dès 9 heures du matin, l'ordre arrivait au général Keller d'évacuer Gray et de se porter sur Dampierre (1), et, à 2 heures du soir, les Badois terminaient leur mouvement. Il semble que Bourras fut prévenu très rapidement du départ de l'ennemi. Car, « le soir même, quatre compagnies entrèrent dans la ville, où tout le corps se porta le 1er janvier. Dans la nuit du 31 décembre au 1er janvier, nos cavaliers allèrent jusqu'à Dampierre tirer sur les postes ennemis (2). »

24e corps. Dans la journée arriva à Besançon le IIe bataillon du 63e de marche venant de Lons-le-Saunier. Le 21e bataillon de chasseurs envoya 2 compagnie à Saint-Ferjeux pour garder l'artillerie de la 3e division (3). Le 61e de marche envoya des reconnaissances vers Marchaux (4). L'escadron du 10e dragons resté à Thise rejoignit celui du 6e.

En réponse à la demande adressée la veille par le général Bressolles d'être autorisé à occuper Blamont, le général Bourbaki répondit le 31 à 5 h. 15 du soir seulement par l'ordre de ne pas occuper ce point (5). Les 2 légions du Rhône n'avaient pas été mises en mouvement; mais le lieutenant-colonel de Vézet avait déjà envoyé deux compagnies avec 2 obusiers de montagne sous les ordres du capitaine du génie Vallet, et ces « troupes

---

(1) *Historique* du 5e badois.
(2) Bourras, p. 46.
(3) Ce bataillon reçut dans la journée un détachement d'hommes de renfort. (*Historique*.)
(4) Il était arrivé le 27 au soir et le 28 au matin et cantonnait dans le faubourg des Chaprais. (*Historique*.)
(5) Télégramme de 5 h. 15 (Archives de la Guerre).

« entrèrent à Blamont, sans y trouver l'ennemi qui n'y avait point paru (1) ». Une reconnaissance poussée de Besançon sur Marchaux (2) signala « que des ulans prussiens s'étaient portés de Rougemont sur Avilly entre Doubs et Ognon. »

Le cours du Doubs restait fortement occupé par le 5ᵉ bataillon du Haut-Rhin, celui de la Haute-Garonne, quelques mobilisés et quelques gendarmes et le 3ᵉ du Doubs à Baume-les-Dames, Clerval et l'Isle. On a vu que les reconnaissances allemandes étaient arrêtées en tous ces points, et que l'énergie de la résistance opposée par les partis français fortifiait singulièrement la conviction dans laquelle était le général de Werder qu'une offensive sérieuse allait menacer sa gauche.

Dans la journée, le général Bressolles sut, à la fois par M. de Freycinet et par le général Bourbaki, que la division Cremer ne faisait plus partie de son corps d'armée et qu'il avait à s'occuper d'organiser, au moyen des ressources de la place de Besançon, une troisième division qui serait confiée au général de la Serre (3). Aux objections du général Rolland, M. de Freycinet répondait (4) que, sur 24,000 hommes que comptait la garnison, il devait être possible de détacher une douzaine de mille hommes, car la « ville sera couverte par l'armée et la division enlevée sera remplacée par des mobilisés ».

Comme artillerie, M. de Freycinet promettait 2 batteries de 4 et 1 de montagne, et, en attendant, on prendrait 2 batteries de 4 et 1 de campagne faisant partie de la défense mobile de Besançon (5).

Mais il manquait déjà 1 batterie (7ᵉ du 3ᵉ) qui n'arri-

---

(1) *Historique* du 54ᵉ mobiles.
(2) Rapport (Archives de la Guerre).
(3) Télégramme (Archives de la Guerre).
(4) Télégramme, 12 heures 14 soir (Archives de la Guerre).
(5) Télégramme de 1 h. 15 et de 6 h. 15.

vait pas encore de Bourges. Les généraux Comagny et Dariès étaient encore en route pour rejoindre leurs postes. A peine formé, le 24ᵉ corps allait donc être une fois en pleine organisation et il allait entrer en opération avant de pouvoir être considéré comme véritablement disponible.

15ᵉ corps. Les mouvements ordonnés la veille furent exécutés de la façon suivante :

Cavalerie. Le 6ᵉ dragons se porta de Vierzon-Village, où se trouvait son gros, sur Neuvy-sur-Barangeon et occupa Méry-ès-Bois et Nançay. D'après l'*Historique* du corps, on se garda militairemement et on poussa des reconnaissances le long de la Rère (1).

Le 6ᵉ hussards resta à la Chapelle-d'Angillon et lança des patrouilles sur Aubigny et Ennordres.

Le dernier régiment de la brigade Dastugne, le 11ᵉ chasseurs de marche, dont le gros restait à Méry-sur-Cher, envoya 1 escadron à Theillay-le-Pailleux et 2 pelotons à Salbris avec la légion bretonne.

Le 9ᵉ cuirassiers, relevé à Vignoux-sur-Barangeon par l'infanterie du général Minot, repassa sur la rive gauche du Cher et vint se placer à Reuilly (20 kilomètres au Sud de Vierzon). Près de lui, à Lury, et tout aussi inutile, était le 1ᵉʳ cuirassiers de marche. Enfin le 1ᵉʳ chasseurs de marche gardant son gros à Saint-Georges-sur-la-Prée, envoya 2 escadrons à Massay, d'où ils gardèrent la route de Vierzon à Issoudun (2), au Sud-Ouest.

Des 6 régiments disponibles, trois seulement étaient employés utilement; les 3 autres étaient sur la rive gauche du Cher, ou observaient des directions que rien ne menaçait.

2ᵉ division. Le 5ᵉ bataillon de chasseurs de marche

---

(1) L'ordre disait de surveiller le pays jusqu'à la Sauldre.
(2) *Historique.*

avec les éclaireurs continua à occuper Orçay, le Chalumeau, Lojon, les Zigonnières et le château de la Meunerie (à l'Est de la route de Paris et au Nord de la forêt de Vierzon). Le reste de la 1re brigade (39e de ligne, régiment étranger, 25e mobiles) conserva ses cantonnements en arrière de la forêt au Nord-Est de Vierzon, dans les fermes de Grand-Champ, la Bazinière, la Bidauderie, Bonègue, Airset, Vielfond, le Colombier, la Plaquerie, le Richau, Fougery, du hameau de Puits-Berteau, et de Vierzon pour le 25e mobiles. Dans la 2e brigade, le 2e zouaves fut porté de Vierzon sur Theillay-le-Pailleux, et occupa les fermes de la Tremblois, le Petit-Bourg, Porieux, la Plancharderie. Derrière lui, le 29e mobiles tenait les fermes de la Moranderie, l'Alouette (dans la forêt de Vierzon) et en arrière de la forêt : le château du Fay et les fermes de Charnay, la Beruterie et la Giraudière. Le 30e de marche avait un bataillon à Vierzon-Village, 2 bataillons à Méry-sur-Cher, détachant 1 compagnie à la Bourellerie (rive droite du Cher), 1 aux Agards et 1 aux Quatre-Vents.

1re division. La 1re brigade devait se placer à la droite de la 2e division jusqu'à la vallée du Barangeon. En conséquence, le 1er zouaves de marche vint cantonner à Vouzeron et au château du Puits, le 12e mobiles en arrière était à Vignoux-sur-Barangeon, détachant 2 compagnies au hameau de Guérigny (3 kilomètres Ouest).

La 2e brigade avait à faire face au Sud-Ouest en se plaçant sur la rive gauche du Cher. Le 4e bataillon de chasseurs de marche se porta sur Saint-Georges-sur-la-Prée, les tirailleurs vinrent à Saint-Hilaire-de-Court.

III

Mouvements des Allemands.

VIIe Corps. Dans la journée du 31 décembre, le major von den Bussche parvint enfin à Montbard avec le IIe bataillon du *13e* régiment, le reste de ce régiment était à Austrube et Vassy.

Le *73e* resta à Etivey (Ier et IIe bataillons), Aisy et Perrigny (fusiliers). Le *15e* avait 1 bataillon (3 compagnies) à Cry, le reste à Châtillon, le *55e* était à Rougemont et Buffon, le *60e* avait 1 bataillon (fusiliers) à Nuits, où il arriva dans la journée, les 2 autres débarquaient du chemin de fer à Château-Villain ; le *72e* était à Montbard (1).

La situation que créaient au général de Zastrow les derniers ordres du maréchal de Moltke et l'indépendance accordée au général de Werder, ne laissaient pas d'être embarrassantes. Obligé de s'immobiliser au milieu d'une population hostile, il pouvait se trouver sans nouvelles et hors d'état de venir au secours de Werder, dont il sentait le danger. Il pouvait être appelé subitement dans des directions très différentes. « Suivant ce que Werder lui ferait savoir, il aurait peut-être à marcher sur Sombernon et, de là, soit sur Bligny-sur-Ouche, Arnay et Autun, soit sur Dijon. Peut-être devrait-il faire une

---

(1) *Historiques* des divers corps.

marche de flanc vers Is-sur-Tille, soit pour continuer sur Vesoul, soit pour observer Langres. Il décida donc que, le 1er janvier, l'avant-garde occuperait Pouillenay et Flavigny, près du nœud des routes allant vers Montbard, Sombernon, Dijon, et vers Is-sur-Tille et Semur. Le gros et l'arrière-garde resteraient au Nord de la ligne Semur, Pouillenay, occupant Semur par un fort détachement. L'avant-garde se couvrirait en tenant Darcey sur sa gauche... On rappellerait de Châtillon les 2 bataillons du *15e* qui y étaient encore ; ils seraient remplacés les 1er et 2 janvier par 2 bataillons du *60e* auxquels on joindrait 3 pelotons d'ulans, 1 batterie, la boulangerie de campagne, le dépôt de chevaux et le 5e lazaret de campagne. A Ravières et Nuits resteraient les fusiliers du *60e* avec 1 peloton d'ulans pour garder les colonnes de munitions d'artillerie n° 5, d'infanterie n° 4, de vivres n° 5 et les lazarets de campagne n°s 6 et 9 (1). »

Les troupes disponibles pour des opérations actives furent réparties de la façon suivante :

Avant-garde, lieutenant-colonel von Schœnholtz, *72e* régiment d'infanterie, *1er* hussards de réserve, *4e* batterie légère, *1re* compagnie de pionniers.

Gros, général-major von der Osten Sacken : *25e* brigade d'infanterie (*13e* et *73e*), *7e* bataillon de chasseurs, 2 escadrons du *5e* ulans de réserve, *4e* batterie légère, *5e* batterie lourde.

Arrière-garde : *55e* régiment d'infanterie, *8e* hussards, 1 escadron du *5e* ulans de réserve, 6e batterie lourde, les 2 batteries à cheval, l'équipage de ponts, le détachement sanitaire n° 1.

Trains : 2 colonnes de munitions, 2 de vivres, parc, 2 lazarets de campagne.

Total : 13 bataillons, 11 escadrons, 5 batteries.

Les reconnaissances ne signalèrent rien d'autre que

---

(1) Fabricius.

l'apparition, le 30, de 5 à 600 hommes de Ricciotti Garibaldi à Vermanton et leur retraite vers Autun. Des lettres saisies à Semur firent connaître l'entrée de Cremer à Dijon. Enfin, à Avallon, les hussards furent accueillis à coups de pierres par la population et forcés à la retraite.

XIVe Corps. La 2e brigade badoise exécuta, le 31, un léger mouvement vers le Sud. Tandis que le 4e badois conservait 1 bataillon à Andelarre, ses fusiliers quittaient Noidans-les-Vesoul pour aller à Echenoz-la-Méline rejoindre le IIe bataillon. Quant au *3e* régiment, il partit à 9 heures du matin de Vesoul (1), ayant en avant-garde les 9e et 10e compagnies et 1 escadron du 3e dragons. A 11 heures on avait atteint Vellefaux, où restèrent 2 bataillons et 1 peloton de dragons. Le reste du détachement alla occuper Echenoz-le-Sec, plaçant une grand'garde, commandée par un officier, sur la route de Rioz à l'intersection du chemin allant à Filain, et une autre sur les hauteurs à l'Est d'Echenoz à la ferme Sainte-Anne.

De Vellefaux, on fit partir 1 reconnaissance (lieutenant Heil avec 1 peloton) vers Montbozon, et 2 autres, l'une à midi, l'autre le soir, partirent de Rioz dans la direction d'Echenoz-le-Sec. Elles ne signalèrent rien d'intéressant.

Dans la 1re brigade, le 1er Leib-grenadiers conserva ses cantonnements de Boursières, Élans, Velle-le-Châtel et Mont-le-Vernois, mais le 2e badois se rapprocha de Vesoul occupant Noidans-les-Vesoul (État-Major, Ier batataillon, 11e et 12e compagnies), Quincey (IIe bataillon), Navenne (9e et 10e compagnies).

L'artillerie occupa Pusey, Charmoille, Echenoz-la-Meline et la caserne de cavalerie de Vesoul.

---

(1) Rassemblement place du Marché-aux-Chevaux. (*Historique du 3e badois.*)

Le *1*er Leib-dragons était à Pusey, le *2*e, à Montigny-les-Vesoul, Seye et Chemilly, le *3*e fut réparti entre les 3 brigades, le 2e escadron avec la *1*re, le 1er avec la *2*e, les 4e et 3e avec la *3*e.

La brigade de Willisen se trouva donc encore une fois réduite à 2 régiments, qui restèrent d'ailleurs inactifs derrière l'infanterie.

La *3*e brigade avait, le 31 au matin, envoyé de nouvelles reconnaissances sur Crésancey et Villesmes, occupés par les francs-tireurs Bourras (1). A 9 heures arrivait à Gray l'ordre télégraphique suivant : « Gray doit être complètement évacué aujourd'hui. Les malades non transportables resteront seuls avec les médécins nécessaires. Le 1er janvier, la *3*e brigade doit occuper avec son gros Neuvelle-lès-la-Charité et observer l'Ognon. » Il s'agissait donc, pour la *3*e brigade, de venir se placer à droite et en avant de la première, ce qui, en passant par Dampierre, exigeait de couvrir 40 kilomètres en 2 étapes.

A 2 heures du soir, les troupes du général Keller quittèrent Gray; à 6 h. 30, elles atteignaient Dampierre-sur-Salon, où elles cantonnaient, tandis que les pontonniers préparaient un passage à Savoyeux.

Les troupes du général von der Goltz ne bougèrent pas le 31.

La présence des Français ayant été constatée par les reconnaissances envoyées la veille de Rougemont sur Baume-les-Dames et Clerval, le général de Schmeling prescrivit au major Spangenberg de se porter sur le premier de ces points avec le bataillon de fusiliers du 25e d'infanterie, 1 escadron et 2 pièces de canon (2). En arrivant à Autechaux (4 kilomètres Nord-Est de Baume-les-Dames), on rencontra de l'infanterie française for-

---

(1) *Historique* du 5e badois.
(2) *Historique* du 25e rhénan.

tement postée sur la ligne de hauteurs au Sud du village. « La 9ᵉ compagnie se déploie, les 2 canons se placent à gauche de la route, la 11ᵉ compagnie occupe Autechaux, le 10ᵉ et 12ᵉ restent en réserve. Le feu de l'ennemi abrité et posté sur les hauteurs situées à 1,000 pas en arrière d'Autechaux redouble, le terrain est découvert, l'attaque paraît impossible. L'artillerie seule canonne la position à une distance de 1,400 pas. On évalue les forces françaises à 2 bataillons. Le combat est rompu et la retraite se fait sur Rougemont. On avait 2 blessés (1).

« Pendant ce temps, les reconnaissances du Iᵉʳ bataillon du 25ᵉ d'infanterie envoyées sur Montbozon, Avilley et Clerval n'avaient pas rencontré l'ennemi. »

A la division von Schmeling le IIᵉ bataillon du 6ᵉ badois, qui avait été la veille au soir appelé au Nord de Villersexel sur les Aynans, rentra au gros, « mais un peloton de la 7ᵉ compagnie, avec 2 compagnies de landwehr et 2 canons, fut dirigé vers l'Isle-sur-Doubs. Après un combat de courte durée les Français se retirèrent sur la rive gauche du Doubs (2).

L'arrivée du détachement von Debschitz à Audincourt laissa disponible tout le détachement Ostrovski à Montbéliard, d'où il dirigea sur Bourogne, quartier général du corps de siège, le bataillon Konitz (3). Les forces réparties sur le front Arcey-Montbéliard et mises sous les ordres supérieurs du colonel von Bredow, comprirent donc 7 bataillons (4), 2 escadrons un quart, 14 canons. Il restait devant Belfort 15 bataillons, 2 escadrons trois quarts et 10 canons de campagne, répartis en 3 détache-

---

(1) *Historique* du *25ᵉ* rhénan.
(2) *Historique* du *6ᵉ* badois. Le IIᵉ bataillon était momentanément détaché à la IVᵉ division de réserve.
(3) *Historique* du *14ᵉ* de landwehr.
(4) Dont 3 du 67ᵉ d'infanterie, le reste de landwehr.

ments : Zimmermann à Frahier, Buddenbroeck à Menoncourt, et Gericke à Chaux. « La situation du corps de siège était peu enviable : le siège avait fait peu de progrès et on attendait l'attaque d'une forte armée à laquelle on ne pouvait opposer que des forces insuffisantes (1). »

---

(1) *Historique* du 67e d'infanterie.

Journée du 1ᵉʳ Janvier.

I

Pendant la journée du 1ᵉʳ janvier l'État-Major, réuni à Dijon avec M. de Serres, y discuta l'emploi qu'on pourrait donner au 15ᵉ corps et le point sur lequel on devrait le diriger. M. de Serres proposa en tout état de cause de faire « transiter les transports par Dijon, à cause de la double voie ». Le résultat de cette conférence sera donné à la date du 2. Mais pendant ce temps M. de Freycinet allait assurer une lourde responsabilité personnelle en déclarant vouloir organiser seul le transport du 15ᵉ corps.

Votre dépêche de ce jour 4 h. 35 m'a un peu réconforté (1). Cependant nous avons encore bien du temps à regagner.

Avant votre dépêche, j'avais fixé le commencement du départ à Vierzon à 6 heures du matin.

Je ne changerai pas cette date, parce que je n'aime pas les contre-ordres. Du reste, je désire que personne ne s'occupe de ce transport. J'en fais mon affaire. Bornez-vous, de concert avec Bourbaki et Borel, à me faire connaître le point exact où vous voulez que je vous livre le 15ᵉ corps. Provisoirement, je tiens Clerval comme destination, mais je suis prêt à accepter toute autre destination que Bourbaki préférera.

Je demande donc que personne n'envoie ni ordre ni instructions aux compagnies de chemin de fer ni au général

---

(1) 1ᵉʳ janvier 1871, 9 h. 45 du soir, à de Serres, Dijon.

400   LA GUERRE DE 1870-1871.

Martineau. On se bornera à répondre à celui-ci s'il demande des conseils. On laissera également la compagnie de Lyon maîtresse de transiter les trains à sa guise et de supprimer le trafic sur telles sections qu'elle jugera à propos. En un mot, qu'on me laisse me débrouiller à ma manière avec les deux compagnies et avec Martineau. Dites-le de ma part à Bourbaki et à Borel.

Dès 11 h. 25 du matin, le général Martineau des Chenets avait été prévenu par une dépêche de Bordeaux (1) « d'avoir à faire tous ses préparatifs pour partir avec tout son corps d'armée, le 3 courant, à partir de 6 heures du matin ». A 10 heures du soir (2), il recevait l'ordre de régler les départs de façon que le dernier train pût quitter Vierzon le 4 au soir. Toutefois le commandant du 15ᵉ corps n'aurait aucun rôle à jouer dans l'organisation du mouvement entièrement remise à la compagnie d'Orléans et seulement à régler l'ordre des départs qui devaient « se faire tous de la même gare et à de brefs intervalles ». L'Inspecteur, M. de la Taille, a conféré avec le général Martineau et avait à le renseigner sur la partie technique de l'opération.

Les objections au projet du Délégué à la guerre ne tardèrent pas à se manifester.

Le jour même le général Martineau télégraphiait à M. de Freycinet (3) :

L'inspecteur du chemin de fer estime à cinq jours au moins le temps nécessaire pour l'embarquement des troupes et matériel, s'il reçoit les voitures nécessaires. La gare de Vierzon est petite, ce qui rend l'opération longue et difficile. Il y a aussi à considérer la position des dernières troupes restant à Vierzon et dont la situation peut être critique.

---

(1) Télégramme de 11 h. 25 matin (Archives de la Guerre).
(2) *Idem*.
(3) Général Martineau à Guerre — Bordeaux (D. T.), sans indication d'heure (Archives de la Guerre, 1ᵉʳ janvier 1871).

Dans tout cela, il n'est pas question des convois du corps, qui feront certainement défaut à l'arrivée et que la compagnie ne compte pas embarquer. Il sera fort difficile et fort long de reformer un convoi. Je regarde donc le mouvement projeté comme fort difficile à exécuter en raison du chiffre des troupes, chevaux et voitures. Un mouvement par étapes me paraît plus pratique, au moins jusqu'à une gare plus vaste et plus éloignée de l'ennemi. J'attendrai de nouveaux ordres de vous à cet égard. Dans tous les cas, la dernière division ne pourrait s'embarquer qu'à Bourges, en raison de la proximité des avant-postes ennemis.

M. de Freycinet maintint ses ordres avec cependant une légère modification (1).

Si votre corps n'a que 32 à 35,000 hommes, comme vous-même me l'avez dit, il ne faut pas plus de deux jours pour l'expédier. La gare de Vierzon est telle qu'elle était quand nous y avons expédié votre même corps, alors beaucoup plus nombreux, fin octobre, et tout s'est très bien passé et très vite. Je maintiens donc l'embarquement à Vierzon. La seule modification que je concède à raison des risques militaires et que vous invoquez et que je ne puis apprécier d'ici, c'est de faire embarquer la dernière division à Bourges au lieu de Vierzon. Quant aux convois du corps que la compagnie, dites-vous, ne compte pas embarquer, j'ignore ce que vous voulez dire; la compagnie embarquera ces convois, comme tout le reste, vous le lui confirmerez de ma part; en résumé je vous prie de bien vous pénétrer de ma pensée et de vous concerter derechef avec M. l'Inspecteur de La Taille, qui saura, n'en doutez pas, réaliser le transport que j'ordonne, à savoir expédition de tout le 15ᵉ corps avec son matériel et ses accessoires à partir de mardi 6 heures et dans les 48 heures qui suivront. Deux divisions s'embarquant à Vierzon et la dernière à Bourges, si vous le jugez

---

(1) Pour Vierzon, de Bordeaux, 1ᵉʳ janvier, 11 h. 45 soir, reçu le 2 à 6 h. du matin. Guerre à Général commandant 15ᵉ corps. Vierzon, extrême urgence.

utile. Je compte sur le bon esprit et sur les talents de M. l'Inspecteur de La Taille, pour atteindre exactement le but.

De Freycinet.

Mais en ce qui concerne le choix du point de débarquement, à deux reprises, à 10 h. 45 du matin et à 11 h. 30 du soir, M. Audibert fut prévenu que la destination serait probablement Clerval; en même temps, il était très nettement spécifié que les transports devaient comprendre 35,000 hommes, la cavalerie, 18 batteries, plus les convois ordinaires de l'Intendance pour l'effectif du 15° corps. Or la situation du 1ᵉʳ janvier porte 41,261 hommes et 1,356 officiers, et plus de 7,000 chevaux. Il faut y ajouter environ 1,200 francs-tireurs.

Cette erreur devait produire de graves mécomptes.

II

Opérations.

15ᵉ corps. Les troupes conservèrent leurs cantonnements.

20ᵉ corps. La 1ʳᵉ division conserva ses cantonnements sur la rive gauche du Doubs entre Dôle et Audelange (1), avec un régiment (55ᵉ mobiles) sur la rive droite à Châtenois.

La 2ᵉ division fut augmentée de la moitié du 14ᵉ bataillon de chasseurs de la garnison de Dôle, qui prit le numéro 25 et forma 4 compagnies (2). A 4 heures du matin arrivait à Ougney, point terminus du chemin de fer par suite de la rupture du pont sur l'Ognon, le 3ᵉ régiment de zouaves de marche (3), qui plaçait des grand'gardes à l'abbaye d'Acey sur la rive gauche. Dans la journée seulement le 2ᵉ bataillon de mobiles de la Savoie débarquait à Dôle, complétant ainsi la 2ᵉ division.

Dans la 3ᵉ, la 1ʳᵉ brigade, à laquelle se trouvait rattaché un bataillon du 58ᵉ mobiles (Vosges) qui était à Archelange, resta à Authume et Mont-Roland (47ᵉ de marche), Gredisans (1ᵉʳ bataillon corse) et Menotey

---

(1) Voir journée du 31.
(2) *Historique*.
(3) Moins 3 compagnies dirigées par erreur sur Besançon.

(2ᵉ bataillon corse). Quant à la 2ᵉ brigade (colonel Simonin), qui avait, le 31, couché à Clux et Pourlans, à 25 kilomètres au Sud-Ouest de Dôle, elle parvint près de cette ville le 1ᵉʳ janvier. Les 2 bataillons des Pyrénées-Orientales vinrent à Foucherans, avec le 1ᵉʳ bataillon des Vosges et le 2ᵉ de la Meurthe.

A 1 heure du matin arrivait à Dôle, par chemin de fer, la compagnie du génie. Le parc d'artillerie du génie fut, par ordre, dirigé sur Besançon pour y être débarqué.

Le général Clinchant fit ce jour-là certaines modifications à l'organisation de son corps d'armée. Les 2 batteries de 4 de la réserve (capitaines Herment et André) passèrent, l'une à la 3ᵉ division, l'autre à la 2ᵉ, en remplacement de 2 batteries de 12. Le 6ᵉ cuirassiers de marche fut scindé entre les divisions (1). Le lieutenant-colonel Chevals, avec les capitaines adjudants-majors Gréterin et de Laporte, furent employés à l'État-Major du corps d'armée, le commandant Leclerc et le capitaine Hérissant à celui de la 3ᵉ division (2). Les lanciers et les chasseurs étaient spécialement chargés d'éclairer le corps d'armée aussi loin que possible.

18ᵉ corps. Conformément à l'ordre de mouvement, le 18ᵉ corps devait, le 1ᵉʳ janvier, se concentrer autour d'Auxonne. La 3ᵉ division en tête devait franchir la Saône à Auxonne et se porter sur la route de Pesme.

A 7 h. 30 du matin, la 2ᵉ brigade se réunit à la croisée des routes d'Echenoz et de Montot et se mit en route pour rejoindre la 1ʳᵉ cantonnée à Champdôtre (4ᵉ zouaves) et Trouhans (81ᵉ mobiles). Celle-ci était massée près du premier de ces villages pour une exécution capitale (3), de sorte que la colonne ne fut formée

---

(1) Le 4ᵉ escadron fut attaché au quartier général.
(2) *Journal* du 6ᵉ cuirassiers de marche.
(3) *Historique* du 4ᵉ zouaves de marche.

qu'à midi. A 3 heures seulement, la tête débouchait d'Auxonne, où la division s'accroissait du 14ᵉ bataillon de chasseurs détaché de la garnison. Le 4ᵉ zouaves s'établit à Flammerans avec le 81ᵉ mobiles. Le 53ᵉ eut un bataillon à Lorrey avec le quartier général de la division, l'autre à la Feuillée avec l'artillerie. Le IIᵉ bataillon du 82ᵉ mobiles, arrivé en chemin de fer le jour même, à 10 heures du matin, reprit sa place dans la division et cantonna à Pont-de-Pierre (1). Le Iᵉʳ bataillon de ce régiment s'établit à La Cour, le IIIᵉ (2ᵉ du Var), qui avait escorté le convoi par terre et était arrivé à Chagny le 31 décembre, vint le 1ᵉʳ janvier à Beaune.

Chaque bataillon détacha une compagnie en grand'-garde. On ne put rien trouver sur le pays et l'on dut envoyer pendant la nuit toucher des vivres à la gare d'Auxonne au moyen de voitures de réquisition (2).

La 2ᵉ division avait à venir se placer à gauche et un peu en arrière de la 3ᵉ sur la rive droite de la Saône.

A 8 heures du matin, elle se mit en marche, le 52ᵉ (1ʳᵉ brigade) en tête, et franchit le canal de Bourgogne à Brazey-en-Plaine. Le 52ᵉ s'établit à Villers-les-Pots, un bataillon et 1 peloton de cavalerie à Athée, le 77ᵉ mobiles vint à Tréclun, d'où une grand'garde fut poussée sur Soirans. Le 12ᵉ bataillon de chasseurs occupa Champdôtre. Le 92ᵉ de ligne eut 1 bataillon à Pont, les 2 autres à Tillenay et la Chapelle. Le régi-

---

(1) Il manquait à ce bataillon 2 compagnies parties de Nevers le 29 et débarquées le 31 à Beaune. Tandis que le grand parc filait sur Saint-Jean-de-Losne, elles étaient oubliées à Beaune. Sur l'initiative de leur chef, elles allaient en chemin de fer à Dijon le 2 janvier, le 3 elles allaient à pied à Genlis et rejoignaient leur corps le 4 janvier seulement. (*Historique* du 2ᵉ bataillon de Vaucluse.)

(2) *Journal* de la 2ᵉ brigade de la 3ᵉ division.

ment d'Afrique se plaça à Champdôtre (1). 1 batterie était à Tillenay avec le quartier général de la division, les 2 autres à Champdôtre, le génie à Tillenay, la cavalerie, moins le peloton détaché à Athée, à Villers-les-Pots, l'ambulance à Pont. On devait, dans la journée, adjoindre provisoirement à la division le 49° de marche de la garnison d'Auxonne (2).

La 1re division avait à sa disposition la route de Seurre à Auxonne par la rive gauche de la Saône. A 7 h. 30, elle se mit en marche, la 1re brigade en tête, le 9° bataillon de chasseurs à l'avant-garde. A 5 heures ce bataillon arrivait à Villers-Rotin, à sa gauche, le 42° de marche était à l'Abergement-lès-Auxonne, le 19° mobiles, qui l'avait suivi, à Flagey-lès-Auxonne avec l'artillerie. Le 44° de marche (2° brigade) à Saint-Seine-en-Bache, le 73° mobiles à Laperrière. Le génie et la cavalerie se placèrent à Billey, le quartier général à l'Abergement. « Malgré le froid rigoureux et une neige épaisse, les troupes marchent avec ordre et avec assez d'entrain. Les traînards sont peu nombreux; les cas de maladie plus fréquents (3). »

Les distributions restèrent insuffisantes ou manquèrent complètement. Cependant « les troupeaux suivaient facilement les troupes, la viande ne manquait pas. Quant au biscuit, l'intendance en fournissait fort peu et, la plupart du temps, les soldats le jetaient pour alléger leur charge, car il était délivré comme réserve. Ce biscuit m'a semblé beaucoup trop dur; du biscuit plus tendre aurait été gardé (4). »

Dans la division de cavalerie, le 5° cuirassiers de

---

(1) Il avait passé par Aubigny.
(2) Colonel de Gueytat. Ce régiment ne fut pas embrigadé. (*Historique.*)
(3) *Journal* de la 1re division.
(4) *Journal* de la 2° division.

marche franchit la Saône à Verdun et une seconde fois à Saint-Jean-de-Losne, où resta le quartier général. Ce régiment se plaça « à proximité de la ville (1) » où était le 5ᵉ dragons de marche. Le 2ᵉ hussards, qui avait formé l'avant-garde de la division, atteignit à 4 heures Échenon. Le 3ᵉ lanciers de marche était à Sainte-Usage.

« La marche avait été très pénible.... l'hiver se fait sentir avec toutes ses rigueurs. Malgré tout, nos hommes ne se découragent pas; animés d'un excellent esprit, ils espèrent encore.... On profite de chaque temps d'arrêt et des passages dans les localités qui ont des maréchaux-ferrants pour tenir constamment la ferrure en bon état. C'est à cette précaution et aussi au soin que chacun apporte à l'entretien de sa monture que le régiment doit l'honneur d'être préféré pour aller éclairer au loin, ou pour occuper devant l'ennemi des postes d'honneur (2).

Le quartier général du 18ᵉ corps était à Auxonne. Les parcs du génie et de l'artillerie à Chamblanc, le convoi de l'Intendance à Beaune. A part la disposition fâcheuse, mais qu'on n'avait pu encore réparer le 1ᵉʳ janvier, qui laissait la division de cavalerie en arrière de l'infanterie, on voit que le 18ᵉ corps allait se trouver bien concentré autour d'Auxonne et en même temps bien placé pour utiliser, le lendemain, les routes allant vers le Nord. La position était moins favorable, si on devait marcher au Nord-Est, à cause du détour par la Marche ou Pontailler, auquel serait obligée la 2ᵉ division. Mais la 1ʳᵉ division pouvait facilement rejoindre la grand'route de Dôle à Gray et arriver à hauteur de la 3ᵉ.

Réserve générale. Le 38ᵉ de ligne vint occuper Chemin

---

(1) *Historique.*
(2) *Journal* du 3ᵉ lanciers de marche.

(Ier et IIe bataillon) et Beauchemin (IIIe bataillon); l'artillerie était à Aunoire.

La brigade de cavalerie de Boërio était à Verdun-sur-Doubs.

24e corps Le 1er janvier, le quartier général du corps d'armée vint s'établir à Saint-Claude. Les 2 divisions, qui seules existaient encore, devaient occuper, la 2e (21e bataillon de chasseurs, 60e de marche, 61e de marche, 14e et 87e mobiles) les Chaprais (1,500 mètres Nord-Est de Besançon), la 3e (1re et 2e légions du Rhône, 4e bataillon de la Loire) Saint-Ferjeux. La réserve d'artillerie était à Fontaine-Ecu. Le 7e de cavalerie mixte avait à éclairer la route de Vesoul, les escadrons des 6e et 10e dragons celle de Lure.

En fait les positions furent les suivantes :

QUARTIER GÉNÉRAL. — SAINT-CLAUDE.

2e *Division. État-Major.* — Les Chaprais.

1re brigade........ { 21e bataillon de chasseurs, porté à 8 compagnies par l'arrivée, le 31, d'un renfort venant de Grenoble (9e et 3e bataillons), Chalèze; mais 2 compagnies avaient été, dès le 31, envoyées à Saint-Ferjeux avec l'artillerie et toutes devaient être transportées le soir en chemin de fer à Baume-les-Dames.
60e de marche. — Inconnu.
61e de marche. — Aux Chaprais. — Dans la journée, le IIIe bataillon (commandant Patin) fit partie d'une reconnaissance forte de 2 bataillons et 1 section d'artillerie qui poussa jusqu'à Rioz; dans la nuit, il rentra à Besançon. — Le soir, les 2 autres bataillons furent transportés en chemin de fer à Baume-les-Dames.

2e brigade......... { 14e mobiles. — Saint-Claude, avec 1 bataillon en grand'garde à Pouilley-les-Vignes et 3 compagnies à Saint-Valentin.

2ᵉ brigade (suite)... { 87ᵉ mobiles. — Saint-Claude. L'artillerie, 3ᵉ de montagne du 3ᵉ régiment, 10ᵉ du 3ᵉ régiment, 22ᵉ du 6ᵉ, toutes deux de 4 de campagne, et 2ᵉ de réserve aux Chaprais (1).

3ᵉ Division. État-major. — Saint-Ferjeux.
 1ʳᵉ légion du Rhône. — Saint-Ferjeux.
 2ᵉ légion du Rhône. — Saint-Ferjeux (2 bataillons et 1 bataillon (Iᵉʳ) à Velotte (2).
 4ᵉ bataillon de la Loire.

Le 89ᵉ régiment de mobiles, qui devait être adjoint à la 3ᵉ division, avait encore à cette date son Iᵉʳ bataillon (Var) et son IIᵉ (5ᵉ de la Loire) au camp de Sathonay. Le IIIᵉ (Gironde) ne rejoignit jamais. L'artillerie de la 3ᵉ division (4ᵉ de montagne du 3ᵉ régiment,... 3ᵉ de réserve) était à Saint-Ferjeux, Château-Farine et Avanne.

Les 2 escadrons du commandant Rouzaud (du 6ᵉ et du 10ᵉ dragons) se portèrent sur Marchaux. Le 7ᵉ de cavalerie de marche resta à Bonnay, Duvecey et Cussey, éclairant la route de Vesoul.

La réserve d'artillerie (24ᵉ du 13ᵉ, 25ᵉ du 14ᵉ) était à Fontaine-Ecu. Les services administratifs à la Viotte et Maujoux.

En ce qui concerne la 2ᵉ division, la 2ᵉ batterie de montagne du 13ᵉ d'artillerie partit de Toulouse le 1ᵉʳ janvier à 8 heures du soir seulement.

Des autres troupes qui devaient plus tard (3) en faire partie, le 15ᵉ bataillon de chasseurs était à Besançon, le 63ᵉ de marche s'organisait dans cette place, où était arrivé la veille son IIIᵉ bataillon, venant de Lons-le-

---

(1) Le général Comagny ne devait prendre le commandement de la 2ᵉ division que le 2 janvier.

(2) A la suite de reproches faits par le général Bressolles à la 2ᵉ légion pour sa conduite à Nuits, les officiers des 2 légions sont sur le point d'en venir aux mains. (*Historique* de la 2ᵉ légion.)

(3) Le 4 janvier.

Saunier et ne devait être prêt à entrer en campagne que le 3 au soir.

Du régiment mixte de mobiles, le bataillon de Tarn-et-Garonne était à Besançon; celui de Haute-Garonne était à Baume-les-Dames, celui du Haut-Rhin à Clerval.

De ce côté, il s'était produit divers incidents.

Dès 7 heures du matin, le commandant du bataillon de la Haute-Garonne (1) rendait compte de l'attaque faite la veille par l'ennemi, évalué à 1,000 fantassins avec 2 pièces de canon et quelques cavaliers, et annonçait que, dès 3 heures du matin, il faisait occuper la montagne de la Boussenote, en avant de Baume-les-Dames, dans l'attente d'une attaque qu'il considérait comme imminente.

A 11 h. 20 puis à 11 h. 52, le sous-préfet de Baume-les-Dames signalait la fusillade vers Baume-les-Dames (2) et la canonnade vers Clerval. Enfin le soir arrivaient les comptes-rendus des chefs qui avaient été engagés (3).

Le commandant du bataillon du Haut-Rhin avait placé 2 compagnies sur les hauteurs qui environnent la gare de Clerval. A 10 h. 45, les avant-postes avaient fait feu sur des ulans qui s'étaient retirés bientôt. A Baume le bataillon de la Haute-Garonne avait résisté à une attaque qui avait duré de 10 heures du matin à 1 heure du soir, sans faire de pertes. Le commandant du bataillon évaluait les forces allemandes à 600 fantassins et 4 pièces de canon et témoignait de l'appui que lui avaient donné les gardes nationales sédentaires de Baume et les mobilisés du Doubs armés de fusils à percussion.

En conséquence, le général Bressolles ordonna que

---

(1) Télégramme (Archives de la Guerre).
(2) Télégramme (Archives de la Guerre).
(3) Télégramme (Archives de la Guerre).

2 bataillons du 61ᵉ partiraient en chemin de fer de Besançon pour Baume-les-Dames à 4 h. 20 et 5 h. 20 du soir « pour Baume avec ordre de se porter plus loin si besoin est » (1). Dans la nuit ou le lendemain matin, ils seraient soutenus par le 60ᵉ de marche et l'artillerie de la 2ᵉ division.

Le général commandant le 24ᵉ corps y joignit encore deux compagnies du 21ᵉ bataillon de chasseurs et, pour le lendemain, il prescrivit (2) que le reste de ce bataillon (moins 3 compagnies) se porterait sur Marchaux où étaient déjà les deux escadrons de cavalerie, tandis que le dernier régiment de la 1ʳᵉ brigade, le 60ᵉ de marche occuperait Marchaux, Champoux, Châtillon-Guyotte, Chaudefontaine, Pouligney, Saint-Hilaire, le Puy, se reliant aux troupes qui occupaient Beaume-les-Dames, et occupant ainsi la trouée entre l'Ognon et le Doubs. La 2ᵉ brigade de la 2ᵉ division devait être à portée de la soutenir en occupant Novillars, Roche, tout en gardant un régiment aux Chaprais.

En outre le lieutenant-colonel Dauriac du 61ᵉ mobiles devait, le 2, pousser une reconnaissance (3) de Baume-les-Dames sur Avilley (route de Besançon à Montbozon), où on lui signalait la présence de l'ennemi.

La cavalerie devait rester à Marchaux (2 escadrons), Bonnay et Devecey (4 escadrons), ces derniers éclairant la route de Vesoul.

Enfin la 3ᵉ division avait ordre de porter son quartier général de Saint-Ferjeux à Saint-Claude, les troupes, sauf la 2ᵉ légion du Rhône qui restait à Saint-Ferjeux, se déplaçant légèrement vers le Nord-Est pour occuper

---

(1) Télégramme de 1 h. 50 à général commandant 7ᵉ division (Archives de la Guerre).

(2) *Ordre* nº 26 (Archives de la Guerre). Manque le bataillon du 61ᵉ rentré de Rioz à Besançon, nuit du 1ᵉʳ au 2.

(3) Dépêche télégraphique (Archives de la Guerre).

Saint-Claude, École, Valentin, Miserey et Châtillon-le-Duc. Le mouvement ordonné par le général Bourbaki à partir du 3 allait ainsi se trouver amorcé dès le 2.

Division Cremer. La division Cremer conserva le 1ᵉʳ janvier ses emplacements au Nord et à l'Est de Dijon. La pointe sur Fontaine-Française que devait exécuter le 86ᵉ mobiles avait été vite décommandée et ce régiment resta le 1ᵉʳ janvier comme la veille à Saint-Julien, Flavy, Clenay, Brogon et Spoix.

Corps Bourras. Le 1ᵉʳ janvier au matin, le corps Bourras entra à Gray. « On s'occupa, dit le colonel Bourras, de rétablir le télégraphe et le chemin de fer d'Auxonne. Cette opération fut rapidement menée à bien. » Quant au rôle éventuel de ces troupes, après le refus de leur chef de se rallier au 24ᵉ corps, on voit encore, le 1ᵉʳ janvier, le général Bressolles insister vainement pour avoir le concours de ce détachement. « Si vous pouviez venir avec moi, télégraphia-t-il au colonel Bourras, nous serrerions l'ennemi sur Belfort. Il fait des efforts désespérés pour vivre. »

III

Ordres du 1ᵉʳ janvier pour le 2.

L'ordre de mouvement donné le 1ᵉʳ janvier par le général Bourbaki est d'une si grande importance pour l'ensemble de la campagne, qu'il est utile de le reproduire *in extenso*.

Ordre de mouvement de la 1ʳᵉ armée, pour la journée du 2 janvier.

La 1ʳᵉ armée va faire un mouvement sur Vesoul.
A cet effet,
Le 18ᵉ corps partira le 2 au matin d'Auxonne, ira coucher le même jour à Pesmes sur la rive droite de l'Ognon, le 3 à Gy et le 4 entre Grandvelle et Mailley.
Le 20ᵉ corps se mettra en route le 2 au matin, ira traverser l'Ognon au pont de Marnay, pour bivouaquer ou cantonner sur la rive droite, ira coucher le 3 à Voray et le 4 à Echenoz-le-Sec.
Le 24ᵉ corps, partant de Besançon le 3 au matin, ira coucher entre Corcelles et Scey-la-Tour et, le 4, ira s'établir, partie en avant de Montbozon, sur la rive gauche de la Linotte, et partie à Esprels.
La division Cremer partira demain, 2 janvier, de Dijon pour se rendre en deux jours à Champlitte, où seront adressées des instructions pour les mouvements ultérieurs.
La brigade de réserve d'infanterie, avec les 3 batteries d'artillerie, partira de Dôle le 3 au matin, ira coucher ce

jour-là à Marnay, le 4 à Rioz, en suivant la route tracée pour le 20ᵉ corps.

Entre Marnay et Voray, le 20ᵉ corps remontera la rive droite de l'Ognon en passant par Brussey, Chambornay, Etuz, Boulot et Bussières.

Les commandants de corps d'armée prendront toutes les dispositions nécessaires pour éclairer au loin le front et les flancs de l'armée, pour se garder avec soin, comme pour se relier entre eux et se trouver en mesure, le cas échéant, de pouvoir se prêter un mutuel appui.

Les commandants de corps d'armée ne feront connaître que la veille au soir, aux généraux commandant les divisions, les mouvements que ces divisions devront faire le lendemain.

Demain, 2 janvier, le quartier général de l'armée sera à Dôle.

Dijon, le 1ᵉʳ janvier 1871.

Le général de division commandant général en chef,
par ordre :
Le général de division, chef d'État-Major général
BOREL.

Le but général poursuivi paraît être d'attaquer de front la position de Vesoul, tandis que le 24ᵉ corps, à Montbozon et Esprels, sera à même de couper à l'ennemi la route de Vesoul à Belfort par Villersexel. Tout d'abord, il faut remarquer que celle-ci n'était pas la seule, puisque Werder pouvait passer par Lure, et peut-être peut-on dès maintenant noter l'importance exagérée que donna, dès le 1ᵉʳ janvier, le général Bourbaki à la position de Villersexel.

D'ailleurs, il fallait penser aussi que si Werder devait se trouver obligé à reprendre de force ses communications avec Belfort par la route du Sud, le 24ᵉ corps, faible comme effectif et comme cohésion, pouvait se trouver fort exposé, si sa droite devait être attaquée le 4 ou le 5 à Esprels, ayant l'Ognon à dos.

L'apparition de l'ennemi sur la rive droite du Doubs au Nord de Baume-les-Dames et de Clerval, la présence d'une force considérable signalée à Villersexel, les renseignements que l'on avait sur le détachement Debschitz, qui apparaissait à ce moment entre Montbéliard et la frontière suisse, tout cela aurait pu faire considérer comme dangereuse la tâche assignée au 24ᵉ corps.

Les directions de marche assignées aux trois corps semblent avoir été commandées par le souci exclusif d'employer les voies de communication les plus importantes. Dans une région aussi difficile que celle où l'on allait s'engager et par une saison aussi rigoureuse, une telle considération avait une importance incontestable. Mais, au lieu d'assigner au 18ᵉ corps l'unique route d'Auxonne à Vesoul par Pesmes, rien n'empêchait, surtout dans la situation où étaient les 3 divisions le 1ᵉʳ janvier au soir, de diriger la 2ᵉ et la cavalerie sur Pontailler et Gray et de là, par Augirey, sur Neuvelle-lès-la-Charité, route qu'avaient suivie les Badois.

En ce qui concerne le 20ᵉ corps, on lui donnait deux jours pour atteindre Voray, et il lui était spécifié de se servir, entre Marnay et Voray, de l'unique route Brussey, Chambornay-les-Pins, Étuz et Boulot.

C'étaient donc 63 kilomètres à parcourir en deux jours sur une seule colonne. Ainsi que devait le faire remarquer le général Clinchant, il était douteux qu'on pût y parvenir. D'ailleurs on n'utilisait pas les ponts d'Emagny, Chambornay, Cussey et Voray, qu'on savait exister encore, ceux de Pesmes et d'Ougney ayant seuls été détruits, et l'on perdait ainsi la possibilité de donner au 20ᵉ corps : *a)* l'itinéraire Saligny, Ougney, Courchapon, Pont de Marnay, Chambornay, Gezier, Montboillon, Bonnevent, Oiselay, Villers-Bouton, Fondremand; *b)* celui de Sermange, Gendrey, Rouffange, Mercey-le-Grand, Corcelle-Ferrière, Recologne, Chevigney, Emagny, Chambornay, Etuz, Boulot, Boult,

Rioz ; c) enfin la route de Besançon à Voray et Rioz, les deux premiers plus courts que celui qui avait été assigné, le 3ᵉ à peu près égal, mais sur une bien meilleure route. A part l'avis très général donné aux commandants de corps d'armée d'avoir à s'éclairer, aucun ordre ne concerne le rôle de la cavalerie. La brigade Boërio, qui était à Fontaine-Française, n'était même pas visée et semble avoir été oubliée.

En recevant cet ordre, le général Clinchant répondit aussitôt (1) :

La marche que vous m'ordonnez pour demain n'est pas possible : je ne puis passer l'Ognon le 2. Le 3, je serai aux environs de Voray. Je vous ai prévenu aujourd'hui que le pont de Pesmes est détruit.

CLINCHANT.

Peu après il ajouta (2) :

Tous mes chevaux ne sont pas encore débarqués ; je serai néanmoins en mesure de partir demain, mais il ne me serait pas possible de franchir l'Ognon sans fatiguer mes troupes outre mesure.

J'espère néanmoins pouvoir être à Voray ou aux environs le 3 et à Echenoz-le-Sec le 4.

Aujourd'hui, je vous ai adressé deux dépêches pour vous informer que le pont de Pesmes était coupé depuis dix jours. J'y ai envoyé l'ingénieur civil de Dôle pour le faire réparer. Je pense — sans en être cependant sûr — qu'il sera réparé pour demain soir, 2 janvier.

Néanmoins, le général en chef maintint son ordre intégral (3).

---

(1) Dépêche du général Clinchant au général Bourbaki, reçue à minuit 5 dans la nuit du 31 décembre au 1ᵉʳ janvier. Pour Dijon de Dôle, 1ᵉʳ janvier 9 heures soir.

(2) Général Clinchant à général Bourbaki, à Dijon (D. T.), 1ᵉʳ janvier 1871.

(3) Dijon, le 1ᵉʳ janvier, 10 h. 50 soir. Le général Bourbaki au général Clinchant commandant le 20ᵉ corps à Dôle.

Des ordres urgents sont donnés au sous-préfet de Dôle pour le rétablissement immédiat du pont de Pesmes. Franchissez l'Ognon à Marnay, conformément aux instructions que vous avez dû recevoir, quand même le 18e corps en serait empêché. Rendez-moi compte.

En même temps il était prescrit au général Billot de s'établir à proximité du pont de Pesmes, dans le cas où la réparation ne serait pas terminée le 5 en temps utile (1).

Des ordres urgents sont donnés au sous-préfet de Dôle pour le rétablissement immédiat du pont de Pesmes. Franchissez l'Ognon conformément aux instructions que vous avez dû recevoir. En cas d'impossibilité absolue, établissez-vous au moins le plus près possible du point de passage sur la rive gauche. Rendez-moi compte.

L'ordre de mouvement donné primitivement pour le 20e corps par le général Clinchant utilisait tous les itinéraires disponibles.

La 1re division devait s'échelonner, sur la route de Besançon, de Saint-Vit à Dampierre. La 2e, sortant de Dôle, irait par Rochefort, Amange et Vriange à Ougney et Serres-les-Moulières. La 3e suivait la grand'route de Pesmes, sur laquelle elle était établie, jusqu'à hauteur de Montmirey pour s'établir à Thervay et Brans. La brigade de cavalerie (lanciers et 7e chasseurs) se réunirait à Courchapon, Jallerange et Pagney, la réserve d'artillerie irait à Orchamps. Le mouvement était ainsi parfaitement réglé, et si les troupes devaient toutes rester le 2 janvier sur la rive gauche de l'Ognon, le commandant du 20e corps pouvait espérer les réunir le 3 à Voray.

A la réception du dernier télégramme du général Bourbaki, le général Clinchant dut modifier ses disposi-

---

(1) Dijon, 1er janvier 1871, 10 h. 50 soir. Le général Bourbaki au général Billot commandant le 18e corps à Auxonne.

tions; mais, ce fut simplement pour pousser chaque division, sur la direction qui lui était assignée, de quelques kilomètres plus avant et faire converger les colonnes vers Marnay, sans pourtant atteindre ce point. En conséquence la 1re division dut, en arrivant à Saint-Vit, quitter la route de Besançon, pour aller vers le Nord et coucher à Lavernay, Corcelles et Ferrières; la 2e dut pousser d'Ougney sur Courchapon, Jallerange et Pagney, la 3e dut venir rejoindre la queue de colonne de la précédente et cantonner à Vitreux, Ougney et Thervay. La brigade de cavalerie fut poussée sur Marnay (lanciers) et Burgille (chasseurs), et la réserve d'artillerie à Saint-Vit.

18e corps. Le général Billot prescrivit que le 4e zouaves (3e division), cantonné à Flammerans, en partirait dès 5 heures du matin avec une batterie de la 3e division sous les ordres du colonel Ritter, commandant la brigade, pour aller protéger la réparation et la construction du pont de Pesmes. L'équipage de ponts de la place d'Auxonne devait être transporté au moyen de 50 attelages fournis par la 3e division.

Les autres troupes devaient se mettre en mouvement à 7 heures du matin (1).

La 3e division devait venir occuper Mutigney, Chassey, Marpain et Montrambert sur les bords de l'Ognon, qu'on ferait traverser aux voitures dès que le passage serait rétabli.

La 1re division, suivant la 1re, viendrait à Champagney et Dammartin et ferait la soupe en attendant qu'elle pût passer la rivière.

La 2e division, suivant la rive droite de la Saône, devait venir à Vouges, la Marchotte et Marche-sur-Saône.

La réserve d'artillerie à la Tuilerie (5 kilomètres Nord de Flammerans).

---

(1) *Ordre* de mouvement (Archives de la Guerre).

Les parcs d'artillerie et du génie à Pont-de-Pierre, sortie Nord-Est d'Auxonne.

La division de cavalerie, encore à Saint-Jean-de-Losne, avait à se porter sur Auxonne par la rive droite, et venir cantonner à Soissons et Vielverge, dans l'angle Sud-Est de l'Ognon et de la Saône.

Le quartier général, escorté par le 49e de marche, devait se porter à Pesmes.

Le général Billot annonçait d'ailleurs au général en chef qu'il ferait rétablir « la nuit même » le pont de Pesmes. « Malgré la difficulté, ajoutait-il, tout marchera. » Or le travail ne pouvait commencer que le 2 au matin ; en le supposant vite terminé, les mesures prises ne permettaient qu'à deux divisions au plus de franchir l'Ognon dans la journée.

La 2e restait très éloignée de Pesmes et sur la rive droite de la Saône, apte à la vérité à la franchir à Pontailler ou à continuer sur Gray. Quant à la cavalerie, qui aurait été utilement poussée de ce côté, elle était enfermée dans l'angle de l'Ognon et de la Saône et mise ainsi dans l'impossibilité de jouer le moindre rôle.

IV

Mouvements des Allemands.

Corps Werder. On a vu que, le 31 décembre, le général Werder avait fait évacuer Gray par son avant-garde, paraissant ainsi vouloir se concentrer, comme s'il attendait une attaque par des forces considérables. On se souvient aussi des inquiétudes que ce général avait déjà manifestées relativement au débouché vers le Nord d'une masse de 60,000 hommes sortant de Besançon. C'était justement le 31 décembre qu'on avait trouvé, sur le Doubs en avant de Baume-les-Dames et à Clerval, une résistance sérieuse. Il est donc curieux que ce soit justement à la suite du petit combat d'Autechaux, où le major Spangenberg avait été repoussé vigoureusement, que le général von Werder télégraphia à Versailles en ces termes :

Les renseignements d'aujourd'hui signalent seulement la présence de troupes peu considérables à Baume-les-Dames, Clerval et l'Isle-sur-le-Doubs ; plusieurs ponts sur le Doubs sont rompus. Dijon et Mirbeau ont été occupés le 30 par l'ennemi (1).

Ce télégramme, parvenu à Versailles dans l'après-midi du 1ᵉʳ janvier, allait contribuer à maintenir le maréchal

---

(1) Löhlein.

de Moltke dans une complète ignorance de la situation réelle; mais, toutefois, il devait déterminer des mesures qui eurent sur le résultat définitif une importance capitale.

En effet, le grand État-Major général rédigea la série des ordres que voici.

Au commandant en chef de la IIe armée, Orléans (1).

Versailles, 1er janvier 1871, 5 h. 40 soir. Télégramme.

Sa Majesté prescrit à la IIe armée de prendre l'offensive contre l'ennemi qui de l'Ouest s'est avancé au delà de la ligne Vendôme-Illiers. Le grand-duc de Mecklembourg reprend le commandement du XIIIe corps (*17e* et *22e* divisions) qui, ainsi que les *2e* et *4e* divisions de cavalerie, est adjoint à la IIe armée. Maintenir l'occupation d'Orléans et surveiller le terrain en amont sur la rive droite de la Loire. Le IIe corps marche sur Montargis, le général Zastrow est rappelé vers l'Ouest. Un feldjäger est en route.

Au major-général de Stiehle, Orléans (2).

Versailles, 1er janvier 1870, 5 h. 30 soir. Télégramme.

Les renseignements venus de différents côtés montrent que l'armée de Bourbaki, sinon tout entière, du moins dans sa plus grande partie, était encore à Bourges il y a peu de jours. Il faut s'attendre sous peu à un mouvement offensif de cette armée, puisque l'ennemi venant de l'Ouest a déjà entamé l'offensive contre Vendôme et Courtalain.

Il serait dangereux d'attendre que ces deux armées, encore séparées par un grand intervalle, soient plus rapprochées l'une de l'autre; il semble indiqué de prendre, le plus rapidement possible, l'offensive avec des forces supérieures contre la plus rapprochée pour la mettre hors de cause avant que l'autre soit en mesure de faire sentir son action.

---

(1) *Correspondance* militaire du Maréchal de Moltke, N° 566.
(2) *Id.*

En conséquence, Sa Majesté le Roi ordonne que la IIe armée prenne immédiatement l'offensive contre les forces ennemies qui viennent de l'Ouest. Afin de donner à cette armée un effectif suffisant, Sa Majesté place sous les ordres immédiats de S. A. R. le prince Frédéric-Charles, non seulement le XIIIe corps d'armée (*17e* et *22e* divisions d'infanterie sous le commandement de S. A. R. le grand-duc de Mecklembourg-Schwerin) (1), mais encore les *2e* et *4e* divisions de cavalerie.

En outre, la IIe armée continuera à occuper Orléans, et elle devra, au moins pendant quelques jours encore, faire observer par des forces suffisantes les routes qui, par la rive droite de la Loire, conduisent à Nevers.

Pour faciliter le plus possible la mission échue à la IIe armée, Sa Majesté a donné l'ordre de mettre en route le IIe corps sur Montargis, et de rappeler vers l'Ouest le général de Zastrow.

Sa Majesté attend donc qu'avec son effectif de trois corps d'armée et demi et de trois divisions de cavalerie, la IIe armée entreprenne immédiatement des opérations offensives. On pourrait y préluder par une sorte de concentration sur le Loir de Vendôme à Illiers; cette opération serait exécutée en deux jours.

La 5e division de cavalerie a été invitée à couvrir le flanc droit de la IIe armée.

A la suite de cette dépêche, le général de Stiehle demanda au chef de l'État-Major de l'armée de lui faire connaître la date de l'arrivée du IIe corps à Montargis. Cette indication était nécessaire puisque le départ de Châteauneuf de la division d'aile gauche de la IIe armée dépendait de l'entrée en ligne du IIe corps. Il lui fut répondu en ces termes (2).

---

(1) Le grand-duc fut directement informé de la dislocation de sa subdivision d'armée. On ajouta que rien ne devait être changé à l'organisation des lignes d'étapes des divisions.

(2) *Correspondance* militaire du Maréchal de Moltke, N° 565.

Au commandant en chef de la IIIe armée.

Versailles, le 1er janvier 1871.

Sa Majesté le Roi a ordonné que le IIe corps serait relevé dans le rayon d'investissement de Paris par le Ier bavarois, et qu'il serait mis en marche sur Montargis.

Ce corps aura la mission de couvrir au Sud le blocus de Paris, particulièrement dans la direction de Gien, et à l'Est. La IIe armée, qui a repris entre temps l'offensive vers l'Ouest, continue à tenir Orléans et à observer sur les deux rives du fleuve, les forces ennemies qui paraissent établies à Bourges et à Nevers.

Le IIe corps aura à assurer d'une manière continuelle la liaison avec les détachements de la IIe armée, dont il est question, de même qu'avec le général de Zastrow envoyé de Montbard (S. de Châtillon-s.-Seine) dans la direction du S.-O. Le IIe corps cessera à partir de ce jour de relever de la IIIe armée, et ressortira directement au grand quartier général.

Signé : DE MOLTKE.

Le commandant du IIe corps reçut, dans la nuit du 1er au 2, l'ordre de marcher sur Montargis : la marche devait se faire par Melun, Fontainebleau, Nemours, Château-Landon et Montargis (1).

Au général de l'Infanterie de Werder, Vesoul (2).

Versailles, 1er janvier 1871, 5 h. 30 soir. Télégramme.

Vos télégrammes comme d'autres renseignements montrent que l'ennemi n'a que des objectifs de défense entre Besançon et Belfort. En conséquence il est à désirer que vous repreniez votre marche offensive dans les directions de l'Ouest et du Sud-Ouest, de manière à pouvoir réoccuper Dijon et bloquer Langres. Le général Zastrow, du secours duquel vous n'avez pas besoin immédiatement, va reprendre

---

(1) Le 1er janvier au soir, la 4e division était aux avant-postes devant Paris ; la 3e division en 2e ligne.

(2) *Correspondance* militaire du Maréchal de Moltke, N° 562.

lui aussi la direction du Sud-Ouest. Peut-être suffira-t-il actuellement de maintenir devant Belfort le général Debschitz avec la première division de réserve. Vous pourriez ainsi emmener avec vous toute la *4ᵉ* division de réserve. Rendez compte de votre décision.

Ainsi le maréchal de Moltke s'est persuadé que l'armée de Bourbaki est toujours vers Bourges et il est revenu à l'idée qu'il s'est faite dès le début des projets qu'elle peut avoir de marcher vers Montargis. Tous les mouvements ordonnés tendent à parer à ce danger qu'il juge sérieux. Le détachement vers le sud du IIᵉ corps, mesure qui devait avoir de si grandes conséquences, était donc dû à des considérations tout autres que celles qui résultaient de la situation réelle.

Si le général de Werder s'était conformé aux indications du grand État-Major en se portant de nouveau sur Gray, le sort de la campagne aurait été probablement fort différent.

Tout au contraire le commandant du XIVᵉ corps devait laisser s'accomplir, le 1ᵉʳ janvier, le mouvement de retraite qu'il avait prescrit la veille au général Kettler. En conséquence la *3ᵉ* brigade badoise (*5ᵉ* badois, deux bataillon du *6ᵉ* badois) quitta Dampierre dès le matin et par Vaite, Tincey et Vanne, gagna le pont de Soing qui avait été réparé. Elle vint prendre des cantonnements d'alerte (1) à Neuvelle-lès-la-Charité (*5ᵉ* badois), Vezet et Fresnes-Saint-Mamès (*6ᵉ* badois). La 4ᵉ compagnie du *5ᵉ* badois, qui avait escorté un convoi de vivres de Dijon sur Pusey, rejoignit son régiment à Dampierre pendant la marche de la brigade.

Autour de Vesoul la journée du 1ᵉʳ janvier fut parfaitement calme. — La *2ᵉ* brigade badoise continua à occuper ses cantonnements d'Echenoz-le-Sec et Vellefaux (3ᵉ badois), Andelarre, Andelarrot et Echenoz-la-Méline

_____
(1) *Historique* des 5ᵉ et 6ᵉ badois.

(*4ᵉ* badois). La *2ᵉ* resta à Boursières, Clans, Velle-le-Châtel et Mont-le-Vernois (*1ᵉʳ* Leib-grenadiers), Noidans-lès-Vesoul, Quincey et Navenne (*2ᵉ* badois). L'artillerie à Pusey, Charmoille, Echenoz-la-Méline et Vesoul. Les *1ᵉʳ* et *2ᵉ* dragons à Pusey, Montigny, Seye et Chemilly en arrière de l'infanterie. Le *3ᵉ* dragons restait réparti entre les brigades. Quant à la brigade von der Goltz, le *34ᵉ* était à Vesoul, Frottey, Montcey, Calmoutier et Colombotte avec le *2ᵉ* dragons de réserve et une batterie; les troupes qui avaient formé les colonnes Nachtitgall (*30ᵉ* d'infanterie, *2ᵉ* hussards de réserve) restèrent à Lure (1).

La division von Schmeling ne fit pas, semble-t-il, recommencer le 1ᵉʳ janvier les tentatives faites la veille par le *25ᵉ* d'infanterie, cantonné à Rougemont, et le bataillon du *6ᵉ* badois, qui lui était provisoirement adjoint, contre les ponts du Doubs.

Corps Zastrow. « Le 1ᵉʳ janvier, les mouvements (2) ordonnés furent exécutés. En raison du commandement général confié au général Zastrow sur toutes les troupes de l'Est, la *13ᵉ* division devint indépendante. Pour les jours suivants, elle avait à désarmer les populations, et à obtenir le plus de renseignements possible sur l'ennemi et ses projets. Cette tâche incombait en première ligne à l'avant-garde Schœnholtz, qui, après l'arrivée du IIᵉ bataillon du *72ᵉ* et des hussards de réserve à Buffon, Saint-Remy et Blaisy, partit à 8 h. 15 du matin de Montbard, en formation de combat, et à travers champs le long et à l'Ouest de la route; par un froid de 8 à 10 degrés, elle se dirigea sur Pouilleney. »

D'après l'*Historique* du *72ᵉ* l'ordre de marche était le suivant :

Avant-garde : Lieutenant-colonel von Helden. — 2

---

(1) « Le repos était très désirable pour les troupes fort éprouvées par les dernières fatigues. » (*Historique* du *30ᵉ*.)
(2) Fabricius.

escadrons de hussards, 1/2 compagnie de pionniers. Fusiliers du 72ᵉ.

Gros : Major von Einecke. — 4ᵉ batterie légère sur la route. Iᵉʳ et IIᵉ bataillons du 72ᵉ à droite de la route en colonne, 2 escadrons de hussards, 1/2 compagnie de pionniers, bagages, 1 peloton du Iᵉʳ bataillon.

« Les batteries, qui suivaient la route (1) couverte de verglas, marchaient avec peine, la marche fut lente et fut encore retardée par la difficulté qu'eurent les patrouilles à circuler dans ce pays montagneux et difficile. A Alise-Sainte-Reine, le IIᵉ bataillon du 72ᵉ, le 4ᵉ escadron et 2 canons, sous les ordres du major Einecke, quittèrent la colonne et se portèrent sur Darcey, où le détachement s'installa en cantonnement d'alerte à 3 h. 30 du soir, laissant la 8ᵉ compagnie à la station de Menois et plaçant la 5ᵉ en avant-postes. Sans avoir été gêné par l'ennemi, Schœnholtz, avec le gros de ses forces, atteignit Pouilleney (2) et dirigea le bataillon de fusiliers et le 1ᵉʳ escadron sur Flamigny. » « Le peloton de hussards du lieutenant von Holtzendorff trouva toutes les localités libres jusqu'à Vitteaux. Mais, au moment où il pénétrait dans cette localité, qui semblait inoccupée, il fut assailli par le feu violent de 400 gardes nationaux postés dans la tour des cloches. Abandonnant à son sort la pointe d'avant-garde, Holzendorff se retira, poursuivi jusqu'à 5 ou 600 pas par le feu partant du cimetière... A Pouilleney, il retrouva 5 de ses hussards, 1 avait été tué, 1 cheval avait été blessé. »

Le peloton du lieutenant Wietholtz, poussé vers Verrey-sous-Salmaize (12 kil. à l'Ouest de Saint-Seine), n'avait rien rencontré.

---

(1) Fabricius.
(2) On vécut de réquisitions. Le point de rassemblement de l'avant-garde pour le cas d'alerte fut fixé sur la route de Pouilleney à Darcey, au Sud d'Alise-Sainte-Reine. (*Historique* du 72ᵉ.)

« Vers Semur, le gros de la division avait détaché comme flanc-garde de droite le 1ᵉʳ bataillon du *13ᵉ* ; le 1ᵉʳ escadron du *5ᵉ* ulans de réserve et la 6ᵉ batterie, sous les ordres du lieutenant-colonel von den Bussche... Parvenu dans l'après-midi dans la ville, où tout était paisible, von den Bussche... se relia au général von den Osten. D'après les dires des habitants, 2 à 300 francs-tireurs avaient évacué la ville depuis plusieurs jours. »

Le reste de la division accomplit paisiblement sa marche : l'État-Major vint à Château-Fain, le gros à Seigny, Venarey, les Laumes, Château d'Orain, les Granges et Alise-Sainte-Reine (7ᵉ bataillon de chasseurs). Le 4ᵉ escadron du *8ᵉ* hussards avait remplacé les ulans (1)... L'arrière-garde suivit à Montbard et dans les localités voisines : Fain, Fresne, Courcelles, Benoisey, Nogent et Saint-Rémy.

D'après l'*Historique* du *73ᵉ*, l'avant-garde de la division avait été formée de la brigade Dannenberg avec les ulans de réserve et 2 batteries. Le *73ᵉ*, qui marchait en tête du gros, plaça le Iᵉʳ bataillon à Montbard, le IIᵉ à Laumes et Venarey, le IIIᵉ et l'État-Major à Seigny.

Au *55ᵉ* un ordre de bataille en date du 1ᵉʳ janvier avait affecté le Iᵉʳ bataillon et les fusiliers à la réserve ; le IIᵉ, désigné comme garde permanente de l'artillerie de réserve, l'avait suivie à Montbard.

Le Iᵉʳ bataillon occupa le 1ᵉʳ janvier au soir Fain et Fresne, le bataillon de fusiliers Courcelles et Benoisey. « L'avant-garde avait annoncé que Garibaldi était à l'Ouest de Dijon, et on s'attendait à un combat pour le len-

---

(1) Le général v. d. Osten, malade, céda son commandement au lieutenant-colonel v. Loebell. Les 1ᵉʳ et 2ᵉ escadrons du *8ᵉ* hussards étaient à Montbard, le 3ᵉ à Benoisey. (*Historique* du *8ᵉ* hussards.)

(2) *Historique* du *55ᵉ*.

demain, tout au moins à continuer la marche vers le Sud. »

Au *15*ᵉ, le Iᵉʳ bataillon, qui avait été transporté en chemin de fer le 29 décembre de Troyes vers Châtillon et qui de là avait gagné Ravières puis Cry, avait atteint Montbard (1).

Le détachement Dannenberg, nouvellement formé, avait, comme on l'a vu, dirigé le *72*ᵉ d'infanterie avec la 4ᵉ batterie du *1*ᵉʳ régiment d'artillerie wesphalien n° 7 sur Montbard. Son autre régiment, le *60*ᵉ, avec la 3ᵉ batterie du même régiment, était à Châtillon-sur-Seine.

Dans cette journée, le VIIᵉ corps avait recueilli quelques renseignements.

Au retour de sa reconnaissance sur Vitteaux, à peu près à mi-chemin de Pouilleney, le lieutenant Holtzendorff avait vu des hauteurs occupées militairement, et même un feu de bivouac.

Le lieutenant-colonel Schœnholtz reçut à 5 heures du soir le compte rendu de ces événements; en l'envoyant à la division, il ajoutait :

« La continuation du mouvement en avant ne me paraît plus permise cette après-midi; la liaison avec Semur n'est pas encore établie; et la position occupée par l'avant-garde de Pouilleney à Darcy est si étendue, qu'une opération ne lui est plus possible. »

Les cantonnements du VIIᵉ corps le 1ᵉʳ janvier au soir furent les suivants :

Quartier général. — Montbard.

*13*ᵉ Division. — Fain.

25ᵉ brigade ....
- 13ᵉ Régᵗ. Iᵉʳ Bᵒⁿ et fusiliers. — Semur.
- — IIᵉ bataillon. — Venarey.
- 73ᵉ Régᵗ. Iᵉʳ Bᵒⁿ. — Château d'Orain, les Granges.

---

(1) La 2ᵉ compagnie, détachée sur Laignes pour garder une colonne de munitions, rejoignit ce jour-là. (*Historique* du *15*ᵉ.)

25ᵉ brigade (suite).
- 73ᵉ Régᵗ. IIᵉ Bᵒⁿ. — Les Laumes, Venarey.
- — Fusiliers. — Seigny.
- 1ʳᵉ compagnie de pionniers. — Pouilleney.
- 15ᵉ Régᵗ. Iᵉʳ Bᵒⁿ et fusiliers. — Châtillon.
- — IIᵉ Bᵒⁿ. — Montbard.

26ᵉ brigade
- 55ᵉ Régᵗ. Iᵉʳ Bᵒⁿ. 1ʳᵉ et 4ᵉ Cⁱᵉˢ. — Fain.
- — — 2ᵉ et 3ᵉ Cⁱᵉˢ. — Fresne.
- — IIᵉ Bᵒⁿ. — Montbard.
- — Fusiliers. 9ᵉ et 12ᵉ Cⁱᵉˢ. — Courcelles.
- — — 10ᵉ et 11ᵉ Cⁱᵉˢ. — Benoisey.
- 7ᵉ Bataillon de chasseurs. — Alise-Sainte-Reine.

60ᵉ Régᵗ. Iᵉʳ Bᵒⁿ. — Chaumont.
— IIᵉ Bᵒⁿ. — Châtillon.
— Fusiliers. — Nuits-Ravières.
72ᵉ Régᵗ. Iᵉʳ Bᵒⁿ. — Pouilleney.
— IIᵉ Bᵒⁿ. — Darcey (3/4), Munois (1/4).
— Fusiliers. — Flavigny.
1ᵉʳ hussards de réserve. 1ᵉʳ et 2ᵉ escadrons. — Pouilleney.
1ᵉʳ hussards de réserve, 3ᵉ escadron. — Flavigny.
1ᵉʳ hussards de réserve, 4ᵉ escadron. — Darcey.
8ᵉ hussards. 1ᵉʳ et 2ᵉ escadrons. — Montbard.
— 3ᵉ escadron. — Benoisey.
— 4ᵉ escadron. — Venarey.
5ᵉ ulans de réserve, 2ᵉ escadron. — Semur.
— 1ᵉʳ esc. — Montbard.
— 3/4 esc. — Châtillon.
— 1/4 escadron. — Nuits-Ravières.
3ᵉ batterie légère. — Châtillon.
4ᵉ batterie légère. — Pouilleney.
5ᵉ batterie légère. — Montbard.
6ᵉ batterie légère. — Semur.
5ᵉ batterie lourde. } Seigny.
6ᵉ batterie lourde. }
Batterie à cheval. — Marmagne.
Convois. — Montbard, Nuits-Ravières et Châtillon.

ANNEXE N° 1

Résumé du transport des 18ᵉ et 20ᵉ corps et de la réserve générale.

Transport du 18ᵉ corps.

Il est parti de la Charité :

Le 22 Décembre....	6 bataillons	6 batteries.
Le 23..............	1 bataillon 1/2	
Le 24..............	4 bataillons 1/2	2 —
Le 25..............	13 —	
Le 26..............	6 —	3 —
Le 27..............	3 —	3 —
Total........	31 bataillons	14 batteries.

Il est parti de Nevers :

Le 26 Décembre..	1 escadron.
Le 27............	9 escadrons.
Le 28............	6 —
Le 29............	1 bataillon [1] et le Grand Parc.
Total.......	16 escadrons, 1 bataillon.

---

(1) Du 82ᵉ mobiles, les 2 autres ont pris la voie de terre.

Transport du 20ᵉ corps.

Il est parti de Saincaize :

Le 22 Décembre	7	bataillons 1/2.
Le 23	1/2	bataillon.
Le 24	2	compagnies.
Le 25	1	bataillon.
Le 26	Rien.	
Le 27 (1)	10	bataillons.

Il est parti de Decize :

Le 28 Décembre	9	—
Le 29	9	—
Total	31	bataillons.

1 régiment de cavalerie (2ᵉ lanciers) est parti de Nevers le 23, 1 (5ᵉ cuirassiers) de Cercy-la-Tour le 29, 1 (7ᵉ chasseurs) d'Autun avec le grand parc le 29. L'artillerie était partie de Nérondes (3 batteries le 22), et Nevers, le parc du Génie était allé à Étang.

Transport de la réserve.

Le 22, à partir de 8 heures du matin, de Bourges : 9 bataillons, 3 batteries.

---

(1) 3 bataillons étaient partis le 27 avant midi, c'est tout ce qu'on sait de précis.

ANNEXE Nº II

La campagne de l'armée de Lyon (Augereau)
1ᵉʳ janvier au 20 mars 1814.

Le plan du 19 décembre 1870 a souvent été rapproché de celui que Napoléon Iᵉʳ forma en 1814 pour l'armée de Lyon. Il n'est pas sans intérêt de suivre cet exemple.

On sait que l'armée du prince Schwarzenberg avait à la fin de décembre 1813 passé le Rhin à Bâle et à Schaffouse. Au 6 janvier les coalisés occupaient les emplacements suivants :

Corps Giulay et Colloredo : à Langres, 36,000 hommes, faisant face à Mortier qui occupait Chaumont avec 12,000 hommes.

Corps prince de Wurtemberg et de Wrède, 35,000 hommes, se dirigeant du Rhin supérieur vers le centre de l'armée en Haute-Alsace.

Corps Barclay, 35,000 hommes, en soutien du corps de Wrède. Corps Blücher, 27,000 hommes, à Nancy, faisant face à Victor et Ney qui occupaient Toul, 24,000 hommes.

Il restait en arrière les corps : Langeron, 20,000 hommes; York, 20,000 hommes; Wittgenstein, 20,000 hommes devant Strasbourg.

Les corps autrichiens et Bavarois, 40,000 hommes.

Corps détachés, Maurice de Lichtenstein et prince de Hesse-Hombourg, 35,000 hommes (1).

Enfin Bubna avait été lancé sur Genève, dont il s'était emparé le 30 décembre 1813. De là des partis avaient été poussés sur Lons-le-Saunier, Seyssel, Bellegarde, Belley, Nantua, Poligny, tandis que les passages du Saint-Bernard et du Simplon étaient occupés.

A ce moment le maréchal Augereau, nommé commandant de l'armée de Lyon, disposait de forces insignifiantes (2).

C'étaient :

1° Sur le territoire de la 19e division (Lyon).
    2 bataillons du 24e de ligne........ 440 hommes.
    1 compagnie de gardes d'honneur.. 253 —
    1 compagnie du 1er hussards....... 68 —

A cela s'ajoutaient 10,367 hommes dont 5,931 fantassins seulement de la 6e division militaire (général Marchand) à Grenoble (3).

Néanmoins, dès le 1er janvier, Napoléon prévoyait pour le corps Augereau un rôle important. Ce jour-là (4) il prescrit de placer les troupes de Lyon entre cette ville et Genève et de les compléter avec tous « les conscrits des 300,000 hommes, qui n'ont pas encore passé les Alpes. 20,000 gardes nationaux leur seront adjoints. » Le lendemain (5) ce rassemblement prend le nom de 4e corps : il devra se composer de 18 bataillons, et, dès le 11, ordre est donné au maréchal Augereau de reprendre Genève et d'y réunir toutes ses forces (6).

---

(1) Clausewitz. Campagne de 1814.
(2) C. N. veut dire Correspondance de Napoléon.
(3) Situation du 1er janvier (Archives de la Guerre).
(4) C. N. N° 21,055 à Clarke.
(5) C. N. N° 21,056.
(6) C. N. N° 21,086.

Enfin le comte Chaptal est envoyé à Lyon comme commissaire extraordinaire du gouvernement.

Or l'ennemi était entré à Mâcon le 12, à deux heures du soir, et un autre détachement s'était emparé de Chambéry. Le général Musnier, qui occupait Meximieux sur la route de Genève, se trouva ainsi débordé par sa gauche, et tout ce qu'on put faire fut d'envoyer 500 gardes nationaux de Lyon sur la route de Villefranche (1) et de proclamer la levée en masse dans le département du Rhône. Le 14, les reconnaissances autrichiennes atteignaient les faubourgs de Saint-Clair et de la Croix-Rousse.

A ce moment seulement, le Maréchal Augereau arrivait à Lyon. De son côté l'empereur avait prescrit le 15 janvier la formation à Lyon d'une armée sur les bases suivantes (2) :

« L'armée de Lyon sera composée... de 18 bataillons de la réserve de Genève, de 10 à 12 autres bataillons, qu'il paraîtrait à l'empereur nécessaire de créer, afin qu'ils puissent contenir 20,000 conscrits, prélevés des 300,000 hommes, et que Sa Majesté a destinés à ces corps; de 5 ou 6 bataillons qui étaient destinés à la Grande Armée ou à l'armée d'Alexandrie, de 10 ou 12 bataillons de la division de réserve de Nîmes. Cela formera une quarantaine de bataillons; ce qui, joint aux 15 ou 20 bataillons de gardes nationaux destinés à l'armée de Lyon par le décret du 6 janvier, à la division de 8 ou 9,000 hommes de l'armée de Catalogne et aux 2/3 de la cavalerie de cette armée, formera une armée de premier ordre dont on remettra l'état à l'Empereur.

« Le duc de Castiglione, les généraux Marchand, Desaix, Poncet, Musnier, le général qui commande la division de Nîmes seront les généraux employés à cette armée. »

---

(1) Lettre du comte Chaptal, 13 janvier (Archives de la Guerre).
(2) C. N. P. 21,100, au Major Général.

Trois jours plus tard, dans l'hypothèse où Lyon serait déjà au pouvoir de l'ennemi, l'Empereur écrit (1) :

« Le 1ᵉʳ et le 62ᵉ de ligne ont 2 bataillons dans le Midi à Toulouse et à Marseille. Ces 2 bataillons sont destinés pour l'armée d'Alexandrie, mais on pourrait les destiner pour la réserve de Lyon. Si Lyon est occupé, il faut désigner le point où la réserve doit se réunir. Serait-ce à Grenoble, à Chambéry ou à Vienne, flanquant ainsi Genève, couvrant Grenoble et Avignon et menaçant Genève et Lyon ? Il faudrait alors que les généraux se tiennent à Chambéry et à Vienne et qu'une division fut placée sur la route de Lyon à Paris… Le vrai chemin pour rentrer à Lyon est de se tenir sur la route de Chambéry et de Vienne. Puisque la retraite de l'ennemi est sur la Suisse, en menaçant Bourg, l'ennemi ne peut pas se tenir sur Lyon. »

« Enfin Grenoble et Chambéry, toutes les places du Dauphiné, les communications assurées avec Avignon, Marseille et Toulon, celles assurées avec Alexandrie, Gênes et Turin et avec l'armée d'Italie qui va se rapprocher des Alpes forment un système. »

« Il faudrait cependant organiser une division sur la route de Paris pour garder Pont-Saint-Esprit.

« Les gardes nationaux se divisent naturellement en deux : celles des 7ᵉ et 8ᵉ divisions sur Grenoble, Chambéry et Vienne, et celles des 15ᵉ et 21ᵉ divisions sur les routes de Paris par Mâcon et Tarare.

« Les 2 premières divisions forment 12,000 hommes, les 2 secondes 16,000.

« Envoyer d'abord les instructions au maréchal Augereau.

« Il faut après cela faire cette division.

« Le maréchal Augereau organisera les gardes natio-

---

(1) C. N. P., 18 janvier, 2,114.

nales des 15ᵉ et 21ᵉ divisions sur Mâcon et Tarare; il organisera aussi une division de ligne.

« Le général Marchand aura les gardes nationales des 7ᵉ et 8ᵉ divisions et la plus grande partie du reste.

« Il est probable que le but du général Marchand et du maréchal Augereau sera de rentrer dans Lyon et qu'aussitôt qu'on aura 5 à 6,000 hommes on y rentrera; alors ces deux armées n'en feront qu'une... »

Ainsi qu'on l'a vu, cette armée était à peu près tout entière à créer, de sorte que, arrivé à Lyon le 14 à 11 heures du soir, le maréchal Augereau dut commencer par faire évacuer les caisses publiques, les malades, les prisonniers, et se porter de sa personne à Valence. Musnier, resté au contact au faubourg Saint-Clair, se retira sur Grange-Blanche. Néanmoins Bubna n'osa pas pénétrer dans la ville.

Augereau avait trouvé à Valence six compagnies des 16ᵉ et 140ᵉ régiments soit 700 hommes, qu'il expédia en poste sur Lyon avec une pièce de 4. Ce premier détachement arriva le 19. Deux jours après, le maréchal amenait lui-même 400 fantassins du 32ᵉ léger et 180 cavaliers des 1ᵉʳ hussards, 4ᵉ et 31ᵉ chasseurs.

L'ennemi s'était retiré sur Meximieux et Pont-d'Ain, qu'il occupa le 22 janvier.

En Savoie, les généraux Marchand et Desaix prirent position, le 25 janvier, à Montmélian.

Le Maréchal, ayant donc pu rentrer à Lyon, s'occupa de former une véritable armée. Le 3 février, on lui accorda une division de l'armée de Catalogne et on lui promit un tiers des fusils qui se fabriqueraient à Saint-Étienne.

Voici par quelle progression s'accrurent les forces de l'armée de Lyon.

Les troupes venant de Catalogne devaient arriver à Lyon, aux dates ci-après (1) :

---

(1) Lettre de Daru à Clarke. 13 février (Archives de la Guerre).

ANNEXE.

1ᵉʳ de ligne..........................	10 février.
16ᵉ — ⎫ ⎬..................	11 —
20ᵉ — ⎭	
7ᵉ léger ⎫ ⎬..................	13 —
23ᵉ — ⎭	
13ᵉ cuirassiers......................	15 —
4ᵉ hussards........................	22 —
12ᵉ hussards.......................	23 —
Complément de l'artillerie à cheval et train.	24 —

« C'est donc le 24 février, ajoute Daru, que la totalité de la colonne sera réunie à Lyon... Elle forme environ :

> 8,000 hommes d'infanterie.
> 1,800 de cavalerie.
> 200 d'artillerie à cheval.
> et 2,087 chevaux.

« L'infanterie a voyagé en poste et par relais militaires; conformément aux ordres de S. M. »

« La cavalerie et l'artillerie marchent par journée d'étapes, mais, pour plus de célérité, la cavalerie double plusieurs étapes jusqu'à Lyon. »

En réalité la situation des troupes d'Augereau au 15 février était la suivante :

Division de réserve de Lyon (général Musnier).
- 32ᵉ léger. Faubourg Saint-Clair.
- 24ᵉ ligne. { Miribel. Croix-Rouge.
- 16ᵉ — Tarare.
- 145ᵉ — —

Détachement du 2ᵉ d'artillerie de marine.
Total : 3,512 hommes et 16 chevaux.

Cavalerie (général Saint-Sulpice).
- Cⁱᵉ du 4ᵉ gardes d'honneur.
- 4ᵉ chasseurs............
- 31ᵉ — ....
- 1ᵉʳ hussards ....
- Gendarmes............

637 chevaux

En outre, il y avait 5,076 hommes des gardes nationales avec 124 officiers.

Division de Grenoble (général Marchand), 3,059 fantassins et 289 canonniers.

Total, en y comprenant les gardes nationales, en grande partie inutilisables faute d'armes : 12,623 hommes.

A cela s'ajoutent 4 500 fantassins et 6 canons arrivés d'Espagne et formant la 2ᵉ division Pannetier.

Le 16 février arrive à Lyon le 13ᵉ cuirassiers; le 19, 500 hommes des 32ᵉ léger et 16ᵉ de ligne, avec 200 canonniers; le 23, la division de cavalerie (Digeon), complétée par l'arrivée des 4ᵉ et 12ᵉ hussards, compte 1,859 chevaux.

A ce moment les forces du Maréchal présentent une certaine valeur comme effectif. Il a en effet à sa disposition :

1° Division, général Musnier (composée en partie de troupes venues d'Espagne et en partie des troupes déjà à Lyon)............	4,288 hommes.
2° Division, général Pannetier...............	4,684 —
Division de la cavalerie, général Digeon......	1,809 —
3° Division de réserve, général Bardet, formée de 6 bataillons en grande partie conscrits dits : division de Nîmes, et 2 cadres de bataillons anciens.........................	5,650 —
4° Division de Grenoble, général Marchand (Chambéry et Fort Barraux), en majorité conscrits, mais avec des cadres anciens)....	4,584 —
Gardes nationales de Lyon (en partie non armées ou habillées)......................	?
Total.....................	21,015 hommes au maximum.

Enfin, au 15 mars les effectifs et emplacements sont :

1° Division Musnier, Villefranche............	5,904 hommes.
2° — Pannetier, Saint-Georges et Belleville................................	4,495 —
3° — Bardet, Miribel.................	5,195 —
Cavalerie Digeon, Villefranche...............	2,388 —
Gardes nationales.......................	4,354 —
4° Division de Grenoble, Marchand..........	5,660 —
Total.....................	28,016 hommes.

---

(1) C. N., 21,212 et 21,213.

On attend d'Espagne 3,305 hommes et de Turin 3,250. On serait donc arrivé à un total de 35,000 hommes environ.

En outre, dès le 8 février, ordre avait été donné de rappeler sur Lyon, par Turin, Fenestrelle et le Mont Cenis, « tout ce qui est Français » des troupes employées en Italie, et un blâme est expédié au duc d'Albuféra « pour le retard qu'éprouve l'envoi sur Lyon des troupes qui lui ont été demandées ». Les gardes nationales de Nîmes, de Toulouse et de Montpellier devaient aussi rejoindre Augereau.

Mais l'impatience de l'Empereur ne tient que fort peu de compte du temps qu'il fallait à Augereau pour constituer une armée réelle.

« M. le maréchal, écrit Clarke le 12 février, tous les rapports qui me parviennent sur les mouvements de l'ennemi dans les départements qui vous avoisinent semblent confirmer de plus en plus que sa force numérique n'est pas assez considérable pour causer de l'inquiétude, et que les moyens que vous êtes sur le point de réunir seront plus que suffisants pour repousser son invasion. Les 6 bataillons de la réserve de Nîmes et les 12 bataillons venant de Catalogne qui seront rendus à Lyon au moment ou ma lettre vous parviendra (sic), formeront seuls, avec la cavalerie et l'artillerie qui les suivent, un corps vraisemblablement supérieur à celui de M. de Bubna. En y joignant les troupes du général Musnier et les gardes nationales disponibles, qui se trouvent à vos ordres, je vois avec plaisir que vous pouvez prendre aussitôt l'offensive, et qu'on doit en attendre d'heureux résultats. M. de Bubna n'avait, en entrant à Genève, que 16,000 hommes à ses ordres, avec lesquels il a pénétré en même temps dans les départements du Léman, de l'Ain et du Mont-Blanc, d'où il menace encore les départements voisins. Ses troupes sont donc extrêmement disséminées, et, partout où elles se sont présentées, l'on n'a vu que de faibles colonnes. Aussi des rapports particuliers, provenant de militaires qui connaissent bien les localités, ne parlent qu'avec étonnement des événements qui se sont passés dans les départements du Mont-Blanc et de l'Isère, comme très faciles à prévenir. On m'assure même que, si l'on eût pu envoyer des troupes de Lyon pour la Tour-du-Pin et Saint-Genix pour pénétrer dans le département du Mont-Blanc, il aurait été facile de s'emparer d'un passage important, nommé le col du Mont-du-Chat, près du Bourget, et de menacer les derrières de l'ennemi qui a pénétré dans le département de l'Isère. Ce mouvement le forçait de retirer ses troupes du Dauphiné et peut-être d'abandonner le poste des Echelles. Vous êtes à portée, M. le maréchal, de juger si cette opération serait encore convenable aux circonstances, quoique d'ailleurs les mouvements de l'ennemi, qu'occasionnera sans doute l'arrivée de ces troupes, puissent changer tout le système des opérations à entreprendre. Ce qui est très essentiel en ce moment, c'est de ne point perdre de temps pour agir et de pousser vivement l'ennemi; particulièrement le long de la Saône pour rentrer dans Mâcon et Chalon et menacer la gauche et les derrières des corps qui sont à Dijon et à Besançon. Ce mouvement, bien dirigé, peut avoir une influence décisive sur les opérations de la Grande Armée et faire une diversion très utile en faveur de l'Empereur. Je comprends à la vérité que vous serez obligé d'appuyer cette opération par des mouvements combinés sur Bourg, Nantua et sur la route de Grenoble; mais je pense qu'ils forceront l'ennemi d'évacuer les points sur lesquels il s'est avancé et de se concentrer, vraisemblablement, à Genève. Dans cette supposition, vous auriez la facilité de disposer des forces qui défendent en ce moment les départements de l'Isère et du Mont-Blanc pour les porter sur Genève par la rive gauche du Rhône, tandis qu'un corps, détaché de Lyon par Nantua, irait menacer cette place par la rive droite. J'apprends que les Autrichiens s'occupent à construire quelques ouvrages détachés autour de Genève, qui indiquent le dessein de mettre cette ville à l'abri d'un coup de main, et font juger qu'ils s'attendent à quelque entreprise sur ce point. Quoiqu'il en soit, c'est à vous, M. le maréchal, qui êtes sur les lieux, à combiner vos opérations d'après les circonstances, en ayant toutefois pour but principal de rattacher, s'il se peut, nos opérations au système général de défense et à donner la préférence à celles qui peuvent avoir une influence quelconque sur les opérations de la Grande Armée, et faire craindre à l'ennemi d'être pris en flanc et à dos. Je connais assez votre zèle, votre dévouement à l'Empereur et votre patriotisme pour être assuré que vous ferez les derniers efforts dans cette importante occasion, où il s'agit du salut de la France, afin d'y contribuer de tout votre pouvoir. J'attends avec une vive impatience de connaître les dispositions que vous aurez prises à l'arrivée des troupes..... »

Le lendemain 13, le ministre écrit :

« M. le maréchal, je reçois à l'instant la lettre de M. le préfet du département de l'Allier, datée de Moulins le 9 courant, qui m'annonce que le département de Saône-et-Loire est entièrement envahi et que le sien est menacé de l'être. L'ennemi s'est dirigé de Mâcon sur Charolles et de là sur Paray-le-Monial et Digoin, qu'il occupe depuis le 8. S'il parvenait à passer la Loire, rien ne peut s'opposer à son arrivée à Moulins. Le général Legrand, forcé d'évacuer Chalon, a pris position avec 180 hommes (*sic*) à Chevagnes, situé entre Moulins et la Loire. Le général Vialannes, commandant le département de l'Allier, doit réunir au général Legrand les hommes disponibles de dépôt du 4ᵉ de dragons à Moulins, la compagnie de réserve et les gardes nationales des communes riveraines de la Loire. Comme le préfet ne me donne aucun renseignement sur la force de l'ennemi, je ne puis juger si ces mesures de défense seront efficaces, mais je compte beaucoup plus, Monsieur le maréchal, sur celles que vous serez dans le cas de prendre, et j'espère même que nos premiers mouvements contre l'ennemi, que vous avez en tête, le décideront à faire replier les détachements qu'il a poussés sur la Loire, qui proviennent, sans doute, des forces qu'il peut avoir dans le département de l'Ain.

« Ma lettre d'hier vous a fait connaître ce que j'espérais de nos opérations dans cette partie de l'empire et j'attendrai aujourd'hui avec d'autant plus d'impatience d'en connaître les résultats (1). »

A ces ordres, qui ne cadraient pas avec sa situation réelle, le maréchal Augereau répondit, le 16, par une lettre qui n'a pas été retrouvée, mais dont Clarke donne le compte rendu ci-dessous.

Rapport à l'Empereur.

19 février.

V. M. trouvera ci-joint une lettre du maréchal, duc de Castiglione, de Lyon, le 16 février, en réponse à celle que je lui ai écrite le 12...

Le duc de Castiglione fait observer que la cavalerie et l'artillerie venant de la Catalogne ne seront entièrement rendues à Lyon que le 26 du courant, que les 6 bataillons venus de Nîmes et réunis à Vienne ne sont pas encore en état d'entrer en campagne par le manque d'instruction et d'habillement; que les gardes nationales dénuées de tout sont très à charge et ne peuvent servir à rien. Il faut joindre à ces obstacles la pénurie d'argent, de moyens de transport et d'attelages pour l'artillerie; toutefois, le duc de Castiglione fera tout ce qui dépendra de lui pour agir le plus tôt

---

(1) Voir lettres de Clarke à l'Empereur et au préfet de l'Allier. 13 février (Archives de la Guerre).

possible, mais il ne voudrait mettre les troupes en campagne qu'avec la certitude d'amener un grand résultat.

Néanmoins, dès le 17 février, Augereau mit ses troupes en mouvement.

Voici comment il comprenait son rôle : «... Je n'ai point attendu l'arrivée de toute ma cavalerie et artillerie pour ordonner à mes troupes, à peine réunies et reposées, un mouvement général, ayant pour but de dégager entièrement les départements de l'Ain et de Saône-et-Loire et d'opérer une diversion en inquiétant fortement les flancs de l'ennemi.

« En conséquence, le général Musnier, commandant la 1re division de l'armée, reçut avant-hier (17) l'ordre de se porter avec 4,000 hommes d'infanterie, 4 bouches à feu et 200 chevaux sur la position de Saint-Meximieux, de l'enlever, de poursuivre vivement l'ennemi de position en position et de se trouver aujourd'hui (19) à Bourg.

« Le général Parmentier, commandant la 2e division d'infanterie, forte de 4,500 hommes et 6 bouches à feu, et le 13e de cuirassiers, est parti hier matin (18) de Lyon avec l'ordre de déblayer tous les bords de la Saône et d'aller coucher aujourd'hui (19) à Mâcon, d'où il établira sa communication avec le général Musnier par la route de Mâcon à Bourg.

« Pendant ce temps, les généraux Marchand et Desaix, maîtres des postes importants des Echelles et de Montmélian, se porteront sur Chambéry en menaçant Genève.

« Un premier rapport du général Musnier daté d'hier (18) du village de Loyes, en avant de Saint-Meximieux, m'annonce que, conformément à mes instructions, il a attaqué et enlevé la position de Saint-Meximieux, que l'ennemi occupait avec 1,000 hommes d'infanterie, 300 chevaux, 2 pièces de canon; que, de Meximieux, l'ennemi s'est replié sur le village de Loyes, situé sur un mamelon qui lui offrait une excellente position; qu'il y avait réuni 1,500 habitants d'infanterie, 6 pièces d'artillerie et 500 chevaux, mais que notre infanterie, qui filait sur les hauteurs, commençant à le tourner, il a effectué sa retraite, couvert par sa cavalerie supérieure en nombre à la nôtre. On lui a fait 300 à 400 prisonniers, dont 3 officiers... l'avantage de sa position a rendu sa perte entière et en blessés peu considérable. La notre consiste en une trentaine d'hommes. »

Le lendemain Musnier enleva Pont-d'Ain; l'ennemi se retira sur Nantua (1) et Musnier se replia le 21 sur Bourg, laissant 1 bataillon au Pont de Neuville. Les Autrichiens gagnèrent Lons-le-Saunier.

« Le général Parmentier me mande également, écrit le Maréchal, qu'il est arrivé hier soir (18) à Villefranche, après avoir culbuté tous les avant-postes de l'ennemi, qui s'est replié sur la Maison-Blanche et Mâcon, où ce général compte être rendu aujourd'hui...

Il y entra, en effet, le 19, après avoir fait 100 prisonniers (2), et observa Chalon.

« J'ai fait venir de Vienne à Lyon, continue Augereau, les 6 bataillons de la division de Nîmes. J'ai trouvé ces troupes dans un état encore plus pitoyable qu'on me l'avait annoncé. Elle n'ont ni habits, ni shakos, ni gibernes... Il ne faut compter pour les opérations de la campagne que sur la division de la Catalogne, le régiment de Toulon, qui ne présente un effectif que de 700 hommes et les 3 bataillons des 32º léger, 24º et 145º régiments de ligne qu'avait déjà le général Musnier. »

Quant à la division de Grenoble, elle devait opérer pour son compte. « Je vous préviens, écrivait Augereau,

---

(1) Lettre d'Augereau à Marchand (19 février), du Préfet de l'Ain (22 février). (Archives de la Guerre.)

le 17, au général Marchand (1), que l'armée sous mes ordres se met en mouvement. Le général Pannetier marche sur Mâcon, où il sera le 19, le général Musnier sur Bourg-en-Bresse, où il doit arriver également le 19 de ce mois.

« Il est nécessaire que vous fassiez une puissante diversion en menaçant Chambéry ou tout autre point que vous croirez convenable. Je confie le tout à votre sagesse et à votre prudence ordinaires.

Malgré ces dispositions tout à fait défectueuses, l'ennemi avait encore plus éparpillé ses forces, car il ne cherchait justement qu'à inquiéter Augereau partout à la fois, de sorte que Chambéry et Montmélian furent facilement repris.

« Monsieur le duc, écrit Augereau le 18 février, j'ai l'honneur d'informer Votre Excellence que le poste important des Echelles a été repris le 15 du mois par le général Marchand, à qui j'avais envoyé de Valence le 3e bataillon du 1er régiment de ligne (2) qui se dirigeait sur Lyon. Nos troupes ont culbuté l'ennemi, lui ont tué beaucoup de monde et lui ont fait environ 50 prisonniers. J'ai également eu l'avis indirect que le général Desaix a repris Montmélian, et j'attends d'un instant à l'autre la confirmation de cette nouvelle et l'annonce de la rentrée de nos troupes à Chambéry. Cette diversion coopère parfaitement avec le mouvement général que j'ai fait faire hier (3) sur les départements de Saône-et-Loire et de l'Ain et dont j'aurai l'honneur de faire connaître le résultat à Votre Excellence...

En effet, le 19 au matin, Marchand entrait à Chambéry (2) et poursuivait l'ennemi sur Aix-les-Bains.

---

(1) Lettres d'Augereau, 20 et 21 février (Archives de la Guerre).

(2) Venant de Catalogne. Lettre de Daru du 13 février (Archives de la Guerre).

(3) Lettres de Marchand au comte de Saint-Vallier, 19 et 20 février.

« Dès que nous fûmes arrivés à moitié chemin de la ville d'Aix, écrit Marchand (1), l'ennemi revint sur nous avec toutes ses forces et nous attaqua avec une grande opiniâtreté. Nos soldats furent d'abord obligés de faire un mouvement rétrograde, mais 2 bataillons de renfort qui arrivèrent nous firent reprendre l'offensive et nous avons pu nous tenir jusqu'au soir dans notre position quoiqu'elle ne fût pas très avantageuse... Nous nous sommes emparés d'un obusier autrichien, nous nous étions emparés d'un autre canon; mais, comme les Autrichiens avaient coupé les traits et emmené les chevaux, il n'a pas été possible de l'emmener... Je vous assure qu'on peut dire que vos soldats se sont bien conduits, mais le vrai héros de la journée, c'est le général Desaix... »

L'ennemi resta en position derrière des marais le 20 et le 21, sans que Marchand, très à court de munitions et n'ayant pas la supériorité numérique, l'attaquât. — Un mouvement tournant entrepris le 21 au soir détermina la retraite des Autrichiens sur Annecy. Le 23, Marchand entrait à Aix. De là il gagnait Rumilly et Annecy, poussant ses avant-postes jusqu'à Aimery.

Bien que dispersés sur un front plus de 100 kilomètres, les 16,000 hommes dont se composaient les trois colonnes lancées par Augerau avaient battu l'ennemi sur tous les points et dégagé les départements de l'Ain et du Mont-Blanc en quelques jours.

Voici quels ordres avait donnés l'Empereur pendant cette période.

Le 15 février, en recevant de Clarke la copie des ordres adressés le 12 et le 13 à Augereau et les renseignements relatifs à l'arrivée des renforts, Napoléon écrit (2) :

« Écrivez au duc de Castiglione que le voilà bien

---

(1) Lettre de Marchand à Saint-Vallier, 22 février (Archives de la Guerre).

(2) C. N., 21,272 à Clarke.

armé; que je lui ordonne, dans les circonstances actuelles de se mettre en campagne pour battre Bubna et inquiéter le flanc de l'ennemi. »

Le lendemain (16), Clarke transmet cet ordre sous la forme très vague que voici :

« M. le maréchal, je m'empresse de transmettre à V. Excellence les ordres que je reçois à l'instant de l'Empereur. Sa Majesté, considérant que vous allez vous trouver à la tête d'un corps d'armée assez considérable, veut que vous ne perdiez pas un moment pour vous mettre en campagne et pour prendre l'offensive contre l'ennemi. C'est à vous, sans doute, M. le maréchal, qui êtes sur les lieux, de juger la manière la plus convenable d'entrer en opérations; mais l'Empereur compte que vous agirez avec toute l'activité et la vigueur que les circonstances exigent, que vous battrez le général Bubna et que vous manœuvrerez de manière à inquiéter les flancs de l'ennemi et à lui faire tout le mal possible. »

Trois jours après, nouvel appel pressant de l'Empereur et, le lendemain, nouvelle lettre du ministre.

L'Empereur au général Clarke (1).

Château de Lunéville, 19 février.

Donner ordre au duc de Castiglione de sortir de Lyon et de réunir toutes ses forces pour marcher sur Genève et le canton de Vaud; donnez le même ordre au général Marchand et au général Desaix.

Dites au duc de Castiglione d'oublier ses cinquante-six ans et de se souvenir des beaux jours de Castiglione.

Le ministre de la Guerre au maréchal Augereau.

Paris, 20 février.

M. le maréchal,

J'ai reçu la lettre que V. E. m'a fait l'honneur de m'écrire le 19 du mois (2), et j'ai eu l'honneur de la transmettre

---

(1) C. N., 21,314.
(2) Manque, probablement date fausse, sans doute 16.

immédiatement à l'Empereur. Je crains que Sa Majesté n'envisage avec peine les retards que vous faites pressentir pour entrer en opération. Ma dépêche du 16 (1) vous aura fait connaître ses intentions à cet égard, et l'Empereur vient de me les faire connaître d'une manière si positive et si pressante, que je ne puis me dispenser de vous les adresser en toute hâte et d'insister sur l'exécution la plus prompte. Sa Majesté m'ordonne de vous dire qu'Elle veut que vous sortiez de Lyon, et que vous réunissiez toutes vos troupes pour marcher sur Genève et sur le canton de Vaud. L'Empereur me prescrit en outre de donner le même ordre au général Marchand, comme au général Desaix, et je vais le faire... Mais c'est à vous, M. le maréchal, de leur donner les instructions nécessaires pour combiner leurs mouvements avec les vôtres. Sa Majesté me charge de dire à vos généraux, et je vous invite à leur réitérer, que les Autrichiens, que vous avez devant vous, ne sont pas à compter, que tous les avis s'accordent à les considérer comme de misérables troupes, et qu'avec de l'audace et de l'activité, tout cela disparaîtra devant vous comme le brouillard.

L'Empereur me charge encore de vous dire, M. le maréchal, et je me plais à vous transmettre les expressions flatteuses dont il se sert, que dans cette occasion importante, vous devez oublier vos cinquante-six ans et ne vous souvenir que des beaux jours de Castiglione. Vous vous rappellerez aussi que l'Empereur, l'armée et la France entière ont les yeux sur vous; que les moments pressent, que des difficultés de circonstances ne doivent pas vous arrêter...

Au moment où je termine cette lettre, j'en reçois une nouvelle de Sa Majesté (2) avec l'ordre de vous écrire encore qu'Elle compte que vous vous mettez en marche et qu'avec les troupes que vous avez, elle ne doute pas que vous ne fassiez beaucoup de mal à l'ennemi.

Le même ordre est adressé le même jour aux généraux Marchand et Desaix.

---

(1) Manque.
(2) Inconnue, ne figure pas à la *Correspondance* publiée.

Cette fois, le maréchal Augereau a l'ordre formel de reprendre Genève. On ne peut donc s'expliquer que l'Empereur ait pu, le 18, c'est-à-dire entre l'expédition des ordres des 15 et 19, dans lesquels il s'agit uniquement de battre Bubna et d'entrer en Suisse, donner à Tascher de la Pagerie, envoyé en Italie, une mission en complet désaccord avec cet objectif. — A Lyon, aurait dit l'Empereur (1), « tu verras le préfet. Tu diras au maréchal Augereau, qui y commande, ayant près de 12,000 hommes de vieux soldats, y compris le 13e de cuirassiers et le 4e de hussards, d'y réunir les nouvelles levées, les gardes nationales, de marcher tête baissée sur *Mâcon et Chalon*, sans s'occuper du mouvement de l'ennemi sur sa droite; qu'il n'aura à combattre que le corps du prince de Hesse-Hombourg, composé des troupes de nouvelle levée des petits princes allemands, commandés par des officiers de noblesse allemande, sans aucune expérience de la guerre; qu'il doit les vaincre et ne pas s'effrayer du nombre ».

Rien, en tous cas, dans la correspondance de l'Empereur, ni dans celle du ministre, ne porte la trace de ce changement d'objectif.

Le 21 février, l'Empereur écrit directement à Augereau (2) :

« Mon cousin, le ministre de la Guerre m'a mis sous les yeux la lettre que vous lui avez écrite le 16. Cette lettre m'a vivement peiné. Quoi! six heures après avoir reçu les premières troupes venant d'Espagne, vous n'étiez pas déjà en campagne! Six heures de repos leur suffisaient. J'ai remporté le combat de Nangis, avec la brigade de dragons venant d'Espagne, qui de Bayonne n'avait pas encore débridé. Les six bataillons de la divi-

---

(1) Extrait du *Rapport* de Tascher de la Pagerie (cité dans la *Correspondance* de Napoléon, page 224, tome XXVII).

(2) C. N., 21,343, 21 février 1814.

sion de Nîmes manquent, dites-vous, d'habillement et d'équipement et sont sans instruction : quelle pauvre raison me donnez-vous là, Augereau! J'ai détruit 80,000 ennemis avec des bataillons composés de conscrits, n'ayant pas de gibernes et étant mal habillés! Les gardes nationales, dites-vous, sont pitoyables : j'en ai ici 4,000 venant d'Angers et de Bretagne, en chapeaux ronds, sans gibernes, avec des sabots, mais ayant de bons fusils; j'en ai tiré un bon parti. Il n'y a pas d'argent, continuez-vous : et d'où espérer tirer de l'argent? Vous ne pourrez en avoir que quand nous aurons arraché nos recettes des mains de l'ennemi. Vous manquez d'attelages : prenez-en partout. Vous n'avez pas de magasins : ceci est par trop ridicule. Je vous ordonne de partir douze heures après la réception de la présente lettre, pour vous mettre en campagne. Si vous êtes toujours l'Augereau de Castiglione, gardez le commandement; si vos soixante ans pèsent sur vous, quittez-le et remettez-le au plus ancien de vos officiers généreux. La patrie est menacée et en danger; elle ne peut être sauvée que par l'audace et la bonne volonté, et non par de vaines temporisations. Vous devez avoir un noyau de plus de 6,000 hommes de troupes d'élite : je n'en ai pas tant et j'ai pourtant détruit trois armées, fait 40,000 prisonniers, pris deux cents pièces de canon et sauvé trois fois la capitale. L'ennemi fuit de tous côtés sur Troyes. Soyez le premier aux balles. Il n'est plus question d'agir comme dans les derniers temps, mais il faut reprendre ses bottes et sa résolution de 1793. Quand les Français verront votre panache aux avant-postes et qu'ils vous verront vous exposer le premier aux coups de fusil, vous en ferez ce que vous voudrez.

« P. S. Réunissez tout ce qui est à Grenoble et dans la 7ᵉ division et tâchez d'entrer dans le pays de Vaud. »

Tout, on l'a vu, n'était pas mérité dans ces reproches, car, si Augereau avait rendu compte de sa situation en termes pessimistes, cela ne l'avait pas empêché, dès le 17, c'est-à-dire avant que toutes les troupes d'Espagne fussent arrivées, de mettre en mouvement ses trois colonnes.

C'est donc au contact de l'ennemi que ce vibrant appel de l'Empereur allait trouver l'armée de Lyon, et c'est dans l'état de dispersion qui a été signalé qu'Augereau allait recevoir les ordres du 19, du 20 et du 21 qui lui donnaient enfin un objectif précis.

« M. le maréchal, écrit Clarke le 21, je reçois à l'instant votre lettre du 18, où je vois la reprise du poste des Echelles et de Montmélian... je vous ai fait déjà connaître que S. M. attend de vous des opérations plus décisives. Un nouvel ordre de S. M. qui me parvient en ce moment me prescrit de vous envoyer un courrier pour vous presser d'entrer en campagne. Je dois à cette occasion vous faire connaître que les armées ennemies se retirent en désordre sur Troyes... Dans cet état de choses, l'Empereur trouve absolument nécessaire que vous entriez en opérations sans aucun délai; il me charge de vous dire que vous devez réunir sous votre commandement tout ce qu'il y a dans les 7e, 8e, et 19e divisions militaires. Avec ces moyens, qui vous donnent une armée supérieure à celle de l'ennemi sous tous les rapports, l'Empereur veut que vous cherchiez à vous emparer de Genève et que vous vous portiez dans le canton de Vaud, ainsi que ma précédente vous l'a déjà fait connaître; ce mouvement seul opérera une grande et utile diversion dont les résultats peuvent être de la plus grande importance. Le mouvement que vous avez ordonné dans les départements de Saône-et-Loire et de l'Ain peut nous procurer sans doute quelques avantages momentanés, mais, fait isolément, il ne saurait avoir sur l'ensemble des opérations la même influence que le mouvement ordonné par l'Empereur. Il faut d'ailleurs éviter le danger de fatiguer les troupes par des opérations

ANNEXE.   XXI

partielles et épargner leurs forces pour les faire agir ensemble, en grandes masses. Je vous engage donc, M. le maréchal, à vous conformer le plus tôt possible aux ordres de l'Empereur, en quittant Lyon pour entrer en campagne avec toutes les forces dont vous pouvez disposer et à vous porter en avant contre le général Bubna qui peut difficilement vous tenir tête... il n'y a pas un instant à perdre... »

Mais de nouveau la tâche assignée au Maréchal allait redevenir vague, car, lorsqu'il connut les dispositions prises par Augereau, l'Empereur écrivit au général Clarke, le 23 février au matin (1) :

« Écrivez de nouveau au duc de Castiglione que je ne suis pas satisfait de ses dispositions ; qu'il a divisé ses troupes au lieu de les réunir ; qu'il va chercher tous les points où l'ennemi a des forces au lieu de frapper au cœur. Réitérez-lui l'ordre de réunir sa troupe en une colonne et de marcher *soit sur le pays de Vaud*, soit sur *le Jura et la Franche-Comté* en poussant devant lui le corps de Bubna ; ce corps n'est pas fait pour lui résister, et un succès de ce côté sera décisif pour le reste des affaires ; qu'il est fâcheux que le général Musnier se soit battu n'ayant pas toutes ses forces réunies. »

Cet ordre est transmis le même jour par le ministre.

« ... S. Majesté, écrit-il, a vu avec peine que vous ayez disséminé nos troupes pour des expéditions de détail d'un intérêt secondaire lorsqu'il eût été si important de les tenir comme pour les faire agir en masse d'une manière décisive... Il faut, M. le maréchal, réunir nos troupes, marcher en avant et culbuter le général Bubna... Les faibles colonnes qu'il a poussées de tous côtés... seront toutes coupées par le fait ou forcées de se replier en toute hâte, à l'instant où vous

---

(1) C. N., 21,354.

marcherez sur le point qui leur sert de noyau. Vos gardes nationales seront ensuite plus que suffisantes pour achever de nettoyer le pays et d'occuper les points qui auraient besoin de l'être... »

Sous cette forme impérative les ordres étaient donc moins précis, puisque le maréchal était laissé libre de choisir son objectif. Ce n'était pas lui faciliter sa tâche que de lui faire écrire le 26 (1) :

« Ecrivez au duc de Castiglione que j'applaudis à ces petits succès, mais qu'il faut réunir 25,000 hommes, artillerie, cavalerie, infanterie, gardes nationales, et que je pense qu'il peut ainsi réunir 25,000 hommes; que j'ai ordonné au prince Borghèse de diriger sur Chambéry une division de 10,000 hommes; qu'il marche avec toutes ses forces à l'ennemi, culbute Bubna, reprenne *Genève* et *menace toutes les communications de l'ennemi avec la Franche-Comté, et fasse lever le siège de Besançon*; que deux plans d'opérations se présentent pour le duc de Castiglione, qu'on lui en laisse le choix : l'un de se porter sur les derrières de l'ennemi, l'autre de faire sa jonction avec nous par Dijon; que dans tous les cas, il est nécessaire d'occuper Genève et de remettre cette place en état de défense... »

Voici comment le maréchal Augereau envisagea son rôle ainsi tracé.

« M. le duc, écrit-il le 28 février au ministre de la Guerre, j'arrive à l'instant de faire une tournée par Meximieux, Pont-d'Ain, Bourg et Mâcon, afin de donner des ordres moi-même aux troupes pour qu'elles se dirigent sur Genève et la Suisse de la manière suivante :

« Le général Musnier avec sa division a l'ordre (le 27 de Bourg) de partir pour Nyon, où il arrivera le 3 mars, en passant par Lons-le-Saulnier, Chiette et

---

(1) A Clarke CN, 21,377.

Morez. La division Pannetier, partant de Mâcon, suit immédiatement le même mouvement.

« Le général Bardet (arrivé le 27 à Nantua) avec sa division, et le général Ponchelon, avec deux bataillons de la division Musnier, passent par Seyssel ou par le pont de Bellegarde, en s'emparant du fort de l'Écluse que l'ennemi paraît vouloir évacuer et se joindront avec le général Marchant qui occupe Rumilly et Annecy, ayant ses avant-postes à Frangy. Je repars de suite et serai de ma personne à Lons-le-Saulnier, où le quartier général, un équipage et le parc de l'armée sont déjà rendus. Je laisse à Lyon, sous le commandement du général Raimond, environ 3,000 gardes nationaux sans armes et sans habillement, ni équipement....

« Je suis étonné que l'Empereur n'approuve point que les divisions Musnier et Pannetier se soient battues, ce qui ne pouvait cependant être autrement, puisque l'ennemi tenait en force les positions de Mâcon et de Meximieux... Sa Majesté ignore peut-être que les troupes qui étaient à Chalon et à Mâcon ne font pas partie du corps de Bubna, mais bien de celui du prince de Hesse-Hombourg. Il fallait donc nécessairement dégager le point de Mâcon avant de se porter en masse sur la Suisse. C'est donc un mouvement préparatoire et indispensable, qui se rattache au but principal de l'opération, non des détachements isolés que j'ai disséminés dans différentes directions, comme Votre Excellence paraît le croire... »

Ce mouvement combiné commença par un plein succès (1).

Le 2 mars, le général Musnier arriva à Morez, ayant deux jours auparavant culbuté l'ennemi près de Lons-le-Saulnier et fait 400 prisonniers, et l'ayant battu une seconde fois près de Chiette. La division Bardet

---

(1) *Rapport* d'Augereau, 2 mars (Archives de la Guerre).

s'empara le 1ᵉʳ mars du fort de l'Ecluse dont la garnison, forte de 200 hommes, capitula; la division Pannetier arrivée le 2 mars à Lons-le-Saulnier était en marche sur Poligny. Au sud, Marchand et Desaix étaient à Frangy, après avoir chassé l'ennemi de la position qu'il occupait près de Saint-Julien, et poussaient leurs postes jusqu'à Carouge. Le quartier général était à Lons-le-Saulnier, où Ponchelon était appelé.

Néanmoins Bubna, bien que presque cerné, s'enferma dans Genève et parvint à s'y maintenir, car, par ordre du maréchal Augereau, Marchand et Desaix restèrent seuls devant la ville, tandis que Bardet, Ponchelon, puis Musnier recevaient l'ordre de rétrograder vers Lons-le-Saulnier.

Voici en effet ce qui s'était passé de ce côté.

L'ennemi, qui avait évacué Lons-le-Saulnier, s'était d'abord retiré sur Arbois, mais, le 4, il revint attaquer la brigade Gudin qui occupait Poligny. Les Autrichiens échouèrent et perdirent 400 hommes dont 100 prisonniers. Mais ce soir même, le maréchal Augereau apprit que « 15 à 20,000 Autrichiens détachés de leur grande armée et commandés, dit-on, par le général Bianchi, s'étaient portés à grandes journées sur Chalon-sur-Saône, où ils s'étaient renforcés des troupes du corps du prince de Hesse-Hombourg et voulaient couper mes communications avec cette ville (1). Des courriers que j'interceptai du général comte de Bubna et du prince Aloys de Lichtenstein, commandant le blocus de Besançon, me confirmèrent cet avis. Effectivement, dans la nuit du 4 au 5, une nuée de troupes légères, la plupart cosaques (espèce de troupes qui n'avait point encore paru dans ce pays), passa la Saône à Tournus et vint se répandre sur mon flanc gauche... Je n'hésitai pas à renoncer à mon expédition sur la Franche-Comté. Je réunis les divisions Musnier et Pannetier et ma cavalerie,

---

(1) *Rapport* d'Augereau, 9 mars (Archives de la Guerre).

et je me décidai à marcher sur le corps ennemi qui était sur la Saône. Deux partis se présentaient : l'un d'aller droit à l'ennemi par Tournus et Mâcon et de forcer le passage de la Saône, l'autre de passer par Lyon pour prendre l'ennemi à revers tandis que la division Bardet que j'avais rappelée de Genève à Bourg ferait une fausse attaque sur Mâcon par la rive gauche.

« Je me suis arrêté à ce dernier parti que j'exécute en ce moment... le général Marchand est assez fort pour contenir le général Bubna, jusqu'au moment où les 8,000 hommes que le prince Borghèse envoie de Turin seront arrivés. »

De fait les 1re et 2e divisions arrivèrent le 5 mars à Saint-Amour, le 8 à Lyon, tandis que la 3e, qui avait d'énormes marches à faire, n'entrait à Pont-d'Ain que le 10.

Le 11 Musnier, suivi de la division Pannetier, qui forma réserve générale, se porta sur Mâcon par Ville-Franche, tandis que Bardet marchait sur le même point par Saint-Laurent. Après un succès à Saint-Georges et aux portes de Mâcon la 1re division dut se retirer devant des forces très supérieures, tandis que Bardet, qui s'était heurté à près de 10,000 hommes, se retirait sur Meximieux (1).

C'était « l'Armée du Sud » forte de 40 à 50,000 hommes, que les premiers succès d'Augereau avait amené les alliés à créer au moyen des 12,000 hommes amenés par le prince Philippe de Hesse-Hombourg, et de 30,000 autres prélevés sur les Autrichiens du prince héritier de Hesse-Hombourg (2), et dont l'envoi sur le Rhône avait été décidé le 25 février au conseil de guerre de Bar-sur-Aube. Après des combats honorables soutenus le 18 mars à Saint-Georges, et le 20 mars à Limonest,

(1) Campagne de Lyon en 1814, par Guerre, avocat, Lyon, 1816.
(2) Clausewitz, Campagne de 1814. 1er corps d'armée, 6e corps d'Allemagne, 1re division de réserve autrichienne. Henri Houssaye, Campagne de 1814.

Augereau dut évacuer Lyon et se retirer sur Valence.

Marchand, qui avait reçu d'Italie 3,600 hommes seulement, au lieu des 8,000 demandés par Napoléon au prince Borghèse, se trouva coupé de l'armée principale. C'est dans cette situation que la nouvelle de l'abdication de l'Empereur vint suspendre les hostilités.

Ainsi qu'on le voit, on ne saurait reprocher au maréchal un défaut d'activité, ou trop de lenteur à se mettre en opérations. Les reproches de Napoléon datés du 23 février, et qui sont le fait dont on se souvient en effet uniquement d'ordinaire à propos de cette campagne, sont en effet postérieurs de six jours au début des mouvements offensifs de l'armée de Lyon encore très incomplète.

Mais ce qui caractérise les opérations du maréchal, c'est l'excessive dispersion de ses forces, dispersion qui s'explique par la recherche de deux objectifs à la fois : reprendre Genève et faire lever le blocus de Besançon. Même lorsque l'Empereur aura blâmé les mesures qui ont fait combattre quatre faibles divisions sur le front Mâcon à Chambéry, en passant par Bourg, et assigné comme premier objectif la reprise de Genève, quelques mots malencontreux égarés dans les ordres du ministre, la liberté qu'on laisse à Augereau de choisir entre les opérations à poursuivre suffiront pour que le Maréchal persiste à rechercher deux buts à la fois. Car tandis que 3 divisions font une marche concentrique sur Genève, la 2ᵉ en se portant au nord de Lons-le-Saulnier, menace Besançon. Le résultat est qu'aucun des deux buts poursuivis n'est atteint. On rappelle de Genève deux des 3 divisions qui cernaient le corps Bubna, avant d'avoir achevé l'écrasement de ce faible détachement, et le temps exigé par ces contre-marches pour se reporter vers Mâcon permettra à l'Armée du Sud d'entrer en ligne avec une supériorité de forces écrasante.

TABLE DES MATIÈRES

	PAGES.
AVANT-PROPOS...	V
JOURNÉE DU 19 DÉCEMBRE...	1
Mouvements des 15ᵉ, 18ᵉ et 20ᵉ corps pendant la journée du 19 décembre...	1
Situation des Allemands et opérations du 19 décembre...	15
Le plan de campagne dans l'Est. Les origines...	36
Le plan Freycinet...	47
Ordres donnés le 19 décembre pour la journée du 20...	72
JOURNÉE DU 20 DÉCEMBRE...	75
Opérations...	89
Mouvements des Allemands...	96
JOURNÉE DU 21 DÉCEMBRE...	103
Opérations...	113
Mouvements des Allemands...	127
JOURNÉE DU 22 DÉCEMBRE...	131
Opérations...	137
Mouvements des Allemands...	150
JOURNÉE DU 23 DÉCEMBRE...	157
Opérations...	172
Mouvements des Allemands...	182
JOURNÉE DU 24 DÉCEMBRE...	191
Opérations...	206
Mouvements des Allemands...	214
JOURNÉE DU 25 DÉCEMBRE...	223
Opérations...	229
La situation de la zone de débarquement...	236
Mouvements des Allemands...	242

TABLE DES MATIÈRES

JOURNÉE DU 26 DÉCEMBRE.................................... 258
    Opérations... 258
    Mouvements des Allemands.............................. 264

JOURNÉE DU 27 DÉCEMBRE.................................... 277
    Opérations... 282
    Mouvements des Allemands.............................. 291

JOURNÉE DU 28 DÉCEMBRE.................................... 303
    Opérations... 316
    Mouvements des Allemands.............................. 321

JOURNÉE DU 29 DÉCEMBRE.................................... 325
    Opérations... 330
    Mouvements des Allemands.............................. 337

JOURNÉE DU 30 DÉCEMBRE.................................... 345
    Opérations... 354
    Mouvements des Allemands.............................. 365

JOURNÉE DU 31 DÉCEMBRE.................................... 373
    Opérations... 382
    Mouvements des Allemands.............................. 390

JOURNÉE DU 1er JANVIER..................................... 397
    Opérations... 403
    Ordre du 1er janvier pour le 2......................... 413
    Mouvements des Allemands.............................. 420

ANNEXES

ANNEXE n° 1.. 431
    Résumé du transport des 18e et 20e corps de la réserve générale. 431

ANNEXE n° 2.. I
    La campagne de l'armée de Lyon (Augereau) 1er janvier au 20 mars 1814.. I

Paris. — Imprimerie R. CHAPELOT et Cie, rue Christine, 2.

ERRATUM

Page 71, en note, lire :

..... La présence au quartier général de l'armée de l'Est d'un officier de l'état-major austro-hongrois : **M. du Nord**.....

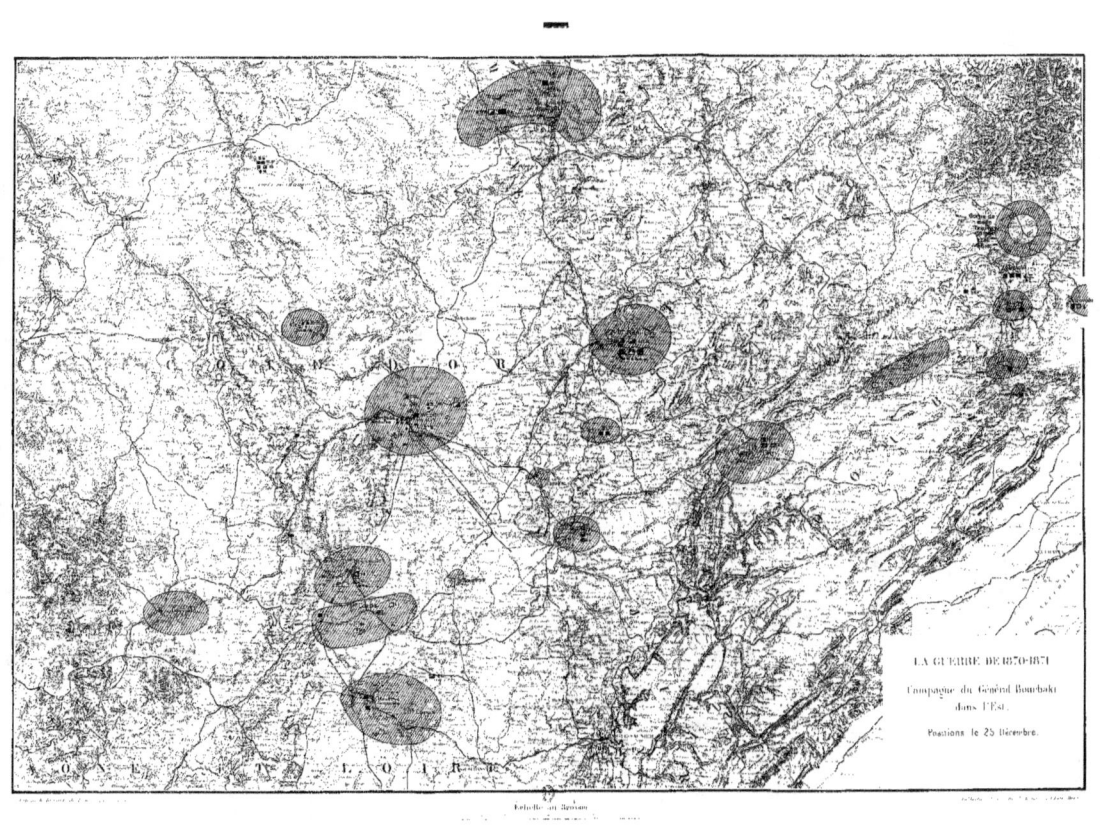

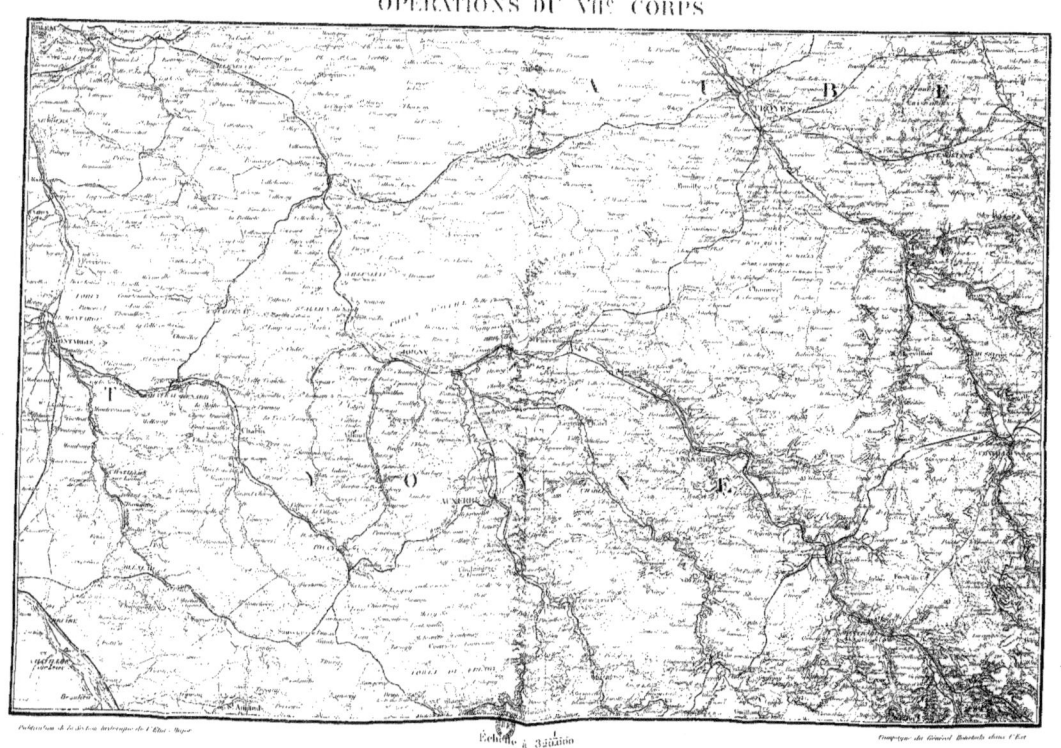

ZONE DES EMBARQUEMENTS

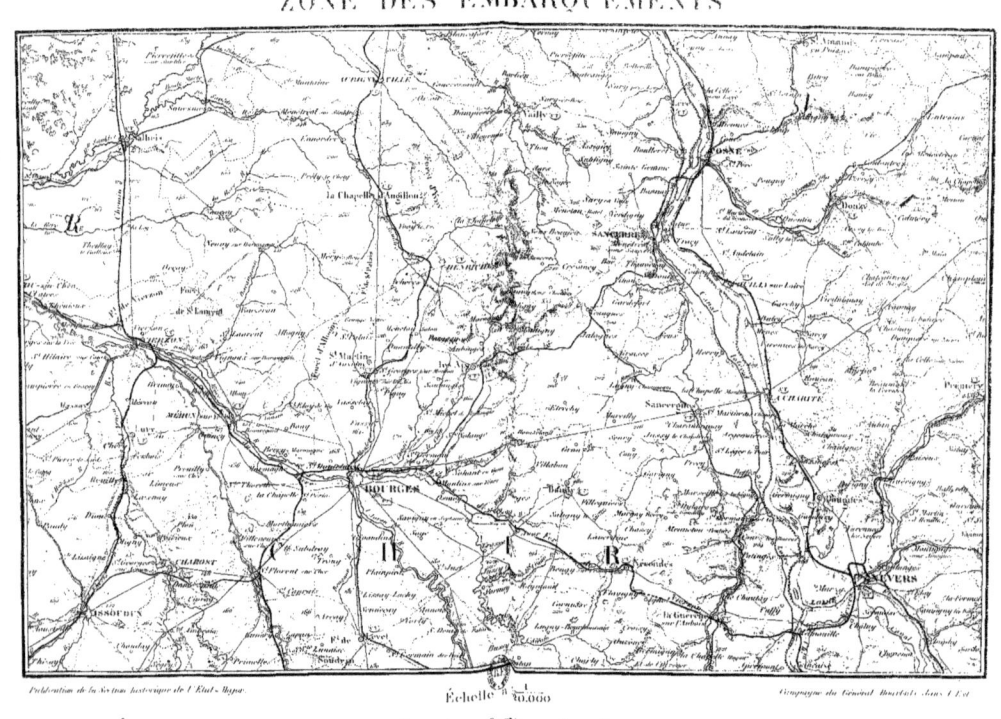

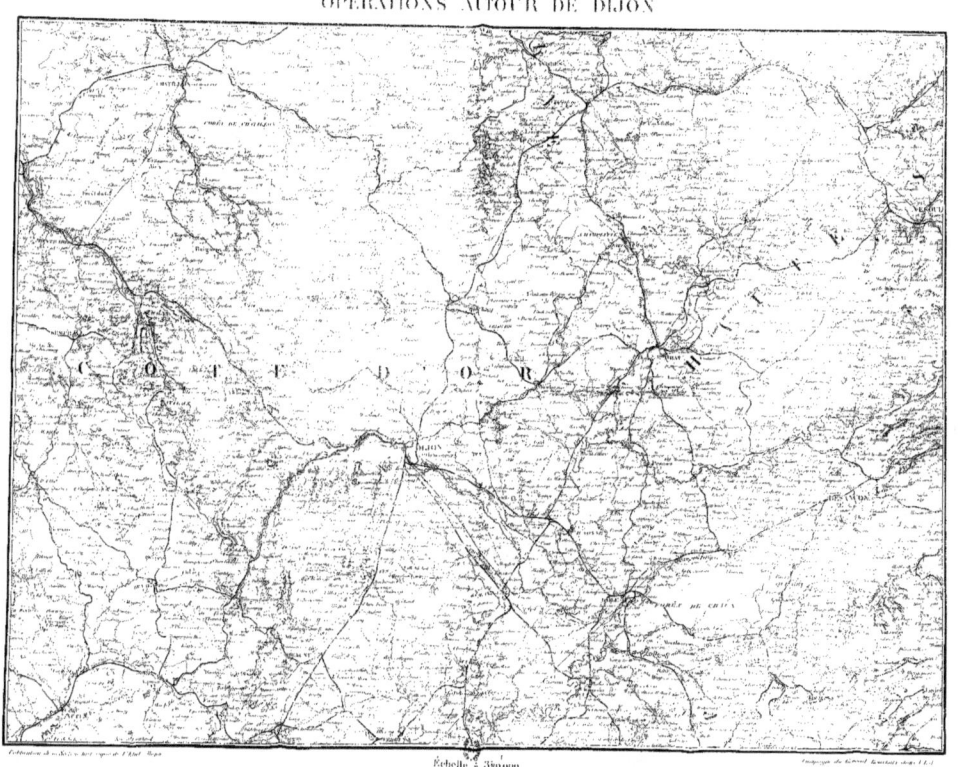
OPÉRATIONS AUTOUR DE DIJON

GUERRE DE 1870 : Campagne de l'Est

Emplacements des 15.e, 18.e et 20.e Corps
le 19 Décembre au soir.

Echelle du 200.000.me

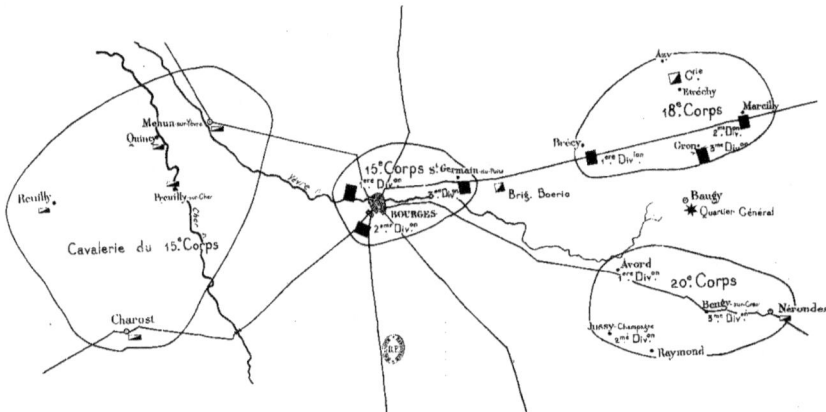

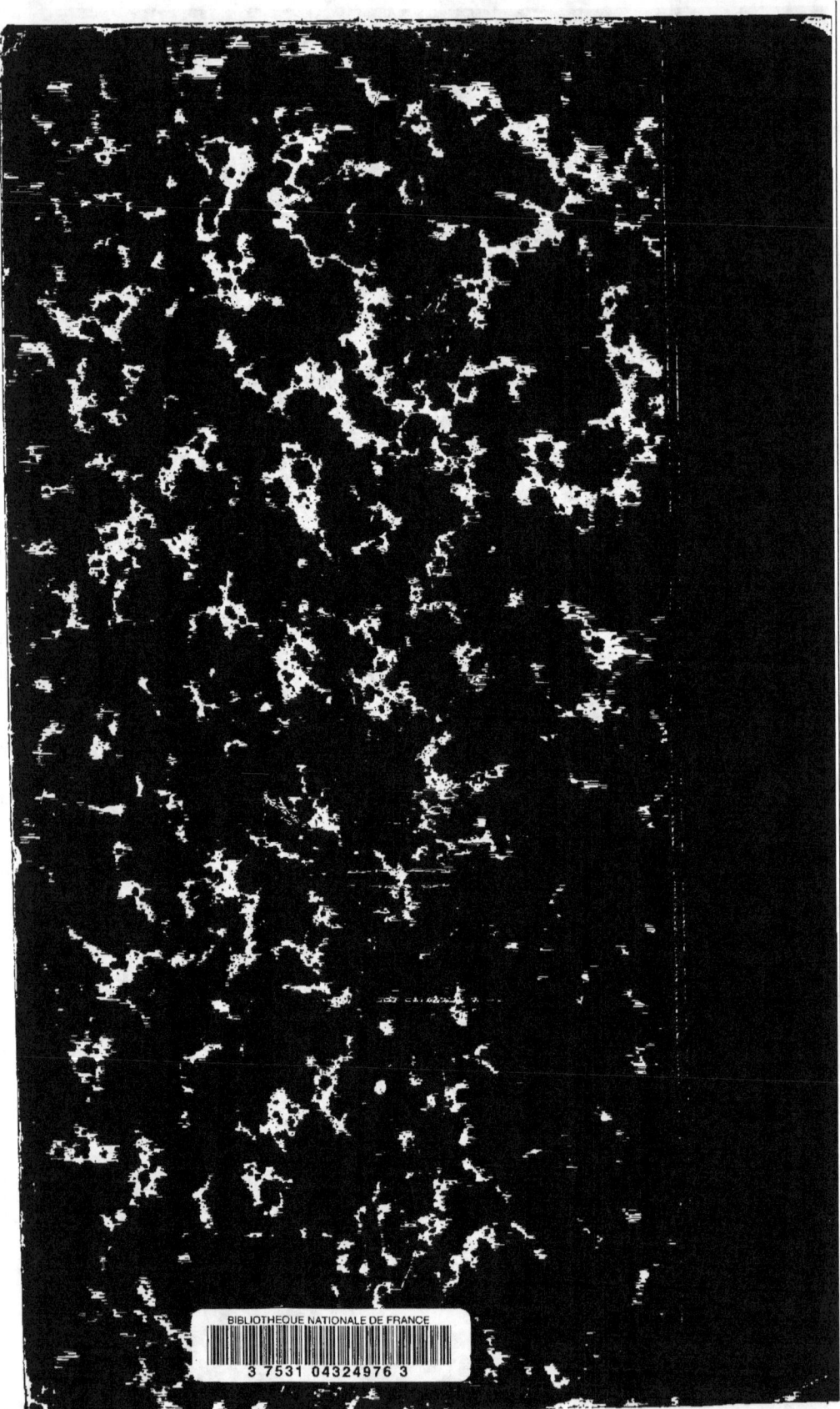

www.ingramcontent.com/pod-product-compliance
Lightning Source LLC
Chambersburg PA
CBHW050605230426
43670CB00009B/1279